Desarrollo de aplicaciones móviles con Android. IFCD059PO

Ainhoa Súarez Sánchez

ic editorial

Desarrollo de aplicaciones móviles con Android. IFCD059PO
© Ainhoa Súarez Sánchez

1ª Edición

© IC Editorial, 2024

Editado por: IC Editorial
c/ Cueva de Viera, 2, Local 3
Centro Negocios CADI
29200 Antequera (Málaga)
Teléfono: 952 70 60 04
Fax: 952 84 55 03
Correo electrónico: iceditorial@iceditorial.com
Internet: www.iceditorial.com

ISBN: 978-84-1184-496-3
Depósito Legal: MA 2774-2024

Impresión: PODiPrint
Impreso en Andalucía – España

Nota de la editorial: IC Editorial pertenece a Innovación y Cualificación S. L.

Especialidad formativa

Se entiende por especialidad formativa la agrupación de contenidos, competencias profesionales y especificaciones técnicas que responde a un conjunto de actividades de trabajo enmarcadas en una fase del proceso de producción y con funciones afines.

Las especialidades formativas de Uso General, Formación Complementaria, Formación Modular y las especialidades formativas dirigidas a la obtención de certificados de profesionalidad se incluyen en el Fichero de Especialidades del Servicio Público de Empleo Estatal para su gestión en todo el territorio nacional por cualquier Administración competente.

Las especialidades complementarias, pertenecen todas a la Familia profesional de Formación Complementaria (FCO) y tienen la consideración de formación transversal en áreas que se consideran prioritarias tanto en el marco de la Estrategia Europea para el Empleo y del Sistema Nacional de Empleo como en las directrices establecidas por la Unión Europea. Se consideran áreas prioritarias las relativas a tecnologías de la información y la comunicación, la prevención de riesgos laborales, la sensibilización en medio ambiente, la promoción de la igualdad, la orientación profesional y aquellas otras que se establezcan por la Administración competente.

Las especialidades de Certificado de profesionalidad tienen una duración especificada en su normativa reguladora.

En el resultado de la búsqueda, se muestran las unidades de competencia, todos los módulos formativos con su duración y las unidades formativas del certificado correspondiente, con su duración. Las horas del certificado, exclusivo de las especialidades de certificado de profesionalidad, con alta igual o superior a 2008, son las horas totales más las horas del módulo de Prácticas Profesionales no Laborales.

- **Si la especialidad tiene unidades formativas,** las horas totales, presencial, distancia, teleformación serán igual a la suma de esas horas de las unidades formativas de los distintos módulos, sin que se repita ninguna Unidad formativa.

➲ **Si la especialidad no tiene unidades formativas,** las horas totales, presencial, distancia, teleformación serán igual a las sumas de esas horas de los módulos formativos, eliminando las horas de los módulos repetidos.

https://sede.sepe.gob.es/especialidadesformativas/RXBuscadorEFRED/BusquedaEspecialidades.do

(Fuente: Servicio Público de Empleo Estatal)

Índice

Unidad de aprendizaje 6
ListActivity y ListView

Unidad de aprendizaje 7
Vistas personalizadas

Unidad de aprendizaje 8
Diálogos y mensajes

OBJETIVOS GENERALES

Los objetivos generales del son los siguientes: **IFCD059PO. Desarrollo de aplicaciones móviles con Android,** son los siguientes:

- Adquirir los conocimientos fundamentales para el desarrollo de aplicaciones móviles mediante *Android Studio.*
- Entender los fundamentos del lenguaje de programación Java y poder hacer frente a problemas sencillos a través de las herramientas de programación que este posee.
- Resolver problemas simples y comenzar a construir aplicaciones sencillas, utilizando herramientas del lenguaje de programación Java.
- Conocer y ser capaces de diferenciar las diferentes herramientas que el lenguaje Java pone a nuestra disposición para casos de desarrollo más avanzados.
- Aprender a crear una aplicación *Android* básica predefinida aplicando correctamente la estructura de los componentes del *framework Android.*
- Entender el uso de las diferentes herramientas que el *SDK* de *Android* pone a nuestra disposición.
- Crear aplicaciones simples utilizando herramientas del *framework* de programación *Android,* haciendo uso de sus vistas y acciones sobre estas vistas.
- Utilizar las distintas herramientas que *Android* pone a nuestra disposición para crear los diseños de nuestras aplicaciones.
- Utilizar los mensajes de diálogo que *Android* pone a nuestra disposición.
- Conocer y poder implementar los diferentes tipos de menús contextuales que hay en *Android* y su implementación, así como el componente *Webview.*
- Conocer e implementar los tipos de mecanismos que hay en *Android* para realizar el almacenamiento de datos de nuestras aplicaciones de manera persistente.
- Conocer y poder implementar las bases de datos con el motor SQLite y la compartición de nuestra información a aplicaciones externas con ContentProvider.
- Ser capaces de realizar la creación de notificaciones sencillas y personalizadas en nuestras diferentes aplicaciones.

Fundamentos de Java

Contenido

Java es uno de los lenguajes de programación más extendidos del mundo. Cualquiera, aunque no sea programador, seguro que ha escuchado hablar del mismo. Está considerado como uno de los lenguajes mejor pagados dentro del mundo de la programación, con una entusiasta comunidad de alrededor de 9 millones de desarrolladores en el mundo, y puede usarse para el desarrollo de muchísimos tipos de programas. Podemos usar Java para crear programas que se manejan a través de web, programas de distribución general o programas "portables". También tiene como aliciente que es una tecnología usada en algunas de las páginas más destacadas, como Facebook, LinkedIn o Amazon.

Java es un lenguaje de programación orientado a objetos que parte del lenguaje de programación C.

Java es un lenguaje de programación orientado a objetos, creado en 1991 como primera versión "Oak". Se desarrolló para tratar de inventar una nueva tecnología que sirviese de entorno único para los futuros dispositivos de electrónica de consumo. Se trató de crear un lenguaje fuertemente orientado a objetos y parecido a C++ en sintaxis y estructura, pero con la portabilidad que da tener una máquina virtual propia.

En 1992 se presenta el *Green Project,* con prototipos de bajo nivel. Se presenta un prototipo funcional donde se ve todo el potencial que Java puede ofrecer, el *hotJava.* Tuvo que ser cambiado de nombre por *Green por problemas legales,* y en 1995 se publicó un *alpha* de Java por *Sun Microsystem.* Más tarde Java fue adquirido por Oracle en 2010, a que ahora pertenece.

El lenguaje de programación Java se caracteriza por ser un lenguaje **orientado a objetos, simple, multiplataforma** (independiente de la plataforma que lo interpreta) y **concurrente** o **multihilo,** pudiendo ejecutar en tiempo real varias acciones al mismo tiempo.

Lenguaje de programación Java

Contenido

Objetivos

El objetivo general de esta Unidad de Aprendizaje es:

→ Entender los fundamentos del lenguaje de programación Java y poder hacer frente a problemas sencillos a través de las herramientas de programación que este posee.

Los objetivos específicos de esta Unidad de Aprendizaje son:

→ Entender toda la plataforma de herramientas que hacen posible escribir y ejecutar programas basados en Java.

→ Identificar correctamente la mejor decisión a tomar del *IDE* a instalar dependiendo de las necesidades que tengamos.

→ Saber manejar el funcionamiento de los distintos operadores que se pueden usar en Java.

→ Practicar con el uso de las distintas sentencias de control de flujo que se conocen en el lenguaje Java.

1. Introducción

Hoy en día Java es uno de los lenguajes más extendidos y usados en el mundo de la programación, y una de las claves de su éxito deriva en su naturaleza.

> WORA - *"Write once, run anywhere"*.

Este eslogan creado por la propia *Sun Microsystem* refleja la filosofía de Java. Su objetivo es que los programadores escriban el código una vez, y pueda ser ejecutado desde cualquier dispositivo. ¿Cómo lo consigue?

Se apoya en la **plataforma Java.** Normalmente una plataforma se estructura como un sistema mixto, una parte del sistema se basa en el *hardware*, y otra parte en el *software* en el que se ejecutará una aplicación. La plataforma Java se diferenció del resto de plataformas del momento en que esta se soporta únicamente de *software*. Dicho *software* será ejecutado en cualquier plataforma, de manera independiente de su *hardware*.

Este sistema cuenta con distintas plataformas de computación capaces de crear y ejecutar aplicaciones Java y está compuesta por un gran número de tecnologías. Java puede ser ejecutada desde las distintas ediciones de esta plataforma. *Java Enterprise Edition* está dirigida a la creación de aplicaciones empresariales distribuidas, pero antes que esta se debería conocer toda la estructura de la *Java Standard Edition,* que es la que proporciona una base para compilar y desplegar aplicaciones estandarizadas.

Dentro de las herramientas más importantes de Java destaca la **JRE.** Este es el entorno en el que se ejecutarán sus aplicaciones una vez compiladas. Consta de una Máquina Virtual (la **JVM),** que ejecuta las aplicaciones. Otra de las herramientas más importantes que nos proporciona Java es el *JDK (Java Development Kit),* el cual es un superconjunto de la *JRE,* que coge el código fuente que hayamos escrito en Java y compila a través de **Javac** a un *bytecode* un tipo de código independiente del *hardware* o del sistema operativo.

Todas estas cualidades hacen de Java un lenguaje de **alto rendimiento.** El tipo de aplicación, que antes solo podía haber sido llevado a cabo por un equipo con un alto número de personas, ahora está al alcance de la mayoría, ya que Java es considerado un lenguaje de alto rendimiento por el número de líneas que ahorramos con respecto a lenguajes anteriores y la velocidad a la que ejecuta sus programas. Para explicar todas estas tecnologías, nos basaremos en el caso de una pequeña *startup* tecnológica llamada Digital Mushroom, S. L., creada por dos antiguos compañeros de clase, Juan y Ramón, que se enfrenta a la creación de su primer producto innovador.

2. Máquina Virtual de Java

☞ HILO CONDUCTOR

En Digital Mushroom, S. L., han empezado a realizar el análisis de un proyecto con mucha proyección. Uno de los requisitos que están definiendo en este documento de análisis es que se necesita de la capacidad de un lenguaje multiplataforma, por tanto, empiezan a investigar sobre Java, y en qué se basa la *JVM* para poder ofrecer tal capacidad.

- -

También conocida como **JVM** o, en inglés, *Java Virtual Machine,* es la encargada de que Java sea interpretado. Se dedica a interpretar el código escrito en el lenguaje Java y pasado a *bytecode* o **lenguaje intermedio** a lenguaje máquina o **lenguaje de bajo nivel.** Gracias a ella Java consigue la **portabilidad** de la que hace gala.

Es la encargada de interpretar el código *bytecode* que ha sido compilado previamente.

La JVM tiene múltiples implementaciones para poder ser aplicada en distintas tecnologías.

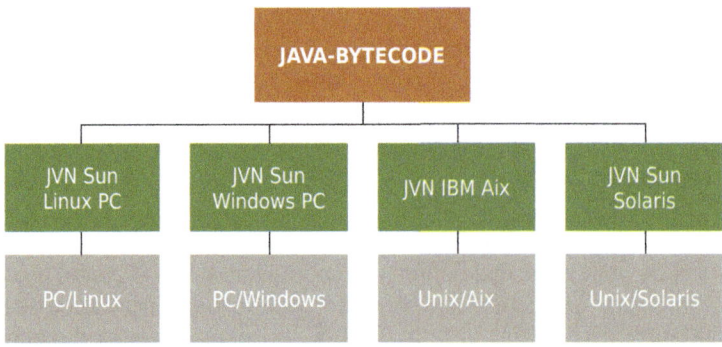

 **SABÍAS QUE...**

Java SE, EE, ME, la *JVM* y demás tecnologías y herramientas Java son modos de funcionamiento de los distintos elementos de la plataforma. Hay múltiples implementaciones de estas tecnologías. Por ejemplo, la *JVM* se implementa en *Oracle* como *HotSpot,* existiendo otras alternativas incluso de la plataforma de Java, como por ejemplo la *OpenJDK.*

Para que esto suceda el código de los archivos fuente Java está compilado de acuerdo con un formato binario portable estandarizado llamado *byte-code* con extensión **.class.** Estos archivos de clase, que componen un programa, se empaquetan en un archivo con formato **.jar.**

Este empaquetado se llevó a cabo porque Java, en cierto tipo de aplicaciones (por ejemplo, los *applets),* crea una sobrecarga excesiva, realizando la apertura y cierre de conexiones de manera continua, ya que funcionan descargando los archivos de clase necesarios en tiempo de ejecución (programación **JIT** o **Just in Time),** y el empaquetado aliviaba este problema.

El caso del lenguaje Java a la hora de ser ejecutado es poco común. Los lenguajes de programación normalmente son compilados o interpretados, pero con Java suceden ambas cosas. El *Java Development Kit (JDK)* **compila** los programas a un lenguaje intermedio llamado *bytecode* y, en el momento de ejecutarlos, es **interpretado** por la *JVM.*

Los pasos a seguir por Java para la ejecución de cualquier programa, a rasgos generales, son:

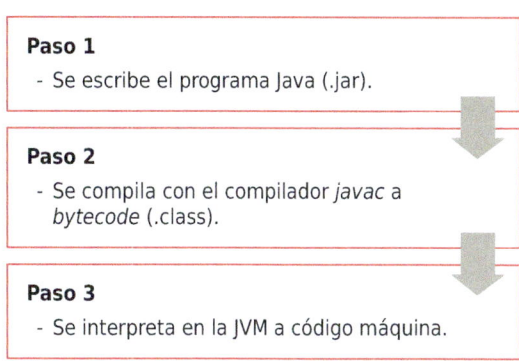

Paso 1
- Se escribe el programa Java (.jar).

Paso 2
- Se compila con el compilador *javac* a *bytecode* (.class).

Paso 3
- Se interpreta en la JVM a código máquina.

El **intérprete de Java** es el encargado de ir leyendo el código instrucción a instrucción. Esta operación consume más espacio de memoria que un programa máquina nativo, ya que, en este caso, es el propio microprocesador el que gestiona la traducción de las instrucciones en *hardware,* lo que es muchísimo más óptimo para que no se produzcan fugas de memoria.

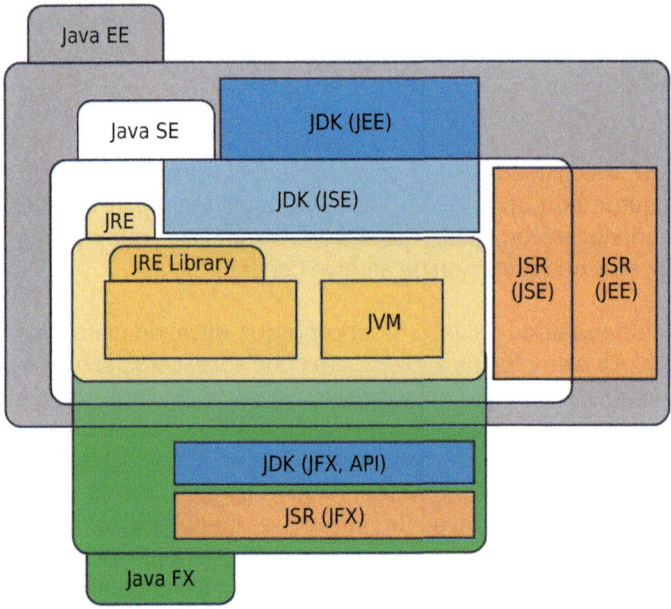

La plataforma virtual de Java se compone de múltiples tecnologías, entre las que destacan el JDK o la JVM.

Otra manera que tiene Java de optimizar sus recursos y no producir gastos de memoria innecesarios es con el **recolector de basura.** Este es el encargado de eliminar los objetos que quedan sin referenciar a la hora de optimizar el rendimiento del código. El recolector de basura identifica cuándo un objeto pierde cualquier referencia, desde el programa o desde otros objetos. Entonces este los elimina y libera la memoria que tenían reservada, acabando con su ciclo de vida. De este ciclo de vida se encarga el Entorno en Tiempo de Ejecución de Java o *Java Runtime,* el cual veremos en el siguiente apartado.

 **DEFINICIÓN**

Lenguajes compilados
Son los lenguajes de programación que, en el momento de ser ejecutados, son convertidos de lenguaje de alto nivel a lenguaje máquina. Requiere de un paso intermedio antes de ser ejecutado: la compilación.

Lenguajes interpretados
Lenguajes que, al ser ejecutados, no requieren de un paso previo, es decir, es convertido en lenguaje máquina a medida que va siendo ejecutado. El intérprete es un programa que ejecuta o interpreta las instrucciones directamente en lenguaje de alto nivel.

También cuenta con la técnica de compilarse en tiempo de ejecución. Aporta una manera de compilar *Just in Time* que le permite tener un alto rendimiento. La traducción dinámica o compilación en tiempo de ejecución es una técnica que consiste en producir mejoras de rendimiento en plataformas que compilen en *bytecode,* y ayuda a convertir Java en un lenguaje de *alta productividad.*

La *JDK* tiene las herramientas encargadas de compilar el código a *bytecode,* y posteriormente la *JVM* interpreta este a código máquina. Veamos cómo se realiza el compilado del código fuente a código máquina:

Código fuente

```java
public class Do_While {
    public static void main(String[] args) {
        Scanner datos=new Scanner(System.in);
        int v;
        do {
            System.out.print("Ingrese un valor entre 0 y 999 (0 finaliza):");
            v=datos.nextInt();
            if (v>=100) {
                System.out.println("Es de  3 dígitos.");
            } else {
                if (v>=10) {
                    System.out.println("Es de  2 dígitos.");
                } else {
                    System.out.println("Es de  1 dígito.");
                }
            }
        } while (v!=0);
    }
}
```

Bytecode

```
03 3b 34 la 450 56 0 1a f  67 ff la 45 03 3b 34 la 450 56 0 1a f  67 ff la
4503 3b 34 la 450 56 0 1a f  67 ff la 4503 3b 34 la 450 56 0 1a f  67 ff la
4503 3b 34 la 450 56 0 1a f  67 ff la 4503 3b 34 la 450 56 0 1a f  67 ff la
4503 3b 34 la 450 56 0 1a f  67 ff la 4503 3b 34 la 45 0 56 0 1a f  67 ff la
4503 3b 34 la 450 56 0 1a f  67 ff la 4503 3b 34 la 450 56 0 1a f  67 ff la
4503 3b 34 la 450 56 0 1a f  67 ff la 4503 3b 34 la 450 56 0 1a f  67 ff la
450 3 3b 34 la 450 56 0 1a f  67 ff la 4503 3b 34 la 450 56 0 1a f  67 ff la
45 03 3b 34 la 450 56 0 1a f  67 ff la 4503 3b 34 la 450 56 0 1a f  67 ff la
4503 3b 34 la 450 56 0 1a f  67 ff la 4503 3b 34 la 450 56 0 1a f  67 ff la
4503 3b 34 la 450 56 0 1a f  67 ff la 4503 3b 34 la 450 56 0 1a f  67 ff la
4503 3b 34 la 450 56 0 1a f  67 ff la 4503 3b 34 la 450 56 0 1a f  67  ff la
4503 3b 34 la 450 56 0 1a f  67 ff la 4503 3b 34 la 450 56 0 1a f  67 ff la
4503 3b 34 la 450 56 0 1a f  67 ff la 4503 3b 34 la 450 56 0 1a f  67 ff la
4503 3b 34 la 450 56 0 1a f  67 ff la 4503 3b 34 la 450 56 0 1a f  67 ff la
4503 3b 34 la 450 56 0 1a f  67 ff la 4503 3b 34 la 450 56 0 1a f  67 f
```

Continúa en página siguiente >>

<< Viene de página anterior

Código máquina
001101 0000 1010 1001 01001 0010 00001010 1001 00001010 1001   00001010 1001 00001010 1001 00001010 1001 00001010 1001   00001010 1001 0010 00001010 1001 00v0010 00001010 1001 00001010   1001 00001010 1001 00001010 1001 00001010 1001 00001010 1001   00001010 1001 001010 1001 00001010 1001 00001010 1001 00001010   1001 00001010 10v0010 00001010 1001 00001010 1001 00001010   1001 00001010 1001 00001010 1001 00001010 1001 00001010 1001   01 00001010 1001 0010 00001010 1001 00001010010 00001010   1001 00001010 1001 00001010 1001 0010 00001010 1001 00001010   1001 00001010 1001 00001010 1001 00001010 1001 00001010 1001   00001010 1001 0010 00001010 1001 00001010 1001 00001010 1001   00001010 1001 00001010 1001 00001010 1001 00001010 10000001010   1001 00001010 1001 00001010 1001 000010100010 00001010 1001   00001010 1001 00001010 1001 00001010 1001 00001010 1001   00001010 000101001010

A modo de resumen, la Máquina Virtual de Java es un puente entre el conjunto de instrucciones y el entorno sobre el que se ejecuta. Para cada tipo de dispositivo encontraremos una concreta, y esta *JVM* traducirá el código escrito en lenguaje Java en un código nativo que entienda la plataforma en la que este se vaya a ejecutar. Esto sucede porque se compila el código nativo de Java a un formato de código intermedio llamado *bytecode,* el cual se guarda en los archivos de clase de Java. Este *bytecode* es interpretado por la Máquina Virtual de Java en Tiempo de Ejecución, lo que quiere decir que se interpretará mientras se ejecute. Su función es abstraer el código escrito por los programadores que desarrollarán aplicaciones con el *JDK,* que abordaremos a continuación.

SABÍAS QUE...

La interpretación del código es además una medida de seguridad, ya que el intérprete actúa a modo de sistema operativo propio, y puede filtrar las operaciones de entrada/salida, impidiendo que un desconocido lea la información privada de nuestros archivos.

----

3. *JDK y JRE*

En la oficina de Digital Mushroom, S. L., han decidido implementar un sistema completo Java, empezando por la *JVM*. Ahora, se ponen a investigar qué más herramientas son necesarias para poder empezar a codificar sus programas en lenguaje de programación Java y cómo empezar a ejecutar sus primeros programas de pruebas.

- -

El *JDK* y el *JRE* son *softwares* que proveen de conjuntos de herramientas que hacen posible empezar a trabajar con el lenguaje Java. El propósito de cada uno es distinto, y mientras el **JRE** o **Java Runtime Environment** hace posible que las aplicaciones escritas en lenguaje Java puedan ser ejecutadas, el **JDK** o **Java Development Kit** proporciona todavía más herramientas de desarrollo para Java.

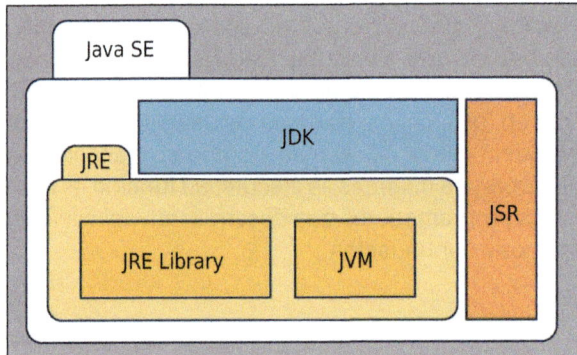

La JDK contiene las herramientas necesarias para poder desarrollar y ejecutar aplicaciones Java. Se trataría de un subconjunto de librerías junto a la JRE.

El **JRE** o, en español, "entorno de ejecución de Java", se debería utilizar cuando solo tenemos que cumplir funciones de ejecución de programas basados en tecnología Java. Está compuesto por la Máquina Virtual de Java o *JVM,* y un conjunto de bibliotecas de Java que hacen posible que un código en *bytecode* pueda ser interpretado y ejecutado. Actúa como intermediario entre el lenguaje Java y el sistema operativo sobre el que se ejecute.

Las librerías de clases estándar son las que se encargan de implementar el API de Java. Para entender cómo funciona la *JRE,* tenemos que saber qué está compuesto por la *JVM,* más un conjunto de bibliotecas Java y varios componentes:

Herramientas de implementación
- *Deployment, Java Plug-in* y *Java Web Start.*

Herramientas de interfaz de usuario
- *AWT, Swing, Java 2D,* entre otros.

Biblioteca base y de integración
- *IDL, JDBC, JNDI,* etc.

Máquina Virtual de Java
- Incluyendo *Server Virtual Machines* y *HotSpot Client.*

Un usuario puede, con solo la *JRE,* ejecutar aplicaciones Java, pero no podría desarrollar nuevas aplicaciones en dicho lenguaje, ya que entonces es necesario el entorno de desarrollo *JDK.* Para entender el concepto, es como el programa reproductor de vídeo que te permite ver una película pero no puede crearla.

3.1. ¿Cómo funciona la *JRE?*

Para entender cómo funciona, pensemos que tenemos un archivo escrito en código Java, *HolaMundo.java.* El archivo es compilado por un compilador llamado *Javac,* pasando este a un conjunto de *bytecode* que se almacena en un archivo *HolaMundo.class.* Luego, en tiempo de ejecución, ocurren las siguientes acciones:

Class Loader
- Realiza uno de los primeros pasos, ya que carga de manera dinámica las clases en lenguaje Java bajo demanda de la *Java Virtual Machine.*

Continúa en página siguiente >>

<< Viene de página anterior

Byte Code Verifier
- Realiza un análisis del flujo de los datos y del código que se ha usado para controlar estos datos. Aporta consistencia y seguridad al código.

Interpreter
- Es un interpretador que convierte el código *bytecode* a código máquina, traduciendo *bytecode* línea a línea y aportando independencia y seguridad en nuestro programa.

El **JDK** es el paquete de herramientas más completo, con la finalidad de desarrollar aplicaciones con Java. En él encontramos el *JRE* ya incorporado con la *JVM* en su interior. También encontramos el programa *javac.exe,* que es el encargado de compilar el código de las aplicaciones Java a código intermedio *bytecode.*

Otro par de ejemplos de herramientas que proporciona son *javadoc.exe* y *java.exe,* uno dedicado a generar la documentación necesaria de un programa, y el otro encargado de integrarse con los navegadores de internet para que los protocolos necesarios basados en el *bytecode* de Java puedan funcionar.

APLICACIÓN PRÁCTICA

En la empresa donde trabaja nuestro compañero Marcos hay una sección de *testers* o personas dedicadas a probar las aplicaciones que allí se desarrollan. Acaba de entrar un nuevo compañero como probador de *software*, y se acerca a Marcos para preguntarle, para poder ejecutar los programas compilados en Java que su equipo de desarrollo le pasará, ¿qué herramientas de Java debería descargarse?

Solución

Java Runtime Enviroment o *JRE* es la recomendación más acertada para nuestro nuevo compañero, ya que la *JRE* provee de las herramientas necesarias para realizar la ejecución del programa sin instalar un exceso de herramientas que no tendrá que usar en su trabajo.

Para que podamos compilar y ejecutar nuestros programas en Java es necesario configurar las variables de entorno. La primera implicada que nos encontramos en la instalación del *Java Development Kit* es la variable **PATH,** que se encarga de asignar la dirección donde se ubicará nuestro JDK. Es posible modificarla tanto desde la línea de comandos como dentro de *scripts.*

Dentro del sistema operativo *Windows,* las variables que tenemos que configurar serían:

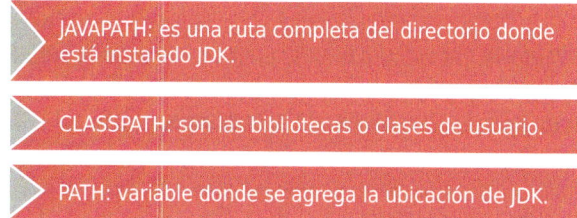

JAVAPATH: es una ruta completa del directorio donde está instalado JDK.

CLASSPATH: son las bibliotecas o clases de usuario.

PATH: variable donde se agrega la ubicación de JDK.

A continuación, se explica la funcionalidad de cada parte del *JDK:*

⮂ **Appletviewer.exe:** permite la vista previa de las aplicaciones de tipo *Applets,* ya que estas no se pueden ejecutar desde el programa de Java y necesitan generar vistas previas.
⮂ **Javac.exe:** es el encargado de crear el archivo .class, que más tarde se ejecutará la *JVM* de Java.
⮂ **Java.exe:** es el encargado de lanzar el programa Java. Se encarga de localizar el *JRE,* carga la bibliotecas, fuentes y recursos, crea una Máquina Virtual de Java usando la API de invocación y llama al método *main().*
⮂ *JRE* **al completo:** la *Java Runtiment Enviroment* es la plataforma dedicada a la ejecución de las aplicaciones Java.

 **SABÍAS QUE...**

Tienes cuatro formas de saber si tienes instalado Java en tu máquina:

• En un terminal, como administrador, usamos el comando *java -version.*
• Visitando java.com/es/ con los navegadores *Internet Explorer* o *Safari* (ojo, no *Microsoft Edge).* Si lo deseas puedes acceder directamente desde aquí:

Continúa en página siguiente >>

<< Viene de página anterior

https://redirectoronline.com/ifcd059po0101

- En *Windows,* desde el panel de control, mirando la ruta **Panel de Control → Programas → Java.**
- Buscar Java en **Archivos de programa,** en la ruta que se suele tener instalada.

👁 EJEMPLO

Vamos a crear un primer programa "HolaMundo" ejecutable con las herramientas que Java nos proporciona. Para ello se pide realizar la primera descarga de Java en caso de no tenerlo instalado, configurar las variables de entorno necesarias y traducir con *Javac* el código a lenguaje interpretable por Java.

Se nos ha pedido realizar nuestro primer programa "HolaMundo" en Java.

Paso 1: asegurarnos de si tenemos o no Java instalado en nuestro ordenador.

Abrimos nuestro símbolo del sistema y tecleamos:

java -version.

Continúa en página siguiente >>

<< Viene de página anterior

```
Administrador: Símbolo del sistema
Microsoft Windows [Versión 10.0.17134.345]
(c) 2018 Microsoft Corporation. Todos los derechos reservados.

C:\Windows\system32>java -version
"java" no se reconoce como un comando interno o externo,
programa o archivo por lotes ejecutable.

C:\Windows\system32>
```

Es muy útil el uso de comandos a través de la consola. En Windows podemos usar el comando cmd para invocarla.

En caso de no tener instalado Java en nuestro sistema, avanzamos al paso 2, en caso de tenerlo instalado, iremos al paso 3.

Paso 2: nos descargaremos e instalaremos el *JDK* de *Oracle* listado en el portal de *Oracle.* Si lo deseas puedes acceder desde aquí:

https://redirectoronline.com/ifcd059po0102

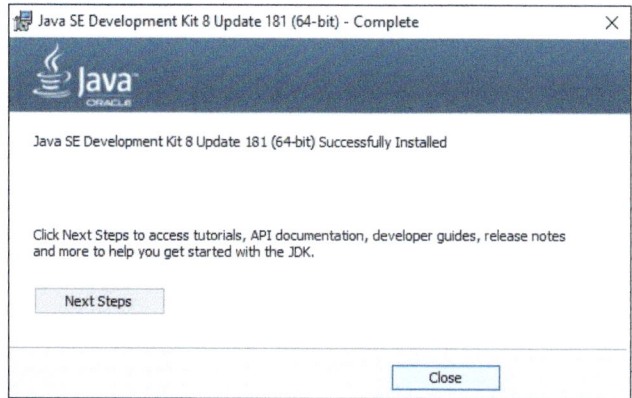

Para poder usar el lenguaje de programación Java debemos instalar el JDK de Oracle.

Continúa en página siguiente >>

<< Viene de página anterior

Paso 3: pasamos a configurar variables de entorno para distintos sistemas operativos.

- **En *Windows:*** entrar en la *Configuración Avanzada del Sistema* y luego acceder a *Variables de Entorno.*

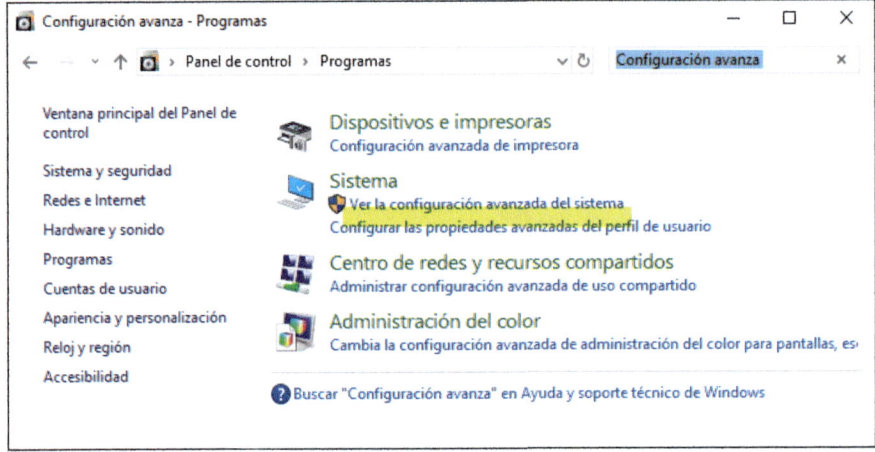

Continúa en página siguiente >>

<< Viene de página anterior

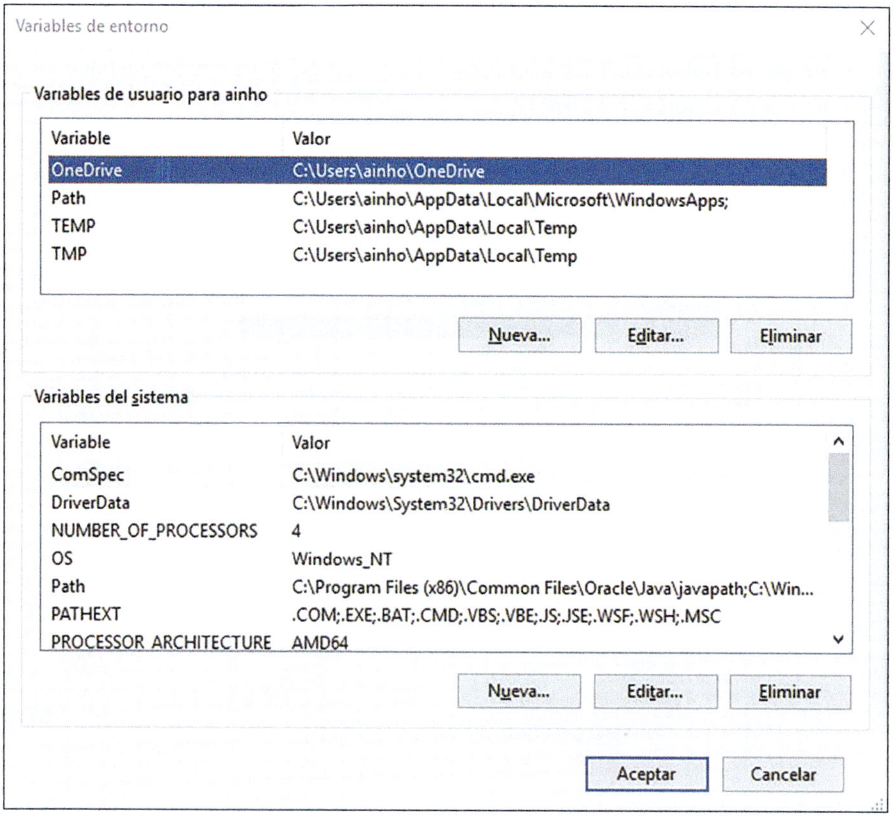

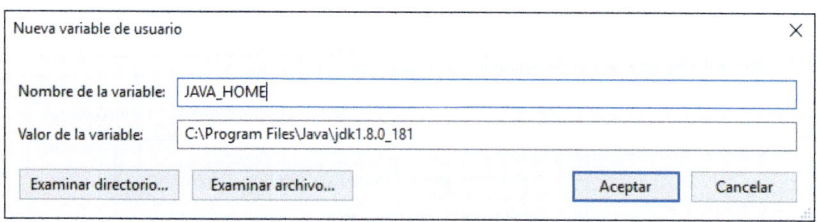

Tendremos que crear una nueva variable con el nombre JAVA_HOME en el sistema, y con el valor de la ruta donde hayamos instalado nuestro Java *JDK*.

La variable JAVA_HOME indica la ruta de nuestro ordenador en la que tenemos instalado nuestro JDK.

Continúa en página siguiente >>

<< Viene de página anterior

Se busca en el listado de variables la variable *Path*, y se le añade al final la expresión %JAVA_JOME%\bin (aunque en algunas ediciones puede no hacer falta indicar la carpeta /bin en la ruta).

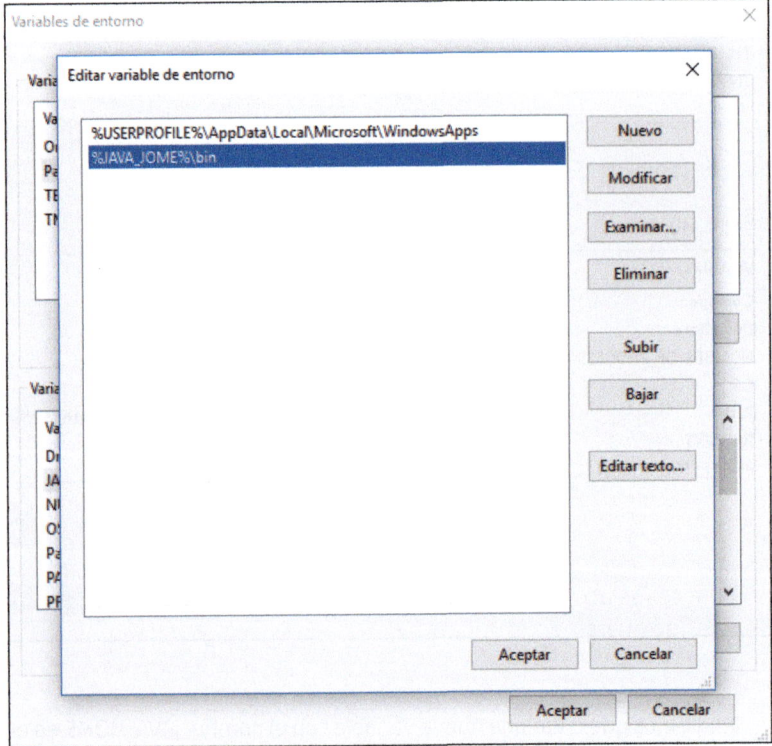

La variable Path mantiene la ruta de los programas en el sistema.

En *Linux:* abrimos el archivo /etc/bash.bashrc desde el terminal con algún editor de texto como *gedit.*

```
>sudo gedit /etc/bash.bashrc
```

Continúa en página siguiente >>

<< Viene de página anterior

Vamos al final del archivo y escribimos:

```
>export JAVA_HOME=(ruta de nuestro sdk)
>export PATH=$PATH:$JAVA_HOME/bin
```

Después de guardar el archivo, reiniciamos el ordenador y comprobamos con este comando que esté bien establecida la variable de entorno.

```
>echo %JAVA_HOME%
```

Paso 4: ahora podemos crear el fichero que vamos a ejecutar. Abrimos un nuevo documento con el *Notepad de Windows* ejecutando por consola:

```
>notepad HolaMundo.java
```

Entonces se abrirá un nuevo fichero en el que habremos de escribir lo siguiente antes de guardarlo y cerrar:

```
public class HolaMundo {
  public static void main (String [ ] args)  {
     System.out.println ("Hola mundo");
   }
 }
```

Paso 5: compilar el fichero.

Nos posicionamos en el directorio en el que se encuentra nuestro HolaMundo.java y ejecutamos el siguiente comando:

```
>javac HolaMundo.java
```

Continúa en página siguiente >>

<< Viene de página anterior

Entonces se creará un archivo *HolaMundo.class* que contendrá el código *bytecode:*

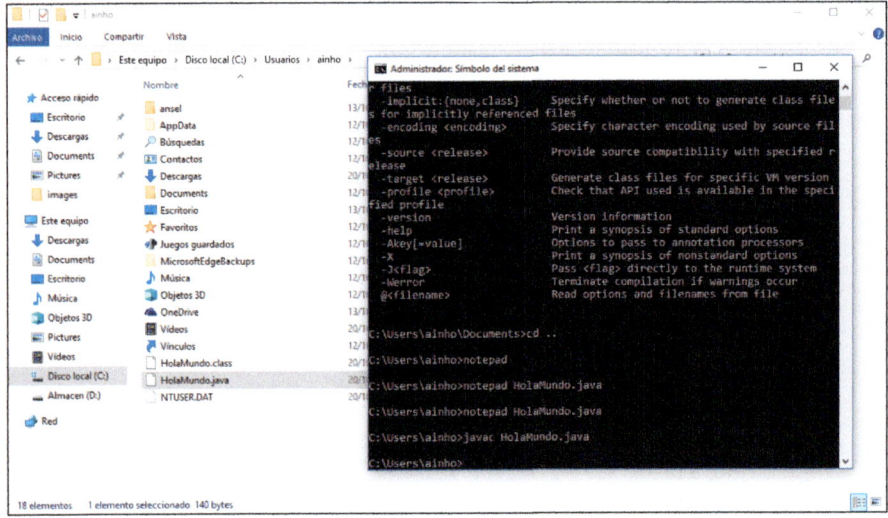

Los archivos .java son los que contienen el código fuente de los programadores.

Paso 6: ejecutar el fichero .class. Ejecutamos por consola la orden:

```
>java HolaMundo
```

```
C:\Users\ainho>java HolaMundo
Hola mundo

C:\Users\ainho>
```

*Hola Mundo suele ser el nombre elegido
en programación para realizar los primeros
ejercicios de cada tipo de lenguaje.*

¡Y ya habremos compilado y ejecutado nuestro primer programa Java!

4. Uso del IDE

Nuestros compañeros de Digital Mushroom, S. L., ya han realizado su primer Hola Mundo, pero esto se les queda corto, ya que el *Notepad* no es para toda la vida, así que están buscando algún *IDE* o entorno de desarrollo integrado que provea de más herramientas además de compilar el programa. Investigando y viendo ventajas y desventajas de cada tipo, tienen tres posibles ganadores: NetBeans, Eclipse e IntelliJ IDEA.

Podemos pensar en los editores o *IDE* como en las herramientas que vamos a usar para desarrollar nuestras aplicaciones. Si un carpintero tiene un martillo en malas condiciones (este se astilla, está sucio o es difícil de usar), o elige el martillo que no es el adecuado para el trabajo que va a realizar, el carpintero dará resultados más deficientes y tendrá que hacer un sobreesfuerzo que, a la larga, acaba saliendo más caro que comprar un buen martillo. El *IDE* sería este martillo para el programador.

Un entorno de desarrollo integrado *(IDE),* o, en inglés, *Integrated Development Enviroment,* consiste en una aplicación que trata de ayudar al programador en la tarea de creación de *software*. Reúne en una misma plataforma las herramientas necesarias para el desarrollo de una aplicación en los lenguajes que este cubra.

Normalmente se compone por:

- **Editor de textos:** un editor de textos plano no provee formato. Dentro de un *IDE,* el editor tiene que ser más especializado y tener soporte para el lenguaje, correcciones de sintaxis, sugerencias, etc.
- **Intérprete:** traduce instrucciones escritas en lenguaje de alto nivel en un lenguaje intermedio para ser directamente ejecutado.
- **Compilador:** traduce instrucciones de alto nivel directamente a lenguaje máquina.
- **Herramientas de automatización:** nos facilitan el trabajo en el autocompletado de código cuando estamos desarrollando nuestra sintaxis.
- **Depurador:** es un programa usado para depurar código. Permite establecer puntos de ruptura, donde nuestra ejecución se detendrá y aportará información importante sobre todo lo que sucede en ese punto en concreto.

Se crearon para aumentar la productividad del programador, además de agilizar el aprendizaje de cualquier lenguaje nuevo de programación, ya que el *IDE* te previene de los errores de sintaxis, tiene autocompletado inteligente de código y te referencia las librerías asociadas a dicho lenguaje.

Cualquier *IDE*, para ser considerado como tal, además, debe cumplir las siguientes características:

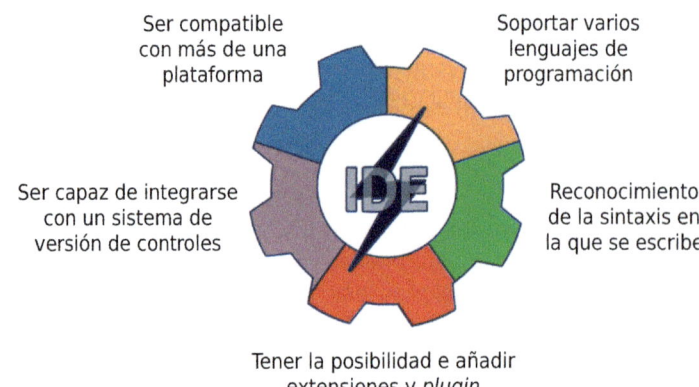

Ser compatible con más de una plataforma

Soportar varios lenguajes de programación

Ser capaz de integrarse con un sistema de versión de controles

Reconocimiento de la sintaxis en la que se escribe

Tener la posibilidad e añadir extensiones y *plugin*

4.1. ¿Qué *IDE* son los más recomendados dentro de la programación Java?

Dentro de las posibles elecciones que podemos hacer con respecto a los *IDE* que trabajan con Java, conoceremos tres.

NetBeans

El primero del que vamos a hablar es **NetBeans.**

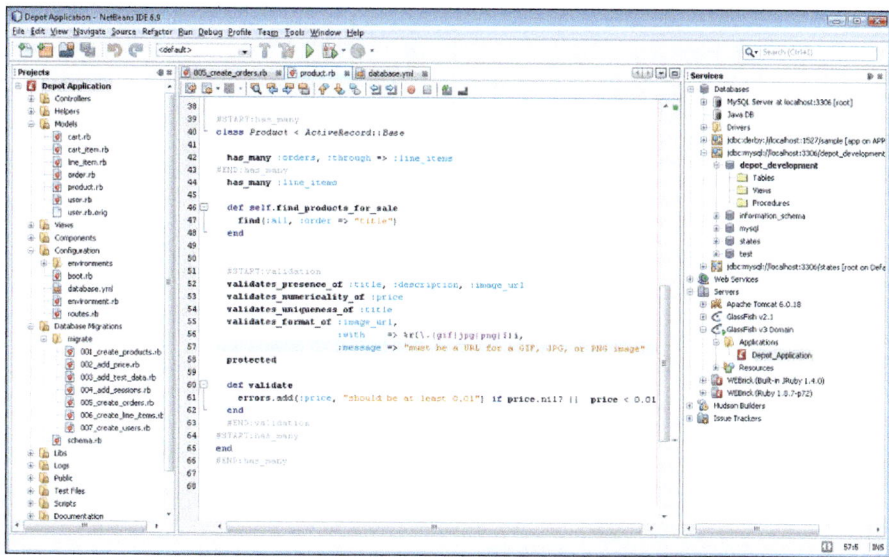

El IDE NetBeans es un veterano en su uso para la programación Java.

NetBeans es un *IDE* que se creó inicialmente para el trabajo con Java, pero que fue incluyendo otros lenguajes como C, C++, PHP o lenguajes de marcas como HTML5.

Consta de un sistema de componentes arrastrables que aporta fluidez a la creación de una interfaz gráfica, reduciendo la escritura de código. Es multiplataforma y tiene una gran comunidad de colaboradores detrás.

Una desventaja es el rendimiento del *IDE*. Podemos ejemplificarlo en que cuantos más proyectos tienes abiertos, este se ralentiza de manera considerable, o que al instalar NetBeans se recomienda instalar solo el idioma que vayamos a necesitar, pero no se recomienda la versión con todos los lenguajes o el consumo de memoria RAM sería muy elevado.

Eclipse

El segundo *IDE* que tenemos que mencionar es **Eclipse.**

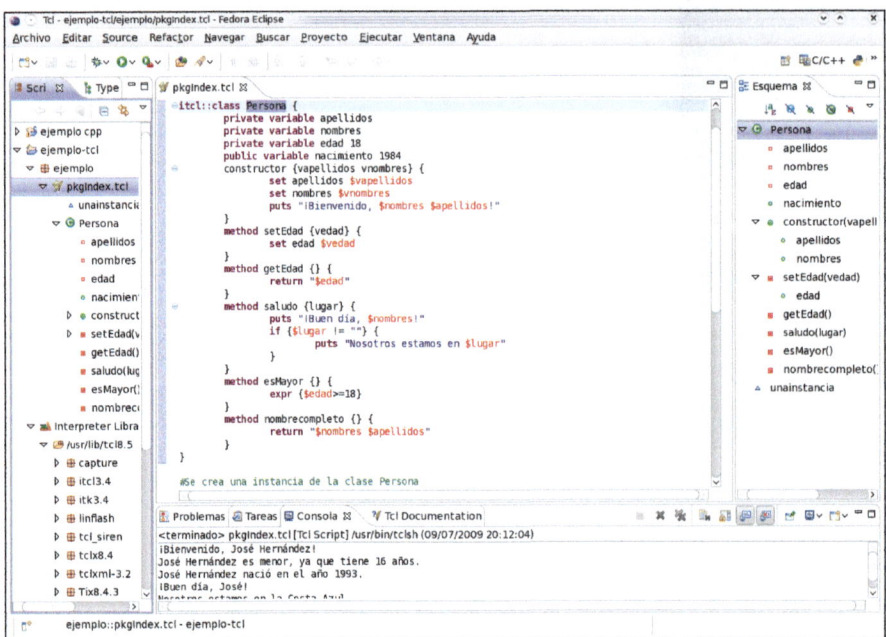

Eclipse es ampliamente conocido por estar relacionado con la programación Java, aunque pueda aceptar muchos más idiomas de programación.

Soporta más lenguajes de programación aparte de Java. Fue creado por IBM, pero es propiedad de la Fundación Eclipse, que fomenta que sea un *software* de código abierto.

El SDK de Eclipse incluye las herramientas para desarrollo con Java y se caracteriza por poseer analizador sintáctico, compilar en tiempo real, crear pruebas unitarias, refactorizar y la posibilidad de instalar nuevas funcionalidades a través de *plugins*. Esto también nos lleva a una de sus desventajas, ya que, a más *plugins* instalados, mayor cantidad de recursos, haciendo Eclipse uno de los *IDE* más pesados a la larga.

IntelliJ *IDEA*

El *IDE* **IntelliJ IDEA** fue desarrollado por JetBrains y está disponible en su edición comercial y en la edición para la comunidad.

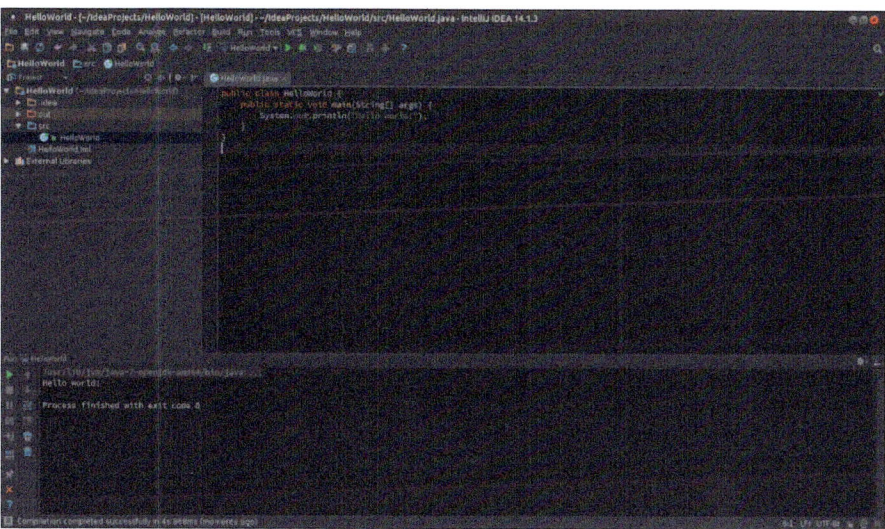

Este IDE es el que vamos a instalar para seguir este curso, aunque si prefieres alguno de los otros mencionados, también puedes usarlos.

Es multiplataforma y es compatible con Java EE, Android, JavaScript, etc. Añade la posibilidad de instalar *plugins.*

JetBrains proporciona también la herramienta Android Studio, que abordaremos en la segunda parte de este material.

A continuación, se describen las ventajas e inconvenientes:

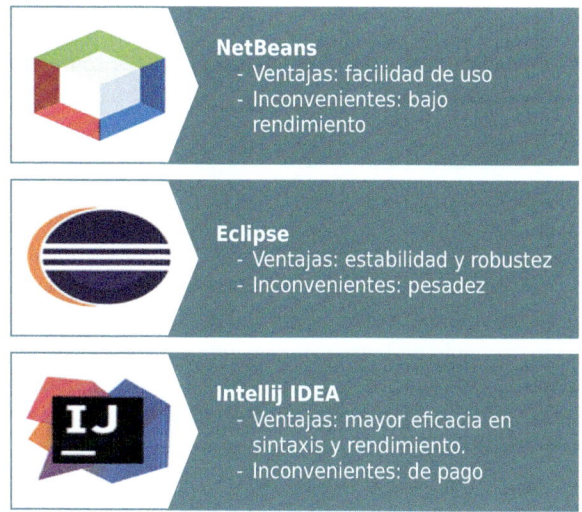

NetBeans
- Ventajas: facilidad de uso
- Inconvenientes: bajo rendimiento

Eclipse
- Ventajas: estabilidad y robustez
- Inconvenientes: pesadez

Intellij IDEA
- Ventajas: mayor eficacia en sintaxis y rendimiento.
- Inconvenientes: de pago

TAREA 1

Carlos comienza sus prácticas en una gran multinacional, y actualmente le van a incluir en un subproyecto de un producto escrito en código Java, por tanto, ese es el primer requisito.

El resto de sus necesidades actuales a la hora de programar son:

- Necesita un rendimiento óptimo a la hora de programar.
- Al estar aprendiendo, la ayuda en la escritura de código es fundamental.
- La estabilidad y mantenimiento del *IDE* a elegir también es un factor importante.

Ayuda a Carlos a evaluar las opciones que tiene y a tomar la decisión correcta sobre el *IDE* más indicado para su situación. Indica qué *IDE* podría servir en cada uno de los requisitos y cuál no, describiendo las razones que te llevan a dar esa solución.

---

5. Tipos de datos primitivos

☞ HILO CONDUCTOR

Después de haber probado los distintos *IDE* y haber tomado la decisión de usar el editor IntelliJ IDEA, pasan a comenzar un estudio exhaustivo del lenguaje Java. En la carrera nuestro compañero Juan era muy bueno en el tema de Java, pero para Ramón siempre fue un hueso duro de roer, así que se dispone a repasar desde lo más básico: la declaración de variables y el tipo de los datos.

El lenguaje Java consta para su escritura de la creación de variables. Una variable es un espacio en la memoria principal de un ordenador, y necesita estar asociado a un nombre para crearse. Es un contenedor donde se guarda cierta información que determina el programador. Esta información puede ser conocida o desconocida, pero lo que sí se tiene que conocer y determinar en el momento de la **declaración** dentro del lenguaje de programación Java es el tipo del dato que será guardado.

Para hacer esto Java proporciona una serie de tipos, llamados **tipos o datos primitivos.** Con ellos podremos definir de qué tipo será la variable que vamos a crear.

 EJEMPLO

Ejemplos de declaración de variables serían:

```
int count;
int miPrimeraVariable;
int a,b,c;
```

Aquí estamos creando una variable llamada miPrimeraVariable, y diciendo a Java que será de tipo *int,* que es uno de los tipos primitivos que veremos a continuación. Se reserva un espacio en memoria para el valor que contengan esas variables, en el cual se almacenará la información. Sobre esta información de momento solo sabemos el tipo del que será.

Los tipos de datos de Java se pueden organizar según el tipo de información que contienen. Según este criterio, los tipos se clasificarían en dos tipos: **datos primitivos y datos referenciados.**

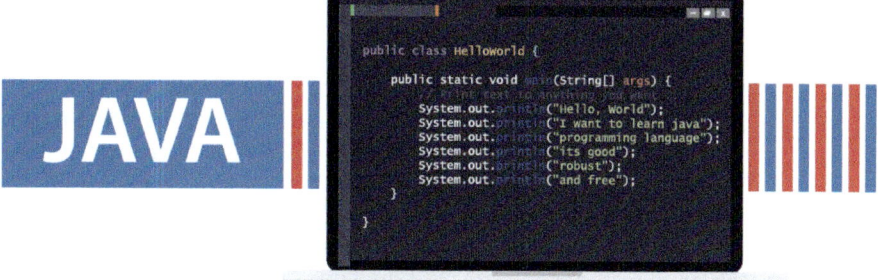

El estudio del lenguaje java comienza por los tipos primitivos que este lenguaje de programación puede soportar.

5.1. Datos primitivos

Los tipos de **datos primitivos** son los que vienen ya definidos en el mismo lenguaje de programación Java y son con los que podemos construir nuestras aplicaciones.

Hay ocho tipos de datos primitivos, que podemos definirlos a su vez en cuatro tipos más amplios dependiendo de la naturaleza de estos:

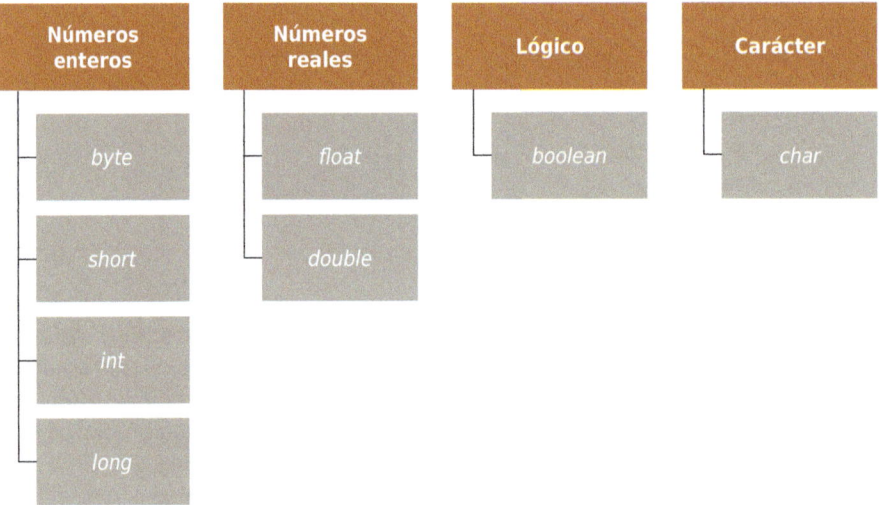

◔ **Números enteros:**

◑ **Byte:** representa un entero de 8 bits de complemento a dos, y puede tomar un valor entre -128 a 127, incluyendo ambos. Se suele usar para guardar ahorrando en memoria los *Arrays* de grandes dimensiones. También puede ser usado como una "documentación" del código, donde sus limitados valores aportan información por sí mismos.

◑ **Short:** este tipo de entero se usa de manera muy parecida a byte y representa un entero de complemento de dos formado por 16 bits. También sirve para ahorrar memoria guardando grandes *arrays,* donde este ahorro aligera realmente los procesos. Comprende los valores entre -32.768 y 32.767 (inclusive).

◑ **Int:** ocupa un espacio de 32 bits. Es un valor entero numérico de complemento a dos, y comprende valores entre (-2^{31}) a $(2^{31}-1)$. Es el tipo más usado por las personas que empiezan a aprender programación en Java.

◗ *Long:* es un valor numérico de complemento de dos, que pesa 64 bits en memoria. Comprende un rango de valores más amplio que el tipo *int,* entre (-2^{63}) a $(2^{63}-1)$.

⮑ **Números reales:**

◗ *float:* almacena valores en coma flotante con precisión simple de 32 bits. Es usado también para guardar *Arrays* de números en coma flotante de grandes dimensiones.
◗ *double:* almacena valores numéricos y tiene una precisión doble de 64 bits. Su nombre *(double)* es por el hecho de la doble precisión que tienen estos con respecto a su compañero *float.*

⮑ **Lógico:**

◗ *boolean:* este es la representación de solo un bit de información. Es un tipo de datos lógico y puede tomar el valor más primitivo: *true* (verdadero) o *false* (falso). Cuando se declara una variable tipada como *booleana,* esta no puede convertirse a través de *cast* en ninguna otra. No tiene correlación con el número 1 o 0 como estamos acostumbrados en otros lenguajes de programación como el lenguaje de programación C.

⮑ **Carácter:**

◗ *char:* es un valor simple Unicode de 16 bits, es decir, representaría un solo carácter. Unicode se creó para tener alcance mundial, y Java usa este sistema de caracteres con *char* para tener el mismo alcance.

5.2. Otros tipos de datos: datos referenciados

Dentro de los **datos referenciados o variables referenciadas,** nos referimos a los objetos creados por el usuario, las clases llamadas *Wrapper* (o clases envoltorio), y la clase, *Array,* interfaces o *String,* que se dedica a instanciar un objeto de esta misma clase que almacenará información alfanumérica.

Estos pueden ser instancias de clases que vienen predefinidas en el lenguaje Java, y que sirven como herramientas básicas de programación.

DEFINICIÓN

Tipado estático
Lenguajes de programación que comprueban la tipificación durante la compilación y no durante la ejecución. Son más seguros a la hora de ejecutar, ya que los errores se detectan antes.

Tipado dinámico
Es el que se caracteriza por que la comprobación de la tipificación se hace durante su ejecución en vez de comprobar durante la compilación.

---

6. Espacios de nombre

☞ HILO CONDUCTOR

A nuestro socio Ramón una duda le asalta. No para de oír la palabra "clase", y se dedica a comprobar una definición básica en la que descubre que son estructuras básicas de datos dentro de las aplicaciones Java. El primer paso en cualquier declaración de una clase es el establecimiento de una organización en paquetes. Se dispone a profundizar en este apartado que le lleva al concepto de *namespace*.

Para conocer los **espacios de nombre** o *namespaces,* tenemos que pasar primero por el concepto de los paquetes en Java. Estos sirven para agrupar distintas clases que están relacionadas entre sí. Establecen una región declarativa, en la cual dos clases no pueden tener el mismo nombre dentro del mismo *namespace,* el cual se establece a través de la definición de nuestros paquetes. Dentro de cada uno de los *namespaces* establecidos, cada una de las clases ha de tener un nombre único.

SABÍAS QUE...

Las clases en Java siempre pertenecen a algún paquete. Si no se declara de manera explícita, se hace de manera automática. El paquete que se crea de manera predeterminada se conoce como global, y su creación es invisible o implícita.

Cuando declaramos un paquete en una clase, esta ha de estar dentro de su correcto directorio dentro del sistema de archivos del programa. Al colocar una clase dentro de un directorio ya estamos creando un nuevo *namespace* para esa clase, que será el nombre del paquete más el nombre que le demos a la clase.

La forma general de declarar un paquete es la siguiente:

```
package actividades;
```

En la creación de paquetes hay que respetar la jerarquía, y que esta sea la que se refleje en los diferentes directorios. Para llevar esto a la práctica, separa cada paquete del nombre del paquete que está por encima de él a través del uso de un punto. No hay alias en los paquetes, sino que deben usar una declaración en forma de importación.

Ilustremos esto continuando con el ejemplo anterior:

```
package actividades.ejercicio;
```

Y este paquete debería estar en el directorio correspondiente, en este caso:

```
.../actividades/ejercicio
```

Esto se definiría como una declaración de paquete multinivel, y con esta se hace posible la creación de jerarquías de clases.

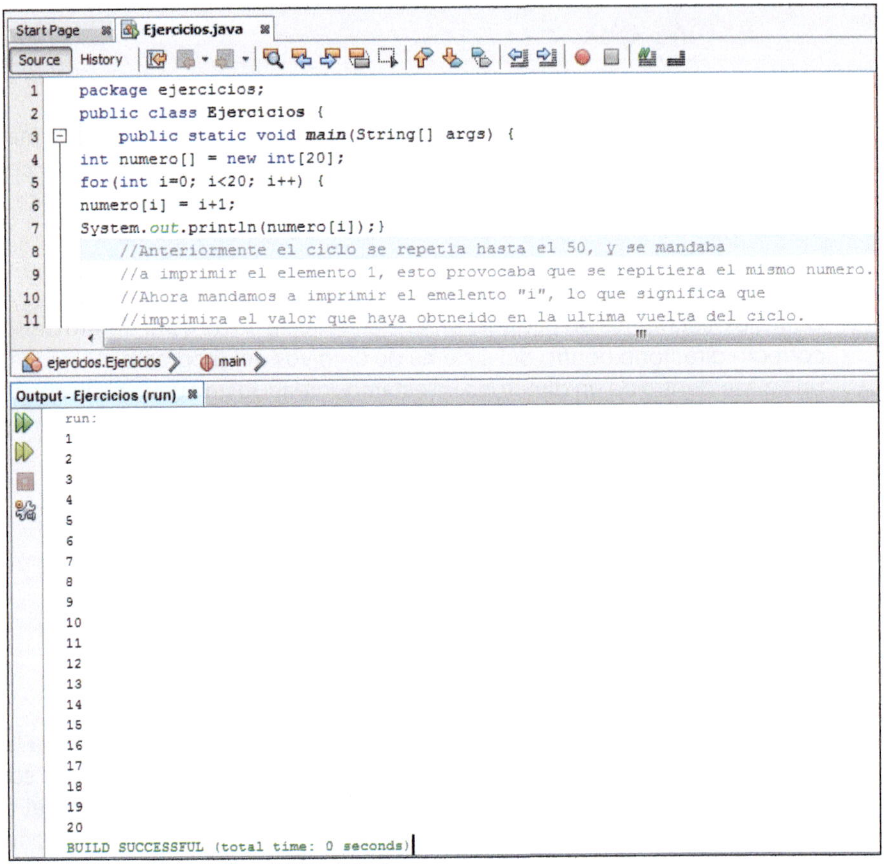

```
Start Page  ⊠  Ejercicios.java  ⊠
Source   History   | 🔯 🖫 · 🖫 · | 🔍 🖫 🖫 🖫 🖫 | 🔂 🖫 🖫 | 🔄 🔄 | ● ■ | 🔠 �"

1    package ejercicios;
2    public class Ejercicios {
3 ⊟      public static void main(String[] args) {
4    int numero[] = new int[20];
5    for(int i=0; i<20; i++) {
6    numero[i] = i+1;
7    System.out.println(numero[i]);}}
8        //Anteriormente el ciclo se repetia hasta el 50, y se mandaba
9        //a imprimir el elemento 1, esto provocaba que se repitiera el mismo numero.
10       //Ahora mandamos a imprimir el emelento "i", lo que significa que
11       //imprimira el valor que haya obtneido en la ultima vuelta del ciclo.
         ◄                                                         Ⅲ

   ejercicios.Ejercicios  >   ⦿ main >
Output - Ejercicios (run)  ⊠
⏩    run:
⏩    1
      2
      3
      4
      5
      6
      7
      8
      9
      10
      11
      12
      13
      14
      15
      16
      17
      18
      19
      20
      BUILD SUCCESSFUL (total time: 0 seconds)
```

Los namespaces y la declaración del nombre de nuestros paquetes son herramientas fundamentales del lenguaje Java para tener control sobre nuestras clases.

Si el paquete ejercicio contuviese una clase de Java llamada *Matematicas,* esta se podría importar a través de su *namespace* y la palabra reservada *import* de la siguiente manera:

```
import actividades.ejemplo.Matematicas;
```

Si quisiéramos importar todas las clases que contuviese el paquete ejemplo podríamos realizar la importación de la siguiente manera:

```
import actividades.ejemplo.*;
```

Con el símbolo asterisco (∗) estaríamos diciendo que importamos todo el contenido que haya dentro del paquete ejemplo, dentro del paquete actividades, y es una buena manera de refactorizar código. Hay que tener en cuenta que el asterisco solo importa las clases que contenga ese paquete, no las que contengan los posibles subpaquetes que este a su vez contenga.

 DEFINICIÓN

Refactorización
Es la técnica de ingeniería de *software* por la que los programadores cambian la estructura interna del código de un programa para mejorarlo sin cambiar su comportamiento externo.

APLICACIÓN PRÁCTICA

En la consultora donde trabaja, a Sandra se le ha presentado una gran oportunidad: la refactorización de un proyecto en el que se está trabajando con el lenguaje de programación Java. La primera tarea que se le ha asignado es refactorizar la siguiente importación de clases:

```
import familia.Padre;
import familia.Madre;
import familia.Abuelo;
import familia.Hijo;
```

Todo el directorio de carpetas sería el siguiente:

```
../familia/Padre.java
../familia/Madre.java
../familia/Abuelo.java
../familia/Hijo.java
```

Continúa en página siguiente >>

<< Viene de página anterior

¿Cuál es la manera correcta de refactorizar esas cuatro líneas de código?

Solución

La manera correcta de refactorizar las cuatro líneas de código sería la siguiente:

```
import familia.*;
```

Pues con el carácter asterisco solo se importarán las clases directas del paquete, y así podremos importar esas cuatro únicas clases en una sola sentencia.

---

7. Operadores

 **HILO CONDUCTOR**

A nuestro socio Ramón el estudio de los tipos en Java le ha sido muy ilustrativo, ya que solía tener dudas básicas y confundía varios tipos. Ahora que esto ya no le ocurre, está preparado para pasar a aprender más sobre qué hacer con esos tipos de datos, aprendiendo a inicializar variables y empezando a trabajar con ellas y usando para ello los operadores básicos y avanzados que Java ofrece.

Antes de explicar los operadores, tenemos que ahondar en qué es una variable.

✎ **DEFINICIÓN**

Variables
Herramientas que tienen los programadores para acceder a la información que hay guardada en memoria. Con estos datos es con los que van a trabajar nuestros programas. Se trata realmente de un identificador de nuestro valor, un nombre, y automáticamente el compilador lo pasa a un acceso en memoria.

Las variables tienen ciertas características que hay que respetar a la hora de su inicialización. Un nombre de variable tiene que empezar por una letra minúscula o un guion bajo (_) o dólar ($). En el estilo de escritura de java, predomina empezar con una letra minúscula, e ir añadiendo una mayúscula para separar de la siguiente palabra.

Como hemos visto en el punto anterior, al declarar la variable también le decimos el tipo para determinar qué espacio en memoria tiene que reservarse para esta.

Cuando ya tenemos nuestra variable declarada, podemos **inicializarla.**

```
int count = 1;
String miPrimeraVariable = "hola mundo"
long a = -2123423454;
```

En el primer caso estamos declarando e inicializando a la vez una variable llamada *count,* la cual la vamos a declarar como de tipo *int,* es decir, contendrá un valor numérico de complemento a dos que ocupará un espacio en memoria de 32 bits. Este espacio en memoria será ocupado por el valor 1.

Con la declaración de *miPrimeraVariable,* estamos dando este nombre como identificador a una variable, la cual contendrá la instancia de la clase *String* nativa de Java, un tipo de clase referenciada en el propio Java. En este caso la estamos inicializando como una cadena vacía. Hay que recordar que no es lo mismo una cadena vacía que un valor nulo, que se inicializará de la siguiente manera: *String miPrimeraVariable = null,* en cuyo caso sería un valor nulo.

En el tercer caso inicializamos la variable con nombre a de tipo *long.* Esta variable contendrá el valor -2123423454 en el espacio que se habrá reservado en memoria. Este espacio viene determinado por el tipo *long,* que ocupa 64 bits.

7.1. Distintos tipos de operadores

Con las variables ya inicializadas, podemos empezar a operar con ellas. Contamos con un contado número de operadores, habituales en otros lenguajes y con la sintaxis basada en símbolos. Estos operadores se pueden dividir en distintos tipos dependiendo de su naturaleza.

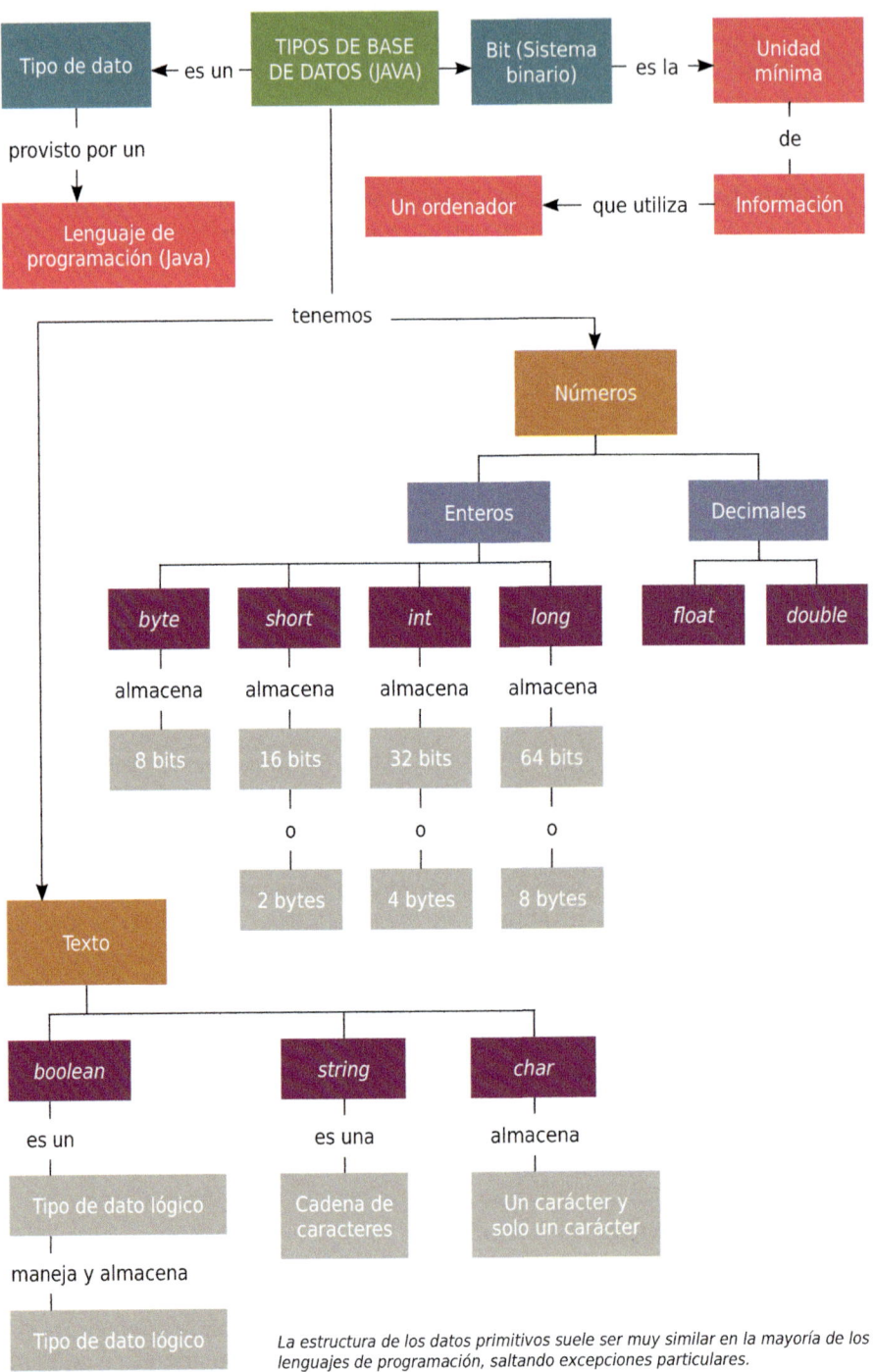

La estructura de los datos primitivos suele ser muy similar en la mayoría de los lenguajes de programación, saltando excepciones particulares.

Operadores de asignación

Entre estos está el =, que ya hemos visto durante el aprendizaje de la inicialización de variables. Es el encargado de asignar un valor a una variable. No hay que confundirlo con el operador unario de igualdad (==), ya que implican cosas diferentes.

OPERADOR	OPERACIÓN	EJEMPLO
=	Asignación	`int a = 1;`
+=	Suma y asignación	`int b += a; // b = 2`
-=	Resta y asignación	`int c = 2;` `int d -= c; // d = 1`
*=	Producto y asignación	`int e = 2;` `e *= c; // e = 4`
/=	División y asignación	`int f = 4;` `e /= f; // e = 2`
%=	Resto y asignación	`f %= e; // f = 0`

Operadores aritméticos básicos

Serían la suma, la resta, el producto, la división y el resto de la división. Se usan con los tipos numéricos y están destinados a utilizarse para operar con los datos numéricos reales y enteros.

OPERADOR	OPERACIÓN	EJEMPLO
+	Suma	`int a = 1;` `int b = 5 + a; //b = 6`
-	Resta	`int c = 2 - 1; //c = 1`
*	Producto	`int d = 24 * 2; //d = 48`
/	División	`int e = b - c; //e = 5`
%	Resto	`int f = 20 % 7; //f = 6`

En el caso de la suma, cambia su comportamiento dependiendo de si opera con variables numéricas o si lo hace con alfanuméricas. Cuando se usa con alfanuméricas, se conoce como operador de concatenación. Esto quiere decir que si usamos variables de tipo *char* o *String,* y operamos sobre ellas con la suma (+), las estaremos concatenando en una sola cadena.

```
String hola = "Hola ";
String mundo = "Mundo";
System.out.println( hola + mundo); // imprime Hola Mundo
```

Operadores aritméticos incrementales

Son los que operan con un único operando, que puede ser de tipo *char* o numérico. Se denominan también como operadores unarios por esta misma razón. Se trata de un operador que se usa como prefijo y como sufijo delante de un único valor e incrementa o decrementa el valor de este.

OPERADOR	OPERACIÓN	EJEMPLO

++	Incremento	`int a = 4;`
		`a++;`
		`int b = ++a; //b = 5`

--	Decremento	`int c = 5;` `c --; //c = 4`

Podemos ver la diferencia entre posincrementar y preincrementar a través del uso de la función System.out.prinln de Java.

 DEFINICIÓN

System.out.println();
Es la línea de código que llama a la impresión de datos por pantalla. Se utiliza la clase *System*, el atributo *out* y el método *println()* o *print()*. La diferencia entre estos es que *print* imprime el contenido por pantalla, y *prinln* hace lo mismo, pero deja un salto de línea tras él, lo que hace más legible la salida por consola.

 EJEMPLO

```
int a = 1;
System.out.println(a--); // imprime 1 (imprime el
valor original de 'a' antes de decrementar)
System.out.println(a); // imprime 0 (el valor de 'a'
ha sido decrementado en la línea anterior)
int b = 1;
System.out.println(--b); // imprime 0 (se decrementa
'b' antes de ser impreso)
System.out.println(b); // imprime 0 (el valor de 'b'
ha sido decrementado en la línea anterior)
```

En el primer caso, se utiliza el operador de decremento sufijo (a--). Esto significa que primero se imprime el valor original de a (que es 1) y luego se decrementa. Por lo tanto, la primera impresión es 1 y luego a se convierte en 0.

En el segundo caso, se utiliza el operador de decremento prefijo (--b). Esto significa que primero se decrementa b y luego se imprime. Por lo tanto, el valor de b ya se ha decrementado cuando se imprime por primera vez, por lo que tanto, la primera como la segunda impresión son 0.

 TAREA 2

Miguel está preparando una entrevista de trabajo para un nuevo puesto en el cual necesitaría el desarrollo de aplicaciones con Java. Está realizando un repaso de los operadores con los que cuenta este lenguaje y se encuentra en la tesitura en la que necesita alguno concreto para que, al realizar una asignación, este asigne pero a la vez reste un entero a ese valor asignado.

Trata de razonar la respuesta para el problema de Miguel y ayúdale a evaluar las opciones que tiene y a tomar la decisión correcta sobre el operador más indicado para su situación. Investiga si el operador asignado existe en otros lenguajes de programación diferentes a Java.

Operadores relacionales

Realizan comparativas entre datos que pueden ser numéricos, caracteres o *booleanos*. Tienes que hacer la comparación entre datos compatibles, y dicha comparación siempre resultará un valor booleano, es decir, o *true* o *false*. Entre estos operadores de comparación encontramos: igual, distinto, menor y mayor.

OPERADOR	OPERACIÓN
==	Igual
!=	Distinto
<,<=	Menor, menor o igual
>,>=	Mayor, mayor o igual

Operadores lógicos

Son los que realizan operaciones sobre los valores evaluando los valores como *boolean,* arrojando un resultado booleano *(true* o *false).*

OPERADOR	OPERACIÓN
!	Not (no)
&&	And lógico
||	Or lógico
&	And (y e)
|	Or inclusivo
^	Or exclusivo

La principal diferencia entre los operadores &, | y ^ con los operadores && y || es que, cuando los primeros comparan los valores, lo hacen de todas las condiciones planteadas, mientras que en los AND y OR lógicos, si la primera condición arroja un resultado *false,* la segunda no será evaluada.

 **RECUERDA**

No deberías confundir la expresión = con ==. Son expresiones diferentes e implican cosas distintas. Una se utiliza para asignar un valor a una variable, y el segundo para evaluar la condición de si dos variables son iguales, devolviendo *true* en caso de que lo sea o *false* en caso de que no lo sea.

Otros operadores

Dentro de los operadores tenemos también algunos especiales por ser menos usuales o de uso más avanzado, como los operadores condicionales o *and* y *or* entre otros.

OPERADOR	OPERACIÓN
()	Agrupación
.	Acceso a variables
?:	Operador condicional
&	And (y entre bits)
|	Or inclusivo
^	Or exclusivo
<<,>>	Desplazamiento a izq. O drch. Sin contar signo
<<<,>>>	Desplazamiento a izq. O drcha. Contando el signo
~	Not (complemento de bits)
(tipo) expresión	Casting (o casteo)

Sobre el *Casting* o casteo podemos detenernos más detenidamente.

 ACTIVIDAD COMPLEMENTARIA

1. Determina la respuesta a las siguientes peticiones a través de un par de números guardados en variables:

   a. Realiza una suma y asignación del primer número sobre el primero.
   b. Incrementas el valor en 1 de la segunda variable.
   c. Divisible uno por otro (el valor de la división es un número entero) y mostrar el coeficiente en pantalla.

7.2. *Casting* o casteo y conversión automática de tipos

Esta es una operación para transformar una variable primitiva de un tipo primitivo a otro, o de una clase a otra. Cuando los tipos o clases que tratas de convertir son compatibles entre sí, o hay una relación de herencia entre ellas, se realiza lo que en Java se conoce como **conversión automática**

de tipos, y, en caso negativo, habrá que realizar un *Casting* o convertirlo explícitamente.

Para realizar la conversión automática de tipos hay que seguir ciertas normas de compatibilidad, como asignar un tipo más pequeño a otro tipo de datos más grande.

En orden de menor a mayor:

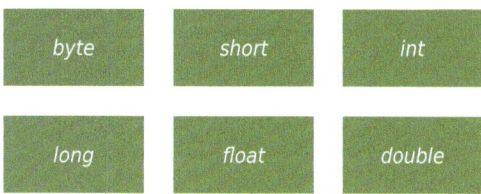

Además, los datos *boolean* y *char* no permiten conversión automática ni entre ellos ni con el resto de los datos numéricos primitivos de Java.

Un ejemplo de este tipo de conversión sería:

```
int i = 100;
long l = i;
float f = l;
System.out.println("Valor int: " + i + " , Valor
long: " + l + ", Valor float: " + f);
// imprime "Valor int: 100, Valor long: 100, Valor
float: 100.0"
```

El *Casting* o conversión explícita de tipos se realiza cuando queremos, por ejemplo, asignar un valor mayor a un tipo de dato más pequeño. Es muy práctico en los casos que no podemos realizar conversión automática de tipos porque los tipos son incompatibles. Podemos pensar en esto cambiando el orden de la tabla de compatibilidad de tipos numéricos que hemos visto anteriormente. Podríamos pasar un tipo *double* a un *float,* o un *int* a un *short.*

```
char c = "c";
int i = 12;
c = i;
```

Si tratáramos de ejecutar el siguiente ejemplo, obtendremos un error de incompatibilidad de tipos. Entonces, ¿cómo podemos hacer una conversión explícita? Pues escribiendo entre paréntesis el tipo al que queremos castear como prefijo del valor que transformamos:

```
double d = 100.04;
long l = (long)d;
int i = (int)l;
System.out.println("Valor double: " + d + " , Valor
long: " + l + ", Valor int: " + i);
// imprime "Valor double: 100.04, Valor long: 100,
Valor int: 100"
```

 PARA SABER MÁS

La variable *char* es equivalente al valor de este mismo carácter dentro de la tabla ASCII. Por ejemplo, la letra *a* es equivalente al entero 97, ya que este es el valor que ocupa este carácter. Para saber más, puedes consultar sobre ello accediendo desde aquí.

https://redirectoronline.com/ifcd059po0103

ACTIVIDAD COMPLEMENTARIA

2. Resuelve los siguientes puntos:

   a. Declarar los siguientes tipos de variable: *byte, int, short, float, double* y *char.*
   b. Declarar una variable llamada *resultado1* que sea de tipo *float* y asignarle el resultado de multiplicar el valor *float* con el valor *byte.*
   c. Declarar una variable llamada *resultado2* que sea de tipo *int* y asignarle el resultado de dividir el valor *int* con el *char.*
   d. Declarar una variable llamada *resultado3* que sea de tipo *double* y asignarle el resultado de multiplicar el valor *double* con el *short.*
   e. Declarar una variable llamada *resultado4* que sea el resultado de dividir el valor *int* con el *char.*
   f. Sumamos los valores *resultado* creados y lo mostramos por pantalla.

8. *Arrays*

 HILO CONDUCTOR

Ramón estaba tan contento haciendo ejercicios con operadores numéricos cuando se encontró ante un problema al necesitar guardar un número de datos dentro de una variable. Al no entender cómo podía realizarse eso, preguntó a Juan si podía darle alguna clase. Juan le dijo que podía empezar buscando y documentándose sobre los *Arrays*...

Un *array* en Java es una estructura de datos que permite almacenar múltiples valores del mismo tipo en una única variable. Los *arrays* son útiles para organizar datos relacionados y acceder a ellos de manera eficiente mediante índices. En Java, un *array* puede contener tipos de datos primitivos (como int o char) u objetos (como String). La capacidad de un *array* es fija una vez que se declara. A continuación, se muestra cómo declarar un *array* en Java.

Definición	
tipo nombre[];	- Esta sería la definición de un *Array* sin inicializar

Inicialización con la función new()	
tipo nombre[] = new tipo[tamaño] int c[] = new int[3];	- A la hora de definirlo, la manera más común es declarar e inicializar en una misma línea. Se inicializa con el operador **new** e indicando el tipo de dato u objeto que queramos incluir como contenido.

Inicialización como conjuntos de valores	
int[] c = {100,300,200,400};	- Otra manera de inicializarlo es sin especificar la memoria reservando esta de manera dinámica, dependiendo de la cantidad de elementos contenedores.

Al inicializarse un *Array,* se inicializan automáticamente cada posición de la matriz. Se le otorga el valor por defecto del tipo al que se haya inicializado la misma. Observemos el siguiente caso:

```
int[] c;
```

Con este código estamos declarando una variable de tipo objeto *Array*, llamada *c,* en la cual todos los valores que guardará en su interior van a ser *int:*

```
c = new int [3];
```

Ya estaríamos inicializando tres variables int en el interior del *Array c,* con el valor que trae por defecto el tipo primitivo al que hemos decidido inicializarla. El valor por defecto de cada tipo de dato es el siguiente:

byte	0
int	0
long	0
float	0.0
doublé	0.0
char	/u0000
boolean	False
object	null

8.1. *Arrays* como objeto

Los *arrays* en Java son objetos que instancian la clase *Array,* lo que significa que tienen las propiedades y métodos de ayuda de dicha clase para trabajar con ella. Para poder determinar de manera dinámica el tamaño de un *array,* usamos la propiedad *length.*

 DEFINICIÓN

Función
En Java, el término *función* no se utiliza de manera nativa para referirse a bloques de código independientes. En Java, el equivalente a una función se conoce como *método.*

Método
Un método en Java es una función que está asociada con una clase o un objeto. En otras palabras, un método es un bloque de código que realiza una operación específica dentro de una clase. Los métodos en Java se definen dentro de una clase y pueden ser invocados o llamados desde otras partes del programa.

Hay que tener en cuenta que, para llegar a la última posición de un *Array,* hay que sumar el número de espacios menos uno, ya que empiezan a numerarse por el cero (si tiene 10 elementos, el último índice no será el 10, sino el 9). En caso de que intentemos acceder a una posición del *array* que no existiese, se lanzará una excepción **java.lang.ArrayIndexOutOfBoundsExpeption,** que nos alertará que el índice al que tratamos de acceder no existe.

Aunque todavía no hemos visto el tema de los bucles, que veremos un poco más adelante, adelantaremos algunos conceptos en el ejemplo que presentamos a continuación. Los bucles están íntimamente ligados a los *Arrays,* ya que son la herramienta principal que usamos a la hora de recorrerlos:

```java
public class Main {
  public static void main(String[] args) {
    int[] contenedor = new int[]{1100, 300, 200, 400};

    for (int i = 0; i < contenedor.length; i++) {
      System.out.println("Soy el elemento " + i + " con
      valor " + contenedor[i]);
    }
  }
}
```

Array también nos proporciona una función muy útil que es **clone,** que nos permite clonar cualquier *Array* de Java, independientemente de sus dimensiones, a una copia totalmente nueva:

```java
String [] nuevoArray = antiguoArray.clone();
```

Esta se instancia de manera separada al *array* padre del que haya sido clonado, y es exacta en todos los valores y posiciones que contiene en su interior.

APLICACIÓN PRÁCTICA

Natalia es programadora y se encuentra desarrollando un sistema de control de notas para profesores de distintos colegios. Se le pide realizar una media de las notas de un alumno, que están guardadas en forma de un *array* de *int* por cada alumno. Los valores son los siguientes:

Continúa en página siguiente >>

<< Viene de página anterior

```
int[] notas;
notas[0] = 6;
notas[1] = 4;
```

Ayuda a Natalia a imprimir por consola a través de las operaciones oportunas la media aritmética de las notas del alumno. Para ello, decide cuál de estas operaciones sería la correcta para este caso:

```
System.out.println("La media del alumno es "
+ notas[0] + notas[1]);
```

```
System.out.println("La media del alumno es "
+ notas[0] + notas[1] / notas.length);
```

```
System.out.println("La media del alumno es "
+ ((notas[0] + notas[1]) / notas.length));
```

```
System.out.println("La media del alumno es "
+ (notas[0] + notas[1]) / 2);
```

Solución

La operación adecuada en este caso sería la siguiente:

```
System.out.println("La media del alumno es "
+ ((notas[0] + notas[1]) / notas.length));
```

Los paréntesis son un operador que nos ayuda a determinar el ámbito en el que trabajarán nuestros operadores (y más delante funciones). En este caso estamos tomando correctamente la extensión del *Array* y dividiéndola de manera segura a todo el resultado del paréntesis de suma.

8.2. *Arrays* multidimensionales

Cuando entendemos mejor el concepto de *Array,* podemos usarlos de manera más avanzada si nos hiciera falta, a través de la posibilidad de crear **Arrays multidimensionales,** cambiando el concepto de *Array* como lista al del *Array* como matriz de *m* x *n* dimensiones. Veremos más fácil este concepto con un ejemplo, ya que su declaración también varía de la del *Array* tradicional.

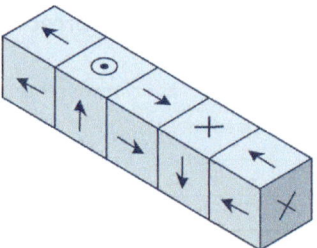

Un array multidimensional puede ser de 3, 4, 5 dimensiones… así hasta que queramos, pero lo más habitual es encontrárnoslos como matrices de 3 dimensiones.

```
int[][] arrayMultidimensional = new int[3][2];
```

En este caso estamos creando un *Array* con 2 dimensiones, uno de 3 posiciones y otro con 2. El contenedor ocupará un número total de 6 elementos, ya que 3 x 2 = 6, donde el 3 sería el número de filas y 2 el número de columnas. Un ejemplo gráfico de este *Array* podría ser:

[0][0]	[0][1]
[1][0]	[1][1]
[2][0]	[2][1]

Este mismo *Array* podríamos inicializarlo de diferentes maneras, inicializando en su declaración el valor que contendrá cada espacio del *Array:*

```
int [][] a = {
  {7,2,23},
  {12,3,1},
  {50,7,78}
}
```

También podríamos declarar *Array* de 3 dimensiones, de 4, de 5... Estos seguirán la misma lógica pero aplicada a cada dimensión que se añada, aunque es menos habitual encontrarnos con estos.

Se puede acceder al valor de cada posición a través de este mismo índice. Para recorrer el contenido de los *Arrays,* utilizamos los bucles combinando con la función *length.* Esto lo trataremos en profundidad en unidades posteriores.

 ## ACTIVIDAD COMPLEMENTARIA

3. Realiza tres *Arrays:* los tres han de ser de tipo *int,* pero el primero se inicializará a través de *new,* el segundo con un bloque, y el tercero será un *Array* multidimensional que contendrá por lo menos tres *Arrays* en su interior. Además, imprime por pantalla los siguientes valores:

   · Longitud de *Array* 1.
   · Longitud de *Array* 2.
   · Longitud de *Array* 3.
   · Longitud de elemento 0 del *Array* 3.
   · Longitud de elemento 1 del *Array* 3.
   · Longitud de elemento 2 del *Array* 3.

Pero, ¿qué hacemos si no sabemos de antemano el número de elementos que contendrá nuestro *Array?* Para este tipo de casos usamos **ArrayList.**

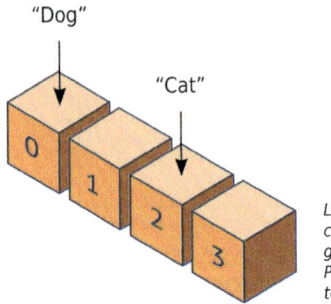

Los Arrays se utilizan como contenedores donde se guardan otro tipo de datos. Pueden ser bidimensionales o tener múltiples dimensiones.

ArrayList es una clase que nos permite añadir, editar y eliminar los elementos que contendrá, siendo estos siempre de clases objeto, no pudiendo contener datos primitivos. Es una herramienta muy útil y transparente en su uso para el programador. La manera de declararse, al ser de clase objeto, es a través de **new()**. Veámoslo a continuación:

```
ArrayList<String> nombreArrayList = new
ArrayList<String>();
```

Aquí estamos inicializando un *ArrayList,* sin necesidad de decir de antemano el espacio que ocupará este en memoria, ya que no es necesario conocer el número de elementos que contendrá. Este tipo de contenedor es más avanzado y los estudiaremos con más profundidad en unidades posteriores.

 SABÍAS QUE...

También es aceptada la declaración e inicialización del *Array* colocando los corchetes que lo caracterizan detrás del tipo en vez del nombre. Es la siguiente fórmula:

```
tipo[] nombre;
int[] matriz = new int[12];
```

9. Control de flujo *(if/Switch/while loop/for loop)*

☞ HILO CONDUCTOR

Para Ramón el aprendizaje de los *Arrays* no tenía sentido si no podía recorrerlos. Además, en ciertos ejercicios empezaba a necesitar alguna herramienta que le permitiese realizar acciones de acuerdo con alguna condición.

Para esto, buscando en la documentación, pronto encontró las sentencias de control de flujo que empezó a usar de inmediato para resolver múltiples situaciones.

El **control de flujo** es la herramienta que tiene el lenguaje de programación Java para que la ejecución de un programa realice las acciones que un programador le indique. Se usa para determinar el orden en el que se ejecutarán las acciones o sentencias de un programa.

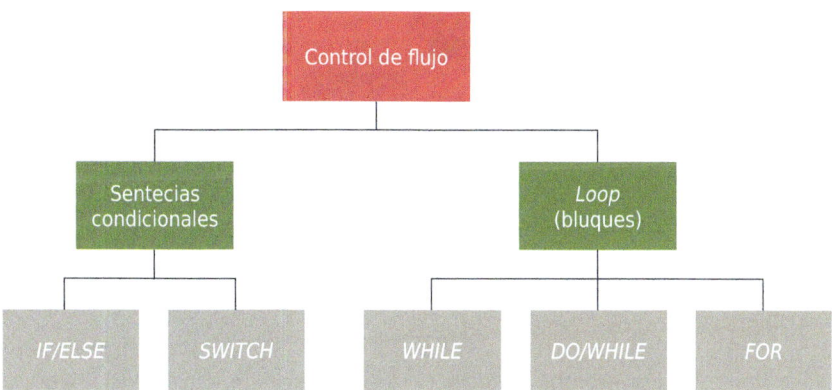

En Java hay varios tipos de sentencias de control de flujo, que podemos categorizar en: sentencias de toma de decisiones, bucles y alguna otra especial, como las excepciones, que también son un tipo de sentencia de control de flujo, pero que dejaremos para apartados de programación más avanzada.

9.1. Sentencias condicionales

Las **sentencias condicionales** son las que permiten ejecutar de manera selectiva entre una u otra sentencia dependiendo de alguna condición de carácter *booleano*. Aquí es donde usamos los operadores lógicos y relacionales estudiados con anterioridad.

if-else

La primera, más importante y que no deja de usarse a lo largo del aprendizaje de casi cualquier lenguaje de programación, es la sentencia **if-else.** Las sentencias que introducimos en el interior del **if** solo se ejecutarán si el criterio que se le asigne es verdadero *(true)*. Esta puede ser varias condiciones, y todas tienen que ser *true* para que el *if* se ejecute.

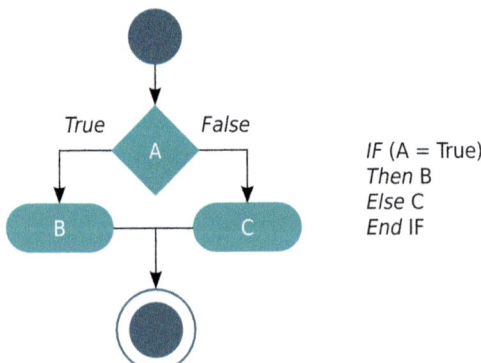

El algoritmo típico del Array nos entrará en una condición o no dependiendo de si una condición es verdadera o no.

Pero, ¿y si queremos ejecutar un juego de sentencias donde la condición sea falsa *(false)*? Para eso utilizamos el **else.** El **else** siempre cubrirá los casos que no cubra el *if.* Un ejemplo del uso de ambos sería:

```
int i = 5;
String mensaje = "";
if (i == 4) {
  mensaje = "Soy un cuatro";
} else {
  mensaje = "Soy distinto de cuatro";
} // imprime Soy distinto de cuatro
```

Aparte de *if* y *else,* tenemos la sentencia **else if.** Este se utiliza para cubrir nuevas condiciones, y se usa junto con el operador *if* anidándolo tras este. No puede usarse de manera independiente.

```
if (i == 4){
  mensaje = "Soy un cuatro";
} else if (i == 5){
  mensaje = "Soy un cinco";
} else {
  mensaje = "Soy distinto de cuatro y cinco";
} // imprime Soy un cinco
```

También tenemos la posibilidad de escribir esta sentencia a través del operador ternario *(?:),* un operador especial de Java que nos permite escribir sentencias condicionales de tipo *if-else* con una sentencia en una misma línea:

```
mensaje = (i == 4) ? "Soy un cuatro" : (i == 5) ?
"Soy un cinco" : "Soy distinto de cuatro y cinco";
```

 ACTIVIDAD COMPLEMENTARIA

4. Imprime por pantalla una frase afirmando que un número sea positivo o negativo, o, en caso de ser cero, otra frase que lo confirme.
   Además, necesitas saber, de entre dos números, cuál es el mayor y cuál es el menor, y verificar si un número es par o impar.

- -

switch

Por otro lado, tenemos la sentencia **switch,** que nos da una ventaja respecto a *if* siempre que el número de anidamiento de los *else if* a evaluar se nos pueda disparar. Estos se usan de manera más directa, ya que no va evaluando cada condición. Esto se debe a que en cada **case** (caso) del *switch* se cierra con una etiqueta **break,** que corta la ejecución. Estas sentencias *break* son opcionales, permitiéndonos ejecutar más de una condición al mismo tiempo.

También consta de una condición que ofrece de serie, **default,** que permite cubrir todos los casos que no se hayan cubierto con anterioridad, funcionando como el *else.* Este *default* es también opcional, como el *break,* pero conviene ponerlo para realizar "buenas prácticas".

 **DEFINICIÓN**

Buenas prácticas
Son las pautas que seguir dentro de la programación para que nuestros programas sean más óptimos de cara al rendimiento, más homogéneos y más mantenibles. Aunque hay consenso con estas, también dependen del lenguaje de programación en el que estemos desarrollando nuestras aplicaciones.

Veamos en un ejemplo la traducción del ejercicio anterior de *if* a *switch.* Esta sería:

```
switch (i) {
  case 4:
    mensaje = "Soy un cuatro";
break;
  case 5:
    mensaje = "Soy un cinco";
break;
default: // cubriría lo casos distintos de 4 o 5
  mensaje = "Soy distinto de cuatro y cinco";
  break;
}
```

El operador *switch* te limita a que el valor de la variable a evaluar y los valores de los casos sean de tipos simples, ya que cumple una condición simple de comparación de un valor. Los valores que acepta *switch* son *char, byte, short, int,* String (a partir de Java 7) y Enum (a partir de Java 5).

Al final el uso que se debería dar tanto de *if* o de *switch* dependerá de la complejidad de las condiciones que queramos evaluar. Mientras que *switch* gana en rendimiento con condiciones simples que tienen que evaluar múltiples valores, el *if* nos proporciona mejores opciones en casos complejos.

 ACTIVIDAD COMPLEMENTARIA

5. Guarda un número entre 1 y 7 en una variable, y que el programa calcule e imprima el nombre del día de la semana (lunes, martes, miércoles...) al que corresponde ese número.

9.2. Sentencias *loop* o bucles

Las **sentencias de repetición** o bucles nos permiten mantener la ejecución de una sentencia mientras se cumpla cierta condición que decide el programador. Esta condición tendrá un resultado *booleano,* que mientras sea verdadero ejecutará repetidamente una vez tras otra la ejecución de las líneas que contenga. Los bucles en Java son: *while, do while* y *for.*

while

El **bucle *while*** es la sentencia de bucle más básica que hay en Java. Se puede considerar como una instrucción *if* repetida varias veces. En el bucle *while* se evalúa una condición, y se ejecuta la sentencia hasta que esta condición deje de cumplirse.

Su implementación sería la siguiente:

```
int condicion = 1;
while (condicion <= 5) {
  System.out.println("Soy la condición " + condicion);
  condición++;
}
```

Continúa en página siguiente >>

<< Viene de página anterior

```
// imprime Soy la condición 1
        Soy la condición 2
        Soy la condición 3
        Soy la condición 4
        Soy la condición 5
```

En este ejemplo estamos creando un bucle **while,** al que decimos que tiene que imprimir por pantalla con la orden *System.out.println* mientras que la variable condición sea menor o igual a 5. Después, incrementamos el valor de la variable condición con el operador de incremento unario, sumando así 1 al valor de dicha variable en cada vuelta del bucle.

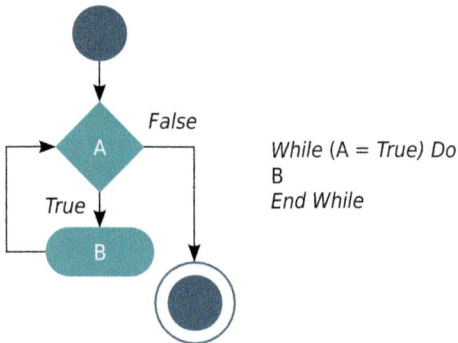

El algoritmo típico del bucle while se caracteriza por seguir indefinidamente cumpliendo una condición hasta que esta sea false.

do-while

El bucle **do-while** es similar al *while,* solo que la condición se ejecuta al final del cuerpo de la expresión. Se utiliza para ejecutar las sentencias que contiene el bucle por lo menos una vez. Se utiliza poco, pero aun así el bucle *do-while* tiene sus usos.

```
do {
  System.outprintln("Soy la condición " + condición);
} while (condicion > 5);
// imprime Soy la condición 1
```

En este caso el bucle *do-while* imprime solo una línea por pantalla, ya que la sentencia solo se ejecuta en la primera vuelta, y al final de esta, se evalúa la condición, y al no cumplirse, la ejecución del programa termina.

 ## ACTIVIDAD COMPLEMENTARIA

6. Realiza un programa que imprima por pantalla un saludo si encuentra el nombre de una persona dentro de un *Array* de nombres. Para ello, deberás dar dos soluciones, utilizando *while* y *for* e incluyendo *equals* o == para comparar los nombres. Además, deberás buscar la diferencia entre estos últimos.

---

for

El bucle más usado es el bucle **for.** Este bucle se caracteriza por ser usado para iterar a través de los elementos de un *Array.* Para su ejecución involucra tres acciones:

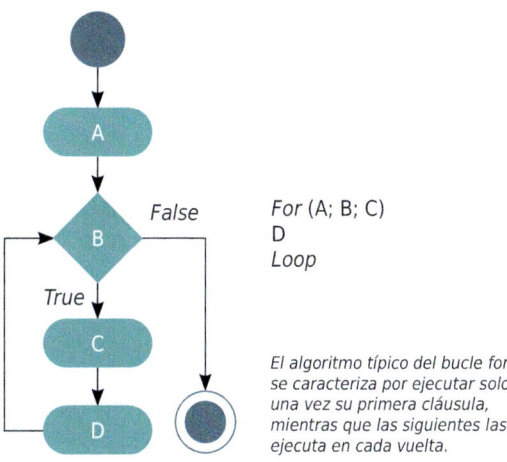

For (A; B; C)
D
Loop

El algoritmo típico del bucle for se caracteriza por ejecutar solo una vez su primera cláusula, mientras que las siguientes las ejecuta en cada vuelta.

Dichas acciones son separadas mediante comas en la escritura del bucle *for.* Esta coma garantiza que cada operador se ejecute en el orden correcto, de izquierda a derecha. La primera cláusula se ejecuta una única vez al arrancar el bucle.

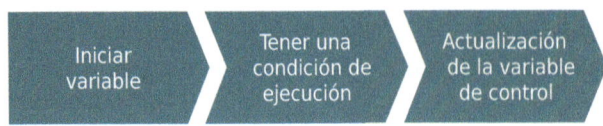

Veámoslo mejor en un ejemplo, traduciendo el mismo bucle que hemos usado con el bucle *while*.

```
for (int condicion = 1; condicion <= 5; condición++) {
  System.out.println("Soy la condición " + condicion);
}
// imprime Soy la condición 1
    Soy la condición 2
    Soy la condición 3
    Soy la condición 4
    Soy la condición 5
```

En este caso la primera cláusula es la inicialización de la variable condición a 1. Esta cláusula solo se ejecutará la primera vuelta del bucle. La segunda contiene la condición que ha de cumplirse para mantener la ejecución, y se evaluará en cada vuelta del bucle. La tercera cláusula modifica el valor de la variable creada en la primera vuelta, así podemos poner un fin a la ejecución de nuestro bucle.

 ACTIVIDAD COMPLEMENTARIA

7. Guarda un *Array* de 5 números entre 0 y 999. Para ello, deberás realizar un programa que recorra ese *Array* e imprima el número de dígitos que tiene cada valor que haya en esa posición del *Array*.

10. Resumen

El lenguaje de programación Java se caracteriza por ser escrito una vez, aunque puede ser ejecutado en cualquier **Máquina Virtual de Java.** El programador escribe una vez el código nativo, que sería lenguaje de alto nivel, con las herramientas que le proporciona la **JDK** o *Java Development Kit.* Este código es pasado a código intermedio o *bytecode* por la **JRE.** El archivo .java se codifica a través de la herramienta *Javac,* y es codificado a *bytecode* como .class, y es interpretado por la *JVM.* Para programar los desarrolladores contamos con una herramienta conocida como *IDE,* que proporciona ciertos componentes que permiten facilitar nuestro trabajo.

Este trabajo consiste en la redacción de código, que comienza con la creación de los elementos más básicos, las variables. Lo primero que hacemos al crear una variable es la asignación del tipo de estas. Para ello, podemos hacerlo a través de tipos primitivos, que son los más básicos de Java. Estos pueden ser numéricos, lógicos o caracteres. Encontramos una colección de herramientas llamadas operadores, que nos permiten hacer operaciones aritméticas y lógicas. Todas estas operaciones se complementarán con el uso de sentencias de código más avanzadas, como la clase *Array,* los condicionales *(if else* y *Switch)* o las sentencias de repetición o bucle *(while, do while* y *for).*

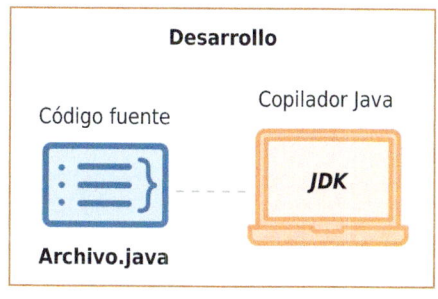
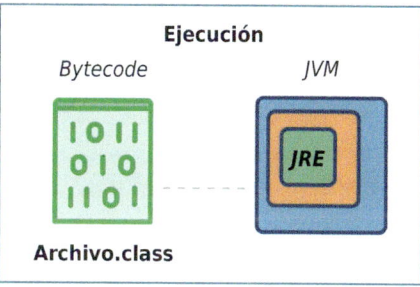

Ejercicios de autoevaluación
Unidad de Aprendizaje 1

1. Java es:

a. Un lenguaje de programación.
b. Una plataforma completa de tecnologías, herramientas y librerías que proporcionan un entorno de ejecución en cualquier plataforma.
c. Un sistema que ejecuta programas en distintas plataformas
d. Un conjunto de librerías.

2. Determina si la siguiente oración es verdadera o falsa: "Los programas que escribimos en Java son multiplataforma porque el entorno Java incluye una máquina virtual que interpreta el código *bytecode".*

■ Verdadero
■ Falso

3. Indica, entre las siguientes opciones, cuál es la que define mejor que "Java es un lenguaje de alto rendimiento":

a. Ideal para pequeñas compañías.
b. Mueve masas.
c. Ideal para grandes compañías.
d. Llega a todo tipo de público.

4. La *JVM*, o *Java Virtual Machine,* se encarga de:

a. Contener un número de librerías para la escritura de Java.
b. Codificar el código nativo a código intermedio o *bytecode*.
c. Facilita el mantenimiento de *software*.
d. Interpreta el código *bytecode* en tiempo de ejecución.

5. Determina si la siguiente oración es verdadera o falsa: "Para que un entorno de desarrollo integrado sea considerado como tal, debe estar compuesto por un editor de texto y herramientas de automatización, nada más".

- Verdadero
- Falso

6. La legibilidad de un programa informático es importante porque:

a. Evita errores a la hora de compilar.
b. Te permite corregir errores con rapidez, aunque no facilita el mantenimiento en el tiempo de una aplicación.
c. Reduce el coste de mantenimiento del *software* permitiendo corregir errores a menor esfuerzo.
d. Así toda la comunidad informática está de acuerdo.

7. El recolector de basura de Java:

a. Comprueba que todos los elementos sean palabras válidas.
b. Optimiza el rendimiento del código.
c. Verifica la estructura sintáctica de un programa.
d. Referencia las variables que se hayan quedado sin referenciar.

8. Los *IDE* deben cumplir algunas características, entre las que no se encuentra:

a. Ejecutar un programa informático.
b. Ser compatible con más de una plataforma.
c. Reconocer la sintaxis en la que se escribe.
d. Soportar varios lenguajes de programación.

9. Determina si la siguiente oración es verdadera o falsa: "Java es un lenguaje que diferencia entre mayúscula y minúscula".

- Verdadero
- Falso

10. **Establece el orden adecuado si quisiéramos realizar una conversión automática de tipos.**

    a. *byte*
    b. *double*
    c. *long*
    d. *int*

Programación Orientada a Objetos

Contenido

Objetivos

El objetivo general de esta Unidad de Aprendizaje es:

→ Resolver problemas simples y comenzar a construir aplicaciones sencillas, utilizando herramientas del lenguaje de programación Java.

Los objetivos específicos de esta Unidad de Aprendizaje son:

→ Entender el paradigma orientado a objetos y a través de qué herramientas es soportado por Java.

→ Comprender el concepto de objetos, clases y las propiedades que estas definen y poder usarlas para el desarrollo de programas básicos.

→ Poder identificar la implicación que tiene la incorporación de la abstracción en los distintos componentes de nuestros programas.

→ Identificar y poder llevar a la práctica las herramientas que Java nos proporciona para realizar la transformación de los datos de nuestros programas.

1. Introducción

Para comprender el concepto de **Programación Orientada a Objetos** primero tenemos que entender qué son los paradigmas de programación. La palabra **paradigma,** en sí misma, era definida por Kuhn (1970) como:

> *Conjunto de teorías, estándares y métodos que juntos representan una forma de organizar el conocimiento.*

Si aplicamos este concepto a la programación, encaja perfectamente. Para diferentes problemas podemos aplicar distintos paradigmas de programación para resolverlos. Los paradigmas de programación serían un conjunto de reglas y normas específicas que todo programador debe seguir a la hora de desarrollar sus soluciones. **La Programación Orientada a Objetos (POO)** es uno de ellos, pero antes de adentrarnos en ella, es bueno conocer qué paradigmas de programación mayoritarios existen.

A lo largo de esta unidad estudiaremos este concepto de paradigma de programación, más concretamente la **Programación Orientada a Objetos,** también conocida por sus siglas, POO, o en inglés OOP.

Para comprender este modelo de programación, es crucial adoptar una perspectiva más realista. La Programación Orientada a Objetos (POO) se esfuerza por representar los problemas de manera más fiel a la realidad que nos rodea. Para abordar un problema, la POO nos insta a identificar y crear cada uno de sus componentes, representándolos como clases e instanciándolos como objetos que reflejan entidades del mundo real.

En esta descripción, destacamos la palabra clave de este enfoque de programación: el objeto. Estos objetos se convierten en la encarnación de cada componente de la realidad que influye en el problema a resolver. Se pueden conceptualizar como la representación modelada de la realidad que queremos emplear para proporcionar una solución.

Para nuestros emprendedores de Digital Mushroom, S. L., se correspondería con el momento en el cual se encuentran ante una gran cantidad de proyectos sobre la mesa y, a la hora de abordar el análisis de uno en concreto, han de decidir qué paradigmas se usarán para el desarrollo. Nos centraremos en el proyecto que puede hacerlos despegar, para el que deciden usar un paradigma de orientación a objetos por la naturaleza de este.

2. Fundamentos

☞ **HILO CONDUCTOR**

En Digital Mushroom, S. L., tienen la primera reunión de análisis del proyecto que han de desarrollar. Los dos compañeros tienen ideas distintas sobre qué paradigma de programación aplicar, qué lenguaje usar y por qué. Tratarán de hacer una presentación de los tipos de paradigmas de programación y por qué Java debería ser el lenguaje indicado para su proyecto.

2.1. Los paradigmas de programación

Para hablar de los fundamentos de la Programación Orientada a Objetos, primero tenemos que entender qué es un paradigma de programación y cuáles han sido los más usados hasta la fecha.

Un paradigma es un modelo que nos guía a lo largo del desarrollo de una determinada disciplina. Si lo entendemos dentro del mundo de la programación, serían las normas y leyes que obedecemos a la hora de programar. Los paradigmas de programación no son excluyentes y pueden coexistir.

Los distintos paradigmas de programación se pueden dividir entre los paradigmas de programación declarativa y los paradigmas imperativos:

Programación declarativa	**Programación funcional** - Es un tipo de programación declarativa que usa funciones aritméticas que trabajan con cambios de estado mediante el proceso de mutación de valores. Es soportado por lenguajes como Scala, pero también puede usarse en lenguajes que no están preparados para ello, como Perl. **Programación con restricciones** - Es usado en lenguajes como B-Prolog, y se caracteriza por utilizar las restricciones como manera de expresar las relaciones entre sus variables. Todas las soluciones deben dar soporte a estas mismas restricciones.

Continúa en página siguiente >>

<< Viene de página anterior

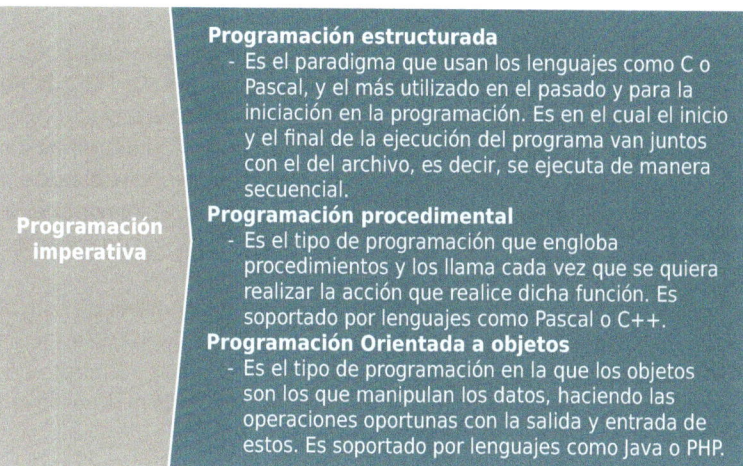

Programación imperativa

Programación estructurada
- Es el paradigma que usan los lenguajes como C o Pascal, y el más utilizado en el pasado y para la iniciación en la programación. Es en el cual el inicio y el final de la ejecución del programa van juntos con el del archivo, es decir, se ejecuta de manera secuencial.

Programación procedimental
- Es el tipo de programación que engloba procedimientos y los llama cada vez que se quiera realizar la acción que realice dicha función. Es soportado por lenguajes como Pascal o C++.

Programación Orientada a objetos
- Es el tipo de programación en la que los objetos son los que manipulan los datos, haciendo las operaciones oportunas con la salida y entrada de estos. Es soportado por lenguajes como Java o PHP.

2.2. Pilares de la POO

La POO se caracteriza por basarse en algunos términos que pasaremos a estudiar a lo largo de este manual de aprendizaje. Esta se basa en cuatro pilares básicos:

- **Herencia:** es un mecanismo que permite que una clase adquiera las propiedades y comportamientos de otra clase. En POO, una clase puede heredar atributos y métodos de una clase base (superclase) y extender su funcionalidad, agregando nuevos atributos y métodos o sobrescribiendo los existentes. La herencia fomenta la reutilización de código y facilita la organización jerárquica de las clases, lo que simplifica el diseño y la mantenibilidad del *software*.
- **Polimorfismo:** es la capacidad de un objeto de comportarse de diferentes maneras dependiendo del contexto en el que se utiliza. En POO, el polimorfismo se puede lograr a través de la sobrecarga de métodos (métodos con el mismo nombre pero diferentes parámetros) y la sobrescritura de métodos (implementación de métodos en clases derivadas que anulan los métodos de la clase base). El polimorfismo facilita la escritura de código genérico y flexible que puede adaptarse a diferentes situaciones sin necesidad de modificar el código existente.
- **Encapsulamiento:** es el mecanismo que permite ocultar los detalles internos de un objeto y restringir el acceso a sus componentes internos. En POO, los objetos encapsulan sus datos (atributos) y comportamientos (métodos), y solo exponen una interfaz pública para interactuar con

ellos. Esto ayuda a proteger los datos de un objeto y garantizar que solo puedan ser modificados a través de métodos específicos, lo que mejora la seguridad y la modularidad del código.

➲ **Abstracción:** es el proceso de identificar las características esenciales de un objeto y eliminar los detalles irrelevantes. En POO, la abstracción se logra a través de la creación de clases y objetos que representan entidades del mundo real. Estas clases encapsulan los datos y comportamientos relacionados en una unidad cohesiva, ocultando los detalles de implementación interna y exponiendo solo la interfaz necesaria para interactuar con el objeto.

Aparte de estas, hay más características importantes de este paradigma de programación, como podrían ser la modularidad, la recolección de basura o el principio de ocultación, muy unido al concepto de encapsulamiento. Todas estas son implementadas por Java durante el desarrollo de su sintaxis.

 **APLICACIÓN PRÁCTICA**

En la empresa de Marta han pedido realizar el análisis para una nueva aplicación, y quieren determinar qué pilar de la Programación Orientada a Objetos se encuentra mejor identificado con la siguiente necesidad:

- **Posibilidad de establecer relaciones de jerarquías.**
- **Que le permita extender solo los datos importantes.**

Ayuda a Marta e indica cuál es el principio de la POO que recoge estas cualidades.

Solución

El principio de POO que recoger las cualidades anteriores es la abstracción. Esta trata de extender los datos más relevantes de un conjunto de clases estableciendo jerarquías de herencia.

2.3. ¿Cómo la soporta Java?

La **Programación Orientada a Objetos** o **POO** es el tipo de paradigma de programación que utiliza como elementos fundamentales los **objetos** en el desarrollo de soluciones para cualquier problema, es el tipo de paradigma que nos ocupa en este manual y es soportado por el lenguaje de programación Java.

En este paradigma de programación se agrupa la información en *objetos,* los cuales ofrecen una funcionalidad particular y engloban un conjunto de datos comunes en las clases. Estas clases representan los objetos de la realidad y se caracterizan por tener un estado y comportamiento determinados. Estos comportamientos serían los *métodos* o *atributos,* que serían contenidos por sus *clases.*

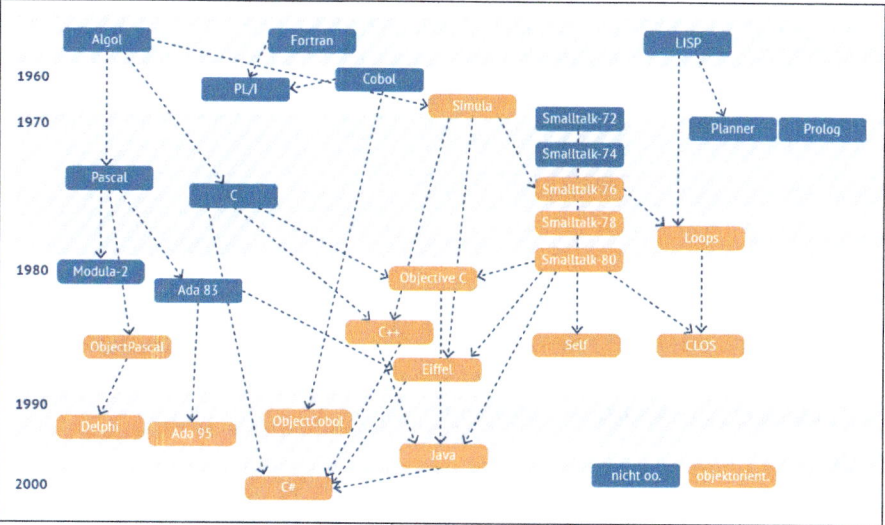

La historia de la Programación Orientada a Objetos es amplia y abarca una gran cantidad de lenguajes distintos, de los cuales, en menor o mayor medida, Java se nutre.

Un programa Java se inicia a través de un método *main* mediante el cual se podrán invocar acciones de otros objetos o clases. Una **clase** se podría definir como la especificación de una categoría de entes reales o no reales; es la abstracción de todos los objetos de un tipo concreto. Una costumbre muy ilustrativa es definir clases como sustantivos, por ejemplo, persona, silla, alumno, etc.

👁 EJEMPLO

Un ejemplo de creación de clase sería la creación de una clase de nombre Persona, la cual representará la abstracción de todas las personas que existan o no existan.

```
public class Persona { }
```

Ahora podríamos crear una instancia de esa misma clase, es decir, podemos realizar la creación de un nuevo objeto de tipo Persona.

```
Persona personal = new Persona();
```

Estas clases definen su comportamiento a través de los *atributos* y *métodos* que definamos en su interior. La clase anteriormente mencionada, Persona, podría contener atributos —que serían datos sobre esa persona— como, por ejemplo, edad, género o altura.

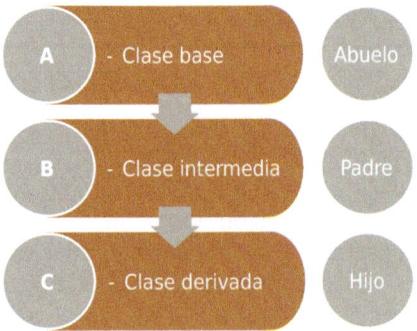

La herencia es la herramienta con la que la Programación Orientada a Objetos nos permite representar las relaciones entre componentes.

También podría definir *comportamientos* como métodos que trabajasen con esos atributos, como, por ejemplo, crecerUnCentimetro(), que definiese el comportamiento por el que el atributo altura se incrementase (altura++). Escrito sobre código Java se vería:

```
public class Persona {
  private int edad;
  private boolean genero;
  private double altura;
  public void crecerUnCentimetro() {
    this.altura++;
  }
  public void getAltura () {
    return this.altura;
  }
}
```

Nosotros podemos crear las clases que queramos, con los nombres, atributos y métodos que decidamos, pero Java trae predefinidas clases del propio lenguaje que podemos también instanciar. Ambos tipos de clases son con las que crearemos nuestros objetos, que usaremos para cumplir las especificaciones técnicas que nos pida nuestro programa.

Los principales tipos de objetos más usados que nos provee el lenguaje Java son **Array, String** y los **Wrapper** o tipos envoltorio:

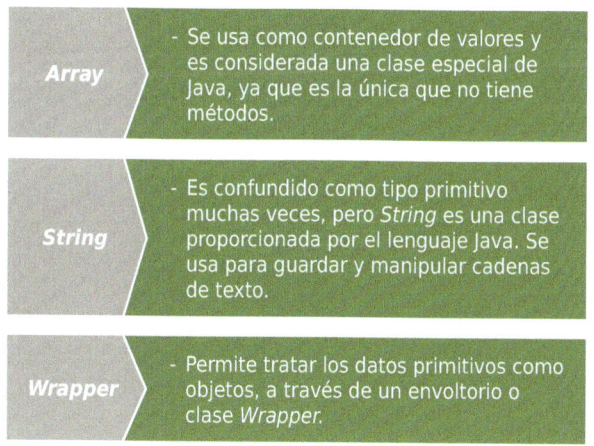

Array - Se usa como contenedor de valores y es considerada una clase especial de Java, ya que es la única que no tiene métodos.

String - Es confundido como tipo primitivo muchas veces, pero *String* es una clase proporcionada por el lenguaje Java. Se usa para guardar y manipular cadenas de texto.

Wrapper - Permite tratar los datos primitivos como objetos, a través de un envoltorio o clase *Wrapper*.

Nos adentraremos más en el concepto de *Wrapper*. En ocasiones resulta de utilidad usar tipos objeto en vez de tipos primitivos. En vez de usar un *int*, por alguna razón, podemos necesitar usar este como un objeto; en este caso Java nos proporciona los *Wrapper*, que son clases envoltorio. Por cada clase primitiva, tenemos su paralela como clase objeto. Estos *Wrapper* son:

Tipo Primitivo	Tipo envoltorio
byte	Byte
short	Short
int	Integer
long	Long
boolean	Boolean
float	Float
doublé	Double
char	Character

NOTA

Las clases *Wrapper* no están pensadas para ser más eficaces en cuanto a uso de recursos de la máquina, por eso debemos usar siempre que podamos las clases primitivas, las cuales cuentan con mejores mecanismos de reserva y liberación de memoria. Para la realización de operaciones aritméticas habituales, utilizaremos los datos primitivos.

Las clases envoltorio se usan como cualquier otra clase:

```
Integer x = new Integer(6);
int y = x.intValue();
```

TAREA 3

Nuestra amiga María está haciendo un trabajo en el cual necesita contextualizar el cobro de distintas facturas. Para ello, debe realizar el código oportuno a la

Continúa en página siguiente >>

<< Viene de página anterior

salida por pantalla de la fecha, el cliente y el total. Se le facilita la siguiente clase y se le pide rellenar el método imprimirFactura:

```
public class Factura {
  //Atributos y métodos de la clase
}
```

Ayuda a María a incluir el código necesario para imprimir una factura con los datos y métodos que tú creas que tiene que contener dicha clase.

Java también permite al programador la posibilidad de crear librerías propias y, además del mismo lenguaje, proporcionar algunas bibliotecas también que podemos usar como herramientas. Por ejemplo, si queremos usar funciones avanzadas de matemáticas, como la tangente, podemos importar la librería *Math,* la cual ya contiene desarrolladas esas operaciones y solo tenemos que invocarlas.

 SABÍAS QUE...

La clase **Date** es una clase de Java propia, importada desde el paquete java. util y sirve para gestionar fechas. Se le pueden asociar ciertos parámetros para asociarlos con un año, mes y hora específicos y usarlos en nuestras aplicaciones.

 **EJEMPLO**

Necesitamos crear una librería simple, que realice las operaciones matemáticas de sumar, restar, multiplicar y dividir números enteros.

1. Crea un nuevo proyecto de tipo *Java Class Library,* nombrado con cualquier nombre similar a tu elección. También elegiremos el nombre del *package;*

Continúa en página siguiente >>

<< Viene de página anterior

normalmente se llama con las iniciales del nombre y el nombre y localización de la clase donde se guardarán las acciones que podrá realizar dicha librería.
2. Pasaremos a crear dentro de la clase que hayamos guardado una serie de métodos que realicen las operaciones matemáticas que requiere nuestra librería.

```java
Package demo;
public class DemoMathLibrary {
  public int suma(int numero1, int numero2) {
    return numero1 + numero2;
  }
  public int resta(int numero1, int numero2) {
    return numero1 - numero2;
  }
  public int multiplicacion(int numero1, int numero2) {
    return numero1 * numero2;
  }
  public int division(int numero1, int numero2) {
    if (numero2 != 0) {
      return numero1 / numero2;
    } else {
      System.out.println("El resultado de dividir entre
      0 es
      indeterminado");
      return 0;
    }
  }
}
```

Desde un programa Java podremos importar las funcionalidades que hemos creado en nuestra librería de funciones aritméticas y usarlas durante el desarrollo de distintos programas, evitando así el código duplicado.

RECUERDA

La creación de las librerías nos ayuda a realizar la buena práctica de reutilización de código, ya que nos permite encapsular funcionalidades muy recurridas y convocarlas desde cualquier parte de nuestro código sin tener que escribirlas de nuevo.

Un buen ejemplo es la típica librería que trabaja con llamadas a base de datos, en la cual están ya incluidas las consultas a realizar; así no tenemos que volver a escribirlas, incrementando notablemente la productividad.

---

3. Objetos

☞ HILO CONDUCTOR

En Digital Mushroom, S. L., están empezando a analizar el problema que les han pedido realizar. La aplicación consiste en la creación de un sistema en el cual se pueda controlar a los distintos participantes en las próximas competiciones deportivas.

Para realizar este análisis, han de saber que, al haber elegido un lenguaje de programación que soporta Programación Orientada a Objetos, el primer análisis ha de ser la identificación de cada posible objeto que encontraremos a lo largo de nuestro programa.

Un objeto es una instancia de una clase, esto quiere decir que es un elemento tangible o caso concreto de una estructura de datos superior que sería su clase. Esta clase podría ser propia de Java o creada por el programador, en la que nos centraremos.

Imaginemos que creamos la clase Deportista. Es costumbre que se esquematice de la siguiente manera:

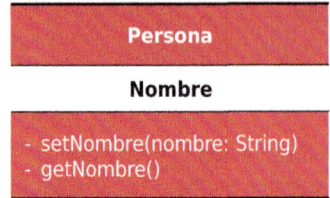

Puedes pensar en una clase como un plano o una plantilla que define las características y el comportamiento de un tipo específico de objeto. Por ejemplo, imagina que tienes una clase llamada Perro. Esta clase puede tener atributos como nombre, raza y edad, y métodos como ladrar() y correr(). Un objeto de la clase Perro sería una instancia específica de un perro con un nombre, una raza y una edad determinados.

```
int variable1 = 1; // inicialización de variable
Persona personal = new Persona("Carlos"); //
inicialización de objeto de clase persona
```

 **NOTA**

Esta operación de creación de un objeto se realiza de manera casi idéntica a como creamos las variables, ya que al fin y al cabo estamos creando un puntero en memoria con el nombre que le demos a nuestro objeto y diciendo del tipo que será, pero esta vez, en vez de ser primitivo, será del tipo de la clase que estemos construyendo.

3.1. Características de los objetos

Los objetos se identifican por tener las siguientes características:

Identidad
- Se refiere a la posibilidad que tenemos de diferenciar un objeto de todos los demás objetos, a través de un identificador único. Este identificador será el nombre que le pongamos al objeto. Esta referencia sirve para comparar si dos objetos son iguales o no lo son.

Comportamiento
- Se determinan las acciones que puede ejecutar a través de funcionalidades encapsuladas. Estas se basan en la reutilización de código, pudiendo acceder así al código en su interior a partir de la llamada a la clave del contenedor.

Estado
- Es el conjunto de datos que mantiene un objeto en un momento de tiempo concreto. La cualidad anterior, el comportamiento y el estado están íntimamente relacionadas, ya que esta primera se encarga de modificar el estado de un objeto, produciendo un "efecto colateral".

Con esto podríamos decir que un objeto es una unidad con identidad, que encapsula estado y comportamiento. Todos los objetos se comportan de manera similar, es decir, utilizan los mismos algoritmos ante situaciones iguales.

Esto es debido a que todas las clases de Java heredan de una superclase primitiva llamada *Object,* que otorga de serie ciertas características comunes a todas ellas. Todas contienen cierta información y comportamientos que siempre podremos usar desde cualquier objeto en Java, como la función *toString*.

3.2. Referenciando objetos

Veamos un ejemplo de cómo creamos un objeto instanciando la clase Persona que hemos esquematizado antes. Esto sería:

```
Persona persona1; //Crea una referencia de
la clase Persona
```

Lo primero que se debe hacer cuando se quiere trabajar con objetos es crear una referencia en memoria (también conocida como puntero) de la clase Persona con el identificador *persona1*.

En este momento es cuando estamos almacenando la referencia persona1 en una dirección en memoria, donde se encontrará el objeto. Es decir, *persona1* no contiene el objeto, sino que hay un espacio en memoria que hace referencia a esta clave.

La palabra **new** es una palabra reservada de Java que se usa para instanciar objetos, y se coloca delante del tipo de clase que estemos instanciando. Este hace la llamada al constructor que coincida con los parámetros dentro de los paréntesis.

```
persona1 = new Persona(); //Crea el objeto de
la clase Persona
```

Con ella es con la que creamos nuestros nuevos objetos. Se determina la clase que escribimos y se incluyen un par de paréntesis, que hacen referencia a algún constructor. Sobre los constructores hablaremos más adelante, pero podemos adelantar que son un tipo de método especial que contienen todas las clases.

Los objetos son una materialización de un caso concreto basado en el concepto de clase como esquema.

La creación de la referencia es precedida por la creación de la instancia referenciada. Es este el momento en el que usamos **new.** Esto puede realizarse en dos líneas, como en el ejemplo, o en una misma línea de ejecución:

```
Persona personal = new Persona();
```

Para poder usar un objeto se deben seguir estos pasos. A partir de ese momento ya tendremos nuestro objeto creado para poder trabajar con todas las funcionalidades que ofrezca el tipo de clase que sea.

3.3. Operador punto

Si quisiéramos acceder al atributo nombre que guarda el nombre de la persona, en caso de que tuviese acceso público, podríamos hacerlo a través del operador punto. Este da acceso a través del nombre de la propiedad a la que tratemos de acceder. En caso de querer acceder a una funcionalidad, podemos acceder del mismo modo, pero con el nombre del método que estemos invocando.

Para el operador punto afectan también los modificadores de visibilidad. Estos son palabras, junto a las clases, métodos y atributos, que delimitan el permiso que tienen los componentes externos para acceder a los datos.

```
personal.setNombre("Sara"); //llama al método que
establece el nombre para ese atributo
System.out.println(personal.getNombre()); //imprime Sara
```

En este caso, para acceder a las funciones *get* y *set* del atributo nombre, hemos tenido que declararlas públicas previamente. Si la propiedad nombre tiene unos métodos definidos como *get* y *set,* suele significar que estos están declarados *private,* y no se podrá acceder a ellos de manera directa. Es decir, el siguiente ejemplo nos lanzaría un error:

```
System.out.println(personal.nombre); //Error
```

User space	Applications	Libraries	Daemons
Linux kemel	Process	Memory Management	Device I/O
Hardware	CPU	RAM	Device

A la hora de programar, tener en cuenta el uso del espacio de memoria del que hacemos uso es fundamental.

Descubramos qué sucede con el espacio en memoria al crear dos referencias de la misma clase e igualar la primera a la segunda. Veámoslo, continuando con el ejemplo:

 **EJEMPLO**

```
Persona persona2 = new Persona();
personal = persona2;
```

En este caso la instancia *personal* se queda sin referenciar y se vuelve inaccesible, es decir, su puntero en memoria pierde la referencia y se genera un espacio basura en memoria. Para que este tipo de basura fuese liberado, en lenguajes como C o Pascal, se usaban variables dinámicas, que necesitan ser borradas explícitamente, pero en Java nos servimos de ignorar esta liberación de espacio, ya que es llevada a cabo por el entorno de ejecución de manera automática, más concretamente, por el recolector de basura. Este se encarga de realizar una recogida del espacio que queda inservible, liberando así la memoria basura.

 ACTIVIDAD COMPLEMENTARIA

8. Se requiere desarrollar un programa Java donde se necesita tener un objeto Persona. Para ello, define cómo podría ser la clase persona, almacenando mínimamente los siguientes datos:

Continúa en página siguiente >>

<< Viene de página anterior

- Nombre
- Apellido
- Edad
- Sexo

Define todos los atributos como privados y los posibles métodos para establecer y devolver esos valores desde el exterior. Crea dos instancias persona y establece todos sus valores. Luego, crea un *String* que devuelva los valores de ambas personas.

4. Clases

☞ HILO CONDUCTOR

Tras haber analizado el problema que los atañe, nuestros colegas han determinado que van a necesitar por lo menos tres tipos de objetos: deportistas, entrenadores y médicos. Estos tendrán una cantidad de atributos y métodos (es decir, propiedades y comportamientos) comunes que tendrán que convertir en clases o, lo que es lo mismo, necesitan definir cómo van a estar organizados los datos de su aplicación.

Las clases de Java son el pilar fundamental de su lenguaje. Estas representan el esquema de un conjunto de instancias que comparten características comunes entre ellas. Son estructuras de atributos y métodos que definen datos y comportamientos comunes, y actúan como un tipo de dato no primitivo.

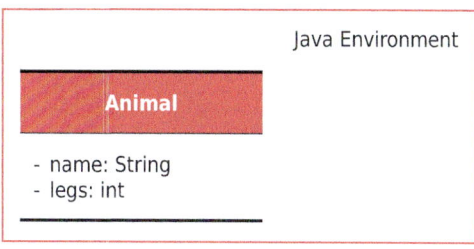

Dentro del lenguaje Java las clases representan los objetos de la realidad que rodean el problema que tratamos de solucionar.

Las clases se podrían comparar como una especie de plantilla de objetos, con las cuales podemos llevar un orden de lo que hacemos. Son los objetos los que definen cada particularidad dentro de cada atributo del que le provea la clase a la que pertenezca. Estas pueden ser creadas por los programadores o usar las clases propias de Java para distintas situaciones.

Primero vamos a centrarnos en la estructura de una clase y cómo el usuario puede crear nuevas para crear sus programas.

4.1. Partes de una clase

Hasta ahora hemos visto pequeños fragmentos de la programación Java, pero con el concepto de clase vamos a unir muchos de ellos.

Veamos en un pseudocódigo las partes en las que se divide normalmente una clase de Java:

```
paquete
NombreClase {
   Atributos
   Constructor
   Métodos
}
```

 **DEFINICIÓN**

Pseudocódigo
En el aprendizaje de la programación es común utilizar un código de alto nivel, conocido como pseudocódigo. Este usa las convenciones de los lenguajes de programación normales, pero evitando las expresiones que sean menos comprensibles para las personas, facilitando así la adquisición de conocimiento.

Paquete y nombre

Siempre tenemos que especificar el paquete de nuestra clase. Este agrupará clases con características comunes.

```
package ejemplo.persona;
```

Esto es importante porque, siempre que se use una clase de otro paquete, se tiene que importar usando *import,* pero si dos clases coinciden en el mismo paquete, aunque no se pueda acceder siempre a sus componentes, no hace falta hacer *import.*

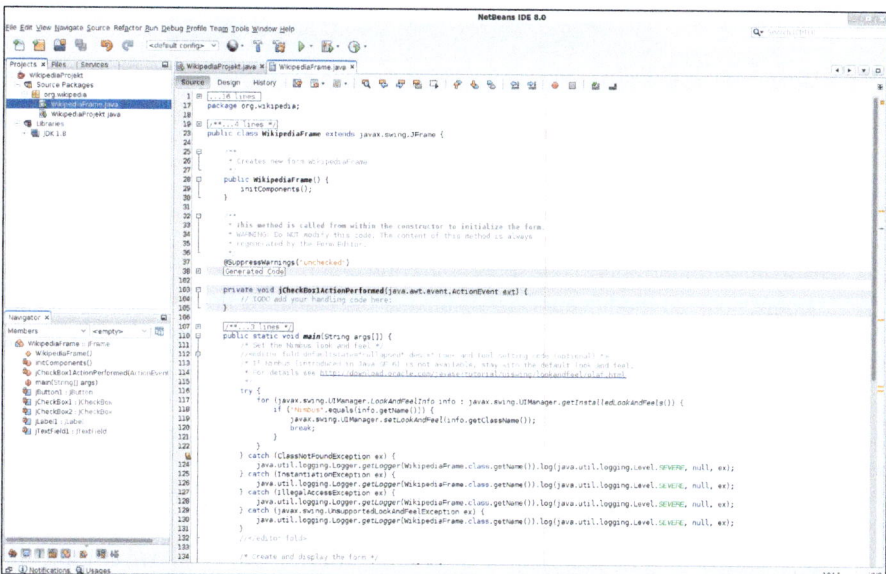

La estructura normal de una clase en Java sería declarar su paquete, importar los paquetes que use y el contenedor de la clase.

Antes de escribir el nombre de la clase, declaramos el acceso que se tendrá al mismo a través de los modificadores de acceso, los cuales veremos más adelante.

```
public class Persona {}
```

El nombre de la clase se escribe después de la palabra *class,* y suele comenzar con letra mayúscula. Su nombre suele ser un sustantivo que signifique la representación de un grupo de objetos del mundo real.

A continuación, se explica por qué las siguientes opciones se escriben de diferente manera.

import.ejemplo.*;
- En el primer caso estamos importando todo el paquete de clases que contenga la carpeta ejemplo.

import.ejemplo.Persona;
- En este caso somos más concretos y hacemos la importación solamente de la clase específica que vamos a necesitar; importamos el archivo Persona.java.

 **NOTA**

Para poder importar la clase, tendremos que tenerla creada y nombrada correctamente con su modificador de visibilidad oportuno. Es normal que las clases Java se declaren publicas excepto en casos más avanzados.

Atributos

En el interior de la clase declararemos sus atributos (el acceso al atributo en caso de no definirlo será *default),* los cuales, como buena práctica, definiremos como *private*.

```
private int nombre;
private float altura;
```

Estos suelen declararse pero no inicializarse hasta que lo hagan sus respectivos métodos *set* o se decidan declarar en el constructor.

class

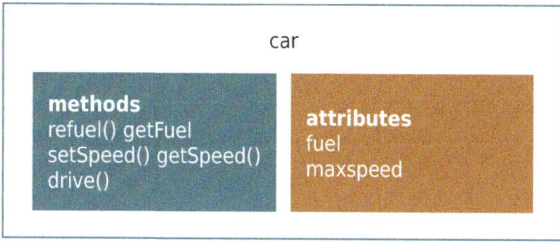

Las clases en Java expresan a través de sus métodos los distintos comportamientos que pueden realizar sus objetos.

Constructor

El constructor es un tipo de método especial de las clases en Java, el cual se ejecuta de manera automática cada vez que la clase es instanciada. Por defecto, si no definimos ninguno, se asigna de manera automática uno vacío que no hace nada, el cual también podríamos sobrescribir.

Se escriben sin el modificador de acceso, ya que tendrán el de la propia clase, y con el mismo nombre de la clase que construyen. Una clase puede tener múltiples constructores, y se diferencian en los parámetros de entrada de estos.

```
public class Persona {
  String nombre;
  public Persona(){
     this.nombre = "Default";
  }
  public Persona(String nuevoNombre){
     this.nombre = nuevoNombre;
  }
}
```

Para llamar al primer y al segundo constructor, lo haríamos de la siguiente manera, respectivamente:

```
Persona personal = new Persona(); //llamada a
constructor 1
Persona personal = new Persona("Sandra"); //llamada
a constructor 2
```

Los constructores no pueden ser heredados ni retornan ningún valor, y deben declararse como *public;* es muy extraño encontrar casos en los que se usen de otro tipo.

NOTA

Se pueden definir también **clases anidadas** que solo pueden ser usadas por las clases que sea la contenedora, y la clase anidada es la clase contenido.

```
class ClaseA {
  class ClaseB {
     //Atributos y métodos de la clase
  }
}
```

Este tipo de clases se construyen cuando la clase anidada tenga sentido solo dentro de la clase contenedora. La clase anidada puede declararse como clase estática con el modificador *static*, y en caso de no hacerlo se denominará clase interna.

- -

Métodos

Son las funciones o acciones a las cuales se va a poder tener acceso desde la instancia de una clase. Estos se crean definiendo el *valor de retorno* después del modificador de acceso, y contienen en su interior las acciones que definamos, entre ellas, la devolución del valor de retorno que hayamos definido con *return*.

```
public class Persona {
  public void metodo1() {}
  public String metodo2() {
    return "Soy una persona";
  }
}
```

Como vemos en el ejemplo, hemos creado una clase de tipo Persona con dos métodos. En el primero se indica a través de la palabra reservada *void* que el método no tendrá ningún valor de retorno. En el segundo método, al declarar el tipo de retorno como *String,* utilizamos el valor *return* para devolver una cadena de texto. El empleo del *return* está ligado a usarse cuando usamos cualquier tipo de Java distinto de *void* en la declaración de la variable.

Las partes de las que se compone un método podemos verlas a continuación:

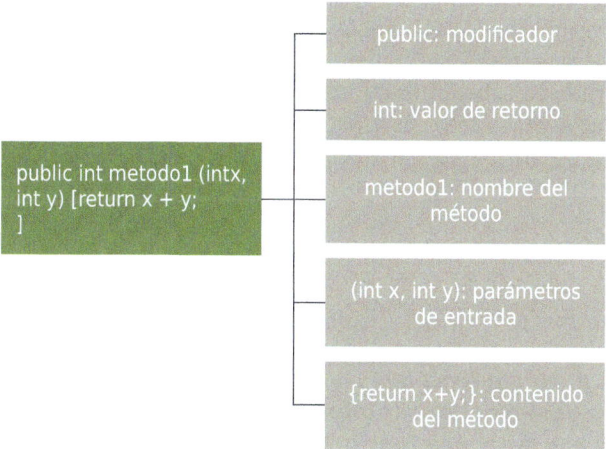

Una clase puede estar formada por **métodos estáticos o ser ella misma estática,** y no necesita instanciarse. Un ejemplo de esto es la clase construida como la clase java.lang.Math, usada para la realización de operaciones matemáticas. Vamos a detenernos en este punto un momento, para ver cómo funciona la llamada a estas clases:

```
public class TestMatematicas {
  public static void main(String[] args) {
    double sueloPi = Math.floor(Math.PI);
    System.out.println("El suelo del número pi es:
    " + sueloPi );
  }
}
```

En este ejemplo accedemos a los atributos *static* de la clase *Math* sin instanciar un objeto de esta clase. No es necesaria la creación de un objeto de tipo *Math* para poder acceder a sus métodos.

DEFINICIÓN

Firma de un método
Es la combinación del nombre de este y la combinación de los tipos de parámetros de entrada que contenga. Es muy importante, ya que la posibilidad que se ofrece de sobreescritura, dependerá llamar al mismo elemento o distinto dependiendo de estos parámetros.

- -

APLICACIÓN PRÁCTICA

En el proyecto en el que trabaja Felipe, están desarrollando un dispositivo para monitorizar información sobre automóviles. Ahora mismo tiene que crear una funcionalidad que calcule el rango, y le han dicho que la fórmula a seguir es capacidad*combustible, y que el método va a ser usado desde el exterior de la propia clase.

Ayúdale a determinar cuál sería la manera correcta de representar esta funcionalidad.

Solución

La forma correcta sería la siguiente:

Continúa en página siguiente >>

<< Viene de página anterior

```
public double rango () {
  return capacidad*combustible;
}
```

Pues se puede acceder a la función desde una clase externa al ser pública, ya que tiene el tipo de retorno adecuado y el *return* hace efectivo el mismo, además de realizar la función correctamente.

4.2. Método *main* en Java

El propio método *main* nos da el ejemplo de un método estático, el cual usa la *JVM* para iniciar la ejecución de cualquier programa Java que escribamos. Este método es un estándar usado por la *JVM*, y sin él no tendremos el punto de entrada a nuestros programas. Realizará la ejecución de cualquier clase de Java que lo contenga.

```
public class Main {
  public static void main(String[] args){
  }
}
```

Este método *main* es inalterable. Su parámetro de entrada siempre es un *Array* de *String (String[])* el cual es tomado de una fuente alternativa. Puede declararse de tres maneras diferentes:

public static void main - (String args[])

public static void main - (String [] args)

public static void main - (String...args)

Este método también se caracteriza por que nunca retornará un valor como resultado, siempre será establecido como *void,* y además este no es de obligatoria definición (aunque sin él no podremos acceder a la invocación automática de una clase).

Los métodos, al igual que los atributos, también se ven afectados por los modificadores de acceso que se les establezcan. Pueden ser *public, private* o *protected,* y se combinarían con *static, final* o *abstract.*

NOTA

Para saber si un determinado objeto pertenece a una clase, podemos usar la función del lenguaje Java *instanceof,* que devuelve un valor *booleano.* La sintaxis sería:

```
System.out.println(personal instanceof Persona);
// Imprime true
```

ACTIVIDAD COMPLEMENTARIA

9. Desarrolla una clase que se llame *password,* que guarde la información de la longitud y la contraseña. La longitud por defecto será de 8 caracteres, y constará de un constructor que establecerá la longitud que nosotros le pasemos. Implementa los siguientes métodos:

   · Es segura: para proporcionar esa información debemos saber que una contraseña fuerte es cuando tiene más de 8 caracteres.
   · Métodos *get* y *set* para la contraseña y la longitud si los necesitasen.

   Define todos los atributos como privados y los posibles métodos para establecer y devolver esos valores desde el exterior.

4.3. Clases abstractas

La abstracción es una de las partes claves dentro del paradigma de programación orientado a objetos. Como ya hemos tratado en el comienzo de esta unidad, se trata de la capacidad de poder crear clases abstractas.

 **RECUERDA**

La abstracción es uno de los pilares fundamentales de la POO y es una de las partes básicas en el modelo de los objetos.

Se definiría como la capacidad del paradigma de programación orientado a objetos de que sus clases sean diseñadas pensando directamente en ser extendidas, estableciendo límites conceptuales respecto a las clases que de ellas extiendan.

Para poder pensar de manera más abstracta, tenemos que entender el concepto del **mínimo compromiso.** Este se refiere al hecho de que un modelo pueda contener solo las propiedades específicas de todos los componentes de ese tipo.

Para realizar esta abstracción nos puede ayudar saber que hay dos tipos de propiedades: *estáticas* (como, por ejemplo, nombre o DNI) y *dinámicas* (como el tamaño o el peso).

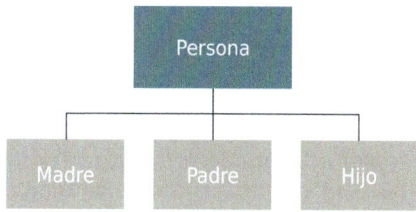

Realicemos un pequeño ejemplo sobre la clase Persona. Tratando de imaginar las propiedades comunes a todas las personas, ¿qué comportamientos comunes podríamos abstraer?

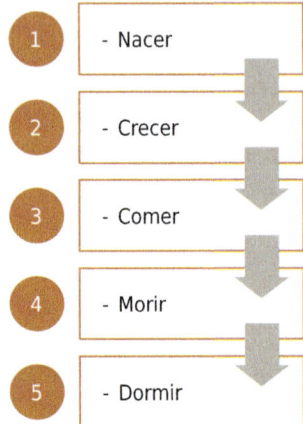

Este listado ofrece un ejemplo de posibles métodos que podría contener una clase abstracta Persona, que definamos como contenedor de otras clases que extendiesen de esta primera. El código de nuestra clase abstracta se vería en el lenguaje Java de la siguiente manera:

```java
public abstract class Persona {
   private int altura;
   protected int crecer (int diferencia) {
      this.altura += diferencia;
      return this.altura;
   }
}
```

4.4. Clases propias de Java

Cuando empezamos a programar en Java, nos damos cuenta de que, aparte de crear nuestras nuevas clases de cero, también podemos utilizar muchas clases propias que trae Java.

Los tipos de clases que ofrece Java de manera nativa se pueden organizar en el siguiente cuadro:

Tipos de la biblioteca estándar de Java	*String* (cadenas de texto) Muchos otros (por ejemplo, *Scanner, TreeSet, ArrayList,* etc.)
Arrays	Contenedor de elementos de tipo vector. Lo consideraremos un objeto especial que carece de métodos.
Wrapper	Byte
	Short
	Integer
	Long
	Float
	Double
	Char
	Boolean

SABÍAS QUE...

El nombre de los *Wrapper* y los tipos primitivos son muy parecidos. Exceptuando el caso de *int* y *char,* que se reflejan en las clases *Character* e *Integer,* el resto se escriben igual con la inicial en mayúscula.

- -

ACTIVIDAD COMPLEMENTARIA

10. Con la clase Persona que has definido en la actividad anterior, deberás empezar a definir un constructor, por el que cualquier persona creada sea de sexo femenino, y dos métodos:

- · Cumplir años.
- · Casarse (cambio de apellido)

Define todos los métodos con algún *return,* ninguno puede ser *void.*

- -

5. Propiedades

☞ **HILO CONDUCTOR**

Desde Digital, S. L., se está tratando de determinar el modelo de datos que van a tener cada una de las clases con las que va a contar la aplicación. Si creamos una clase padre abstracta que definimos como Participante, que sea extendida por las clases médico, entrenador y deportista, puede parecer la manera correcta de hacerlo, pero habrá que entender bien el porqué.

Las propiedades, también conocidas como atributos o datos (en caso de no pertenecer a una clase, variables) son la información que contiene una clase de sí misma.

En Java diferenciamos entre dos tipos de datos, los primitivos, que sería las variables y los complejos o tipos objeto. Estos últimos tendrían acceso a sus propios atributos o propiedades, que se entenderían como variables propias de un objeto o variables de instancia.

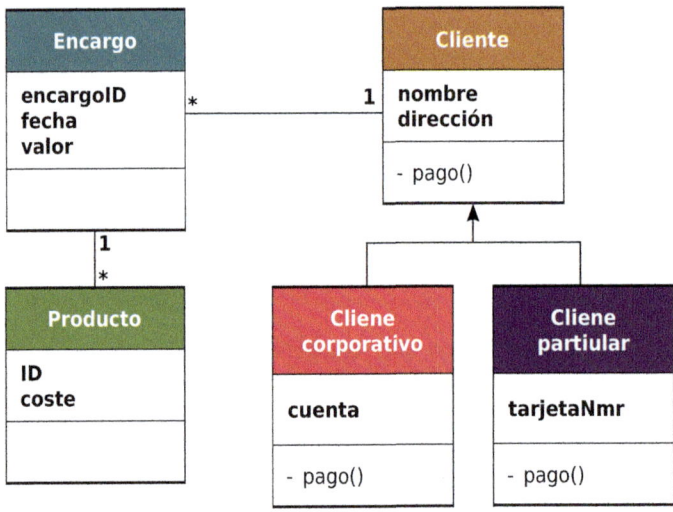

El usuario creará sus clases teniendo en cuenta que estas suelen ser el reflejo de las tablas y campos que nuestras bases de datos contendrán.

Hemos visto en las clases que podemos definir variables asociadas a estas, que serían los datos de esa clase (también los llamamos atributos o propiedades). Estas podrían definirse como las características propias de la clase. Se definen cuando se instancia la clase y se establecen los valores de las propiedades que nos interesen.

```
public class Coche {
  private String marca;
  private String modelo;
}
```

Usamos las variables como entidades elementales mientras que los objetos son otras entidades, más complejas, compuestas de un conjunto de datos que serían los atributos y los métodos. Como estudiamos con las variables, tiene un modificador de visibilidad que determina la privacidad de sus datos.

```
public class Coche {
  private String marca;
  private String modelo;

  public String getMarca () {
    return this.marca;
  }
  public void setMarca (String marca) {
    this.marca = marca;
  }
public String getModelo () {
    return this.modelo;
  }
  public void setModelo(String modelo) {
    this.modelo = modelo;
  }
}
```

Por convención, en Java el nombre de las propiedades empieza con letra minúscula. Este nombre también debe ser comprendido en la serie de caracteres Unicode, permitiendo escribir a programadores de distintos países en sus lenguajes nativos. Se suele declarar la clase como pública y los atributos o propiedades como privadas. ¿Por qué hacemos esto? Uno de los principios de la Programación Orientada a Objetos es nunca dar acceso desde la estructura externa a la estructura interna de nuestros sistemas.

RECUERDA

Las propiedades se ven totalmente afectadas por los modificadores de acceso. En una clase lo normal es establecer estos como *private* y devolver o modificar sus valores a través de sus métodos *get* y *set,* a menos que pretendan ser accedidos mediante la herencia; entonces los declararemos como *protected*.

- -

TAREA 4

En el banco donde trabaja Manuel, están implementando un nuevo sistema de cobros realizado con el lenguaje de programación Java. En este sistema que están creando, le piden crear una clase llamada Cuenta que deberá contener la información de titular y cantidad. Ayúdale, creando esta con la información y métodos oportunos a la información aportada.

- -

5.1. Tipos de propiedades

Podemos encontrarnos ante tres tipos de atributos de una clase: las variables de instancia, las variables de clase y las variables constantes o variables finales.

Variables de instancia

Son las que creamos en el momento en el que instanciamos una clase de un determinado tipo. En este momento se inicializan los atributos que tiene asociados, o al valor que corresponda por defecto, o a alguno que se le establezca dentro de la propia clase.

```
Persona personal = new Persona();
Persona persona2= new Persona();
```

En el momento en el que se instancian ambos objetos, estos ocupan distintos espacios en memoria, con sus respectivos atributos duplicados. La representación gráfica sería la siguiente:

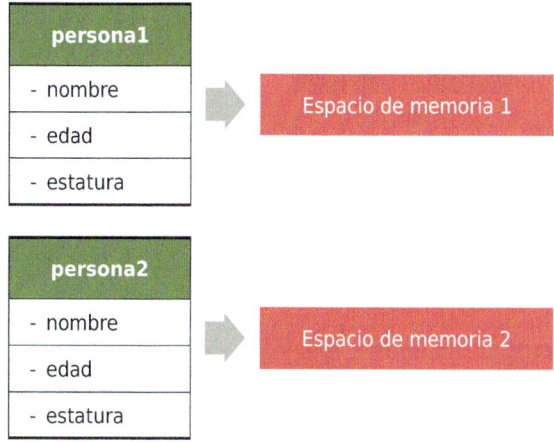

El espacio en memoria es reservado para cada uno de manera independiente, siendo creado de nuevo para cada instancia de esa clase. Estas se pueden declarar tanto *public, private* como *protected,* y pueden ser declaradas tantas variables de instancia como espacio disponible haya en memoria.

Variables de clase

Son también conocidas como atributos o variables estáticas o *static.* Sirven para guardar información común a todas las nuevas instancias de objetos. Esta información tiene que ser compartida, conocida y estar al alcance de todos. En el ejemplo podremos entender mejor este concepto.

```
public class Familia {
    public int totalFamiliares;
}
```

Este atributo totalFamiliares representa un espacio en memoria único desde cada instancia que se haga de ese objeto. Es decir, cuando el programa se ejecuta, estas siempre apuntan a un espacio en memoria único reservado con ese valor, de manera que todos los objetos de una clase concreta comparten ese valor determinado.

La primera vez que se encuentra esa clase en el código, se hace la reserva de memoria necesaria y, a partir de ese momento, las demás instancias apuntarán esa propiedad a ese espacio de memoria.

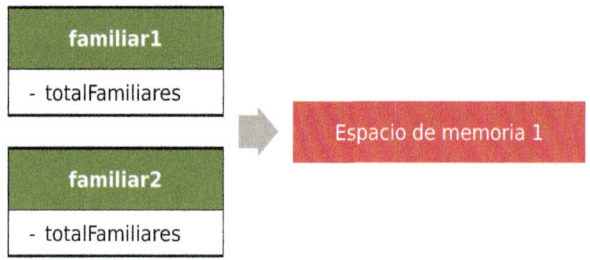

El hecho de que creemos varias instancias no significa que hayamos reservado dos veces en memoria el espacio correspondiente a la propiedad totalFamiliares, sino que estamos diciendo que totalFamiliares debe reservar ese valor que haya en memoria.

NOTA

No es necesario que haya una instancia para que exista la variable estática o de clase, sino que, en el momento en el que se crea la clase, ya se reserva ese espacio. Un atributo estático es miembro de la propia clase.

Variables finales o constantes

En realidad, en el lenguaje de programación Java lo más parecido de una variable constante con lo que contamos son las marcadas con la palabra reservada **final**. Una buena práctica es declararlas como *static* final, ya que así reservamos un espacio en memoria y, al no modificarse, su valor no es necesario más.

```
public class Matematicas {
  private static final double PI = 3.14159;
}
```

En este caso, la declaración de la variable final PI es declarada también como *static,* ya que con un solo espacio de memoria tendremos suficiente. Es costumbre declarar el nombre de los atributos finales con letras mayúsculas para diferenciarlos.

 **RECUERDA**

No debes confundir la palabra clave final con las palabras claves *finally* y *finalize*.

* *finally.* Es un caso a cubrir dentro de las excepciones. Finaliza a los bloques *try/catch*.
* *finalize.* Es el método que utiliza el recolector de basura a través de la clase *finalize* perteneciente a *Object*.

El hecho de declarar una propiedad como final quiere decir que ese valor será constante desde el momento que se declare y no podrá ser modificado a lo largo de su vida. Sin embargo, puede no ser siempre el mismo, debido a que es posible primero declararse por un lado e inicializarse más tarde dependiendo de otras condiciones establecidas por otros datos.

```
public class Circulo {
  private static final double PI = 3.14159;
  private final double AREA;
  public Circulo(double radio){
    AREA = PI * radio * radio;
  }
}
```

El uso de **final** no solo se limita al empleo de las variables. Entendámoslo mejor con la explicación:

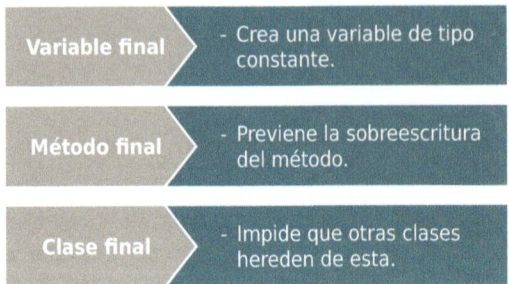

Variable final	- Crea una variable de tipo constante.
Método final	- Previene la sobreescritura del método.
Clase final	- Impide que otras clases hereden de esta.

RECUERDA

Hay que tener cuidado con el empleo del modificador *static*, ya que su exceso de uso puede causar códigos menos reutilizables, convirtiendo en más dependientes del contexto a los métodos.

6. Herencia

☞ HILO CONDUCTOR

En el proyecto que Digital Mushroom, S. L., está llevando a cabo, han planteado la posibilidad de crear una clase padre que se conozca como Participante. Esta trabajará a través de la herencia con tres clases hijas o subclases: Deportista, Entrenador y Masajista.

El siguiente paso que dar en la organización de los datos sería el planteamiento de qué atributos y métodos van a implementar en cada clase, tanto hijas como componentes propios, a través de la herencia o componentes heredados.

La herencia es uno de los pilares básicos de la Programación Orientada a Objetos, y es el mecanismo encargado de permitirnos crear clases a partir de otras ya existentes. Estas clases pueden compartir métodos entre las subclases u objetos que compartan una relación de herencia con ellas. Los métodos y atributos del padre se compartirán con el hijo, heredando este sus funcionalidades.

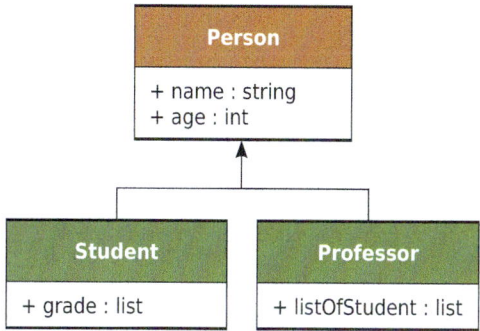

La herencia crea la posibilidad de englobar una idea en ideas más específicas que contengan rasgos comunes.

Cuando una subclase hereda los métodos y atributos de su clase padre, además, puede redefinirlos a través de sobreescritura.

Para decir que la clase Hija o subclase hereda de la clase Padre o superclase, se utiliza la palabra reservada **extends** y el nombre de la superclase en la cabecera de la clase Hija, extendiendo todos los métodos y atributos a esta.

```
public class Deportista extends Participante {
  //Declaración de atributos y métodos propios y
  //sobreescritura de componentes heredados (optativo)
}
```

6.1. Jerarquías entre clases

Uno de los aspectos que caracteriza a la herencia dentro del lenguaje Java es que las clases solo pueden tener un padre, es decir, no existe la herencia múltiple a través de la palabra reservada *extends*. Ahora bien, eso no limita la cantidad de hijos que puede tener una clase, ya que no hay un número límite para esto.

La clase que hereda puede tener atributos y métodos propios, pero también puede sobrescribir o ignorar los heredados.

RECUERDA

Cualquier método que sea declarado como final en la clase padre o superclase no puede ser sobrescrito por ninguna de sus clases hijas.

Para movernos a través de esta jerarquía, tenemos que interpretarlo a modo de árbol. Normalmente usamos algunas palabras reservadas para esto. El empleo de una de ellas es clave: se trata de la palabra *super,* que se utilizará con los parámetros requeridos. Esta se usa normalmente por las clases hijas, de manera que necesita ser llamada en la primera línea para inicializar los atributos de las subclases, así hasta el constructor de la propia clase *Object.*

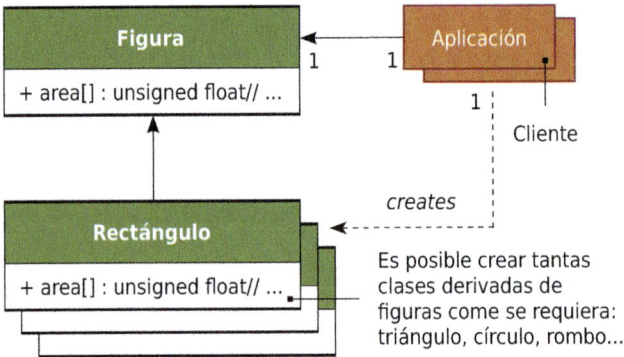

Java nos proporciona herramientas como la creación de clases que soporten la abstracción y la herencia.

Los constructores son claves a la hora de heredar. Por ello siempre se crea un constructor por defecto vacío, y en una clase que contenga un *extends,* también se llama de manera implícita la función *super* si esta no es llamada por el programador.

A continuación, se describe cómo iniciar la herencia a través de los constructores en Java:

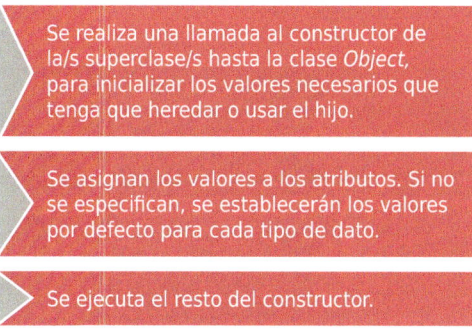

Se realiza una llamada al constructor de la/s superclase/s hasta la clase *Object*, para inicializar los valores necesarios que tenga que heredar o usar el hijo.

Se asignan los valores a los atributos. Si no se especifican, se establecerán los valores por defecto para cada tipo de dato.

Se ejecuta el resto del constructor.

6.2. La clase *Object*

En el lenguaje Java, cualquier clase tiene siempre un padre que está implícito en el propio lenguaje, independientemente de que presente o no la palabra *extends* en su cabecera. Todas las clases extienden de manera automática de la superclase *Object* de Java. Este hecho nos podría crear un malentendido confundiéndolo con herencia múltiple, pero, al extender de alguna clase, el *extends* implícito a *Object* se sustituye por el de la nueva clase y la herencia a *Object* se mantiene a través de la propia herencia que tenga el padre.

El hecho de que todas tengan *Object* como padre hace que todas reúnan algunos métodos comunes que son heredados de esta. Entre ellos se encuentran los siguientes:

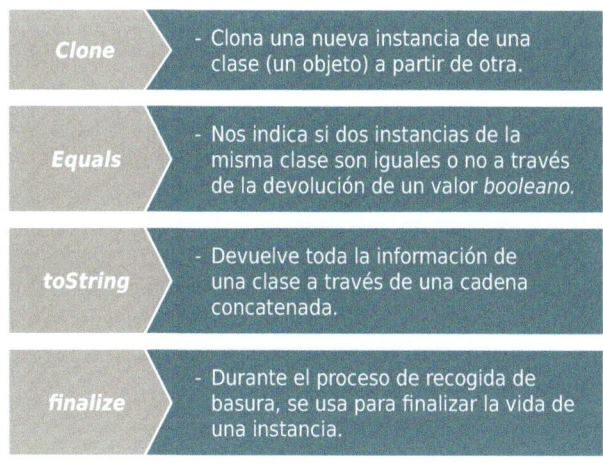

Clone - Clona una nueva instancia de una clase (un objeto) a partir de otra.

Equals - Nos indica si dos instancias de la misma clase son iguales o no a través de la devolución de un valor *booleano*.

toString - Devuelve toda la información de una clase a través de una cadena concatenada.

finalize - Durante el proceso de recogida de basura, se usa para finalizar la vida de una instancia.

Continúa en página siguiente >>

<< Viene de página anterior

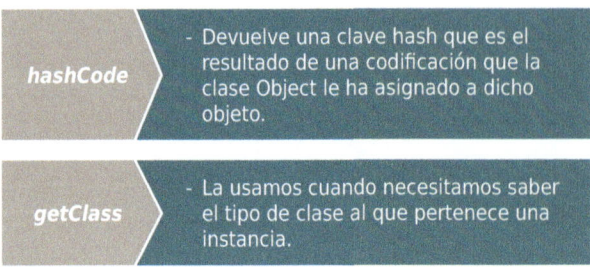

| hashCode | - Devuelve una clave hash que es el resultado de una codificación que la clase Object le ha asignado a dicho objeto. |
| getClass | - La usamos cuando necesitamos saber el tipo de clase al que pertenece una instancia. |

Es bastante común sobrescribir en nuestras clases los métodos que heredamos de la clase *Object*. Un ejemplo muy típico es la sobreescritura del método *toString:*

```
public class Deportista extends Participante {
  public String toString() {
    return this.nombre + " " + this.apellidos;
  }
}
```

No vamos a entretenernos tratando este tema, ya que es objeto del apartado siguiente, donde podremos abarcarlo más en profundidad.

 ## ACTIVIDAD COMPLEMENTARIA

11. Construye dos clases con distintas características:

   a. Una clase Factura, que descienda de otra clase a la que llamemos Albarán y que contenga dos atributos propios llamados producto y cliente, y, por lo menos, un método que realice la acción de crear una factura.
   b. Otra clase MiMath que cree un método que devuelva el número más alto, el más pequeño y la media aritmética de un *Array* de números reales que entrarán como parámetro.

7. Palabras claves *this* y *super*

 **HILO CONDUCTOR**

A la hora de la salida de la jornada laboral que realizan nuestros compañeros de Digital Mushroom, S. L., suelen acudir a charlar a algún café de la ciudad. En el día de ayer, Ramón empezó a explicar a Juan el proceso de herencia a través de los constructores propios y de los padres. A Juan no le quedaba nada claro, así que Ramón cogió una servilleta y pasó a tratar de hacerle entender el funcionamiento de las funciones clave *this* y *super*.

En otros apartados anteriores hemos visto el uso de un operador dentro de las clases: el operador *this*. Este concepto está íntimamente ligado al de los constructores, que veremos más adelante. De momento podemos adelantar una definición sencilla para comprender la funcionalidad que aportan *this* y *super*.

DEFINICIÓN

Constructor
Es un método especial que contiene todas las clases Java. Se ejecuta de manera automática al crear una nueva instancia de la clase y llamar al operador *new*, en el cual determinaremos el número y tipo de los parámetros de entrada para indicar a qué constructor queremos llamar.

7.1. *this*

Cuando utilizamos dentro de una clase la palabra *this*, estamos invocando al propio constructor que contenga esta clase que soporte los parámetros que le pasamos. Esto parecería absurdo, el uso de *this* para referirse a las propias variables dentro de la clase, pero nos permite usar un código más legible pudiendo llamar de la misma manera a los parámetros de instancia y de entrada de los métodos que los establezcan.

```
public class Deportista extends Participante {
  private String deporte;
  private String nombre;
  public Deportista(String deporte){
    this.deporte = deporte;
}
  public Deportista(String deporte, String nombre){
    this(deporte);
    this.nombre = nombre;
  }
}
```

En este caso hemos creado dos constructores dentro de la clase Deportista. El primero establece la información del dato deporte; el segundo, dos parámetros, pero tiene una curiosidad (aparte de usar el invocador *this* para llamar a los atributos de la propia función), y es que también se invoca directamente, pasándole entre paréntesis los parámetros del constructor al que deseemos invocar.

Para establecer el valor de deporte, lo hace el primer constructor. La manera más común de establecer este parámetro desde el exterior sería llamando a una instancia que, mediante el operador *new*, combinase esos mismos parámetros de entrada. Cuando llamamos a *this* (deporte) estamos convocando las acciones que ejecute el primer constructor y, en este caso, sería la inicialización del atributo deporte:

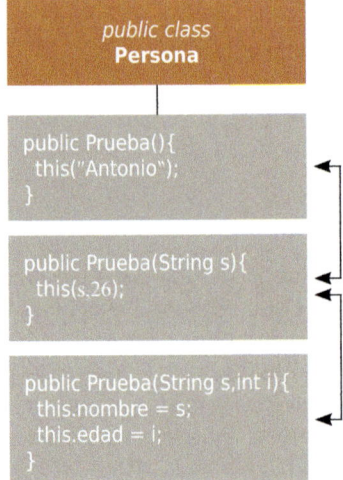

Esta es la manera en la que Java realiza llamadas desde sus propios constructores desde dentro pero, ¿dónde se usa el constructor en el momento de instanciar una clase? En este caso tenemos que recordar la palabra clave *new,* ya que los parámetros que introducimos en este será la llamada al constructor cuando se instancian dichas clases.

7.2. *super*

Vamos a realizar un ejemplo en el que también tengamos un constructor, pero esta vez utilice la llamada *super* en vez de *this*.

```java
public class Deportista extends Participante {
    private String deporte;
    public Deportista(String deporte){
        super(nombre);
    }
}
```

En este caso estamos llamando al invocador *super,* el cual hará una llamada al constructor del padre. El invocador *super* se utiliza en casos en los que necesitemos invocar a un constructor de la clase padre de nuestra clase, y este haya sido reemplazado por la hija. Es decir, *super* llama al constructor original de la clase padre con los parámetros de entrada que le establezcamos y corresponda a dichos parámetros.

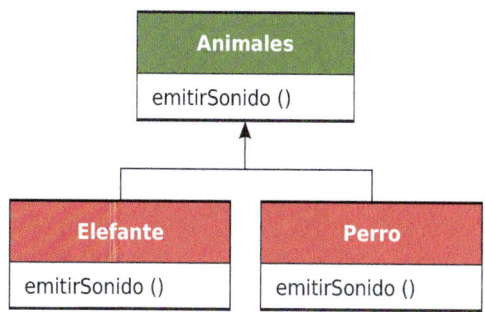

Cada una de las clases hijas necesita iniciar los valores del padre construyéndolo a través de la llamada super desde sus hijos.

Esta llamada se hace de manera automática si no la hacemos de manera manual, ya que sin ella las clases superiores a nuestra subclase no podrían inicializar los parámetros heredados de los padres y demás abuelos. Cada constructor ha de llevar una llamada, implícita o explícita a los constructores padre.

SABÍAS QUE...

El uso de atributos de la propia clase y parámetro de entrada en los métodos es una opción de gusto personal. Hay una corriente que prefiere ocultar el uso de *this* y llamar a los atributos y parámetro de manera diferente, y, por el contrario, hay quien prefiere la escritura de este invocador como clarificador, y el uso del mismo nombre en el parámetro de entrada que en los distintos atributos de la clase.

ACTIVIDAD COMPLEMENTARIA

12. Recupera la clase Persona desarrolladas durante las actividades 7 y 9 y extiéndela. Tienes que construir una clase Deportista, que descienda de nuestra clase Persona y que, a su vez, pueda ser un Futbolista. Incluye, por lo menos, dos posibles atributos que pueden tener estas nuevas clases.

8. Modificadores de acceso

HILO CONDUCTOR

Después de ponerse al día en herencia y sobre las distintas llamadas a posibles constructores, nuestro compañero Juan puede tener claro que ya está listo para empezar a definir los distintos datos de sus clases. Para esto, el primer paso que se encuentra es establecer los modificadores de acceso. Se dispone a informarse más sobre los distintos modificadores que encontramos en el lenguaje Java.

Los modificadores de acceso son los limitadores que tienen las clases, métodos y atributos para restringir más o menos el acceso que tienen el resto de los componentes externos sobre sus datos.

Para hablar de los modificadores de acceso, tenemos que hablar del concepto de **encapsulamiento.**

8.1. Encapsulamiento

Podemos definir el encapsulamiento como el método por el cual se limita el acceso al control de los datos que componen un objeto o instancia. Este es el encargado de mantener las propiedades de las clases inaccesibles, para hacerlas accesibles desde el exterior a través de métodos accesores.

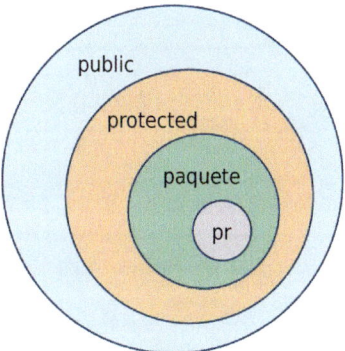

El encapsulamiento es la propiedad que nos permite restringir el acceso a algunos elementos en concreto de nuestros programas.

Estos métodos accesores son bastante conocidos dentro del mundo de la POO y son los métodos estandarizados *get* y *set,* los cuales debemos implementar para cada uno de nuestros atributos privados.

Siempre se recomienda el encapsulamiento de los atributos de una clase, pudiendo acceder o modificar esta información a través de los respectivos métodos accesores *get* y *set.* Esto aporta un nivel de seguridad mayor a nuestros objetos, asegurándonos de que el resto de los programadores que quieran modificar estos valores lo hagan de manera correcta. Usar los atributos de las clases directamente está considerado una mala práctica.

```
public class ClasePublica {
  private int atributo1;
  public void setAtributo1(atributoEntrada) {
    this.atributo1 = atributoEntrada;
  }
  public int getAtributo1() {
    return this.atributo1;
  }
}
```

A continuación, podrás ver los beneficios para ver cómo afecta a la Programación Orientada a Objetos y al encapsulamiento:

Ocultamiento
- Evita una mala manipulación de los datos y el mal uso de los objetos ocultando la información. Para evitar que se asignen valores incorrectos a los datos tenemos los métodos *get* y *set* (los veremos a continuación), que, por ejemplo, ejecutan una verificación de tipo para que no se pueda establecer un valor incorrecto a dicho atributo.

Modularidad
- Permite modularidad, lo que quiere decir que un objeto puede ser mantenido independientemente del código de otros objetos, y afectando lo mínimo posible a estos.

Estas ventajas de la POO son realizadas por Java a través del encapsulamiento de sus datos, ya que estos generan seguridad y versatilidad a nuestros programas, además de ser una de las características fundamentales de la programación Java.

8.2. Modificadores de acceso

Los modificadores de acceso permiten dar mayor nivel de seguridad a nuestros programas, restringiendo el acceso a diferentes atributos y métodos. De mayor a menor accesibilidad, podemos listar estos modificadores:

➲ **public:** es el más permisivo de todos. Permite acceder al componente de una clase que se declare así desde cualquier clase o instancia sin importar el paquete de origen o procedencia.

```
package ejemplo.publico1;
public class ClasePublica {
  public int atributoPublico;
  public static void metodoPublico() {
     System.out.println("Esto es un método público");
  }
}
package ejemplo.publico2;
import ejemplo.publico1;
public class ClaseExterna {
  public static void main(String[] args){
     System.out.println(ClasePublica.atributoPublico);
     ClasePublica.metodoPublico();
  }
}
```

➲ **protected:** si se define un componente como *protected,* cualquier sub-clase de la clase que se declare podrá acceder a la información del padre o superclase, sea este o no del mismo paquete. Si no hay relación de herencia entre las clases, no se tendrá acceso.
Veamos una instancia *protected* de una superclase:

```
package familia;
public class Padre {
  protected String nombre = "Padre";
}
package descendientes;
import familia.Padre;
public class Hijo extends Padre {
  public void getNombrePadre(){
     System.out.println("El nombre de mi padre es: "
     + nombre);
  }
}
```

Como podemos ver, la manera de acceder al atributo de la clase padre es directa, no se puede llamar a través de una referencia de la clase Padre. Esto es debido a que cuando el hijo hereda al padre, hereda el atributo *protected* completo como propio. En el siguiente ejemplo lo demostramos:

```
package descendientes;
import familia.Padre;
public class Hijo extends Padre {
  public void getNombrePadre(){
     System.out.println("El nombre de mi padre es: " +
     nombre);//Sin problema
     Padre padre = new Padre();
     System.out.println("El nombre de mi padre es: " +
     padre.nombre); //Error
  }
}
```

- **default:** el acceso *default* o acceso por defecto es el que nos proporciona Java cuando no especificamos el tipo de acceso que tendrá. Este acceso *default* permite que tanto la misma clase como todas las clases que sean del mismo paquete puedan acceder entre sus respectivos elementos.
  Es igual que el acceso anterior *protected,* pero con la diferencia de que la relación de herencia aquí no nos permite el acceso al padre. El paquete al que pertenezca la clase limita el acceso a solo el resto de clases del mismo paquete.
  En el ejemplo anterior, solo podríamos haber accedido desde la clase Hijo a la información de la clase Padre, si ambas se encontrasen en el mismo paquete. No tiene en cuenta la relación de herencia para el acceso a la información.
- **private:** es el más restrictivo de todos. Cualquier elemento de una clase que sea de acceso privado solo podrá ser accedido por la clase en la que se encuentra, y por ninguna más.
  Se considera una buena práctica en Java la declaración de todos los atributos como *private,* y preparar el acceso o modificación de estos a través de los métodos *get/is* y set de cada uno. Vamos a realizar un ejemplo en el que vemos los atributos correctamente declarados de una clase ejemplo:

```java
package ejemplo2;
public class Ejemplo {
  private String mensaje;
  private boolean visible;
  public void setMensaje (String mensaje){
     this.mensaje = mensaje;
  }
  public String getMensaje (){
     return this.mensaje;
  }
  public void setVisible (Boolean visible){
     this.visible = visible;
  }
  public String isVisible (){
     return this.visible;
  }
}
```

Los modificadores de acceso nos introducen en el concepto de **encapsulamiento.** Estos restringen el acceso a sus datos, encapsulándolos, y protegiéndolos del acceso no autorizado, a través del modificador apropiado. En Java, los principales modificadores de acceso son *public, protected, default* (sin especificar un modificador), y *private*.

El uso adecuado de estos modificadores es fundamental para el diseño robusto de clases, asegurando que la estructura interna de nuestras clases no esté expuesta a otras partes del programa de manera inapropiada. Esto permite controlar cómo se accede y modifica la información, promoviendo buenas prácticas de encapsulamiento y manteniendo la integridad y seguridad de los datos dentro de una aplicación.

NOTA

Cuando usamos *this.mensaje* o *this.visible*, nos estamos refiriendo al atributo de la clase, y cuando en los métodos set decimos *this.visible = visible*, estamos igualando la variable de entrada del método set a la propiedad visible de la propia clase. No es lo mismo el parámetro de entrada de un método que un atributo privado de la propia clase, el cual se diferenciará con *this*.

Modificadores de acceso				
	CLASE PROPIA	CLASE MISMO PAQUETE	SUBCLASE DISTINTO PAQUETE	CLASE DISTINTO PAQUETE
PRIVATE	X			
DEFAULT	X	X		
PROTECTED	X	X	X	
PUBLIC	X	X	X	X

8.3. Otros modificadores

En Java hay más *modificadores* que no son considerados de acceso, ya que cumplen otras funciones y se combinan con los mencionados anteriormente. Se utilizan para dar información sobre el comportamiento de una clase, método, variable, etc. Estos modificadores serían los que se describen a continuación:

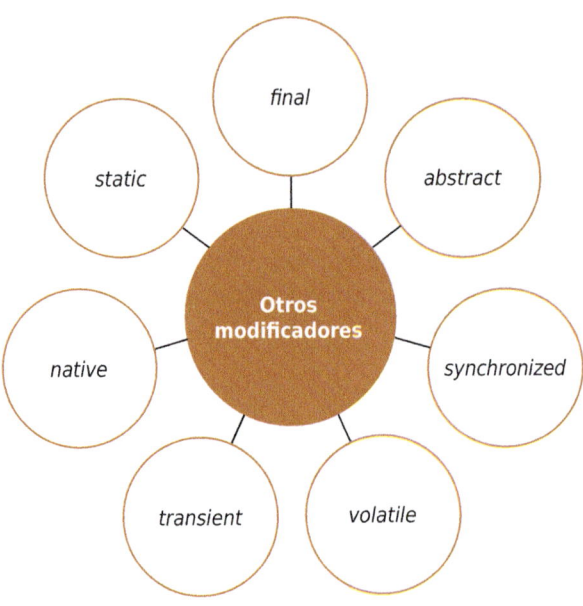

static

En ocasiones necesitamos generar elementos que tengan un mismo valor para cualquier instancia generada o no queremos que sea necesario crear un objeto para poder acceder a sus métodos y atributos. En este caso usaremos el modificador **static.**

```
public static int a;
```

Se usa para crear miembros que pertenecen a una clase, pero no se puede instanciar (no se puede usar *new),* ya que realmente usando *static* generamos una clase que tiene una única instancia existente. Para poder acceder a atributos dentro de una clase *static,* deben ser *static* también o poseer una instancia para poder ser invocados.

 **NOTA**

La afirmación anterior no implica necesariamente que no se pueda generar instancia dentro de una clase *static*. No es lo mismo llamar a una clase que crearla.

 ACTIVIDAD COMPLEMENTARIA

13. Construye una clase que gestione el consumo de electricidad en una casa. Cuando encendemos un aparato eléctrico, el consumo sube; si lo apagamos, este consumo se mantiene estable. Inicialmente todos los aparatos de la casa están apagados y el consumo es cero.
    Con estos requisitos en la cabeza, crea un programa que instancie dos aparatos eléctricos: una lámpara de 150 W y una vitrocerámica de 1.500 W. Con esto queremos:

    · Imprimir el consumo según se crean los aparatos eléctricos.
    · Encender ambos aparatos y apagarlos.
    · Imprimir el consumo de nuevo.

final

Si colocamos *final* delante de una variable, un método o una clase, determina que esta no se va a poder modificar, se mantendrá con un valor constante a lo largo de toda su vida. Esto es útil porque si definimos un valor constante que no vamos a cambiar dentro de una variable común, podríamos perder el control del valor de este, modificando nosotros o cualquier otro programador su valor, de forma que no tendríamos herramientas para darnos cuenta.

```
final int variableFinal = 12;
```

Si tratáramos de modificar el valor de esta variable, el compilador lanzaría un error, ya que una vez definido no podemos modificarlo.

El modificador final lo que hace permanecer constante es la asignación de un objeto a la variable que definamos, no a los atributos que pueda tener ese objeto internamente. Esto se puede ver en el siguiente ejemplo:

```
final Persona sandra = new Persona();
sandra.setApellido("García");
```

Aquí hemos creado con *new* un nuevo objeto persona, que, además, es *final*. Esto implica que al objeto sandra, de tipo Persona, no se le podrá asignar ninguna otra instancia de la clase Persona, pero sí se podrán modificar sus valores internos. Si queremos que su apellido no sea el mismo, podríamos hacer, aunque el objeto sea *final*, lo siguiente:

```
sandra.setApellido("Pérez");
```

Pero no podríamos hacer lo siguiente, ya que no compilaría:

```
Persona Ana = new Persona();
sandra = ana;
```

RECUERDA

Una variable con el modificador *static* o *final* sería lo más parecido que se puede usar en el lenguaje Java a las conocidas constantes de otros lenguajes de programación. Muchas veces es común verlos juntos de manera combinada en la misma propiedad.

ACTIVIDAD COMPLEMENTARIA

14. Crea una clase Java que represente un círculo y que tenga como atributos:

    · El número Pi como constante estática y establecer su valor a 3.1416.
    · El radio del círculo.
    · Los métodos necesarios para establecer los atributos.
    · Calcular el área del círculo.
    · Calcular el perímetro del círculo.

    Responde a la siguiente cuestión: ¿hemos intentado crear un método que establezca el valor del número Pi? ¿Por qué?

---

abstract

Esta palabra clave indica que no se dará una implementación para un método concreto, sino que dicha implementación tendrá lugar a través de las clases que extiendan de la clase que determinemos abstracta. Se usa en situaciones en las cuales nos quedamos con las características requeridas por un grupo de clases e ignoramos los datos o detalles irrelevantes, definiendo una estructura como superclase, sin que esta vaya a ser nunca instanciada, sino solo usada para que las subclases hereden de esta.

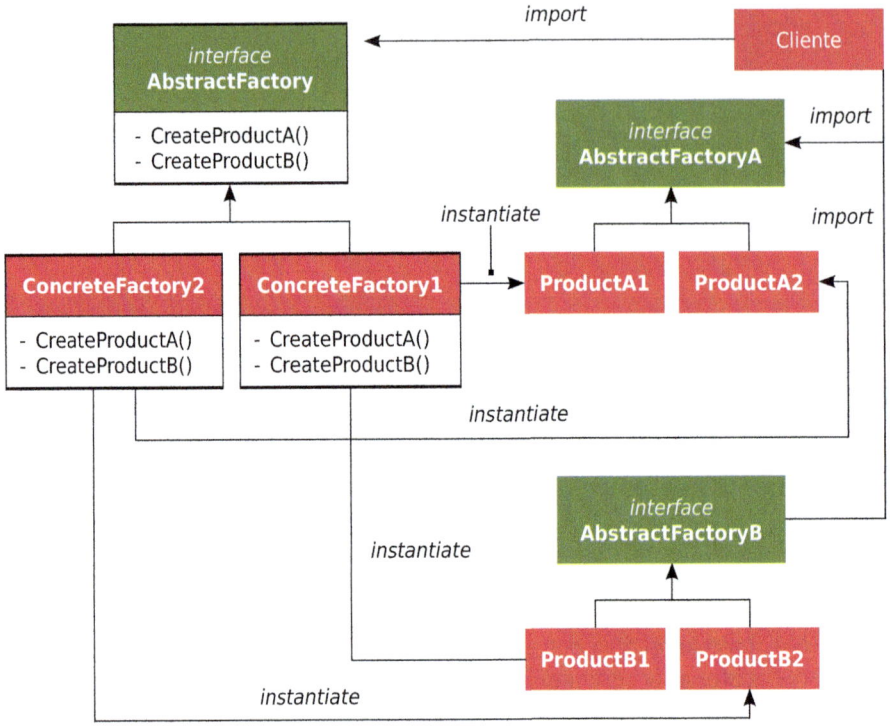

Las clases abstractas siempre son padres y se pueden combinar con distintas estructuras complejas de herencia de clases.

Una clase que tenga un solo método abstracto ha de declararse como abstracto a su vez, pero una clase abstracta puede contener métodos sin que estos sean necesariamente abstractos. También un método definido como abstracto debe ser sobrescrito obligatoriamente en las clases que extiendan de la clase abstracta que otorga dicho método.

Cualquier clase abstracta no puede ser instanciada como objeto con el operador *new*, es decir, no puede haber ningún objeto de una clase abstracta.

NOTA

No hay que confundir el concepto de *abstracción* con el de *encapsulación*, ya que este segundo oculta y agrupa los datos mientras que la abstracción expone una clase esqueleto del cual se oculta la implementación.

El concepto de abstracción es clave en la Programación Orientada a Objetos y tiene múltiples ventajas, entre ellas, reducir la duplicidad de código y aumentar la reutilización, reduciendo la complejidad de cambiar una visión compleja de los objetos por una más simple.

 TAREA 5

Han contratado a Tamara como *freelance* para desarrollar un proyecto de transformación digital en un reconocido colegio. Empezarán por un desarrollo simple para llevar a cabo el control de la actividad a realizar por los profesores y los alumnos en los colegios. Tamara está desarrollando una clase Profesor, la cual, después de haber desarrollado el cuerpo con los atributos y métodos, decide convertir en una clase abstracta, ya que quiere extenderla a otros tipos de profesores, y nunca va a crear un profesor de esa clase Profesor. Ayúdala a convertir la clase Profesor en abstracta, definiendo en su interior los siguientes métodos y atributos:

- Atributos: nombre, apellido, edad, sexo, DNI y sueldo.
- Métodos: mostrarDatosPersonales, mostrarDatosNomina, *get* y *set* de atributos anteriores.

Explica por qué tiene sentido o no crear esta clase como abstracta, y qué inconvenientes podrían darse debido a las características que una clase abstracta posea.

---

synchronized

Se utilizan sobre métodos y bloques de código cuando trabajamos con hilos o *threads*. Al trabajar con múltiples hilos, varios de ellos quieren acceder a la información de un mismo recurso y este no puede ser accesible para todos a la vez; en tales casos usamos estos modificadores. Al añadir este modificador estamos estableciendo un orden de espera entre hilos para acceder a los recursos.

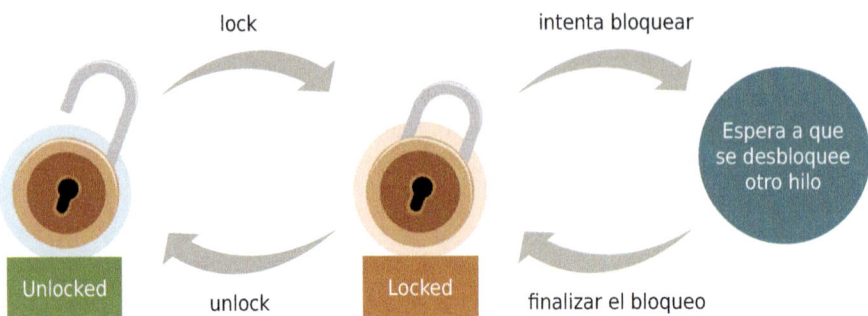

Es común, cuando trabajamos con hilos, hacer uso de synchronized o de los operadores lock y unlock.

Synchronized aporta atomicidad, es decir, que o se ejecuta de manera completa o no se llega a ejecutar; no puede quedar nunca en un paso intermedio.

Podemos aprender de manera más interactiva un ejemplo de *synchronized* sobre un método:

Bloque	Método

```
int velocidad;
//Sobre un bloque
public void aumentar() {
   synchronized(this){
      velocidad++;
   }
}
```

```
int velocidad;
//Sobre un método
public void synchronized aumentar() {
   velocidad++;
}
```

En este ejemplo, si dos *thread* intentasen acceder al mismo tiempo al método *aumentar,* el que no llegase a entrar quedaría a la espera de que el que sí ha entrado terminase de realizar las acciones oportunas. No se garantiza que el orden de entrada de los *thread* a ejecutar sea siempre el mismo.

Y aunque no es un modificador en Java, en contraposición a *synchronized* vamos a explicar el uso de la interfaz *lock,* ya que su finalidad es similar. Podemos considerarlo como un semáforo, permitiéndonos tener más control de lo que hace nuestro programa, ya que es más manual y, por tanto, se necesita tener mayor experiencia para su uso, pues es más avanzado al ser más fácil equivocarse usándolo.

```java
import java.util.concurrent.locks.Lock;
import java.util.concurrent.locks.ReentrantLock;

public class EjemploLock {
  private int velocidad;
  private final Lock lock = new ReentrantLock();

    public int aumentar() {
      lock.lock();
      try {
        velocidad++;
        return velocidad;
      } finally { lock.unlock();
      }
    }
}
```

Con la interfaz *Lock* podemos usar varios métodos que nos permitirán controlar el paso o detención de la ejecución de un hilo. A diferencia de *synchronized,* no estamos limitados a usarlo en bloques o métodos, lo que hace su uso más versátil, aunque también más complejo. Otra ventaja de *Lock* frente a *synchronized* es que permite desbloquear hilos en el orden de llegada, mientras que con *synchronized* no se puede garantizar dicho orden. Además, la interfaz *Lock* permite establecer un tiempo máximo de bloqueo, mientras que con *synchronized* se puede esperar indefinidamente. Es recomendable usar *lock* dentro de un bloque de excepción *try-catch,* asegurando que el desbloqueo ocurra en el bloque *finally.*

NOTA

Hay distintos tipos primitivos, ¿cuál de ellos deberíamos usar? Emplearemos por norma general el tipo *int*. Usaremos *long* en caso de que el entero sea demasiado grande. Los tipos *byte* y *short* son de uso más avanzado y esperaremos a tener mejor comprensión del funcionamiento de Java para emplearlos.

volatile

La palabra reservada *volatile* se usa cuando utilizamos la concurrencia. Los hilos trabajan con cachés, y para entender el concepto de *volatile* tenemos que entender que cada hilo crea en caché una copia de la variable, la cual, aunque sea más rápida, si trabajan varios hilos sobre la misma variable, suele dar errores en cuanto a consistencia de los datos.

Si definimos esta variable como *volatile,* se accede al valor de esta variable desde la memoria principal, permitiendo solventar estos errores, ya que la información guardada en la memoria principal siempre es la misma y nos aseguramos de que no se vaya a dar un bloqueo al leer o escribir sobre esta variable.

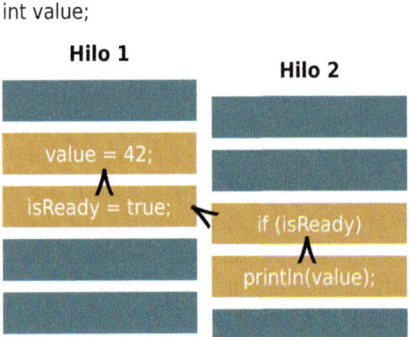

El modificador volatile se utiliza para trabajar la concurrencia entre hilos dentro del lenguaje de programación Java.

Cuando se define una variable en un hilo como *volatile,* no es necesario usar *synchronized,* ya que esta ya garantiza que la variable tenga el valor siempre actualizado. Sí que es recomendado el uso de *synchronized* con muchos hilos escribiendo y leyendo a la vez, además de diferenciarse en que *volatile* solo se aplica sobre variables.

transient

Las utilizaremos junto con la serialización de objetos de Java, la cual trataremos en la unidad siguiente. Como adelanto, y para entender el concepto de **serialización,** diremos que esta es la conversión de un objeto en un flujo de *bytes* para poder ser enviada como flujo de entrada o salida de información a alguna fuente externa (por ejemplo, enviarse a través de la red o guardarse en un fichero).

A continuación, puedes ver qué sucede si las siguientes variables se intentan serializar:

Valor nombre serializado	Valor *password* no serializado

public class Usuario implements Serializable {
    private String nombre;
}
	public class Usuario implements Serializable {
	    private String nombre;
	    private transient String password;
	}

Al declarar una variable con el modificador *transient,* estamos diciendo que esta variable no será serializada, aun en caso de que el objeto que contendrá esa variable sea serializado. Evitamos así la propagación de la información que no deseemos sobre la serialización de nuestros objetos y delimitamos que no siempre se tendrá acceso al valor de la variable.

native

Esta palabra clave se utiliza para declarar métodos en las siguientes circunstancias:

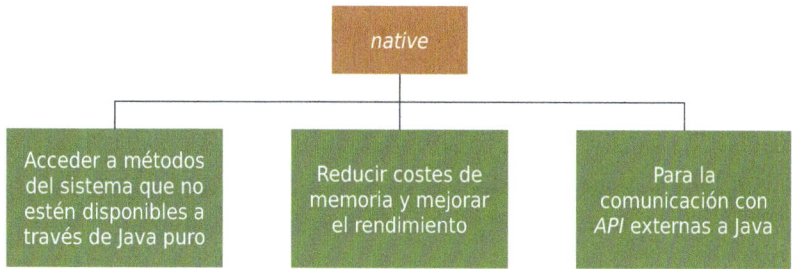

Este solo puede asignarse a métodos dentro de una clase Java, y si se asigna a uno, indica que este está escrito en un lenguaje de programación distinto de Java.

La palabra *native* en el método indicará al compilador que la función es una función en código nativo. Al compilarse este se generarán los vínculos necesarios con nuestra clase Java y los ficheros .h y .c, que contendrán el código fuente del método nativo. Estos ficheros se crean con el comando **javah.**

RECUERDA

Si otra parte del sistema va a usar tu clase, intenta usar el nivel de acceso más restrictivo posible. Es recomendable que los atributos de una clase sean casi siempre privados, permitiendo el acceso a ellos a través de sus métodos *get* y *set*.

Usa el encapsulamiento que ofrece la programación orientada a objetos, asegurando que la implementación interna de una clase esté protegida y sea accesible solo a través de métodos controlados.

APLICACIÓN PRÁCTICA

Omar se encuentra en medio de la realización de unas funcionalidades en las que trabajan con distintas cajas de supermercado y sus trabajadores. Actualmente está tratando de codificar los momentos en los que un cajero se queda sin cambio y necesita acceder a la caja de un compañero para adquirirlo. En estos momentos, tiene que demorarse un tiempo a la espera de que su compañero termine de cobrar al cliente actual. En este caso está dudando qué tipo de mecanismo de sincronización es más correcto en esta situación.

Ayúdale a tomar la decisión correcta entre los siguientes mecanismo de sincronización que está actualmente barajando:

- *synchronized*
- *Lock*
- *volatile*
- *transient*

Continúa en página siguiente >>

<< Viene de página anterior

Solución

El mecanismo de sincronización indicado para esta situación sería *lock,* ya que permite un mayor control sobre los bloqueos, dotando de los comportamientos de espera entre varios hilos de ejecución para el acceso a un recurso compartido.

---

9. Constructores

 **HILO CONDUCTOR**

Juan y Ramón han retomado la actividad de Digital Mushroom, S. L., tras un parón para formarse sobre la lógica de negocio y para definir un documento de análisis y requisitos del proyecto de una aplicación deportiva que van a realizar a petición de un cliente muy importante que puede catapultar su joven empresa.

En el emprendimiento de este proyecto, uno de los primeros trabajos que tiene que emprender Ramón es la creación de una clase Participante, donde se crearán una serie de atributos que tendrán que ser establecidos por defecto de alguna manera. Para esto ha tomado la decisión de usar un par de constructores distintos dentro de sus clases.

Un tipo de método especial que contienen todas las clases es el método constructor. Una clase puede tener tantos constructores como combinaciones posibles de sus parámetros soporte.

Cuando no se establece ningún constructor, el compilador añade por defecto uno vacío que no hace nada.

```
public  class Deportista extends Participante {
   public Deportista(){
      // Constructor implícito por defecto en toda clase
   }
}
```

Los constructores tienen ciertas características que tienen que respetar para poder ser considerados como tales:

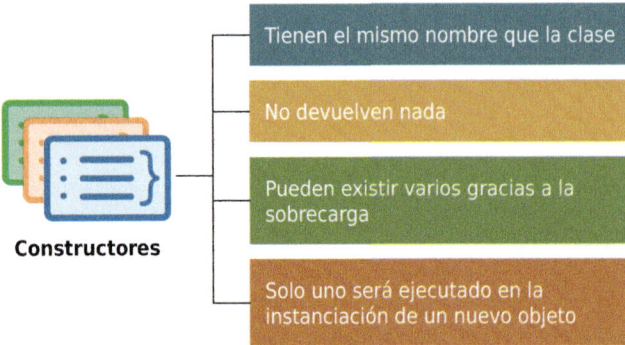

Dentro del código del constructor, normalmente se inicializan parámetros asociados a la clase que se está construyendo. Es común establecer los valores que queremos que tenga por defecto un objeto.

Veamos un ejemplo un poco más complicado, en el que veremos mejor las llamadas que pueden crear nuestros constructores:

```java
public class Deportista extends Participante {
  private String deporte;
  private String nombre;
  public Deportista(String deporte){
     this.deporte = deporte;
  }
  public Deportista(){
  }
}
```

En este caso hemos creado dos constructores dentro de la clase Deportista. El primero establece la información del dato deporte. Este es el ejemplo con el que podemos ilustrar mejor el establecimiento de estos valores por defecto.

El segundo sobrescribiría el constructor que incluye por defecto cualquier clase. Ambos constructores serían llamados de la siguiente manera respectivamente:

```
Deportista desportista1 = new Deportista()
```

En este caso llamaremos al segundo constructor. Este crearía un objeto sin ningún parámetro establecido. Al ser sus atributos *private,* si quisiéramos establecer algún valor para ellos, deberíamos crear los métodos *get* y *set* oportunos.

Si realizamos la siguiente invocación, estaremos creando en este caso un nuevo objeto a través del primer constructor, el cual establece el parámetro deporte que le introduzcamos como parámetro.

```
Deportista desportista1 = new Deportista("Natación");
```

Podemos ver claramente las diferencias entre método y constructor con la siguiente enumeración:

Constructor	Método
- Es usado para iniciar un objeto en un estado determinado. - No puede devolver ningún tipo. - Es convocado de manera implícita. - El compilador provee de un constructor por defecto. - Debe tener el mismo nombre que la clase que construya.	- Se utiliza para exponer el comportamiento de un objeto. - Puede devolver el tipo que le asignemos. - Siempre se convoca de manera explícita cuando nosotros deseemos. - No es proporcionado por el compilador nunca. - No puede tener nunca el mismo nombre que la clase que lo contiene.

ACTIVIDAD COMPLEMENTARIA

15. Realiza la creación de un par de constructores más sobre la clase usada en las anteriores actividades, la clase Persona, la cual ya contaba con un constructor.
Queremos que estos constructores cumplan las siguientes características:

· En uno la edad debe ser establecida de manera automática desde la creación del objeto a 10 años.
· En el otro se deben inicializar todos sus atributos a través de parámetros de entrada.
· Crear una clase IniciaConstructor, que contenga un método *main* y cree un objeto a través de cada uno de los constructores, respectivamente.

10. Interfaces

 HILO CONDUCTOR

Cuando nuestros amigos emprendedores están desarrollando el cuerpo principal de la clase padre de la que extenderán el resto de las clases de la aplicación, la clase Participante, Ramón propone crear esta como clase abstracta. Juan cae en la cuenta de que había un tipo de herramienta dentro de la Programación Orientada a Objetos en Java, las interfaces, que realizan una función parecida a las clases abstractas, y emprende una reunión con Ramón sobre qué tipo de estructura de abstracción deberían usar.

Otra de las herramientas que nos proporciona Java para implementar la abstracción son las interfaces. Estas son una especie de modelo o plantilla que usaremos para la construcción de nuestras clases.

La declaración de las interfaces es similar a la declaración de las clases abstractas.

 **DEFINICIÓN**

Abstracción

Es la capacidad de mantener métodos y atributos de manera común entre clases que hereden de una clase abstracta. La diferencia con la interfaz es que esta última solo te permite crear constantes, mientras que la clase abstracta también da la opción de crear atributos normales.

Esta incluye la palabra reservada interface, y no declara ninguna variable de instancia ni implementa el contenido de ninguno de los métodos, solo el contenedor.

```
public interface PrimeraInterfaz {
  // Cuerpo de la interfaz
}
```

Dentro de su contenido, los métodos declarados deben separarse entre punto y coma, y son todos declarados como *abstract* o *public*. Todas las constantes que se declaren deben ser *public, static* y final de manera implícita, y resulta necesario inicializarlas a la vez que es declarada.

```
public interface PrimeraInterfaz {
  double CONSTANTE1 = 0.00001;
  public void metodo1 (int x);
  public void metodo2 (float y);
}
```

Para poder implementar una interfaz en una clase tenemos que asegurarnos de usar la palabra reservada *implements*. Esta se establecerá en la cabecera de la clase, y entonces obligará a la clase que la implemente a definir los métodos que contenga y rescribirlos.

```
public class ClaseEjemplo implements PrimeraInterfaz {
  private int valor;
  public void metodo1 (int x) {
  return this.valor;
  }
  public void metodo2 (float y) {
     return this.valor * CONSTANTE1;
  }
}
```

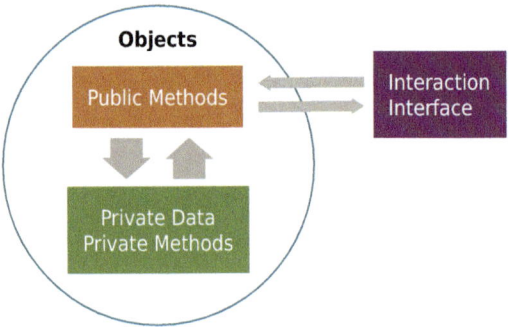

Una interfaz es una lista de comportamientos que puede tomar un determinado objeto instanciado desde una clase que la implemente.

Una característica de las interfaces es que permiten implementar a una clase tantas interfaces como quiera. Esto nos crea la necesidad de una jerarquía para que las distintas interfaces se entiendan, y permite la herencia simple y múltiple. Esto significa que la declaración de una interfaz también puede implementar otras interfaces a sí misma.

```
public interface PrimeraInterfaz implements
SegundaInterfaz {
  // Cuerpo de la Interfaz
  }
```

En este caso, las clases que implementen la interfaz PrimeraInterfaz de forma automática también lo harán con SegundaInterfaz, y tendrán que declarar obligatoriamente los métodos que esta contenga. Esto significa que una clase Java puede heredar solo de una clase abstracta, pero implementar todas las interfaces que necesite.

RECUERDA

Es importante tener cuidado o, directamente, no realizar la modificación de una interfaz, ya que las clases que implementen dicha interfaz serán susceptibles de dichos cambios y tendrán que implementar las modificaciones oportunas también.

La interfaz collection es la encargada de ser el origen de todas las colecciones de elemento. Es una de las interfaces más relevantes del paquete java.util.

10.1. Uso de la interfaz como dato

Cuando realizamos la declaración de una interfaz, reservamos un espacio en memoria que guarda su referencia. Este puede ser usado para llamarse desde otros lugares. Veremos esto de manera más clara a través de un ejemplo.

 **EJEMPLO**

Podemos usar la referencia de una interfaz como tipo de un parámetro de un método.

```
public class Persona {
  public void crecer(Edad e)
}
```

Solo una instancia que implemente una interfaz concreta puede usar una asignación a otras clases que la implementen también, y emplearlas como parámetro de entrada dentro de la propia interfaz.

```
public interface Edad {
  public int esMayor(Edad e);
}
```

En otros casos es de utilidad declarar una interfaz vacía.

```
public interface Edad { }
```

Todos estos casos son posibles porque en Java una interfaz no es una clase, pero sí se trata como si fuese un tipo de Java y puede ser usado como tal.

10.2. ¿Cuándo usar una interfaz y una clase abstracta?

Esta pregunta se realiza muchas veces cuando empezamos a definir en qué se basan las interfaces, teniendo un gran paralelismo con las clases abstractas. Las principales diferencias que encontramos entre ambas son:

La clase abstracta puede heredar de cualquier clase y, además, incluir el número de interfaces que quiera, mientras que una interfaz solo puede implementar otras interfaces.

Una clase abstracta tiene métodos que pueden ser abstractos o no, pero en la interfaz es obligatorio que estos métodos sean abstractos.

En una clase abstracta, los métodos abstractos tienen que ser *public* o *protected*; en una interfaz solo puede haber métodos públicos.

Cuando queramos decidir si usar una interfaz o una clase abstracta, la elección dependerá de las necesidades que tengamos que solucionar:

Abstracción
- Si varias clases utilizan varios métodos con códigos en su interior iguales, es conveniente usar la abstracción pero teniendo en cuenta que solo se puede heredar de una clase padre. También es conveniente servirse de la abstracción cuando sepas que no vas a crear ningún objeto de esa clase.

Interfaz
- Usaremos las interfaces cuando necesitemos una estructura para nuestras clases que requiera solo de constantes y el interior de cada método sea declarado de manera independiente, con diferencias entre las clases que implemente.

 ACTIVIDAD COMPLEMENTARIA

16. Trata de crear una interfaz que se llame Comportamientos, que se implemente dentro de tu clase Persona, y crear tres comportamientos posibles que tendría cualquier persona.
Crea una clase autoejecutable que instancie una persona y realiza los distintos comportamientos elegidos.

11. Métodos de sobreescritura y sobrecarga

☞ HILO CONDUCTOR

La aplicación que están desarrollando nuestros compañeros de Digital Mushroom, S. L., va viento en popa. Los desarrollos se están cumpliendo en fecha, pero nuestro amigo Juan se encuentra bloqueado con un problema. De la clase Participante, la cual se ha definido como clase abstracta, se han extendido tres clases nuevas: la clase Entrenador, Deportista y Masajista. En estas, hay un método común en la clase padre que establece el tiempo gastado durante las jornadas deportivas de ese tipo de participante. En el caso de los entrenadores y los masajistas, se establece este tiempo como *int,* pero en los deportistas, es necesario un tipo *double*. Para solventar este caso, Ramón recomienda a Juan hacer uso de la sobrecarga de métodos.

Como hemos mencionado anteriormente, la manera de distinguirse de unos métodos y otros es a través de la combinación de su nombre y los parámetros de entrada que tenga. Cuando creamos un método con el mismo nombre, pero con diferente lista de tipos de parámetros de entrada, estamos realizando sobrecarga.

La sobrecarga de métodos es una de las herramientas que tiene Java de implementar el **polimorfismo.** Para realizar la sobrecarga de un método, solo se tienen que declarar distintas versiones de este con una combinación distinta en los tipos o números de los parámetros de entrada.

```java
public class EjemploSobrecarga {
  public void metodoSobrecarga(){
    System.out.println("Sin parámetro");
  }
  public void metodoSobrecarga(int a,int b){
    System.out.println("Sobrecargo y tengo parámetros
    a: " + a + " y b: " + b);
  }
}
EjemploSobrecarga ejemplo = new EjemploSobrecarga();
ejemplo.metodoSobrecarga();
ejemplo.metodoSobrecarga(2, 4);
```

Como podemos ver, el método *metodoSobrecarga* está sobrecargado una vez a través de los parámetros de entrada. La primera vez no tiene ningún parámetro, pero la segunda toma dos parámetros de tipo *int*. También podríamos haber cambiado el parámetro de devolución en vez de devolver *void,* pero con solo esta condición no podríamos decir que estamos realizando sobrecarga.

IMPORTANTE

Es importante advertir que el tipo de valor que retorne la función no es una manera de realizar sobreescritura de otro método, es decir, no podemos hacer lo siguiente:

```
public void ejemploSobrecarga(int parametro){}
public int ejemploSobrecarga(int parametro){}
```

En la sobreescritura de métodos también se puede dar la **conversión de tipos automática,** que el lenguaje Java pone en nuestra mano para ser usada. Esta se emplea en los parámetros de los métodos que sobrescribimos. Un ejemplo sería el siguiente:

```
public class EjemploSobrecarga {
  public void metodoSobrecarga(int a){
     System.out.println("Mi tipo int es: " + a);
  }
  public void metodoSobrecarga(double a){
     System.out.println("Mi tipo double es: " + a);
  }
}
EjemploSobrecarga ejemplo = new EjemploSobrecarga();
ejemplo.metodoSobrecarga(2);
ejemplo.metodoSobrecarga(2.0);
```

En este caso podemos definir como *int* en el primer método, y como *double* el mismo valor en el segundo, que estamos haciendo una sobrecarga a través de conversión de tipos automática.

Hay que tener cuidado y entender bien el concepto de sobreescritura por conversión de tipos, ya que esta solo se realiza si no hay ninguna coincidencia directa entre un parámetro y un argumento.

Antes hablábamos sobre polimorfismo, el cual veremos a continuación, pero podemos adelantar que la sobrecarga de métodos es una de las formas que tiene Java de hacer posible el polimorfismo. Qué tiene que ver la sobrecarga con el polimorfismo nos quedará más claro a través del caso del lenguaje C.

En el lenguaje C existen varios métodos; uno se llama *abs,* que devuelve un valor entero. Otro *labs,* que devuelve un tipo *long* y, por otro lado, tenemos *fabs,* que devuelve un valor en coma flotante. Como en C no se permite la sobrecarga, cada función tiene que tener un nombre diferente, aunque hagan prácticamente lo mismo solo devolviendo tres tipos de valores diferentes.

El lenguaje de programación C es anterior a Java y no soporta la sobrecarga de métodos.

Esto nos lleva a tener que memorizar o buscar tres nombres distintos, lo que hace menos accesible el propio lenguaje de programación en sí. En Java esta situación cambia, ya que tendríamos una función, por ejemplo, *abs,* que retornaría distintos tipos de datos dependiendo de la sobrecarga que preparemos con ellos.

En el lenguaje de programación Java, podemos sobrecargar los métodos estáticos, diferenciando estos por los parámetros de entrada, pero no podemos sobrecargar dos métodos que solo se diferencian por la palabra *static*.

La sobrecarga se puede realizar en la misma clase o en una subclase, llamando a estos **métodos.** La sobrecarga debería implicar relación siempre.

Las reglas para realizar la sobrecarga de métodos son las siguientes:

1. **Mismo nombre de método:** los métodos sobrecargados deben tener el mismo nombre pero diferentes listas de parámetros.
2. **Diferentes tipos de parámetros:** los métodos sobrecargados pueden tener diferentes tipos de parámetros en la lista de argumentos.
3. **Diferente número de parámetros:** los métodos sobrecargados pueden tener un número diferente de parámetros en la lista de argumentos.
4. **Diferentes secuencias de tipos de parámetros:** los métodos sobrecargados pueden tener la misma cantidad de parámetros, pero en un orden diferente.
5. **Diferentes tipos de retorno:** dos métodos con el mismo nombre y la misma lista de parámetros, pero con tipos de retorno diferentes, no se consideran métodos sobrecargados.

Es importante destacar que la sobrecarga de métodos permite definir múltiples métodos con el mismo nombre en una clase, lo que facilita la legibilidad y la organización del código. Cuando se llama a un método sobrecargado, el compilador de *Java* determina qué versión del método debe ejecutarse, según la lista de argumentos proporcionada en la llamada al método.

Podemos sacar como conclusión que la sobrecarga es una herramienta muy útil, que dota a Java de herramientas prácticas, que usaremos de manera constante a lo largo del desarrollo de nuestros futuros programas.

 ## ACTIVIDAD COMPLEMENTARIA

17. Crea un par de clases distintas:

    a. Una clase OperacionMatematica que determine la operación a realizar entre dos números. En esta tendremos que ofrecer la acción tanto de poder sumar números enteros como también de operar tipos decimales.
    b. Queremos crear una clase Instrumento, la cual contiene el comportamiento de tocar un Instrumento (puede imprimir por pantalla "Estoy tocando un instrumento"). Crea una clase que herede de instrumento, por ejemplo, Guitarra, y extiéndela de esta, especificando el instrumento que se está tocando.

12. Polimorfismo

☞ HILO CONDUCTOR

Nuestros compañeros ya tienen estructurado el cuerpo de las clases principales que utilizarán para el desarrollo de la aplicación deportiva que les ha contratado un gran cliente. Estos tienen una clase abstracta padre llamada Participante, de la que extenderán las clases Deportista, Entrenador y Masajista. Estas tienen unos atributos y métodos comunes, que a su vez pueden tener pequeñas diferencias entre ellos. Estas diferencias son posibles gracias a la capacidad del lenguaje de programación Java de poder transformarse manteniendo su naturaleza, es decir, gracias al polimorfismo.

El polimorfismo es uno de los pilares de la POO y es la capacidad (proporcionada por los lenguajes que soportan este paradigma de programación) de los métodos, atributos y objetos de poder tomar varias formas diferentes. Es como si un mismo nombre compartiese varios significados.

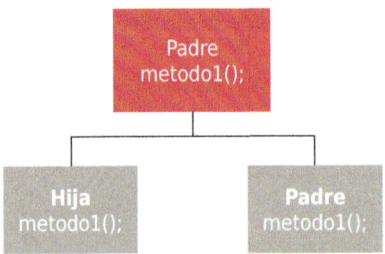

La intención del polimorfismo es crear un estilo de programación conocido como **envío de mensaje,** en el cual cada componente, en este caso los objetos, deben interactuar entre ellos a través de distintas acciones mediante los métodos que implemente.

```
public class Padre {
  public void metodo1() {
     System.out.println("Padre");
```

Continúa en página siguiente >>

<< Viene de página anterior

```
    }
  }
  public class Hija extends Padre {
    // @Override
    public void metodo1 () {
       System.out.println("Hija");
    }
  }
```

Es buena práctica incluir la etiqueta *@Override* cuando se hace uso del polimorfismo. Un método con esta etiqueta indica que está realizando una sobreescritura sobre el mismo método en la clase Padre. En este ejemplo estamos creando una clase Hija que extiende de una clase Padre, y que esta le permite implementar los métodos que traiga, con distintos contenidos y funcionalidades.

Aunque conceptualmente Java cuenta con muchas más, vamos a ver aquí cuatro grandes tipos distintos de polimorfismos.

12.1. Polimorfismo de asignación

Es el tipo de polimorfismo que, en una misma variable referenciada, puede referenciar a más de una clase. El conjunto de las clases referenciadas está limitado por la herencia.

Está íntimamente relacionado con el enlace dinámico. Esto quiere decir que una variable X, que sea declarada como tipo, puede hacer referencias a una variable Y, siempre que el tipo Y sea una subclase o implementación del tipo X.

Supongamos el ejemplo anterior. Para ilustrar esto, crearemos una nueva instancia de la clase Hija.

```
  Hija hija1 = new Hija();
```

Sin embargo, para poder hacer esta instancia, podríamos usar a la clase padre para determinar la clase tipo del padre, ya que la hija hereda de ella.

```
Padre hija1 = new Hija();
```

Aquí vemos cómo un objeto inicializado como tipo Padre puede usar el polimorfismo para hacer referencias a una clase de Hija. Esto también lo podremos realizar con interfaces implementadas.

 **EJEMPLO**

```
interface InterfazPrueba {
  public void metodo1();
}

public class Hija implements InterfazPrueba {
  @Override
  public void metodo1() {…}
}

InterfazPrueba hija1 = new Hija();
```

12.2. Polimorfismo puro

Este es el que se utiliza para nombrar a la capacidad del método de una clase y que pueda recibir varios tipos de argumentos distintos en tiempo de ejecución en el mismo parámetro de entrada de una función.

Esto no se debe confundir con la sobrecarga, que es muy similar, pero en tiempo de compilación. Conociendo el caso anterior, vamos a crear una función que acepte varios tipos de objetos en tiempo de ejecución:

```
public class EjemploPolimorfismoPuro {
  public function funcion1
(InterfazPrueba interfaz) {
  }
}
```

En este caso tenemos la aceptación por parte de la función funcion1 de poder aceptar cualquier valor que extienda de dicha interfaz como parámetro de entrada, pudiendo ser este el hijo o el padre indistintamente.

 TAREA 6

En el actual programa en el que se encuentra Antonio, están llevando a cabo un sistema informático para realizar el control de animales en investigaciones sobre los distintos sonidos que realizan estos como sistemas de comunicación. Para ello le dicen que necesita una clase abstracta Animal, una interfaz, IComunicacion, que determine el rango de comunicación de estos, y dos subclases que extienden de esta superclase Animal, las cuales sean Gato y Perro respectivamente.

Ayuda a Antonio en la realización de esta tarea, pudiendo añadir cualquier funcionalidad o dato que se te ocurra a lo largo de la escritura del código.

12.3. Sobrecarga

Es el tipo de polimorfismo estudiado en la unidad anterior. Este es el que se utiliza para nombrar a la capacidad del método de una clase y que pueda recibir varios tipos de argumentos distintos en tiempo de compilación y así referirse a diferentes métodos con el mismo nombre.

El resultado del método convocado será la combinación del nombre del método y los atributos de entrada que le demos, es decir, la firma del método.

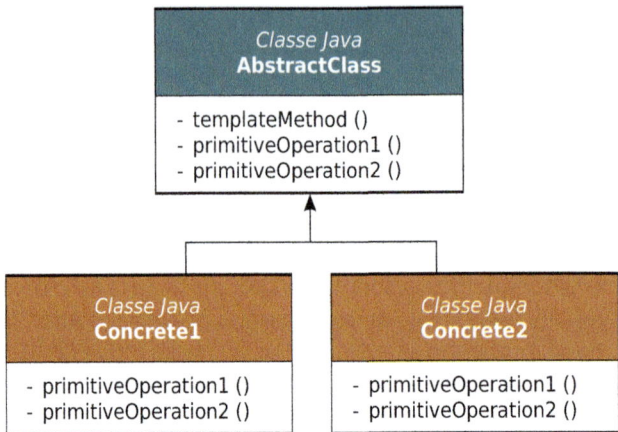

El polimorfismo permite a las clases y métodos poder tener distintas formas aun conservando los mismos identificadores.

Es muy habitual verlo en los *Wrappers* o clases envoltorio, y por eso mismo vamos a ver un ejemplo de envoltorio de la clase *String* de Java y el método *valueOf* que contiene.

```
public final class String {
  public static String valueOf(Object obj){
    return (obj == null) ? "null" : obj.toString();
  }
  public static String valueOf(char data[]){
    return new String(data);
  }
  public static String valueOf(char data[], int offset,
  int count){
    return new String(data, offset, count);
  }
}
```

En el *Wrapper* de *String,* vemos que las funciones *valueOf* se declaran varias veces con contenidos y parámetros distintos. Para poder llamar desde el exterior a cada uno de estos métodos, lo haríamos de la siguiente manera:

```
String texto = new String();
texto.valueOf(hijo1); // primer método
texto.valoueOf({"a","b","c"}); // segundo método
texto.valoueOf({"a","b","c"}, 2, 12); //tercer método
```

12.4. Polimorfismo de inclusión

Es el momento en el que podemos redefinir por completo un método de una clase padre desde la clase Hija. En estos casos estaríamos hablando de polimorfismo de inclusión o de redefinición.

 **NOTA**

Este tipo de polimorfismo, el polimorfismo de inclusión, se define como redefinición y no sobreescritura, ya que definimos el método por completo y no solo sobrecargamos su listado de parámetros. Usamos la firma del método padre al completo, con los mismos argumentos.

```
public abstract class Padre {
  public void metodo1(byte x);
}
public class Hija extends Padre {
  // @Override
  public void metodo1 (byte x) {
    System.out.println("Hija con parámetro x = " + x);
  }
}
```

En este ejemplo estamos sobrescribiendo completamente el método inclusión en la clase Hija. No sería lo mismo que hacer lo siguiente:

```
// @Override
  public void metodo1 (int x) {
     System.out.println("Hija con parámetro x = " + x);
  }
```

En este caso estaríamos creando un método completamente nuevo, ya que los parámetros de entrada se guiarán por el tipo de dato, no por el nombre. El método está sobrescribiendo, no sobrecargando el anterior método del padre.

 APLICACIÓN PRÁCTICA

María José está haciendo el trabajo final en un curso de programación Java, llevando a cabo un programa informático que monitorice las tareas domésticas que se realizan en su casa. Está tratando de pasar a estructuras de clases las tareas, como clase padre y los distintos tipos de tareas como, por ejemplo, tareas del baño, de la cocina, del salón, etc., así como distintas clases hijas que hereden de la superclase abstracta Tarea. Cuando está sobrescribiendo estás funciones en las clases hijas, tiene que documentar qué tipo de polimorfismo está haciendo uso.

Piensa con ella la solución correcta para conseguir una buena calificación del curso.

Solución

Está llevando a cabo sobrecarga, ya que se usa para poder recibir varios argumentos en tiempo de compilación y adaptar métodos que en el padre funcionan de determinada manera al funcionamiento que necesite la clase hija.

13. Resumen

El lenguaje de programación Java es un lenguaje que se basa en un paradigma de programación orientado a objetos. Estos objetos son representaciones que pueden ser simples o complejas, reales o imaginarias, de distintos componentes de la realidad.

Estas se engloban en el concepto de clase, que son tipos complejos, en contraposición a los tipos primitivos, y son la generalización de todos los rasgos comunes que tiene un determinado tipo de objetos. Estas pueden ser también definidas como superclases, o clases padres, o como subclases o hijas, usando así la herramienta conocida como **herencia.**

Para acceder a cierta información propia, como de la clase padre, usaremos las invocaciones *this* y *super*. Estas llaman, en el primer caso, a los constructores de la propia clase, y en el segundo caso, a los constructores del padre a través de los parámetros de entrada que indiquemos.

Estas clases están formadas por propiedades y métodos, que definen su estado y su comportamiento. Estos se ven seriamente afectados por los distintos modificadores de acceso de los que se encuentren acompañados. Estos pueden ser *public, protected, private* y *default*.

La POO también se caracteriza por la escritura de métodos distintos con misma cubierta, o por soportar el polimorfismo y la sobreescritura.

Polimorfismo
Permite definir varios comportamientos bajo un mismo nombre

Herencia
Asegura la reutilización de código

Abstracción
Es la capacidad de abstraer propiedades comunes para convertirlas en plantillas de la realidad

Encapsulamiento
Simplifica el código y lo protege del acceso de terceros

Ejercicios de autoevaluación
Unidad de Aprendizaje 2

1. ¿Qué descripción explica mejor el concepto de clase de Java?

a. Es un tipo especial de variable.
b. Es un modelo según el cual ordenamos los datos de las clases.
c. Es una variable muy parecida al *Array*.
d. Son una clase de datos ordenador de manera secuencial.

2. ¿De qué distintas partes se compone una clase?

a. Sus funciones y variables.
b. El *software* y el *hardware*.
c. Su cardinalidad y su tipo.
d. Sus métodos y atributos.

3. Determina si la siguiente oración es verdadera o falsa: "Las características principales de un objeto en Java son la identidad, su estado y su comportamiento".

■ Verdadero
■ Falso

4. Indica, entre las siguientes opciones, qué código tiene que ver con la herencia:

a. Public class Deportista extends Participante
b. Public class Deportista inherit Participante
c. Public class Deportista implements Participante
d. Public class Deportista belong to Participante

5. ¿Cuál es el resultado de instanciar a una clase?

a. Tendremos una clase duplicada.
b. La clase se eliminará.
c. Se conecta la clase con otra.
d. Se crea un objeto del tipo clase elegido.

6. Determina si la siguiente oración es verdadera o falsa: "La capacidad de crear clases abstractas en Java no es necesaria dentro de la POO".

   ■ Verdadero
   ■ Falso

7. ¿Qué código asociarías a un interfaz de Java?

   a. Masajista ms = new Masajista (InterfazPrueba)
   b. Masajistas ms =new Masajista. InterfazPrueba
   c. public class Masajista implements InterfazPrueba
   d. pblic class Masajista extends InterfazPrueba

8. ¿Qué implica para un método el hecho de sobrecargarlo?

   a. Editar el contenido para cambiar su comportamiento.
   b. Crear un método de mismo nombre y distintos atributos.
   c. Añadir funcionalidades nuevas.
   d. Cambiarle el nombre dejando la misma funcionalidad.

9. Determina si la siguiente oración es verdadera o falsa: "Java es un lenguaje que diferencia entre mayúscula y minúscula".

   ■ Verdadero
   ■ Falso

10. Relaciona los conceptos con las definiciones:

    a. Programación declarativa.
    b. Programación funcional.
    c. Programación con restricciones.
    d. Programación imperativa.
    e. Programación estructurada.
    f. Programación procedimental.

    __ Se basa en el uso de funciones.
    __ Lo usan lenguajes como C++ o Pascal.
    __ Establece su ejecución en forma de sentencias.
    __ Se declaran los problemas de manera inmutable.
    __ Se ejecuta de principio a fin la lectura del fichero.
    __ Expresa la relación entre variables con restricciones.

Otras opciones en programación Java

Contenido

Objetivos

El objetivo general de esta Unidad de Aprendizaje es:

→ Conocer y ser capaces de diferenciar las diferentes herramientas que el lenguaje Java pone a nuestra disposición para casos de desarrollo más avanzados.

Los objetivos específicos de esta Unidad de Aprendizaje son:

→ Ser capaces de implementar correctamente y hacer uso de las clases que permiten usos más avanzados como las excepciones y las colecciones de Java.

→ Usar correctamente las clases, creando componentes como clases internas y usando *static* como modificador tanto de métodos como de atributos.

→ Poder realizar la serialización y deserialización de un objeto, a través de la implementación de la interfaz serializable y el uso de flujos de datos.

1. Introducción

Como hemos visto a lo largo de las unidades anteriores, Java es un lenguaje de programación perteneciente a Oracle y preparado para soportar distintos tipos de plataformas con un solo lenguaje.

Este código que desarrollamos los programadores, al ser compilado, puede llevarse sobre estas diferentes máquinas a través de una máquina virtual que usa Java, la *JVM,* que se encarga de interpretar las órdenes que nosotros codifiquemos en nuestros programas.

Dentro de las herramientas de desarrollo que Java nos proporciona a través del paquete *JDK* o *Java Development Kit,* están contenidos los diferentes componentes que ya hemos empezado a usar, como el uso de variables, diferentes operadores y modificadores de acceso, creación de clases propias y uso de diferentes bucles y condiciones.

En esta unidad, vamos a aprender más de estas herramientas, que hacen de Java un lenguaje de programación orientado a objetos, basándonos en las clases y tipos propios de Java, mostrando el uso que como desarrolladores debemos hacer de ellos.

Nuestros emprendedores de Digital Mushroom, S. L., tendrán que aprender rápido muchas de estas herramientas, ya que la primera versión de su programa salió bien, cumpliendo con los requisitos y funcionalidades mínimas, pero se está preparando una nueva fase de optimización del proyecto, pues se han detectado problemas de rendimiento. Muchas de las herramientas que tendrán que usar son componentes avanzados del lenguaje Java, que veremos a lo largo de esta unidad.

2. Excepciones

 HILO CONDUCTOR

En Digital Mushroom, S. L., presentaron su primera versión 1.0 del sistema informático que estaban realizando. Esta versión se caracterizaba por tener todas las funcionalidades pedidas desarrolladas y finalizadas, pero pronto el cliente reportó gran cantidad de casos de error, en los cuales el sistema fallaba. Ante

Continúa en página siguiente >>

<< Viene de página anterior

esto empezaron a cuestionarse si se había llevado a cabo de manera correcta el control de errores de la aplicación, y se dieron cuenta de que no habían hecho uso de una de las herramientas que casi cualquier lenguaje de programación proporciona: las excepciones.

En la ejecución de un programa a veces suceden errores. Estos pueden ser desde que un objeto llegue con un valor nulo cuando no puede serlo, o el intentar dividir algún número real entre cero. Estos errores paralizarán la ejecución de nuestro programa devolviendo un error determinado.

```
Output - compiler (run)  ×

   run:
   Success: true
   java.lang.ClassNotFoundException: HelloWorld
           at java.net.URLClassLoader$1.run(URLClassLoader.java:372)
           at java.net.URLClassLoader$1.run(URLClassLoader.java:361)
           at java.security.AccessController.doPrivileged(Native Method)
           at java.net.URLClassLoader.findClass(URLClassLoader.java:360)
           at java.lang.ClassLoader.loadClass(ClassLoader.java:424)
           at sun.misc.Launcher$AppClassLoader.loadClass(Launcher.java:308)
           at java.lang.ClassLoader.loadClass(ClassLoader.java:357)
           at java.lang.Class.forName0(Native Method)
           at java.lang.Class.forName(Class.java:260)
           at CompileSourceInMemory.main(CompileSourceInMemory.java:50)
   BUILD SUCCESSFUL (total time: 2 seconds)
```

Para aprender las excepciones que pueden darse dentro de la programación Java, lo más fácil es hacerlo a base de experiencia y topándose con ellas.

Con el conocimiento que tenemos hasta ahora y con las herramientas que conocemos del lenguaje de programación Java, si necesitáramos en un programa determinado corregir un error cuando se produce en tiempo de ejecución, casi seguro pensaríamos en un *if*.

```
if (error) {
  System.out.println("KO");
} else {
  System.out.println("OK");
}
```

En este ejemplo estaríamos haciendo algo muy lógico, pero para hacerlo de manera correcta tenemos unas herramientas que nos proporciona Java: las excepciones.

Cuando estos errores antes mencionados se producen, guardan una excepción, creando un objeto que contiene toda la información sobre este problema concreto y que nos proporcionará unos métodos para poder usarla.

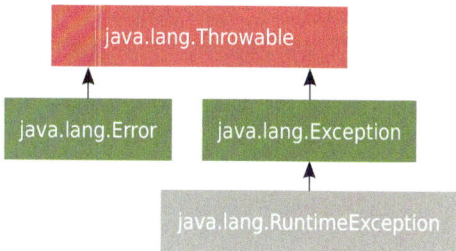

La clase Throwable es la superclase desde la que heredan el resto de las excepciones en el lenguaje de programación Java.

Estos objetos tienen como tipo la clase *Throwable*. Las excepciones son clases que extienden de esta, y cada una cubre distintos tipos de errores que se pueden dar a lo largo de la ejecución. Cuando una salta, si no es capturada, se detiene la ejecución del programa y se muestra un mensaje de error. Estas clases siguen una jerarquía de clase, y aunque sería labor ardua listarlas todas, podemos ver las más comunes:

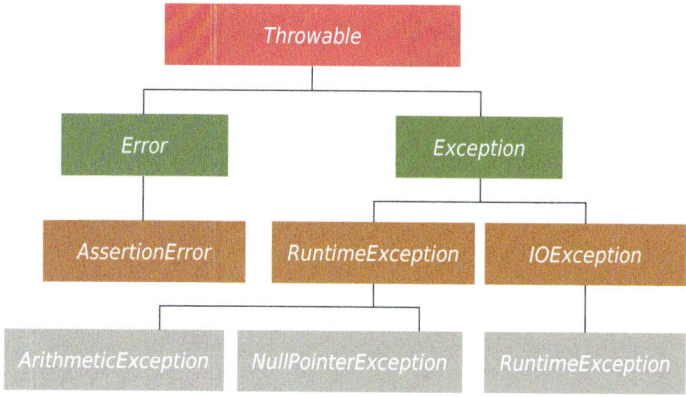

2.1. Estructura *try / catch / finally*

Las excepciones se capturan a través de una estructura *try / catch / finally* de la siguiente manera:

```
try {
  // No hay excepción
} catch (TipoExcepcion ex) {
  // Si hay excepción
} finally {
  // se ejecuta en ambos casos
}
```

Este arreglo se ejecuta de manera estructurada. Primero se ejecuta el bloque *try,* y si en este se diese una excepción, el bloque *catch* pasaría a capturarla. En caso de ocurrir esto se ejecutará la acción que contuviese el bloque *catch.* Finalmente, el bloque *finally* se ejecutará con independencia de lo que haya pasado anteriormente.

 SABÍAS QUE...

Dentro de una excepción podemos enlazar todos los bloques *catch* que queramos. Estos pueden referirse a distintas acciones que se ejecutarán dependiendo del tipo de excepción que estén capturando.

El funcionamiento de los bloques *try/catch/finally* podemos verlo a continuación, donde aparece el algoritmo de decisión que toman las excepciones.

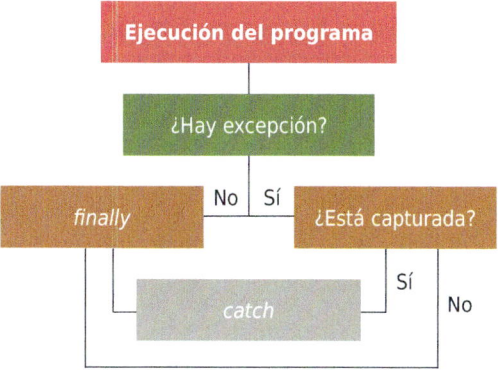

try

En el bloque *try* encerramos el código en el cual creemos que sucederá alguna excepción. La propia traducción de la palabra *try* nos lo explica; esta pide "intentar" las sentencias que contenga y avisasen a *catch* en caso de que se produzca una excepción. Siempre tiene que ir precedida por la sentencia *catch*.

Veamos el ejemplo que hemos mencionado antes, la excepción que se produce cuando tratamos de dividir un número entre cero.

```java
public class Main {
  public static int numerador = 5;
  public static Integer denominador = 0;
  public static float división;
  public void main(String[] args) {
    System.out.println("Antes de dividir entre
    cero"); // OK
    division = numerador / denominador ; //KO
    System.out.println("Después de dividir entre
    cero");
  }
}
```

Nuestra segunda orden *System.out.println* no llegaría a ser ejecutada, ya que en el momento en el que se ejecuta la división, se produce una excepción de Java llamada *"ArithmeticException"* y se detiene el programa.

Tenemos suerte de que Java tenga un control de excepciones y podamos controlar este código introduciendo este en un bloque *try/cath* correspondiente para poder capturar la excepción.

---

catch

Conociendo la estructura del *try* y del *catch,* ya no es complicado escribir la captura de la excepción encerrando el código que falla o podría fallar en un bloque *try.*

```
<terminated> Main (5) [Java Application] /
ANTES DE HACER LA DIVISIÓN
Error: null
División: 1.0
DESPUÉS DE HACER LA DIVISIÓN
```

Los errores que puedan darse en nuestro programa en desarrollo podremos verlos y capturarlos como mensajes en la consola del IDE que estemos usando.

```
public class Main {
  public static int numerador = 5;
  public static Integer denominador = 0;
  public static float división;
  public void main(String[] args) {
     System.out.println("Antes de dividir entre
     cero"); // OK
     try {
        division = numerador / denominador ;
     } catch (ArithmeticException ex) {
        System.out.println("Error: " +
        ex.getMessage());
     }
  }
}
```

En este caso, como ya conocemos qué tipo de excepción concreta nos salta, directamente buscamos capturarla. En este caso en vez de pararse la ejecución, esta ya continuaría y mostraría impresa la información que tuviese del error la propia excepción.

RECUERDA

La manera correcta de resolver una duda para un buen programador es consultando los manuales certificados y la documentación oficial del lenguaje de programación con el que esté codificando sus programas. En el caso de Java, la documentación oficial de los distintos componentes de desarrollo la puedes consultar accediendo desde aquí:

https://redirectoronline.com/ifcd059po0104

Se podría capturar cualquier otra excepción en el paréntesis del *catch,* o continuar con otro *catch* al ya creado, anidando la expresión al último *catch.* Por ejemplo, si quisiéramos comprobar también si algún valor viene a *null,* podríamos definir una *"NullPointerException".*

```java
public class Main {
  public static int numerador = 5;
  public static Integer denominador = null;
  public static float división;
  public void main(String[] args) {
    System.out.println("Antes de dividir entre cero");
    // OK
    try {
      division = numerador / denominador ;
    } catch (ArithmeticException ex1) {
      System.out.println("Error aritmético: " + ex1.
      getMessage());
    } catch (NullPointerException ex2) {
```

Continúa en página siguiente >>

<< Viene de página anterior

```
     System.out.println("Error nulo: " + ex2.
     getMessage());
   }
  }
 }
```

En este caso se ejecutará el segundo error, ya que hemos cambiado el valor del denominador a *null.* Como se ve, detrás de la cláusula *catch,* debe ir colocado un *finally* u otro *catch.*

NOTA

Es importante también tener en cuenta que la cláusula *catch* comprueba los distintos argumentos de entrada en el mismo orden en el que se han escrito. El orden no solo es importante por eso, sino que el árbol de jerarquías afecta. Se tienen que escribir primero las excepciones más alejadas en este. Esto quiere decir que deberemos escribir primero las más específicas y a continuación las más generales, ya que, si lo hacemos de la manera contraria, podrían no ejecutarse las más específicas al haberse ejecutado antes una más global que esta.

finally

Este es un bloque que se ejecuta por defecto. Pase lo que pase con las cláusulas *try/catch,* el código que contenga será llevado a cabo. Hay mucha controversia con respecto a la verdadera utilidad del bloque *finally,* pero puede llegar a servir en bastantes usos.

```java
public class Main {
  public static int numerador = 5;
  public static Integer denominador = null;
  public static float división;
  public void main(String[] args) {
    System.out.println("Antes de dividir entre
    cero"); // OK
    try {
      division = numerador / denominador ;
    } catch (ArithmeticException ex1) {
      System.out.println("Error aritmético: " + ex1.
      getMessage());
    } catch (NullPointerException ex2) {
      System.out.println("Error nulo: " + ex2.
      getMessage());
    } finally {
      System.out.println("Después de dividir entre
      cero"); // OK
    }
  }
}
```

En este caso, entraría por la excepción de valor nulo o *NullPointerException,* pero ejecutaría la sentencia que muestra por pantalla "Después de dividir entre cero".

Otras opciones de uso de excepciones

Para trabajar con excepciones existen más cláusulas que estas, pudiendo lanzarlas y provocarlas a voluntad. Dichas cláusulas son:

➲ **throw:** en programación Java la palabra reservada *throw* sirve para lanzar una excepción en el bloque que nosotros elijamos. Para ver su uso veamos un ejemplo, en el cual queramos lanzar una excepción si alguno de los números que llamaremos *a* y *b* exceden de diferentes valores:

```java
if (a > 350 || b > 140) {
  throw myException;
}
```

● **throws:** este modificador debe incluirse en la declaración de un método, y nos indica que este lanzará una excepción del tipo que sea indicado a continuación. Siguiendo con el ejemplo anterior, deberíamos incluir la etiqueta *throws* en la cabecera del método que englobase lo siguiente:

```
public void pruebaThrows() throws Exception {
  Exception myException = new Exception();
  int a = 400;
  int b = 101;
  if (a > 350 || b > 140) {
  throw myException;
  }
}
```

3. Colecciones de Java

 HILO CONDUCTOR

El proyecto deportivo que desde Digital Mushroom, S. L., se está desarrollado pasa por una fase de revisión de la beta y están detectando un error crítico de rendimiento. Los tiempos de carga de la plataforma no están dando los resultados de tiempo exigidos y se demoran más de lo habitual. En el análisis para poder corregir dicho error, se han dado cuenta de que, ante el desconocimiento principal de Juan, este comenzó a guardar los tipos de usuarios dentro de un arreglo simple, cuando tenía que haberlos guardado dentro de una colección más compleja de Java, que extiende de *Collection* de Java para guardar los tipos Usuario.

Con las excepciones y las colecciones de Java, subimos un poco el nivel de la programación y nos adentramos a conocer herramientas más avanzadas de este lenguaje. Ahora nos toca concentrarnos en las colecciones y los tipos genéricos de Java.

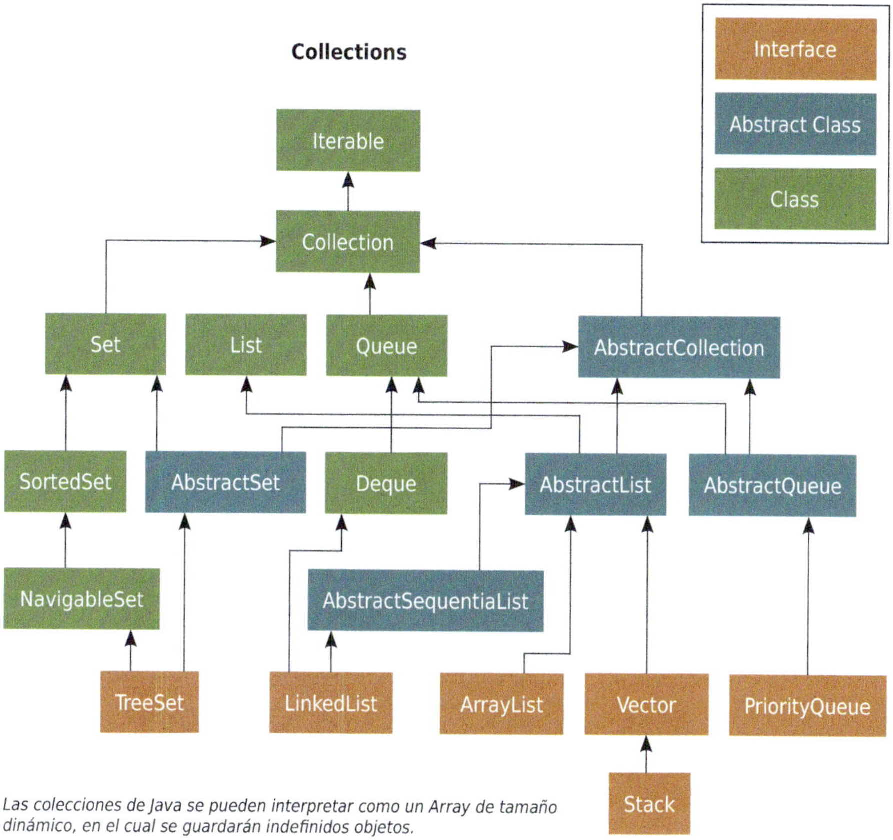

Collections

Interface	
Abstract Class	
Class	

Iterable

Collection

Set List Queue AbstractCollection

SortedSet AbstractSet Deque AbstractList AbstractQueue

NavigableSet AbstractSequentiaList

TreeSet LinkedList ArrayList Vector PriorityQueue

Stack

Las colecciones de Java se pueden interpretar como un Array de tamaño dinámico, en el cual se guardarán indefinidos objetos.

A veces, cuando estamos desarrollando nuestros programas informáticos, necesitamos usar algún almacén, pero esta vez para un conjunto de objetos. Para hacer esto, usamos una interfaz genérica llamada *Collection*. Esta contiene unos métodos comunes que podemos usar para trabajar con ella, y tiene un árbol de subinterfaces y clases, que la implementan y le aportan nuevas funcionalidades.

 **DEFINICIÓN**

El *Array* o arreglo es una estructura de programación que nos permite guardar un grupo de elementos. Estos se suelen utilizar para guardar información no muy extensa para posteriormente poder acceder a ella de manera simple.

[181]

3.1. *Collection*

Es la interfaz principal que implementan un conjunto de interfaces y subclases y que representa una colección de objetos de los que, *a priori,* sabemos el tamaño. Una colección es toda interfaz o clase que implemente esta y la extiendan, aportando más funcionalidades.

Al ser una interfaz y no una clase, no se puede construir. Esto quiere decir que no podremos hacer uso de la función *new* con ella. Las operaciones básicas que realiza *Collection* son:

add
- Añade a la colección el elemento que le introduzcamos como parámetro de entrada a la colección que llame al método.

iterator
- Crea un iterador que recorrerá la colección. Este sirve para moverse entre los diferentes elementos de la colección y poder trabajar con el elemento que queramos. Es más común usar los bucles *foreach* para recorrerlos, pero depende del uso que vayamos a darle a la colección.

size
- Determina el tamaño de una colección, devolviendo el valor de la extensión de elementos que alcanza este, que nos dice la cantidad de elementos que hay en la colección.

contains
- Devuelve un valor *booleano* establecido a *true* o *false* a la pregunta de si un elemento está dentro de una colección.

Cuando recibimos una colección, normalmente es porque queremos recorrer los elementos que contenga, y una de las cosas que caracterizan a *Collection* es que puede ser recorrido. Como no podemos dar por hecho que haya un orden en la colección, definiremos un iterador con el método *iterator()* que recorrerá los distintos elementos y saltará de uno al siguiente a la orden del método *next()*. Este también aporta una funcionalidad que habremos echado en falta en la lista de métodos que realiza el *collection*, que es la posibilidad de borrar elementos. Esta se hace a través del método *remove()* del iterador.

Podemos ver esto en un ejemplo, que será más ilustrativo, aprovechando además para repasar la conversión de tipos automática entre *int* e *Integer*.

```
public void borrarDoses(Collection<Integer> numeros) {
  Iterator<Integer> paseador = numeros.iterador();
  while(paseador.hasNext()){
    int lugarPaseo = pasedor.next();
    if (lugarPaseo == 2){
      paseador.remove();
    }
  }
}
```

Todo esto tendríamos que realizar para poder recorrer nuestra colección, aunque hoy en día, con el uso de un iterador, no es la única manera de hacerlo. Suerte que a partir de *Java 5* se presentó una manera más simple y legible de recorrer una colección:

```
public void mostrarDoses(Collection<Integer> numeros) {
  for (Integer elemento : numeros){
    if (elemento == 2) System.out.println("Soy un " +
    i.toString());
  }
}
```

Si analizamos este *for* a fondo, descubriremos que en realidad hace lo mismo que en el caso anterior. Este recupera el iterador, pero queda mucho más elegante de esta manera, aunque también hay una parte negativa: no podemos acceder a las funcionalidades básicas del iterador, como sería el borrado de elementos con el método *remove()*.

De esta *interfaz Collection* salen cuatro interfaces más que extiende la funcionalidad de esta y agrega restricciones al tratamiento que se le dé a los datos. Veámoslas a continuación con más detenimiento.

 **TAREA 7**

Juan Antonio trabaja en un proyecto propio. Él era biólogo y el mundo profesional le fue llevando a la programación y al desarrollo de sus propios productos profesionales. Ahora está trabajando en un programa para la Facultad de Matemáticas. Dentro de este programa, está implementando una colección en la cual almacenará las diferentes operaciones aritméticas básicas que se pueden realizar. Estos objetos serán instancias de una clase llamada Operación, que tendrá que contener cada uno de los métodos de las diferentes operaciones aritméticas. Tiene que capturar la excepción del siguiente código y no sabe muy bien cómo hacerlo:

```
public Operacion division(Operacion fraccion) (…) {
  if (fraccion.numerador == 0)
    (…)
  int numerador = this.numerador*fraccion.denominador;
  int denominador = this. denominador *fraccion.
  numerador;
  return new Operacion(numerador, denominador);
}
```

Ayuda al desarrollador a incluir el código que falta en los espacios (…) para realizar la captura de las excepciones necesarias y poder así capturar la posibilidad de que la fracción sea inválida.

3.2. *Set*

Es un tipo de interfaz que define una colección caracterizada por que no puede tener elementos duplicados, todos han de ser únicos. No es posible pensar en su orden, ya que esta interfaz no tiene ningún método para manipularlo.

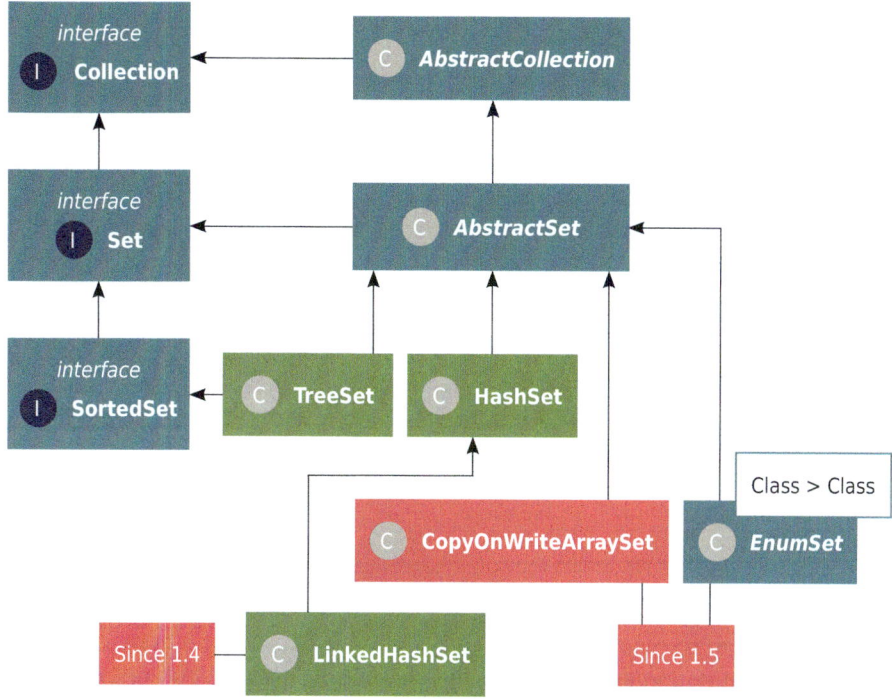

La interfaz Set se implementa en la clase AbstractSet, de la cual heredan varias clases que podemos usar para el desarrollo de nuestros programas.

Tiene una ventaja, que es poder preguntar si un elemento determinado está presente o no. Esto se hace mediante la función *contains()*. Sería útil usar este tipo de colección en momentos en los que necesitemos preguntar si un elemento está presente o no, pero no es realmente importante el orden.

Este se puede presentar de varias formas distintas a través de varias implementaciones: *HashSet* y *TreeSet*.

HashSet

Todos los objetos descienden de la clase *Object,* y por tanto ya implementan ciertas funcionalidades de serie. Una de ellas es la capacidad de producir un hash a través de su método *hasCode(),* que nos informa, si lo comparamos con el de otra clase, si dos objetos son iguales. Esto es lo que aprovecha *HashSet* y la función *contains(),* ya que usa estos hash con cada objeto que se añade a la colección, comparándolos entre ellos para que no pueda haber dos iguales.

RECUERDA

Equal y *Hascode* son dos funciones propias de todos los objetos en el lenguaje Java, ya que todos ellos son instancias de clases hijas de una superclase común llamada *Object*. Al ser todas hijas de esta clase padre, comparten atributos y métodos comunes que pueden ser llamados desde cualquier clase que creemos en este lenguaje de programación.

El algoritmo que utiliza para comparar estos objetos es impredecible, y debemos solo usarlo con objetos que no varían como clave. Esta colección tiene la ventaja de ser la que mejor rendimiento tiene de todas, a coste de que el orden de los datos sea aleatorio.

TreeSet

Hay un tipo de objeto que es capaz de ordenarse a sí mismo, cualquiera que implemente la interfaz *Comparable*. Se emplea a través del método *compareTo()*, que aporta una funcionalidad muy interesante. Este método nos dice si el objeto está delante, detrás o es el mismo que el objeto que se pase como parámetro. Está íntimamente ligada con la función *equals()*.

```java
import java.util.TreeSet;
public class Javaapp {
  public static void main (String[] args){
    TreeSet<Integer> ts = new TreeSet<Integer>();
    ts.add(20);
    ts.add(40);
    ts.add(60);
    ts.add(80);
    System.out.println("ceiling(15) : "+ts.ceiling(15));
    System.out.println("ceiling(25) : "+ts.ceiling(25));
    System.out.println("floor(65) : "+ts.floor(65));
    System.out.println("floor(85) : "+ts.floor(85));
    System.out.println("headSet(65) : "+ts.headSet(65));
    System.out.println("tailSet(25) : "+ts.tailSet(25));
  }
}
```

El tipo de colección *TreeSet* establece un algoritmo de búsqueda de sus elementos que se basa en su forma de árbol.

Esta construye una estrategia totalmente distinta a la hora de cumplir su función. Su contenedor tiene lo que podríamos definir como forma de árbol, lo que le permite tener constantemente un orden establecido y comparar y encontrar el elemento buscado con facilidad.

 DEFINICIÓN

Árbol en computación
Es la manera de tener un grupo de cosas todo el tiempo ordenadas, y permitir que se mantenga el orden a lo largo de inclusión de nuevos elementos. Es una ordenación más natural de la información que puede aportar una colección.

La ventaja en su uso es que el orden se establece de manera natural por los propios tipos de objetos que introducimos, pero la contrapartida sería que el orden siempre tiene un coste, en este caso es una clase algo menos eficiente que la anterior.

3.3. *List*

Un *List* o un tipo lista añade la exclusividad al tipo *Collection* de tener un orden arbitrario, y permite acceder a los elementos de manera ordenada. El orden es una información importante de la lista que se está guardando y nos permite acceder a él.

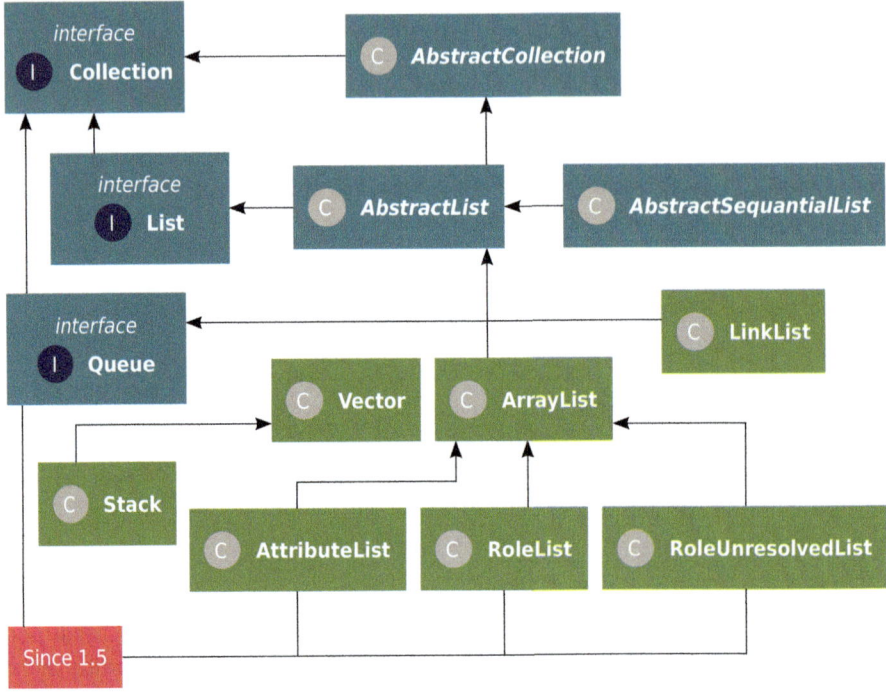

La interfaz List se usa en la clase AbstractList de la que hereda ArrayList, que es un tipo de colección que usaremos continuamente en el desarrollo de nuestras aplicaciones.

En un tipo *Collection* normalmente no podemos acceder a una posición determinada en el almacén, pero con *List* nuestro almacén tendrá forma de lista y podremos hacerlo.

```
get(int i) // obtiene la información de la posición i
set(int i, Elemento e); // introduce el elemento e en
la posición i
```

Como se ve en el código, en un tipo *List* podemos pedir, por ejemplo, el cuarto elemento de una lista o establecer un objeto como segundo elemento. Para esto utiliza los métodos *set* y *get*.

ArrayList

Es la típica implementación y la más usada en el lenguaje de programación Java. Se basa en un *Array* dinámico, ya que guarda elementos como un *Array,* pero lo hace de manera dinámica en cuanto a su tamaño, pues no tendremos que especificar la extensión que este tendrá.

Podemos añadir, eliminar, acceder y demás funciones interactuando con un *ArrayList* usando las siguientes funciones:

⇒ **add:** añade a la colección el elemento que le introduzcamos como pará- metro de entrada a la colección que llame al método.

```
nombreArrayList.add("Elemento 1"); // añade un
elemento llamado Elemento 1
nombreArrayList.add("Elemento 2"); // añade un
elemento llamado Elemento 2
```

⇒ **size:** determina el tamaño de una colección, devolviendo el valor de la extensión de elementos que alcanza este, que nos dice la cantidad de elementos que hay en la colección.

```
nombreArrayList.size(); // devuelve la longitud
de nombreArrayList
```

⇒ **get:** devuelve el valor de la posición que le pasamos como parámetro de entrada.

```
nombreArrayList.get(2); // devuelve el valor que
guarde la posición 2
```

⇒ **remove:** borra el valor que se halle en esa posición que introducimos como parámetro, tanto introduciendo su identificador como el valor del elemento.

```
nombreArrayList.remove(2); o nombreArrayList.
remove("Elemento 1"); // borra el elemento
```

⊃ **Clear:** vacía todos los elementos que haya guardados en el listado y lo deja como una *ArrayList* blanco.

```
nombreArrayList.clear(); // borra todo el
contenido del arraylist
```

⊃ **indexOf y lastIndexOf:** *indexOf* devuelve el identificador de la primera ocurrencia que encuentre del elemento que le introduzcamos como parámetro. Si no lo encuentra, devuelve -1; *lastIndexOf* hace lo mismo con la última que encuentre.

```
nombreArrayList.indexOf("Elemento 2"); //devuelve la
primera posición donde esté el elemento
nombreArrayList.lastIndexOf("Elemento 2"); //devuelve
la última posición donde esté el elemento
```

⊃ **isEmpty:** devuelve *true* en caso de que el listado esté vacío o no contenga ningún elemento. En caso de no estar vacío, devuelve *false*.

```
boolean arrayVacio = nombreArrayList.isEmpty();
```

⊃ **Clone:** devuelve una copia de la instancia del *ArrayList,* pero de manera superficial, sin realizar una copia de los elementos en sí.

```
nombreArrayList.clone();
```

Otro factor para tener en cuenta en los *ArrayList* es el uso de iteradores, de los cuales hemos hablado anteriormente y que han sido siempre característicos por usarse para recorrer las colecciones de tipo lista.

 **DEFINICIÓN**

Iterador

Es un tipo de objeto que se usa para recorrer contenedores. En el caso del lenguaje Java se utilizan para recorrer el tipo de contenedor o colección con forma de lista. Estos se sirven de los métodos *next()*, *hasNext()* y *remove()*, que se usan para pasar al siguiente elemento, comprobar que sigue habiendo elementos en la lista y borrar un elemento respectivamente.

El uso de *Iterator* es el principal para recorrer los contenedores, pero tenemos la suerte de que los *ArrayList* se pueden recorrer también con el bucle *foreach,* que fue incluido a partir de *Java 5.* Su uso nos aporta claridad y facilidad de uso.

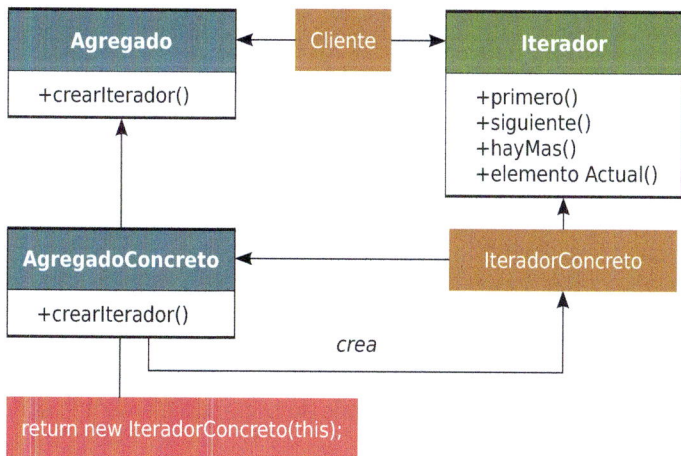

La clase *Iterator* es usada para poder recorrer diferentes contenedores dentro del lenguaje de programación Java.

Podemos recordar su uso a través de un ejemplo, en el cual recorreremos un ArrayList a través de una instancia de la clase Iterator. Iterator fue creado para tener un mecanismo con el que recorrer contenedores sin dejar expuesta su estructura interna.

```
Iterator<String> iterador = lista.iterator();
while (iterador.hasNext()) {
  System.out.println(iterador.next());
}
```

Ahora vamos a combinar el recorrer *ArrayList* con distintos bucles, ya que, aunque es necesario conocer al inicio el uso del iterador junto con *ArrayList,* este se suele recorrer con el bucle *forEach.* Este bucle se parece mucho al bucle *for,* pero no necesita una variable para su inicialización. Veamos cómo se trabajaría a partir de este bucle, creado especialmente para recorrer este tipo de componente:

```
ArrayList<String> maleta = new ArrayList<String>();
maleta.add("Bañadores");
maleta.add("Gafas");
maleta.add("Camisetas");
maleta.add("Pantalones");
for (String elemento : maleta) {
  System.out.println(elemento);
}
```

Conocer el correcto uso de los iteradores es básico para poder comprender la complejidad de funcionalidades que nos ofrecen las colecciones en Java, y poder saber de antemano qué sucede cuando se recorre con técnicas más modernas, como el *forEach.* Hay casos en los que no podemos olvidarnos de ellos, como en el borrado de elementos.

Veamos qué sucedería si tratamos de borrar un elemento usando *forEach:*

```
for (String elemento : maleta) {
  if (elemento.equals("Gafas")) {
    maleta.remove(elemento);
  }
}
```

Lamentándonos mucho, este código no funcionaría, ya que estamos tratando de recorrer a la par que modificar la lista. Esto provocaría el siguiente error en la salida siguiente por la consola del *IDE*.

```
Exception in thread "main" java.util.ConcurrentModificationException
        at java.util.ArrayList$Itr.checkForComodification(ArrayList.java:819)
        at java.util.ArrayList$Itr.next(ArrayList.java:791)|
        at com.arquitecturajava.Principal.main(Principal.java:44)
```

Si observamos la consola de Java, podemos ver diferente información, desde las salidas por pantalla que programemos hasta otros eventos, como errores de programación.

Ahora lo oportuno sería acordarse y echar mano de las funcionalidades que nos ofrecen los iteradores:

```java
Iterator<String> iterador = maleta.iterator();
while (iterador.hasNext()) {
  String elemento = iterador.next();
  if (elemento.equals("Gafas")) iterador.remove();
}
```

De esta manera es cómo se eliminan los elementos dentro de un *ArrayList* de manera segura, sin provocar ningún error fuera de nuestro control.

 ## ACTIVIDAD COMPLEMENTARIA

18. Se nos solicita la creación de una clase DJ, la cual representará a un cantante de un listado. Esta tendrá como atributos el nombre y el disco más escuchado. Tenemos que crear también una clase autoejecutable que cree un *ArrayList* llamado listaDJ y que contenga por lo menos cinco instancias de esta misma clase.
    Debe recorrerse a través de iteradores y de un bucle *forEach*, e imprimir el listado en ambos.

LinkedList

Los *LinkedList* son otro tipo de colección de Java lineal de tipo lista, pero los elementos no son guardados en ubicaciones continuas, sino que cada elemento es un objeto separado con una dirección determinada. Para encontrarlas tenemos que tener en cuenta que cada elemento es tratado como un nodo, al cual van vinculados una dirección y un puntero específico.

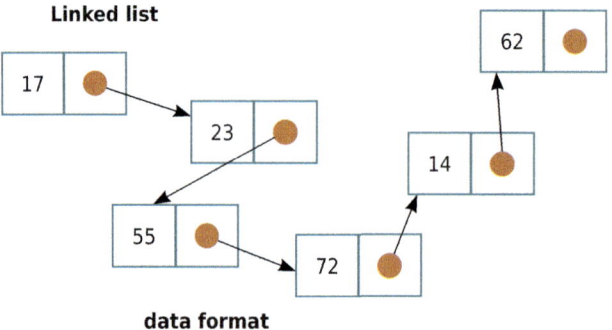

Los elementos LinkedList se caracterizan por trabajar con diferentes nodos que se localizan a partir de un listado de punteros de memoria y una dirección.

Tiene ciertas desventajas, como el acceso a estos diferentes elementos, ya que tenemos que comenzar leyendo desde el primer elemento para poder llegar al que deseemos. Para almacenar estos datos, *LinkedList* proporciona una estructura de datos con una doble lista enlazada.

LinkedList consta de dos constructores diferentes: el primero se llama sin pasar ningún parámetro, y se usa para crear una lista enlazada vacía; y el segundo, añadiendo como parámetro otra colección de tipo *Collection,* la cual se usa para crear una lista ordenada que contenga los elementos de otra colección.

```
LinkedList<String> ejemploLinked =
new LinkedList<String>;
ejemploLinked.add("A");
ejemploLinked.add(2);
ejemploLinked.remove("A");
```

La diferencia entre *ArrayList* y *LinkedList* está en que el *forEach* recorre todo el contenedor de manera completa, mientras que con el iterador tenemos control para parar cuando nos topamos con ciertos elementos y condiciones.

NOTA

La diferencia entre usar *ArrayList* y *LinkedList* depende de la situación ante la que nos encontremos. Es normal usar *ArrayList,* ya que el tiempo de las diferentes operaciones a realizar y el uso de la memoria es menor que con *LinkedList. LinkedList* es elegido para usarse en casos más específicos donde puede ser mejor opción cuando el tamaño de una lista esté más controlado.

- -

3.4. Map

La interfaz *Map (java.io.Map)* representa una estructura de datos para almacenar claves/valor, de manera que cada clave sea única y contenga un solo valor. Se podría interpretar como un "diccionario". Estos se implementan sobre toda la teoría de las estructuras en forma de árbol, por lo que, como desarrolladores, podemos acceder y movernos por sus diferentes valores de forma bastante transparente.

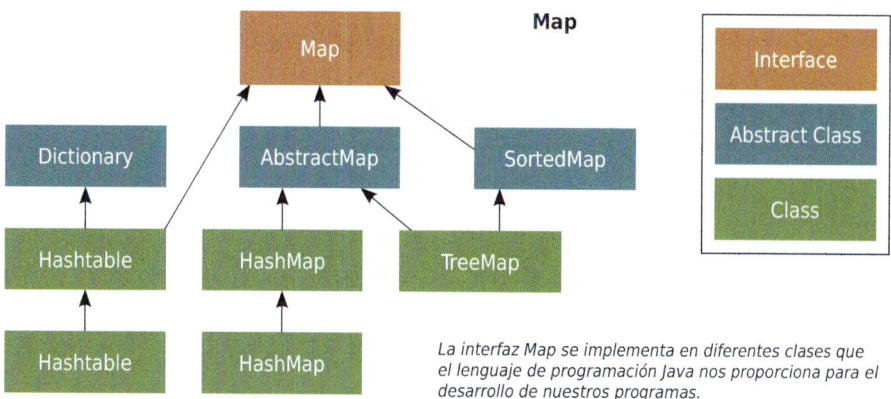

La interfaz Map se implementa en diferentes clases que el lenguaje de programación Java nos proporciona para el desarrollo de nuestros programas.

Estos también son recorridos como hemos mostrado en apartados anteriores con el tipo de objeto iterador. La mayoría de las funciones que utiliza son las que ya hemos ido repasando en anteriores tipos de contenedores, pero vamos a ver los que todavía no hayamos mostrado:

➲ **put(clave, valor):** añade al *Map* el elemento que le introduzcamos como parámetro de entrada a la colección que llame al método.

```
map.put(clave, "Elemento 1"); // añade
un elemento llamado Elemento 1
map.put(clave, "Elemento 2"); // añade
un elemento llamado Elemento 2
```

➲ **constainsKey(clave):** devuelve true en caso de que en el *Map* haya una clave igual que la que introducimos por parámetro; *false* en caso contrario.

```
map. constainsKey(clave);
```

➲ **constainsValue(clave):** devuelve *true* en caso de que en el *Map* haya un valor igual que el que introducimos como parámetro; *false* en caso contrario.

```
map. constainsValue(valor);
```

➲ **values():** devuelve un elemento *Collection* con los valores que guarda el *Map*.

```
Collection nuevaColeccion = map.values();
```

Dentro de este tenemos tres tipos de clases que podemos usar para implementar esta interfaz. Vamos a repasar cada una de ellas viendo un ejemplo en el que buscaremos.

HashMap

Esta no acepta valores duplicados ni nulos. Cada elemento que se inserta no respeta ningún orden específico.

Si queremos realizar la implementación de una colección de tipo mapa con la clase *HashMap,* en la cual se guarden los tipos de masajistas que podemos tener de manera simple a través de diferentes *String* y tipos *Integer:*

```java
Map<Integer, String> tiposMasajistas = new
HasMap<Integer, String>();
tiposMasajistas.put(1, "Mantenimiento");
tiposMasajistas.put(4, "Competición");
tiposMasajistas.put(12, "Rehabilitación");
// imprimimos el mapa a través del recorrido de este con
iteradores
Iterator iterador = tiposMasajistas.keySet().iterator();
while(iterador.hasNext()) {
  Integrer key = iterador.next();
  System.ot.prinln("La clave es " + key + "que guarda el
valor" + tiposMasajistas.get(key));
}
```

La salida del siguiente programa se expresaría sin ningún orden lógico:

```
La clave es 12 que guarda el valor Rehabilitación.
La clave es 1 que guarda el valor Mantenimiento.
La clave es 4 que guarda el valor Competición.
```

TreeMap

El mapa se ordena automáticamente de manera "natural". Esto quiere decir que, si las claves son, por ejemplo, valores enteros, los ordenaría de menor a mayor, o en caso del tipo *char,* en orden alfabético.

Podemos desarrollar el mismo ejemplo que en el apartado anterior y así destacar de manera práctica las diferencias que encontramos en la creación y uso de un *TreeMap*.

```
Map<Integer, String> tiposMasajistas = new
TreeMap<Integer, String>();
tiposMasajistas.put(1, "Mantenimiento");
tiposMasajistas.put(4, "Competición");
tiposMasajistas.put(12, "Rehabilitación");
// imprimimos el mapa través del recorrido de este con
iteradores
Iterator iterador = tiposMasajistas.keySet().iterator();
while(iterador.hasNext()) {
  Integrer key = iterador.next();
  System.ot.prinln("La clave es " + key + " que guarda el
valor " + tiposMasajistas.get(key));
}
```

En este caso, en el resultado impreso por pantalla se presentaría un orden natural a partir del tipo de clave que hayamos usado. Al ser la clave numérica, se ordena en orden creciente:

```
La clave es 1 que guarda el valor Mantenimiento.
La clave es 4 que guarda el valor Competición.
La clave es 12 que guarda el valor Rehabilitación.
```

 SABÍAS QUE...

Una de las novedades que trajo *Java 8* fueron los *streams,* los cuales nos sirven para gestionar mejor las colecciones de Java, acercando el lenguaje de programación Java orientado a objetos a una manera de trabajar más cercana a la programación funcional.

LinkedHashMap

Va añadiendo en el *Map* los diferentes valores en el mismo orden en el cual se han ido insertando. No es que tenga una ordenación de valores como tal, por lo que en la práctica es la más lenta en realizar la búsqueda de distintos elementos concretos.

En este caso, si implementamos el mismo ejemplo anterior, pero en este caso con *LinkedHasMap,* se realizaría de la siguiente manera y obtendríamos este resultado por pantalla:

```
Map<Integer, String> tiposMasajistas = new
LinkedHasMap<Integer, String>();
tiposMasajistas.put(1, "Mantenimiento");
tiposMasajistas.put(4, "Competición");
tiposMasajistas.put(12, "Rehabilitación");
// imprimimos el mapa través del recorrido de este con
iteradores
Iterator iterador = tiposMnestasajistas.keySet().
iterator();
while(iterador.hasNext()) {
  Integrer key = iterador.next();
  System.ot.prinln("La clave es " + key + " que guarda
el valor " + tiposMasajistas.get(key));
}
```

En este caso, en el resultado impreso por pantalla se presentaría en el orden en el cual los hayamos introducido en el contenedor. La salida por pantalla coincidiría con la del *TreeMap,* pero esto es cuestión de suerte, dependiendo de cómo se haya realizado la introducción de los datos por pantalla. La salida sería la siguiente:

```
La clave es 1 que guarda el valor Mantenimiento.
La clave es 4 que guarda el valor Competición.
La clave es 12 que guarda el valor Rehabilitación.
```

APLICACIÓN PRÁCTICA

En la empresa de Ana María, ella ocupa un puesto de analista técnica dentro de un proyecto ya muy avanzado y le han pedido realizar el análisis para una funcionalidad nueva en dicha aplicación. Los requerimientos que le han pedido simplemente son que el listado no almacene elementos duplicados y que se pueda acceder a estos en orden natural.

Ayuda a decidir cuál es el tipo de clase más adecuada para su situación.

Solución

El tipo de clase más adecuado para esta situación es java.util.Set. Pues el tipo de colección *Set* está caracterizado por no guardar elementos de manera repetida en los contenedores que crea y esta emplea el orden natural de la interfaz Comparable.

---

4. Clases *Nested*

☞ HILO CONDUCTOR

El proyecto deportivo de Digital Mushroom, S. L., está pasando por una fase de mejoras y refactorizaciones. Dentro de estas, uno de los requisitos que estableció Ramón a Juan fue que tratase de ordenar el código y las clases de manera correcta desde el principio. Como descubrirás dentro de poco embarcándote en tus propios proyectos, esto no siempre es fácil, y Ramón encontró un gran desorden, sobre todo a la hora de organizar la dependencia entre clases. La petición que ha transmitido a Juan es la de repasar el concepto de clases anidadas, ya que esto es justo lo que le faltaría para poder organizar los datos de manera correcta.

Las *nested class* también se conocen en castellano como clases anidadas. En el lenguaje de programación Java, está permitido incluir una clase dentro de otra clase. La clase contenedora se denomina **clase adjunta** y las anidadas son denominadas como **clases internas.**

La sintaxis es la siguiente:

```
public class ClaseAdjunta {
  (contenido)
  class ClaseInterna {
     (contenido)
  }
}
```

Estas clases internas tienen todos los datos de la clase que las contienen, aunque sean declarados como privados, excepto cuando son estáticas, en cuyo caso no tienen acceso. Al contrario no sucede esto, es decir, la clase adjunta no tiene acceso a los miembros de la clase interna, tiene que acceder a través de esta.

 **DEFINICIÓN**

Clase estática

Es una clase interna que utiliza la palabra reservada *static* en su declaración. Esta puede ser accedida sin tener que instanciar como un objeto y, al ser clases internas, consolidan la cohesión de la propia clase que las contiene.

Por cada clase interna, el compilador crea un fichero *.class*.

Las clases anidadas se comportan como miembros de la clase adjunta y tienen acceso al resto de atributos y métodos de la clase, incluso siendo estos estáticos, siempre que la misma no sea estática. Estas clases estáticas rara vez se usan debido a esta misma restricción.

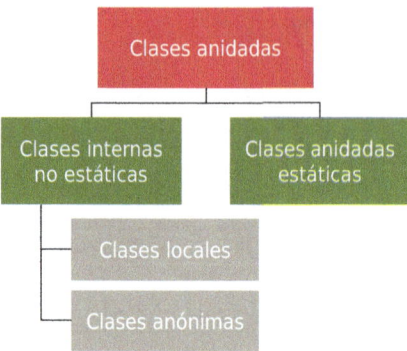

El ámbito de las clases es un factor para tener en cuenta dentro de las clases anidadas. Si un atributo o método que está en el ámbito de la clase adjunta se repite con el mismo nombre en la clase interna, esta no podrá ser llamada a través de su nombre, siempre tendrá que referenciarse a través de la clase que la contenga. Este tipo de atributos se dice que hacen *shadowing* o que son *atributos sombreados,* lo cual también sucede dentro de la herencia con la sobreescritura, por ejemplo:

```java
public class Coche {
  public String frase = "Soy un coche";
  class Deportivo {
    public String frase = "Soy un coche deportivo";
  }
  public static void main (String… args) {
    Coche coche = new Coche();
    Coche.Deportivo deportivo = new Deportivo();
    System.out.println("deportivo.frase"); //Imprime
    "Soy un coche deportivo"
  }
}
```

Si llamásemos al atributo frase desde el objeto coche, la frase resultante cambiaría e imprimiría "Soy un coche".

Dentro de los tipos de clases anidadas, podemos dividirlas en clases **estáticas** o **internas.**

4.1. Clases anidadas estáticas

A veces también es llamada como clase interna estática. Es el tipo de clase que se declara exactamente igual, pero con la palabra reservada *static* precediendo la palabra *class*.

```
static class ClaseEstatica()
```

Esta no puede acceder a los métodos y atributos no estáticos de la clase adjunta, ya que se debe acceder a ellos a través de la instancia u objeto creado desde esta clase. Debido a esta restricción, se usan en casos muy concretos en los cuales necesitamos organizar datos.

Si queremos crear un objeto de una clase anidada estática, lo haremos de la siguiente manera:

```
ClaseAdjunta.ClaseEstatica objetoEstatica = new
ClaseAdjunta.ClaseEstatica();
```

O así:

```
ClaseEstatica objetoEstatica = new ClaseAdjunta.
ClaseEstatica();
```

4.2. Clases internas

Estas clases, también llamadas anidadas no estáticas, tienen acceso a todos los miembros de sus clases externas y tienen la capacidad de llamarlas directamente, de la misma manera con la que llamamos a otros miembros.

Es común usar este tipo de clases para definir un conjunto de servicios que solo consumirá su clase adjunta. Veamos un ejemplo de este uso:

```
Class ClaseAdjunta {
  int numeros[];
  ClaseAdjunta(int numeros[]){
     this.numeros = numeros;
     class ClaseInterna{
        int minimo(){
           int primer = numeros[0];
           for(int i= 0; i < numeros.length; i++){
              if (numeros[i]<primer) primer = numeros[i];
              return primer;
           }
        }
        int maximo(){
           int primer = numeros[0];
           for(int i= 0; i < numeros.length; i++){
              if (numeros[i]>primer) primer = numeros[i];
              return primer;
           }
        }
     }
  }
}
```

 ## ACTIVIDAD COMPLEMENTARIA

19. Se requiere crear una clase externa anidada sobre operaciones matemáticas, que conste de una clase interna, llamadas respectivamente como matemáticas y operaciones, en la cual se trabajen las funciones de sumar, restar y sacar el promedio de una serie de números que inicializará el padre a través de su constructor. En la clase ejecutable tendremos que crear una instancia de esta clase matemáticas, y llamar a sus diferentes métodos.

4.3. Diferencias entre clases estáticas e internas

Podemos repasar las características de los diferentes tipos de clases anidadas tratando de ver las diferencias que haya entre ellas:

Clase interna
- Tiene acceso completo a los miembros de la clase adjunta, igual que cualquier otro componente de esta.

Clase estática
- No tienen acceso directo a otros miembros no estáticos de la clase adjunta.

5. Variables de clase

 **HILO CONDUCTOR**

En la versión beta de la aplicación que han desarrollado en la empresa Digital Mushroom, S. L., hay problemas tanto de optimización del código como de rendimiento. Estos problemas han sido analizados por el socio más experimentado, y ha determinado que, en gran cantidad de clases, como la clase Deportista, hay ciertos atributos que deberían ser tratados como estáticos. Se disponen a realizar la refactorización de las distintas variables de clase.

Para entender qué son las variables de clase tenemos que contraponerlas a las variables propias de instancias. Estas son las que conocemos hasta ahora, que se caracterizan por que cada vez que se crea una instancia de la clase que contenga dicha variable, tendrá un valor propio de esa misma instancia.

DEFINICIÓN

Variable de instancia
En los lenguajes de programación orientados a objetos, se conoce como variable propia de la instancia a las variables de la clase o atributos que se vinculan a una única instancia u objeto de la clase.

Las *variables de clase* o *variables estáticas,* al contrario que estas variables de instancia, no son propias del objeto que instanciemos, sino que lo son de la clase de la que son miembros. Esto querrá decir que todos los objetos que creemos de la clase que contiene la variable de clase compartirán este valor.

Java no crea funciones o variables globales, sino que crea un tipo de atributos y métodos, llamados variables y métodos de clase, que forman parte de la clase, no del objeto, por lo que será común a cualquier instancia de la clase.

Podemos ver un ejemplo de la declaración de una variable de clase a continuación:

```
public class Granja {
  public static int numeroAnimales = 56;
}
```

Ahora, todas las diferentes instancias que podemos crear de la clase *Granja* van a compartir el valor *numeroAnimales* como 56. Este tipo de atributos de clase son considerados como variables globales y existen y pueden utilizarse, aunque no exista ninguna instancia de la clase.

Veamos a continuación las diferentes partes que participan en la declaración de una variable estática o de clase:

- ⮞ **acceso:** el modificador de acceso es la puerta de otra clase a nuestra variable. Si recordamos, estos podían ser *default, public, protected* y *private,* pero en los atributos de esta clase deben definirse como public.
- ⮞ *static final:* son los modificadores que cambian la configuración, convirtiéndola en una variable de tipo constante y un atributo de clase.
- ⮞ **tipo:** es la clase de valor que contendrá la variable que estamos creando. Este puede ser un *int, long, char...*
- ⮞ **nombre:** aquí determinaremos el nombre de la variable que estamos definiendo. La convención en el lenguaje de programación Java es escribir todo en minúsculas y empezar el cambio de palabra con una mayúscula para diferenciar.
- ⮞ [=**valor**]: este será el valor que tendrá la variable que estemos inicializando, y debe coincidir en su tipo con el del valor que hayamos definido.

5.1. Acceso a una variable de clase

Para acceder a un atributo de clase desde otro ámbito, en este caso siguiendo con el ejemplo anterior, al atributo *numeroAnimales* de la clase *Granja* se llama a partir del nombre de la clase a la cual pertenece. Se escribe de la siguiente manera:

```
Granja.numeroAnimales;
```

Si queremos modificar el valor de estas variables, podemos hacerlo de diferentes maneras, unas mejores que otras. Podemos retornar y establecer su valor a través de sus métodos *get* y *set,* los cuales han de ser métodos estáticos como la clase con la que trabajan.

```
public static int getNumeroAnimales() {
  return numeroAnimales;
}
public static void setNumeroAnimales(int numeroAnimales){
  this.numeroAnimales = numeroAnimales;
}
```

Si queremos que cada vez que creemos otra instancia que sea animal, sumemos a este valor de la clase granja otro valor, podemos crear un método, también estático, que se llame *sumarAnimal.*

Veamos cómo lo haríamos en el siguiente ejemplo:

```
public static void sumarAnimal () {
  this.numeroAnimales++;
}
```

Y para llamar a esta lo haríamos a través del nombre de la clase:

```
Animal nuevoAnimal = new Animal();
Granja. sumarAnimal();
System.out.println("Ahora mismo hay en la granja: "
+ Granja.getNumeroAnimales() + "animales");
```

Los métodos que trabajan con variables de clase también han de ser estáticos, lo que veremos próximamente, ya que lo vamos a tratar en el siguiente apartado.

Una de las ventajas de este tipo de variables es que solo ocupan un lugar en la memoria de la máquina, ya que, al pertenecer a la clase, se inicializan solo una vez, en el momento en el cual se crean las clases, y luego por más instancias u objetos que se creen, no se vuelve a guardar otro espacio de memoria, como sí sucede con los atributos de instancia.

 APLICACIÓN PRÁCTICA

Jaime es un programador que viene del lenguaje C y ahora está aprendiendo Java por necesidades profesionales. Cuando está realizando aplicaciones sencillas de prueba en lenguaje Java, se encuentra con que se pide como requisitos para un programa el tener una función que devuelva un valor que va a ser común para todas las instancias de esta. Duda qué tipo de componentes de clase tendrá que crear.

Ayúdale a tomar esta decisión, indicando los componentes de clase que necesita

Solución

El método de clase hará que este sea común para todos los objetos de la clase, por lo que podrá ser llamado desde estas instancias conteniendo un atributo común también estático. Cuando llamamos a un atributo que no sea estático, este no habrá sido resuelto por el intérprete hasta que no se instancie un objeto; sin embargo, el atributo estático se resuelve antes que los atributos de instancia.

6. Métodos de clase

☞ **HILO CONDUCTOR**

En la versión beta de la aplicación que han desarrollado en la empresa Digital Mushroom, S. L., hallaron problemas de optimización del código. Realizaron una refactorización del código del proyecto y, en el momento en que iban a llevar a cabo la refactorización de muchos atributos de instancia para que fuesen de clase, gran cantidad de métodos y diferentes instancias comenzaron a fallar. En este momento tuvieron que buscar más información sobre los posibles métodos de clase que deberían incorporar a sus clases.

Con los métodos de clase o métodos estáticos sucede lo mismo que en el apartado anterior, donde hablábamos sobre las variables de clase. Un método de clase es aquel que puede ser llamado sin la necesidad de que haya sido creada una instancia de la clase a la que pertenece.

**Partes de las que consta un método
de clase o método estático**

Modificador de acceso

Tipo de retorno

**public static
double nombre
(int n)**

Parámetro de entrada

Nombre del método

La diferencia con un método de instancia es que este no necesita invocar un objeto, sino a una clase, y por esto lo llamamos método de clase.

 SABÍAS QUE...

BlueJ es un entorno integrado de desarrollo pensado para aprendices y principiantes del lenguaje Java. En él podemos trabajar con objetos directamente, sin depender del método *main* para ejecutarse.

Los métodos de clase tienen que cumplir algunas condiciones. Estos se declaran con la palabra reservada *static* delante de la palabra *class*, como hemos podido ver en el apartado anterior. Estos métodos no podrán acceder a las variables de instancia o atributos "normales" de una clase. Si pensamos esto último, es lógico, ya que no van asociados a objetos, mientras los valores de instancia sí.

6.1. Método de clase frente a método de instancia

Si comparamos los métodos de clase frente a los métodos de instancias vemos varias diferencias. Un método de clase puede ser llamado sin necesidad de instancias de la clase que lo contiene, mientras que uno de instancia necesita algún objeto de esa misma clase para poder ser invocado.

```
NombreClase.metodo(...)
Objeto.metodo(...)
```

Los métodos de clase o estáticos se enfrentan a las siguientes limitaciones. Estos no pueden acceder a campos de instancia y no pueden invocar otros métodos de instancia de la misma clase, ya que estos se invocan a partir de un objeto.

6.2. El método *main* en profundidad

El método *main* es el punto principal de nuestras aplicaciones Java. Cuando se ejecuta java.exe instantáneamente a continuación se llama a *JavaNativeInterface (JNI)*. Estas llamadas cargan la DLL, que establece un puente entre la máquina virtual y el lenguaje Java.

Simplemente, lo que sucede es que java.exe es una aplicación *C* muy simple que coge la línea de comando y crea una nueva matriz *String*, la cual toma la *JVM* y analiza el nombre de la clase que se específicó como *main()* pasándole este conjunto de cadenas, que por convención conocemos como *args*.

A continuación, se detalla un resumen de las principales características de este método:

- **¿Para qué sirve?:** es la clase que arranca y conduce la aplicación.
- **¿Cómo funciona?:** cuando se ejecuta el programa, se busca este método *main* que contiene dicha clase:

```java
public class Prueba {
  public static void main (String[] args) {
  for(int i = 0; i < args.length;i++) {
  System.out.print(args[i] + " ");
  }
  }
}
```

- **¿Qué es String[] args?:** el parámetro de entrada del programa, llamado por convención *args,* es un *array* de *Strings* que se introduce como entrada del programa.

Si este método no fuese estático, necesitaría una instancia del objeto para ser ejecutado. Si fuera un método no estático, la *JVM* crearía primero un objeto y luego llamaría al método *main().* Esto no es viable, ya que, en ese ciclo de vida de la aplicación, la pila de funcionalidades es de naturaleza procedural, debido a que aún no hay objetos instanciados aunque sí existen clases, por lo que se puede llamar al método estático.

Puede haber más de un método *main,* pero solamente se ejecutará uno. En realidad, el nombre del método *main* y sus argumentos al que llamamos es una convención del propio lenguaje de programación Java. Debemos llamar a este *main* en minúsculas, ya que al ejecutarse la *JRE* solo está preparado para buscar un método con ese nombre, con el que comenzar la ejecución del programa.

7. Tipos enumerados

 **HILO CONDUCTOR**

El proyecto deportivo que han desarrollado desde Digital Mushroom, S. L., ha tenido mucho éxito, ya que pidieron desde la escuela de profesionales de

Continúa en página siguiente >>

<< Viene de página anterior

masajistas que se cubriese una nueva funcionalidad dentro de la aplicación. Querían que se guardase el tipo de masajista que participaría en cada jornada deportiva, es decir, si era masaje de rehabilitación, de mantenimiento, etc. No era necesaria la creación de estas subclases, ya que no aportarían ninguna funcionalidad, y no sabían cómo poder determinar ese tipo, hasta que se toparon con los tipos enumerados que el lenguaje Java proporciona...

Dentro de los tipos que podemos crear dentro del lenguaje de programación Java, se encuentran los tipos enumerados. Aparte de las clases y las interfaces, las enumeraciones son otro de los componentes comunes en el lenguaje de programación Java. Estas se usan para representar un número de variables, limitado a un listado de valores declarados entre comas y escritos en mayúsculas (aunque no es obligatorio) como las constantes.

Estos se pueden declarar dentro de una clase o fuera, pero nunca dentro de un método. Esto quiere decir que tampoco podremos declararlo dentro del método *main* de arranque, es decir, si lo intentamos introducir dentro de este, nos encontraremos con error de consola del tipo *"eunm types must not be local"*.

```
Vector<String> v = new Vector();
v.add("hello");
v.add("world");
v.add("again");
Enumeration<String> e = v.elements();
String s = "";
v.add("bad!");
while(e.hasMoreElements()){
  s = e.nextElement();
  System.out.println(s);
}
```

Los tipos enumerados son paralelos a las clases y las interfaces en Java, aunque estos pueden ser incluidos en ambas.

Este tipo de variable suele agrupar gran cantidad de valores que están relacionados temáticamente. Cuando no hemos instanciado la clase que contenga el valor enumerado, todavía no se puede usar.

Los tipos enumerados pueden tener constructores, pero en principio es difícil encontrarse con ellos. Para poder crear una variable de un tipo enumerado lo haremos de la siguiente manera:

```
enum TipoMasajista {
  MANTENIMIENTO, COMPETICION, DIGITOPRESION,
  REHABILITACION;
}
```

Las enumeraciones son tipos de componentes de Java que heredan de la clase *java.lang.Enum,* y por tanto consta de una lista de métodos heredados de la superclase con los que poder manejarlos.

Hay que saber y tener claro que los enumerados no son *String,* aunque pueden serlo. Es normal al principio utilizarlos interpretándolos como una lista de *Strings* y realmente los tipos enumerados son listas de objetos del tipo *enum,* los cuales tienen sus atributos y métodos, aunque estos son privados por defecto para que no se den errores.

7.1. Uso de los tipos enumerados

Podemos realizar las diferentes funcionalidades que nos aportan las enumeraciones a través de los métodos que estas contienen. Vamos a mencionar y ver el uso de los métodos principales que tiene el tipo *Enum* en Java. Podemos listar estos de manera más sencilla:

- ⮕ *Clone:* lanza la excepción *CloneNotSupportedException,* la cual asegura que las enumeraciones nunca se clonen. Esto nunca debería pasar debido a la estructura *singletoniana* de las enumeraciones.
- ⮕ *compareTo:* sirve para comparar una constante de enumeración con otro objeto del mismo tipo de enumeración. Devuelve un número entero positivo, negativo o cero, ya que evalúa si el objeto es menor, mayor o igual.
- ⮕ *equals:* compara si un objeto es igual a la constante de enumeración con la cual lo estemos comparando. Este devuelve verdadero si es igual a esta constante, o *false* en caso de diferir con esta.
- ⮕ *finalize:* esta función establece que las clases enumeradas no pueden tener métodos de finalización.

- ⮊ **getDeclaringClass:** devuelve la clase correspondiente a la constante de enumeración que queramos. Solo si la comparación de dos constantes enumeradas es *true,* estas tienen la misma clase.
- ⮊ **hashCode:** devuelve un código *hash* para esta constante de enumeración, pudiendo así codificarla.
- ⮊ **name:** devuelve el nombre de esta constante de enumeración, exactamente como aparece en su declaración. Este es un nombre exacto que servirá para casos concretos especializados. Para el resto de casos un programador debería usar *toString().*
- ⮊ **ordinal:** devuelve la posición en forma de número ordinal de la constante de enumeración de la cual queramos conocer. A la constante inicial de la enumeración se asigna un número cero, y a partir de ella empiezan a contar las siguientes.
- ⮊ **toString:** devuelve la información del objeto de enumeración del cual preguntemos, organizado como un *String.*
- ⮊ **valueOf:** devuelve la constante de enumeración del tipo de enumeración que le especifiquemos, y que debe coincidir exactamente con un identificador usado dentro de la enumeración.

Para poder apreciar un uso de las funciones anteriores, veremos un ejemplo práctico, ya que con la práctica es como mejor aprenderemos a codificar nuestros programas. Podemos comparar las enumeraciones con las clases, ya que son muy similares pero simplificadas:

```
public enum Estacion {VERANO, OTOÑO, INVIERNO,
PRIMAVERA}
public class Estacion {
  public static final int VERANO = 0;
  public static final int OTOÑO = 1;
  public static final int INVIERNO = 2;
  public static final int PRIMAVERA = 3;
}
```

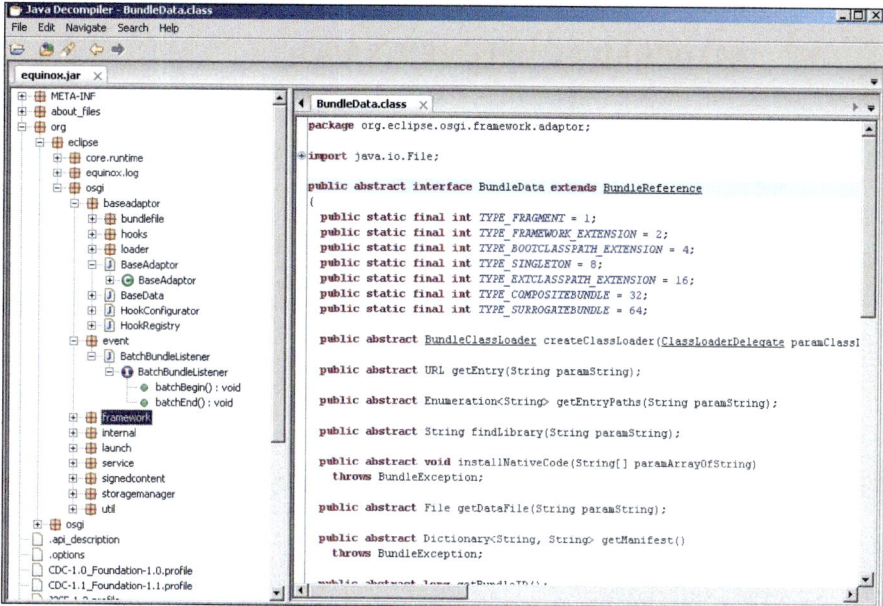

El uso de enumeraciones es muy útil para dar sentido a la información que contengan nuestros programas.

Cuando declaramos un tipo *Enum* lo declaramos de manera similar a la declaración de una clase. La posibilidad de contar con un constructor (que no es público) y métodos propios suponen una posibilidad interesante para el uso de componentes de este tipo:

```java
public enum Estacion {
  VERANO("30"),
  OTOÑO("17"),
  INVIERNO("5"),
  PRIMAVERA("21");
  private final int temperatura;
  Estacion(int temperatura) {
     this.temperatura = temperatura;
  }
  public int getTemperatura() {
     return this.temperatura;
  }
}
```

ACTIVIDAD COMPLEMENTARIA

20. Desarrolla un programa Java donde se cree un programa principal ejecutable que realice una enumeración Futbolista, en la cual se añadan las posibilidades de ser portero, defensa, centrocampista y delantero. Se han de llamar a las siguientes funciones con cada uno de los posibles valores:

   · *name*
   · *toString*
   · *ordinal*
   · *compareTo*
   · *values*

8. Serialización

 HILO CONDUCTOR

Ya está en marcha la primera batería de mejoras para la siguiente versión, mejorada y más estable, para la famosa aplicación deportiva. Los especialistas médicos, que han tenido problemas de papeles que se han perdido, piden incorporar documentos en la aplicación, poder guardarlos y eliminarlos en caso de que esto sea necesario. Para ello, quieren guardar los archivos que se adjunten a través de la app en un servidor externo, e investigan la interfaz Serializable para implementarla en esta nueva versión que están preparando, la clase Documento.

Para que un programa pueda convertir un objeto en un paquete de *bytes* que contenga la información del objeto, este necesita implementar la interfaz Serializable. Esta interfaz no tiene métodos, por tanto, su uso se reduce a la implementación de esta dentro de la clase en la cual la necesitemos. Tiene un uso muy sencillo para la compleja funcionalidad que aporta.

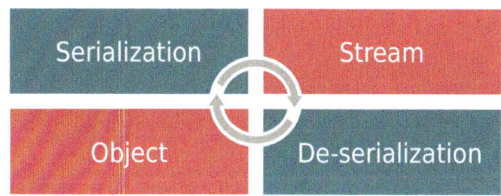

Cuando queremos realizar el envío de información a través de red (usando *socket* o *rmi)* o guardar esta información en un fichero externo, necesitamos que esté codificado en *bytes,* ya que es la información que podemos comunicar a otras vías externas.

```
public class Datos implements Serializable {
  (cuerpo de la clase)
}
```

Si una clase contiene otras instancias de otras clases como tipos de los atributos que contiene, esta a su vez debe ser también serializable.

```
public class OtroDato implements Serializable {
  public Datos datos;
}
```

La clase *Java.io.Serializable* se implementa en clases que, en caso de contener un objeto de otra clase, esta a su vez tiene que ser serializable también, ya que se enviará como paquete de *bytes* también. Para poder especificar un atributo concreto que no necesitemos serializar, tenemos que recordar el uso del modificador *Transient.* Este se usa en los casos en los cuales no queremos serializar un objeto dentro de otro que sí es serializable.

DEFINICIÓN

Transient

Aplicado a un atributo de una clase serializable, quiere decir que este dato no debe ser serializado. No formará parte de la información persistente de un objeto y, por tanto, no será enviado a través de *bytes* a una fuente externa.

8.1. Serialización de un objeto

Se podría definir como la realización de una serialización a "medida". A veces necesitaremos que el objeto que queramos serializar realice alguna acción concreta al transformarlo o "destransformarlo" en *bytes*, para lo que Java nos permite hacerlo a través de varios métodos especiales.

Las funciones de las que disponemos son *readObject* y *writeObject,* a la que hay que pasar un *stream* a convertir en datos. Conozcamos mejor el uso de cada una:

⮕ **readObject:** dentro de este método debemos leer el contenido de los *bytes* de *stream* y reconstruir el objeto que queramos formar.

```
private void readObject(java.io.ObjectInputStream
stream) throws IOException,ClassNotFoundException{}
```

⮕ **writeObject:** el método *write* es en el cual tendremos que escribir los *bytes* que queremos que se envíen por red.

```
private void writeObject(java.io.ObjectInputStream
stream) throws IOException {}
```

Cualquier objeto que queramos convertir a *byte* y viceversa debe ser serializable. Realmente, esto no será necesario hacerlo de manera explícita siempre, ya que contamos con un par de métodos muy útiles que son *ObjectInputStream* y *ObjectOutputStream,* que se encargan de esto.

Para realizar esta conversión podemos hacerlo usando estos métodos de la siguiente manera.

De objeto a *byte:*

```
ByteArrayOutputStream output = new
ByteArrayOutputStream();
ObjectOutputStream objectOutput = new
ObjectOutputStream(output);
objectOutput.writeObject ();
objectOutput.close();
byte[] byte = output.toByteArray();
```

8.2. Serial versión UID

Cuando pasamos la información de un lado a otro tenemos un problema, ya que los objetos serializables (excepto que usemos una carga dinámica de clases con *RMI),* dependen de contar con una copia del fichero del objeto serializable que queramos. Es posible que este cambie dependiendo de la versión, y que tenga una versión más antigua que el otro lado, lo que generará un conflicto.

Es la propiedad por la cual un objeto admite otras clases como parámetros y devuelve otras clases. Lo que permite es que el servidor informe dónde están las clases Serializable y Remote. Así, cuando se necesitan copias de los ficheros .class, estos se descargan en el momento, en vez de estar todos guardados de manera repetida.

Es la utilidad que nos permite *RMI* de ampliar la funcionalidad de un servidor, sin tener la necesidad de recompilar y arrancar dicho servidor, ya que dejamos las clases dispuestas para su disposición y podemos realizar cargas de datos en tiempo de ejecución. Es posible que en *RMI* los métodos de una instancia admitan como parámetros y/o devuelvan otras clases; entonces usaremos la carga dinámica de clases. Esta es la propiedad por la cual un objeto admite otras clases como parámetros y devuelve otras clases. Lo que permite es que el servidor informe dónde están las clases Serializable y Remote. Así, cuando se necesitan copias de los ficheros .class, estos se descargan en el momento, en vez de estar todos guardados de manera repetida.

DEFINICIÓN

RMI

RMI o *Java Remote Method Invocation* es un mecanismo que ofrece la plataforma Java para poder realizar la invocación de métodos de manera remota. Forma parte de la *JRE* y se utiliza para comunicar servidores en aplicaciones distribuidas basadas en Java.

Un programa Java, haciendo uso de *RMI*, puede exportar un objeto y ponerlo a disposición de cualquier programa que tenga conexión a la red.

Para evitar este problema, es aconsejable contar con un atributo constante privado, que normalmente denominaremos *serialVersionUID,* que contenga un número de versión que vayamos cambiando en cada versión compilada que hagamos.

```
private static final long serialVersionUID
= 87992349939939234L;
```

Este atributo será usado por Java para comparar las versiones del objeto que queramos serializar, pudiendo comparar si coinciden o difieren en cada lado del traspaso de datos.

SABÍAS QUE...

En la mayoría de los entornos que están preparados para el uso de Java, si tratamos de crear una clase Java Serializable, nos avisarán con una advertencia si este objeto no contiene el campo *serialVersionUID,* y nos obligarán a crearlo o nos darán la posibilidad de crearlo automáticamente.

Los objetos serializados pueden convertirse en bytes en un entorno de desarrollo determinado, como por ejemplo *Windows,* y enviarse y deserializarse en otro entorno diferente como *Linux.*

8.3. Persistencia de objetos en ficheros

Para serializar objetos en Java, está la clase *ObjectOutputStream,* la cual deriva de *OutputStream.* Este tipo de objeto *ObjectOutputStream* se crea a partir de un objeto *FileOutputStream.* El constructor de la clase es el siguiente:

```
ObjectOutputStream(OutputStream nombre);
```

 **NOTA**

La clase *java.io.FileOutputStream* está diseñada para escribir flujos de bytes, como datos de un archivo o fichero. Si queremos escribir flujos de caracteres, debemos usar la función *FIleWriter,* la cual está creada para tal fin.

- -

Podemos ejemplificar la serialización de objetos en un fichero a través del uso de esta clase de la siguiente manera:

```
FileOutputStream fileOutput = new FileOutputStream("ruta/
fichero");
ObjectOutputStream salida = new
ObjectOutputStream(fileOutput);
```

También se nos proporciona la clase *writeObject(Object),* para poder escribir el objeto en el fichero. Esta función lanza una excepción *IOException,* mientras que el método *writeObject* lanza a su vez al método *defaultWriteObject(),* el cual serializa la información del objeto.

Diferentes informaciones que serializamos
al usar la clase defaultWriteObject()

Veamos ahora un ejemplo de clase completa serializable y cómo realizaríamos la serialización de esta misma, así como de la escritura del fichero que queremos serializar:

```
import.java.io.*;
public classFicheroBinarioEjemplo {
  public static void main(String[]args) {
  FileOutputStream ficheroSalida = null;
  String texto = "Este es un texto de ejemplo";
  File fichero;
  try {
     fichero = new File("C:\\fichero_prueba.drr");
     if (!fichero.exists()) {
        fichero.createNewFile();
     }
     ficheroSalida = new FileOutputStream(fichero);
     byte[] textoByte = texto.getBytes();
     ficheroSalida.write(textoByte);
     ficheroSalida.flush();
     System.out.println("Datos escritos correctamente");
```

Continúa en página siguiente >>

<< Viene de página anterior

```
    } catch (IOException ex) {
      ex.printStackTrace();
    } finally {
      try {
        if (ficheroSalida != null){
          ficheroSalida.close();
        }
      } catch (IOException ex) {
        System.out.println("Error al cerrar el fichero");
      }
    }
  }
```

La salida de la ejecución del programa que hemos explicado sería la siguiente:

```
> Datos escritos correctamente
```

DEFINICIÓN

flush()

Es un método de la clase *FileOutputStream* que sirve para asegurarse de que se ha realizado correctamente el almacenamiento de los datos en las secuencias de salida y escritos. Nos garantiza que estos se escriben correctamente y no quedan datos en medio del almacenamiento búfer.

- -

ACTIVIDAD COMPLEMENTARIA

21. Construye una clase serializable del tipo Empleado. Esta debe contener el nombre, el DNI y el puesto del empleado, un constructor que establezca

Continúa en página siguiente >>

<< Viene de página anterior

estos y un método *get* que devuelva la información sobre cada atributo de esta instancia.

Se debe crear un objeto, dentro de una clase autoejecutable, que se serializará desde la clase ejecutable de nuestra aplicación.

---

9. Deserialización

☞ HILO CONDUCTOR

El trabajo para serializar los ficheros que se pretenden incluir en la nueva versión de la aplicación deportiva están medio realizados. Cuando se ha querido desde Digital Mushroom, S. L., decodificar estos ficheros para poder descargarlos, se ha descubierto que la serialización solo es la mitad del trabajo que hay que hacer; la otra mitad es la deserialización.

Cuando era necesario guardar los valores de los objetos de las clases que serializábamos, usábamos la clase *ObjectOutputStream*. Y cuando queremos recuperar esta información codificada en *bytes* usamos la clase *ObjectInputStream,* la cual se emplea de manera similar a la anterior.

De *byte* a objeto:

```
ByteArrayInputStream input = new
ByteArrayInputStream(bytes);
ObjectInputStream objectInput = new
ObjectInputStream(input);
```

Esta manera de usar los *bytes* nos asegura que realicemos una copia completa de nuestro objeto y la podamos decodificar posteriormente con todos los componentes que formaban dicho objeto, como sus atributos y los atributos de sus atributos, o las diferentes clases que contenga que a su vez sean serializables.

RECUERDA

La herencia y la serialización van de la mano en el lenguaje de programación Java. Para serializar objetos de una jerarquía, solo debemos implementar *Serializable* en la clase padre, y automáticamente todas sus hijas serán serializables a su vez.

9.1. Leer objetos de ficheros

Para poder leer los objetos contenidos dentro de un fichero binario, que habrán sido almacenados mediante la función *ObjectOutputStream,* debemos usar su contrapartida, la función *ObjectInputStream,* derivada de *InputStream.*

Un objeto *ObjectInputStream* se usa para la lectura de los datos de un objeto codificado en un fichero como información en *bytes.* Esta clase nos proporciona el método *readObject(),* el cual devuelve el objeto del fichero. Para el uso de esta es necesario hacer un casting, para que se devuelva el tipo de dato adecuado.

Siguiendo con el ejemplo en seudocódigo anterior, la expresión sería la siguiente:

```
ClaseSerializable objetoSerializable =
(ClaseSerializable)is.readObject();
```

TAREA 8

Es necesario, dentro del desarrollo de un proyecto, que el equipo que lidera Javier implemente la interfaz Serializable en una clase Persona, la cual se va a enviar con los siguientes datos:

Continúa en página siguiente >>

<< *Viene de página anterior*

- DNI
- Nombre
- Edad

Y no debe sincronizar para el envío el dato:

- Apellidos

Cuando tenga esta clase construida, tendrá que crear una clase con un método *static main* ejecutable, para que cree un objeto de la clase Persona, escriba sus datos en un fichero y los restaure en un objeto usando los métodos *FileOutputStream* y *FileInputStream*. Ayúdale a realizar el trabajo que necesita para poder solucionar el problema, realizando la captura oportuna de errores y usando los tipos de datos que sean necesarios que hayamos aprendido durante el transcurso de esta unidad.

 ACTIVIDAD COMPLEMENTARIA

22. Siguiendo con la construcción de la clase Empleado, elige un atributo nuevo y que no sea serializado.
    Se debe deserializar el objeto creado en la clase autoejecutable anterior, mostrando su información por pantalla y comprobando que efectivamente el nuevo valor no se serializa.

---

10. Resumen

El lenguaje de programación Java se caracteriza por tener gran cantidad de herramientas aparte de las principales básicas, como la creación de variables o el uso de bucles *while* y *for,* para poder soportar la orientación a objetos de la que hace gala.

Dentro de las herramientas avanzadas que se han visto a lo largo de esta unidad, hacemos uso reiterado de las excepciones, la cuales sirven para capturar posibles errores que haya en el lenguaje de programación Java.

Estos pueden ser usados a través de las clases que extienden de *Throwable,* pudiendo crear nuestras propias excepciones implementando esta.

Las colecciones en Java son los componentes que permiten almacenar listados de elementos con diferentes formas. Dentro de estos están los de tipo *Set, Map* y *List,* y, a su vez, dentro de estos últimos se encuentra el famoso *ArrayList,* que usaremos a lo largo de nuestros programas continuamente; sirven para poder almacenar distintos tipos de objetos.

Las clases en Java nos ofrecen incontables herramientas: las clases anidadas o clases internas, que pueden ser o no estáticas. El uso de clases estáticas anidadas es muy limitado, ya que solo tienen acceso a los componentes también estáticos.

Dentro de las posibilidades que ofrece el modificador *static* destaca que podemos usarlo para determinar como estáticos los atributos o los métodos de nuestras clases. Este tipo de componente se usa para crear información que estará asociada a la clase únicamente, no a la instancia.

Para finalizar, la Serialización y Deserialización de objetos sirve para determinar las clases que tendrán que ser pasadas como información de *bytes* a alguna ruta externa. En estos casos, estas interfaces nos ofrecen diferentes posibilidades para enviar y recibir ficheros enviados por vías externas:

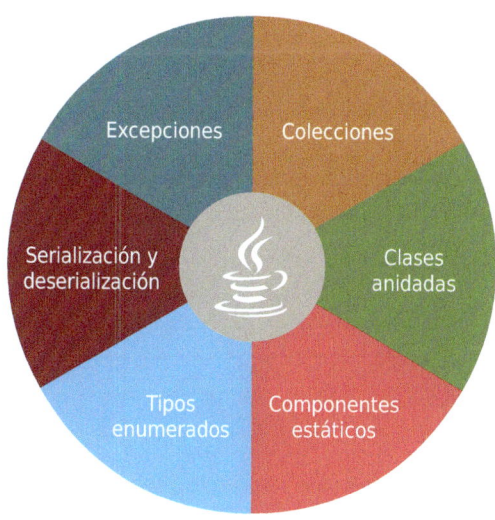

Ejercicios de autoevaluación
Unidad de Aprendizaje 3

1. ¿Qué descripción explica mejor el concepto de clase *Exception* de Java?

   a. *Exception* tiene como subclase la clase *Throwable*.
   b. *Throwable* tiene como subclase la clase *Exception*.
   c. Es una clase que sirve para parar la ejecución.
   d. Son una clase de datos ordenador de manera secuencial.

2. La llamada a *finally* se produce siempre al final del bloque *try/catch*, excepto cuando...

   a. ... se captura un error.
   b. ... solo exista un bloque *finally* en la aplicación.
   c. ... el *finally* está vacío.
   d. ... hay un fallo o un *crash* primero.

3. Determina si la siguiente oración es verdadera o falsa: "La palabra reservada *throws* del lenguaje de programación Java sirve para lanzar una excepción dentro del código".

   ■ Verdadero
   ■ Falso

4. Indica, entre las siguientes frases, qué afirmación es cierta si hacemos referencia a la clase *Collection:*

   a. Esta puede ser recorrida.
   b. Debe instanciar un iterador.
   c. Tiene que ser recorrida obligatoriamente con un bucle *for*.
   d. No es implementada sobre ninguna clase.

5. El bucle *forEach* de Java:

   a. Es llamado así porque se convoca escribiendo *forEach*.
   b. Necesita una variable para su inicialización.
   c. Se debe usar siempre en vez del bucle *for* simple.
   d. Es una alternativa al uso de los clásicos iteradores.

6. Determina si la siguiente oración es verdadera o falsa: "Las variables de clase se llaman de esta manera porque el valor que contengan está asociado a todas las instancias de esta misma clase".

   ■ Verdadero
   ■ Falso

7. Los métodos de clase no pueden acceder a los valores que contenga la clase que no sean de clase, esto es debido a que:

   a. Los valores de instancia van asociados a la clase y no al objeto.
   b. Estos no pueden invocar el objeto.
   c. Los valores de instancia van asociados al objeto y no a la clase.
   d. Dependen del método *main* para ejecutarse.

8. Los tipos enumerados son considerados como:

   a. Similares a los atributos de una clase.
   b. Paralelos a las clases y las interfaces del lenguaje de programación Java.
   c. Grupos de valores dentro de una clase.
   d. Funcionalidades recogidas en una variable.

9. La interfaz Serializable de Java sirve para:

   a. Incluir en su interior otras clases.
   b. Trabajar el traspaso de la información de un objeto.
   c. Reconocer la sintaxis en la que se escribe el objeto.
   d. Soportar varios lenguajes de programación dentro de un mismo programa.

10. Determina si la siguiente oración es verdadera o falsa: "Para realizar la deserialización de un objeto, haremos uso de la clase *ObjectInputStream*".

   ■ Verdadero
   ■ Falso

Parte 2

Desarrollo de aplicaciones *Android*

Contenido

El *Smarthphone* y los dispositivos móviles son el futuro. Si hace unos años teníamos dudas, ahora es una realidad incuestionable, por ello es cada vez más demandado el conocimiento técnico para hacer posibles los programas fundamentales de los que estos se nutren: las aplicaciones.

El sistema operativo móvil *Android,* que pertenece desde 2005 a la empresa Google, se posiciona hoy día como el más usado y se mantiene en alza en las tendencias en movilidad. Es un sistema operativo muy versátil y que ofrece una gran cantidad de ventajas. Una es la accesibilidad a la hora de que cualquiera pueda desarrollar contenido para su tienda.

El framework Android nos proporciona todas las herramientas necesarias a través de diferentes componentes para la creación de aplicaciones para su sistema operativo.

La estructura de este sistema operativo se compone de aplicaciones que se ejecutarán en un *framework* sobre las bibliotecas del lenguaje Java. Actualmente funciona sobre un entorno denominado *Android Runtime* o *ART,* antiguamente se ejecutaba sobre una máquina virtual *Dalvik.*

El *framework Android* nos proporciona un conjunto de herramientas que nos permiten crear aplicaciones innovadoras para dispositivos móviles usando un entorno de programación en lenguaje Java y haciendo uso del SDK de *Android.*

Framework Android

Contenido

Objetivos

El objetivo general de esta Unidad de Aprendizaje es:

→ Aprender a crear una aplicación *Android* básica predefinida aplicando correctamente la estructura de los componentes del *framework Android*.

Los objetivos específicos de esta Unidad de Aprendizaje son:

→ Crear una aplicación sencilla realizando las configuraciones iniciales que *Android Studio* nos demanda.

→ Conocer cuál es la estructura básica que forma una aplicación *Android*.

1. Introducción

Android fue desarrollado en su origen por la compañía *Android Inc.* Esta tenía el objetivo de crear un sistema operativo para móviles basado en *Linux,* y más adelante, *Google,* compañía que los había financiado, la compra. En 2007 *Google* lanza la primera versión del sistema operativo *Android* y anuncia, a su vez, la creación de la *Open Handset Alliance,* un conjunto de creadores de sistemas de servicio, *hardware* y *software* dedicados al desarrollo de estándares abiertos para dispositivos móviles. Este alcanzó cotas de mercado a escala mundial enormes, y se estableció en poco tiempo como principal sistema operativo en dispositivos móviles.

Desde el momento inicial en el que se lanzó, *Android* ha visto numerosas actualizaciones, generalmente cada una bajo el nombre de un elemento relacionado con dulces en orden alfabético.

Los principales componentes del sistema operativo *Android* son las aplicaciones, escritas en lenguaje de programación Java. El acceso a las API base de *Android* es libre y cualquier desarrollador puede hacer uso de ellas, haciendo hincapié en su arquitectura en la reutilización de componentes, pudiendo hacer uso de las capacidades de otros programadores *Android* que publiquen sus desarrollos.

Este *framework* incluye un set de bibliotecas base que establecen funciones disponibles en las del lenguaje Java. Desde la versión 5.0 *Android* se utiliza una máquina virtual similar a la *JVM,* la *ART,* que realiza una compilación en tiempo de ejecución, al momento de lanzarse la aplicación. Se mantiene sobre un núcleo *Linux,* el cual usa como base de procesos básicos para el sistema operativo como la seguridad, uso de la memoria, procesos, etc. La principal ventaja que tiene *Android* frente a la competencia es el hecho de que se desarrolla de forma abierta y se puede acceder al propio código fuente o listado de incidencias sin resolver.

Las aplicaciones *Android* se desarrollan en su mayoría en lenguaje de programación Java o Kotlin con el *SDK* de *Android* o *Android Development Kit,* que es ofrecido por Google de forma gratuita. Estas aplicaciones se comprimen en un archivo con extensión APK *(Android Package)* y AAB *(Android App Bundle),* que indica al sistema operativo *Android* que debe instalarlas en el terminal.

Durante el desarrollo de esta unidad comenzaremos con la creación de un *proyecto Android* desde cero, entendiendo las partes de las que esta está compuesta, su ciclo de vida y las posibles acciones que podremos realizar sobre el proyecto. Para ello seguiremos acompañando a nuestros compañeros de Digital Mushroom, S. L., ya que parece que la aplicación deportiva ha tenido tanto éxito que les piden el desarrollo de una herramienta parecida para desarrollo móvil para sistemas *Android*.

2. Creación de un proyecto *Android*

 **HILO CONDUCTOR**

La aplicación que realizaron nuestros compañeros de Digital Mushroom, S. L., para el evento deportivo gustó tanto, que una organización vecina muy importante les ha pedido que creen una adaptación de esta en versión piloto para tabletas *Android*. Ninguno de los dos ha realizado nunca una aplicación *Android,* pero han escuchado que el salto, conociendo el lenguaje Java, es relativamente sencillo.

A lo largo de la creación de un proyecto *Android,* necesitaremos tener claros ciertos conceptos básicos sobre los proyectos. Necesitaremos entender estos a través del *IDE* de programación más popular y que defina todo un lugar de trabajo para el desarrollo de tu aplicación.

2.1. *Android Studio* como entorno de trabajo

Android Studio es el *IDE* oficial de la plataforma *Android*. Remplazó en 2014 a *Eclipse* como *IDE* oficial para el desarrollo para *Android*. Este fue basado en el *software IntelliJ IDEA* por la misma compañía que lo desarrolló, *JetBrain,* y se ofrece de manera gratuita a través de la licencia *Apache* 2.0, por tanto, está al alcance de cualquier desarrollador.

Android Studio es el IDE oficial desde 2014 para el desarrollo de aplicaciones para el sistema operativo móvil Android.

SABÍAS QUE...

Una de las principales características que ofrece *Android Studio* es la capacidad de ver, en tiempo real, los cambios que se van codificando en nuestro programa, adaptándolos automáticamente a los distintos tipos de resoluciones existentes en diferentes dispositivos. Esto nos permite probar y ajustar nuestras aplicaciones, sin necesidad de configurar manualmente especificaciones para cada prueba.

- -

Además de contar con el potente editor de códigos y distintas herramientas de desarrollo de *IntelliJ,* aporta más funciones que aumentan la productividad durante la compilación de aplicaciones *Android.*

Algunas de estas características serían las siguientes:

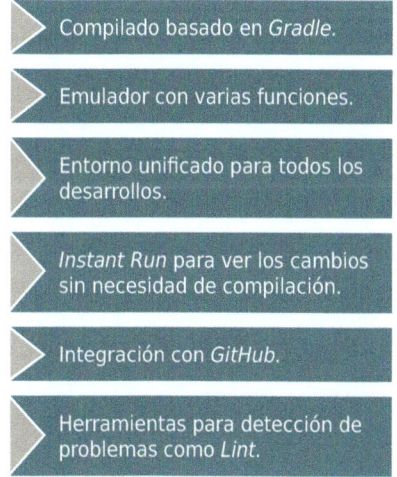

Compilado basado en *Gradle.*

Emulador con varias funciones.

Entorno unificado para todos los desarrollos.

Instant Run para ver los cambios sin necesidad de compilación.

Integración con *GitHub.*

Herramientas para detección de problemas como *Lint.*

Android Studio realiza una compilación muy rápida de las aplicaciones al ser un *IDE* exclusivamente dedicado al desarrollo de aplicaciones para este sistema operativo. Este *IDE* ofrece una ejecución en tiempo real desde sus emuladores o desde un dispositivo físico conectado, contando con renderizado en tiempo real, diferentes *layouts* para sus diseños y el uso del parámetro *tools,* el cual nos permite localizar, visualizar y eliminar las aplicaciones del dispositivo.

Como contrapartida de toda esta capacidad, este *IDE* exige unos requisitos un poco elevados para la máquina en la que se esté usando, consumiendo bastante batería con su ejecución. Aun con esto, su instalación y uso es recomendado para poder seguir con el contenido de esta y de próximas unidades, y es el *IDE* escogido para la realización del presente material.

2.2. Configuración inicial del proyecto

Con *Android Studio* ya instalado en nuestra máquina, podemos comenzar con la realización de nuestra primera versión depurable de una aplicación.

Para crear una aplicación desde *Android Studio,* lo haremos normalmente desde la ventana de bienvenida de la aplicación, el *Welcome to Android Studio.* En esta ventana encontraremos la opción *Start a new Android Studio Project,* que pulsaremos para comenzar con la creación de un nuevo proyecto.

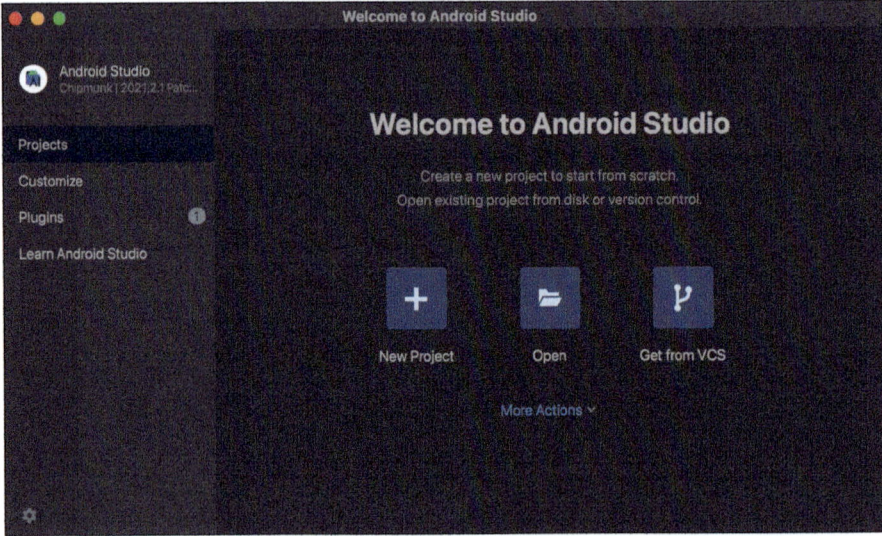

En esta pantalla, "Create New Project", deberás completar la información sobre el nombre de la aplicación, el dominio de la empresa y la ubicación en la que se encontrará guardado tu proyecto. Para este primer propósito, usaremos los que no provee por defecto *Android Studio.*

NOTA

También puedes realizar la creación de un nuevo proyecto desde la opción **File → New → New Project,** en caso de tener un proyecto actualmente abierto. Es común tener más de una ruta de acceso dentro de los entornos de trabajo para la misma función, así se aumenta la accesibilidad para el desarrollador.

El proceso de creación de un proyecto Android es muy intuitivo y se realiza de manera relativamente sencilla a través de las pantallas de creación de un proyecto.

La siguiente configuración que nos pedirán es la selección de los dispositivos de salida e indicar el nivel del API para estos. Dependiendo del nivel de API escogida, tendremos salida a mayor cantidad de dispositivos en el mercado, pero, como desventaja, las herramientas del API estarán más desactualizadas.

A continuación, realizando una línea cronológica, se anotan las diferentes versiones de *Android* que podemos encontrar y el nombre con el que salieron al mercado:

- Nivel de API 1. Android 1.0 (2008)
- Nivel de API 2. Android 1.1 (2009)
- Nivel de API 3. Android 1.5 (2009)
- Nivel de API 4. Android 1.6 Donut (2009)
- Nivel de API 5-7. Android 2.0 - 2.1 Eclair (2009-2010)
- Nivel de API 8. Android 2.2 Froyo (2010)
- Nivel de API 9. Android 2.3 Gingerbread (2010)
- Nivel de API 11. Android 3.0 Honeycomb (2011)
- Nivel de API 14. Android 4.0 Ice Cream Sandwich (2011)
- Nivel de API 16. Android 4.1 Jelly Bean (2012)
- Nivel de API 19. Android 4.4 KitKat (2013)
- Nivel de API 21. Android 5.0 Lollipop (2014)
- Nivel de API 23. Android 6.0 Mashmallow (2015)
- Nivel de API 24. Android 7.0 Nougat (2016)
- Nivel de API 26. Android 8.0 Oreo (2017)
- Nivel de API 28. Android 9.0 Pie (2018)
- Nivel de API 29. Android 10 (2019)
- Nivel de API 30. Android 11 (2020)
- Nivel de API 31. Android 12 (2021)
- Nivel de API 32. Android 12L (2021)
- Nivel de API 33. Android 13 (2022)
- Nivel de API 34. Android 14 (2023)

2.3. Agregar y configurar una actividad

Cuando tengamos los parámetros anteriores configurados, se nos permitirá el acceso a la creación de una nueva actividad, el pilar básico de nuestras aplicaciones. En esta pantalla se nos presentarán de manera visual las distintas opciones que podemos tomar para crear *Activities* prestablecidas por el propio *IDE*. Nosotros vamos a crear una *Empty Activity* o actividad vacía.

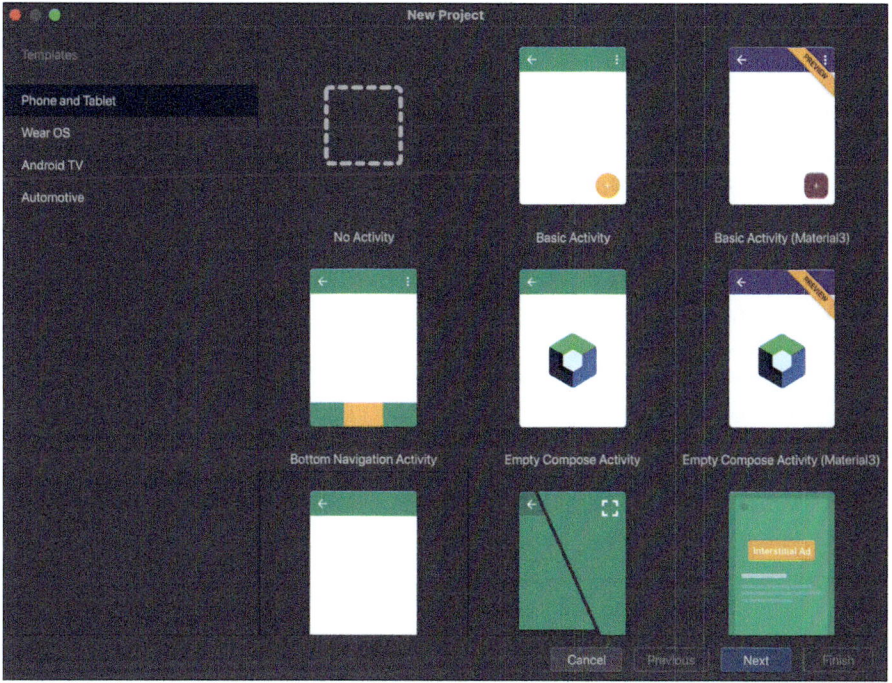

El framework Android trae predefinidos distintos tipos de actividades que, al extenderlas, podemos ahorrar mucho desarrollo sobre el tipo de aplicación que queramos.

Posteriormente, se nos abrirán las pantallas oportunas para configurar la actividad vacía. En esta tendremos que definir los nombres de la actividad que estemos creando, y el nombre del archivo de diseño, que será un fichero guardado en extensión y código XML. Al acabar de configurarlos, se nos crearán estos dos ficheros, además de toda la estructura consiguiente de un proyecto *Android*.

NOTA

Si elegimos la *Basic Activity*, tendremos la opción de que esta use un archivo *Fragment*, generando en su creación tres archivos de diseño para la actividad y también un archivo de recursos de menú.

Al elegir la *Empty Activity*, se nos ofrece la opción de generar un archivo de diseño para la actividad. Si se elige esta, el archivo de diseño será solo uno, y es más simple de utilizar a la hora de desconocer el propio *framework*.

 **TAREA 9**

Marcos está desarrollando en su empresa una aplicación móvil de un producto innovador que funciona a través de una plataforma web. El público objetivo llevaba demandando la creación de una aplicación mucho tiempo, y han empezado con el nuevo proyecto. Ahora Marcos ha sido elegido para dar vida a la aplicación y realizar las configuraciones iniciales con los siguientes datos:

- nombre del proyecto: ProyectoInnovadorApp
- nombre del dominio: proyectoinnovador.app.com
- nombre del paquete: com.proyectoinnovador.myapp

Ayuda a Marcos a realizar esta aplicación, configurando la información inicial de la forma indicada.

Vamos a tomar un momento para revisar los archivos más importantes. Estos serían dos archivos que usaremos para la correcta configuración del proyecto y dos que nos introducen en el punto de entrada de nuestra aplicación:

- **MainActivity.java:** este es el fichero de nuestra clase principal. Se establecerá como la entrada de nuestra aplicación. Esta, al compilarse, lo primero que hace es crear una instancia de esta clase que mostrará su correspondiente interfaz gráfica para que el usuario pueda interactuar con la misma.
- **activity_main.xml:** es el archivo que define el diseño para la interfaz de usuario que usará nuestra aplicación. Se estructura en código XML convocando clases predefinidas o extendiendo las nuestras propias.
- **AndroidManifest.xml:** Este archivo es el que define las características principales de la aplicación y cada componente que va a participar en su estructura.
- **build.gradle:** este sirve para configurar la manera en que *Gradle* va a compilar y crear tu aplicación. Cada módulo tiene su propio archivo build.gradle.

Para entender estos archivos, desde los que partirá nuestra aplicación, podemos aproximarnos a ellos de manera más visual a través de la resolución de la siguiente actividad de aprendizaje.

APLICACIÓN PRÁCTICA

María está comenzando la creación de una aplicación *Android* independiente a través de una idea personal. Ella quería empezar creando toda la maquetación de su aplicación, pero, como es nueva en el mundo de las aplicaciones, no sabe qué archivo es el que contiene el código correspondiente. Ayúdala a decidir a qué archivo debe dirigirse para la creación de la interfaz gráfica de una aplicación *Android*.

Solución

Al crear una nueva actividad, se crea de manera automática el archivo *activity_main.xml*. Este es el que contendrá toda la estructura gráfica que aparecerá en nuestra aplicación. A este debe dirigirse María si pretende comenzar a maquetar la parte visual de la pantalla principal de su actividad.

2.4. Importación de un proyecto existente

En *Android Studio* también tenemos la opción de poder importar un proyecto que nos hayan compartido o hayamos bajado desde un repositorio remoto a nuestra máquina. Esta opción se encuentra en la propia pantalla de bienvenida o a través del menú, siguiendo la ruta **File → New → Import Project.** En la ventana que se abrirá, **Select Eclipse or Gradle Project to Import,** navega hasta el directorio en el que se encuentre el proyecto que desees importar y pulsa **OK.**

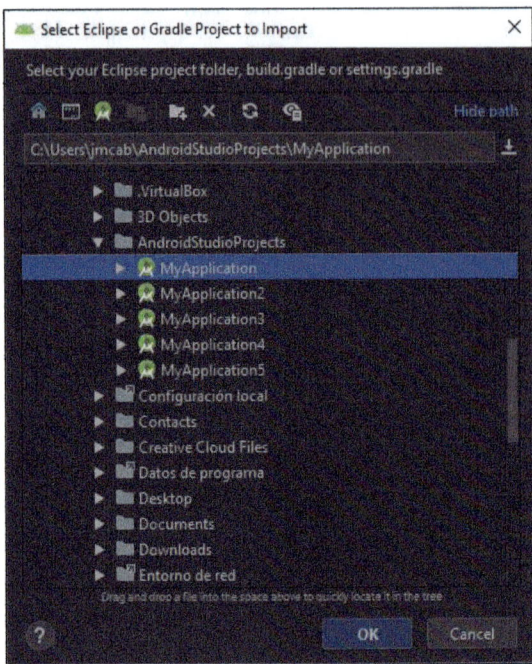

En la ventana de importación de proyecto, Android Studio te permite abrir un proyecto externo que te hayan compartido.

Entonces, *Android Studio abrirá* el proyecto que hayamos seleccionado, y nos dará la opción de hacer esto en una ventana nueva o en una existente. Decidiremos esto en función de los gustos personales que tenga cada uno en organización.

NOTA

Si tratas de importar un proyecto a través del control de versiones, debes usar la opción del menú **File → New → Project from Version Control.** Para obtener más información en caso de que necesites tomar esta opción, puedes consultar la URL de ayuda que ofrece *IntelliJ*, accediendo desde aquí:

Continúa en página siguiente >>

<< Viene de página anterior

https://redirectoronline.com/ifcd059po0401

3. Ejecución de la aplicación

 HILO CONDUCTOR

Después de realizar el análisis de los requisitos que supondría migrar la funcionalidad de la aplicación en Java a una aplicación nativa para la plataforma móvil *Android,* en Digital Mushroom, S. L., se disponen a preparar una primera aplicación de prueba vacía para comprobar que son capaces de ejecutar sus propias aplicaciones.

A la hora de ejecutar nuestras aplicaciones, uno de los beneficios que nos proporciona *Android Studio* es el *Instant Run,* una herramienta que nos permite poder modificar el código de nuestra aplicación y no tener que estar compilando una nueva *APK* cada vez que queramos ver los cambios. Esto permite ver estos mismos cambios realizados en el código de manera casi instantánea en la propia app en ejecución.

SABÍAS QUE...

Android Studio apoya la traducción de las distintas aplicaciones a lo largo del desarrollo, pudiendo traducir estas a varios idiomas. Esto se hace de manera sencilla, solo tenemos que crear una carpeta con la terminación del idioma, luego crear un recurso XML y agregar los *Strings* oportunos con el *ID* que contiene cada distinto idioma.

Para poder compilar y ejecutar nuestra aplicación, buscaremos y pulsaremos el botón **Run** que se encuentra en la parte superior. Esta será compilada con *Gradle,* pedirá seleccionar el dispositivo de salida de la ejecución e implementa la app en el destino seleccionado.

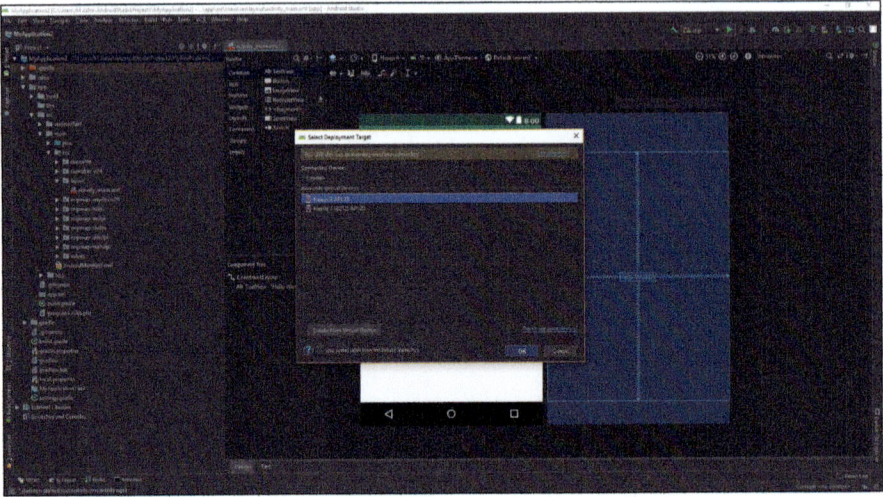

La JDK contiene las herramientas necesarias para poder desarrollar y ejecutar aplicaciones Java. Se trataría de un subconjunto de librerías junto a la JRE.

3.1. Ejecutar tu aplicación en un emulador

Para ejecutar tu aplicación a través de un dispositivo emulado, debes preparar un *Android Virtual Device (AVD)* con posterioridad. Para crear uno haz clic en **Run** (podrás encontrarlo en la parte superior de la ventana representado como un botón **Play**) y posteriormente, en **Create New Emulator,** en la ventana **Select Deployment Target.**

El administrador de *AVD* es el encargado de esto. Para probar que tu app se verá de manera correcta en cada dispositivo que admite, deberías probar en un diferente *AVD* configurado con el nivel de API y los superiores que especificaste en *minSdkVersion.*

Los *AVD* tienen las siguientes cualidades:

➲ **Perfil de** *hardware:* este es el encargado de definir las características de fábrica de un dispositivo. El *AVD* provee de perfiles de *hardware predefinidos.* Podemos contar con un teléfono Nexus con sus características predefinidas.

⊃ **Imagen del sistema:** el *AVD* de *Android* te permite elegir imágenes del sistema, algunas que constan con bibliotecas de complementos como las *API* de *Google*. Las imágenes del sistema ×86 (32 bits) se ejecutan de manera más rápida en nuestro emulador, ya que exigirá menos recursos a la máquina.

⊃ **Área de almacenamiento:** como en cualquier dispositivo físico, el *AVD* reserva un espacio de memoria para almacenar los datos de usuario, las apps y diferentes configuraciones, así como emula un espacio que representará la tarjeta *SD*.

⊃ **Máscara:** esta es la parte del emulador que representa la apariencia del dispositivo que estemos emulando. El propio AVD nos proporciona diferentes máscaras preestablecidas, aunque también puedes usar máscaras creadas por terceros o crear las tuyas propias.

Para ejecutar el administrador de *AVD* en *Android Studio,* selecciona **Tools → Device Manager.** Selecciona el administrador de *AVD* en la barra de herramientas. Esta ventana te mostrará todos los *AVD* que tengas creados. Desde esta página tienes la posibilidad de definir, editar y borrar *AVD* o nuevos perfiles de *hardware.* También permite importar y exportar definiciones de perfiles de *hardware* a nuestro entorno.

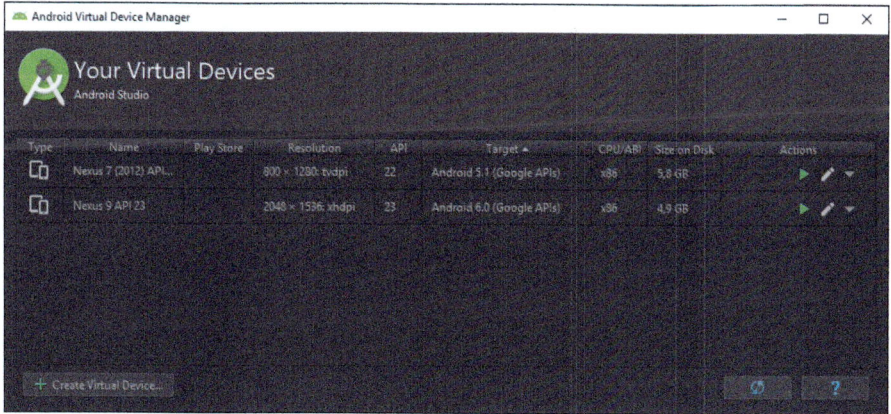

El administrador de dispositivos virtuales está siempre a tu disposición con las imágenes de emuladores que ya hayas creado.

Para crear un nuevo *AVD* debes dirigirte a este Administrador de *AVD* y, desde la página *Your Virtual Devices,* seleccionar la opción de *Create New Virtual Device.*

NOTA

Otra posible ruta para poder acceder a la opción de creación de un nuevo *AVD* es dirigirse al diálogo **Select Deployment Target,** y hacer clic en **Create New Emulator.** Desde ahí encontraremos las mismas opciones que desde la presentada en este apartado.

En la siguiente ventana que se abrirá, selecciona un perfil de *hardware* y selecciona *siguiente.* Si no ves un perfil de *hardware* que deseas, puedes crear o importar uno ya existente. A continuación, aparecerá la ventana de **System Image,** donde tendremos que seleccionar la imagen del sistema para un nivel de *API* particular. Después, ya podremos tener almacenado ese emulador en nuestro *AVD* Manager y usarlo cuando lo necesitemos.

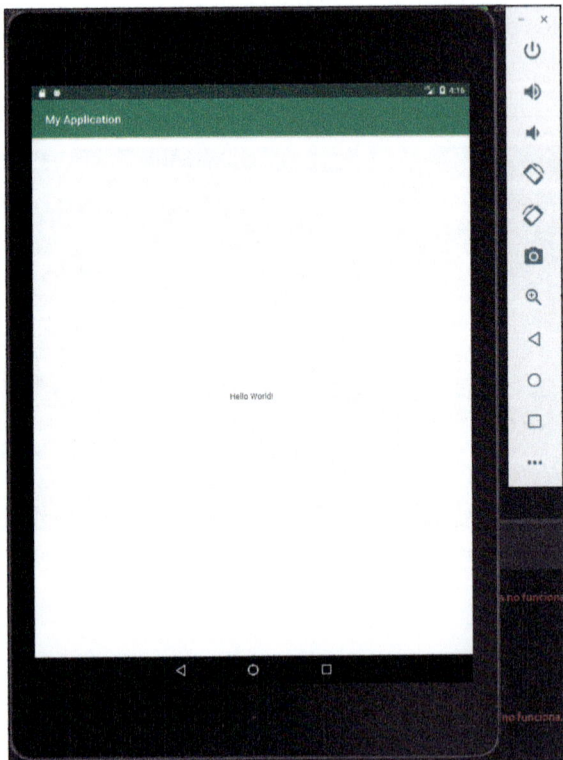

Con la opción Run que encontramos en la parte superior de la pantalla, podemos ejecutar directamente nuestra aplicación en un emulador o en un dispositivo físico.

Y con esto habremos ejecutado nuestra aplicación en un entorno *Android* emulado.

SABÍAS QUE...

Se puede usar una orden o comando por consola que invoca la ejecución de nuestra aplicación en un dispositivo virtual. Esta es:

```
emulator -avd_name [{- opción [valor]}…]
emulator @ avd_name [{- opción [valor]}…]
```

3.2. Ejecutar tu aplicación en dispositivo físico

Aunque los emuladores sean un sustituto muy válido a la hora de testar nuestras aplicaciones, siempre hay que probar la aplicación en dispositivos físicos antes de sacarla al mercado. Cualquier dispositivo de *hardware Android* puede ser usado para ejecutar, depurar y testar nuestras aplicaciones. El propio *SDK* trae ya incluidas las herramientas necesarias para ello.

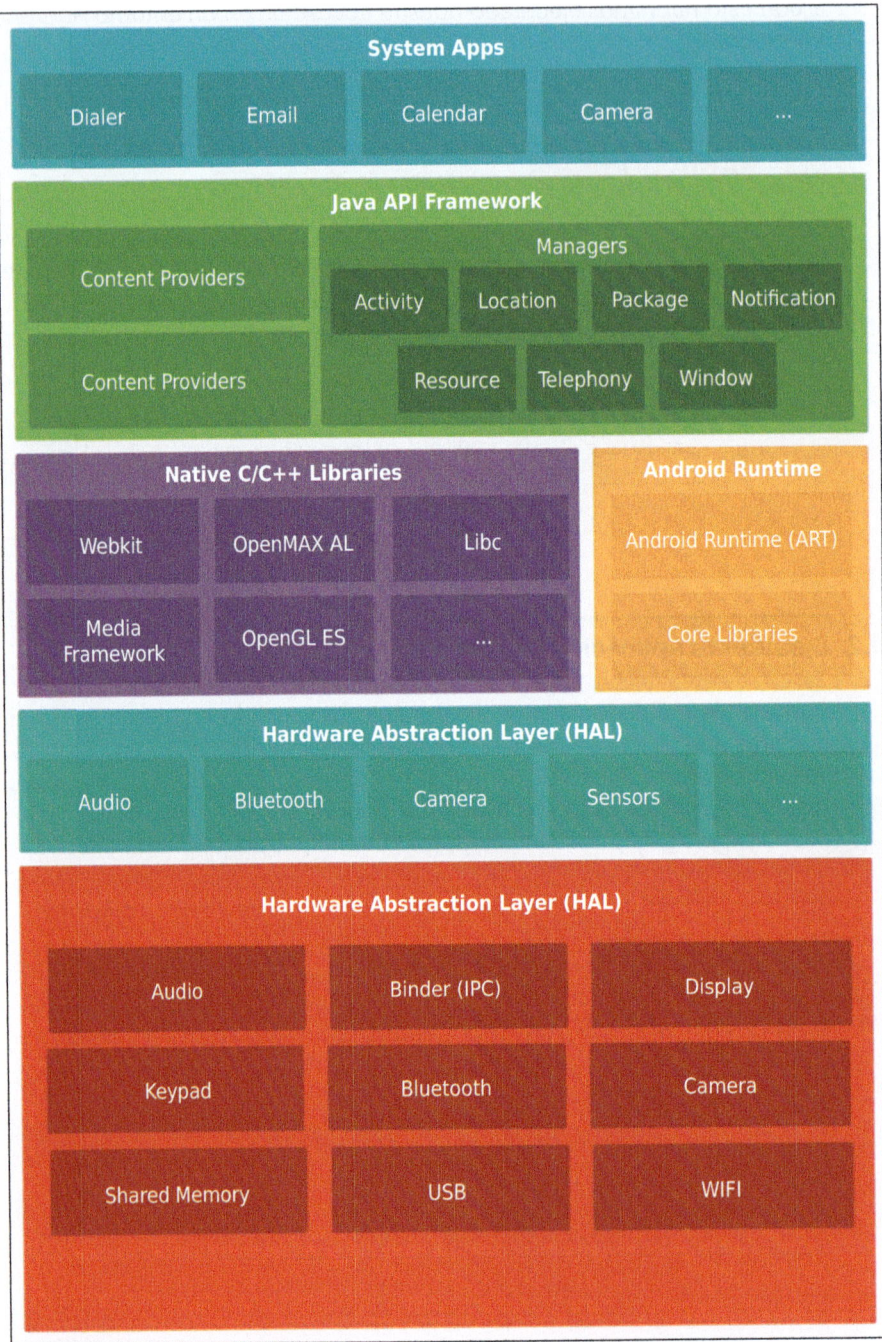

Para realizar la ejecución de una aplicación Android, esta se basa en distintas tecnologías, como el Kernel de Linux o la Android Runtime.

Puedes compilar e instalar la aplicación a través de *Android Studio* o usar la instrucción ADB desde la línea de comandos.

NOTA

Si vas a probar tu aplicación sobre un dispositivo, no olvides usar diferentes emuladores también con diferentes configuraciones a las de tu dispositivo como, por ejemplo, distintas orientaciones y tamaños de pantalla.

Para poder depurar nuestra aplicación debemos activar las opciones de *USB debugging*. En las versiones posteriores a la 4.2 de *Android,* estas opciones vienen ocultas de fábrica y debemos activarlas pulsando 7 veces sobre la información **Settings → About phone.** Para versiones superiores a *Android 8,* cambia ligeramente el procedimiento, ya que el número de compilación se localiza en **Settings → System → About phone.**

Para ver si nuestra aplicación es depurable, debemos comprobarlo en el archivo build.gradle o AndroidManifest.xml. En el código de este, debe haber una configuración específica que se pueda *depurar* y que debe establecerse a *true.*

Cuando conectes un dispositivo, puedes comprobar que es reconocido por el sistema usando el comando *adb devices* desde el directorio platform-tools/. Si está conectado, podrás ver el nombre de este en un listado de dispositivos disponibles.

RECUERDA

Si utilizas la depuración en el archivo de manifiesto, tienes que asegurarte muy bien de haberla puesto a *false* en el momento en el que quieras publicar y distribuir tu aplicación, ya que las aplicaciones subidas a tienda no deben poder ser depurables.

4. Componentes de una aplicación *Android*

☞ HILO CONDUCTOR

Cuando generan la primera aplicación de prueba, desde Digital Mushroom, S. L., revisan la estructura que tiene el proyecto y ven que es totalmente distinta a lo que estaban acostumbrados. A partir de este momento deciden revisar cada componente del que se formará la nueva aplicación que se traen entre manos.

En el momento en el cual tenemos creada nuestra primera aplicación *Android,* esta se abrirá ante nosotros con una estructura muy concreta, dentro de la cual encontraremos los principales componentes que nos provee el *framework Android.*

4.1. Estructura de un proyecto *Android*

Dentro de una aplicación *Android* encontraremos una estructura de ficheros que es común para las nuevas aplicaciones que creemos en blanco desde cero. Es importante que distingamos bien los conceptos de **proyecto** y **módulo.**

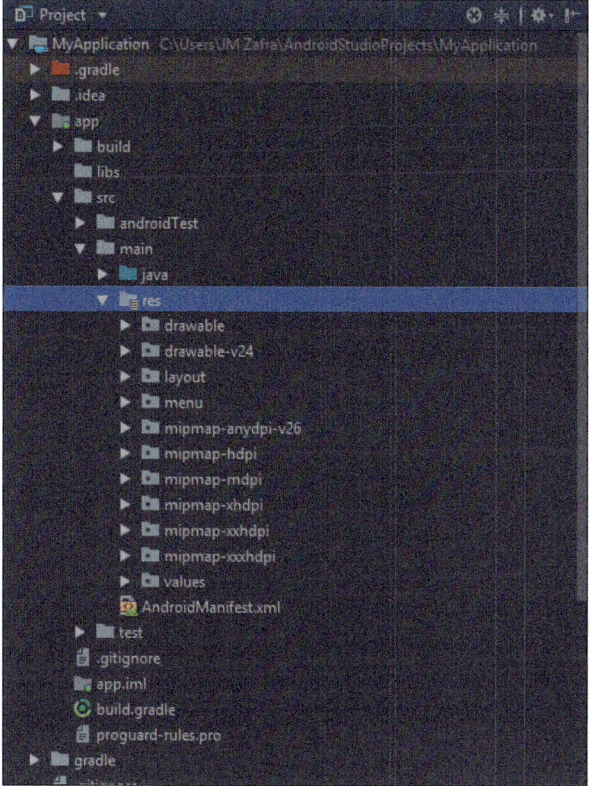

Al abrir un proyecto Android siempre tendremos una estructura similar a la mostrada.

El **proyecto** es el archivo principal, en este caso *MyApplication,* que engloba a todos los demás elementos. Dentro de este proyecto, se pueden incluir diferentes *módulos,* que podrían ser aplicaciones distintas o diferentes versiones de una aplicación... Casi todo el tiempo nosotros trabajaremos con un proyecto que contendrá un solo módulo para nuestra aplicación principal. En el caso de la imagen, sería el módulo *app.*

Podemos conocer mejor el contenido que tiene la estructura del módulo principal de nuestra aplicación a través de la siguiente información:

- *⊃ /app/src/main/java:* esta contiene todo el código fuente. Se autogenerará durante la creación de una actividad nueva el código principal, siempre bajo el paquete Java definido al principio de la creación del proyecto.
- *⊃ /app/src/main/res:* es la carpeta encargada de contener todos los recursos gráficos de los que haremos uso durante la ejecución de nuestra

aplicación. Dependiendo de los diferentes tipos de resoluciones, estos se guardarán en diferentes carpetas.

- ⊃ */app/src/main/AndroidManifest.xml:* este archivo contiene la definición en XML de los aspectos principales de nuestra aplicación, como los diferentes componentes o su propio nombre, su orden y su configuración o los permisos necesarios para su ejecución.

- ⊃ */app/build.gradle:* dentro de este archivo se guardará la información relacionada con la compilación de nuestro proyecto. Ejemplos de la información que contiene pueden ser la versión mínima que soportará nuestra aplicación o referencias a librerías externas. En un mismo proyecto podemos encontrar varios ficheros *gradle*.

- ⊃ */app/build:* cada vez que creamos una compilación de nuestro proyecto, se generará de manera automática una serie de ficheros creados para dirigir, entre otras cosas, el control de recursos de nuestra aplicación. Estos ficheros, al ser autogenerados en cada compilación, no se deben modificar, ya que estos cambios que hagamos se sobrescribirán y nunca se verán reflejados.

En el directorio *bin* se encuentran todos los archivos autogenerados por la propia app. Aquí es donde encontraremos, en caso de necesidad, nuestro *APK* para poder instalar en nuestros dispositivos *Android,* tanto físicos como virtuales.

TAREA 10

En la documentación que está realizando José sobre una nueva aplicación, se pide identificar a qué rutas de la aplicación tiene que dirigirse uno para realizar la modificación de los siguientes tipos de componentes:

- El código fuente básico de nuestra aplicación.
- El nombre de nuestra aplicación.
- Ficheros autogenerados que no se deben modificar.
- Los recursos gráficos que vayamos a usar en nuestra aplicación.

Ayuda a José a realizar esta aplicación, indicando el lugar al que debería dirigirse un desarrollador si buscase cada tipo de componente.

4.2. Componentes de una aplicación

Durante el repaso de la estructura de un proyecto, ya hemos mencionado varios de estos componentes.

 SABÍAS QUE...

Es buena práctica la realización del diseño de la aplicación antes de desarrollarla, estructurando los componentes que van a formarla y que serán necesarios para su funcionamiento.

Dichos componentes los estudiaremos a lo largo de las próximas unidades, entendiendo en profundidad su funcionamiento. De momento, vamos a dar una breve descripción de cada uno de ellos.

Activity

El componente *Activity* es uno de los componentes principales de nuestras aplicaciones en cuanto a la interfaz. A cada *Activity* que creemos, se le asocia una interfaz gráfica de usuario, de la cual dependerá la interacción del usuario con la aplicación. Para construir la interfaz gráfica, podemos usar las vistas o *Views,* que incluyen la creación de elementos básicos como botones o cuadros de texto.

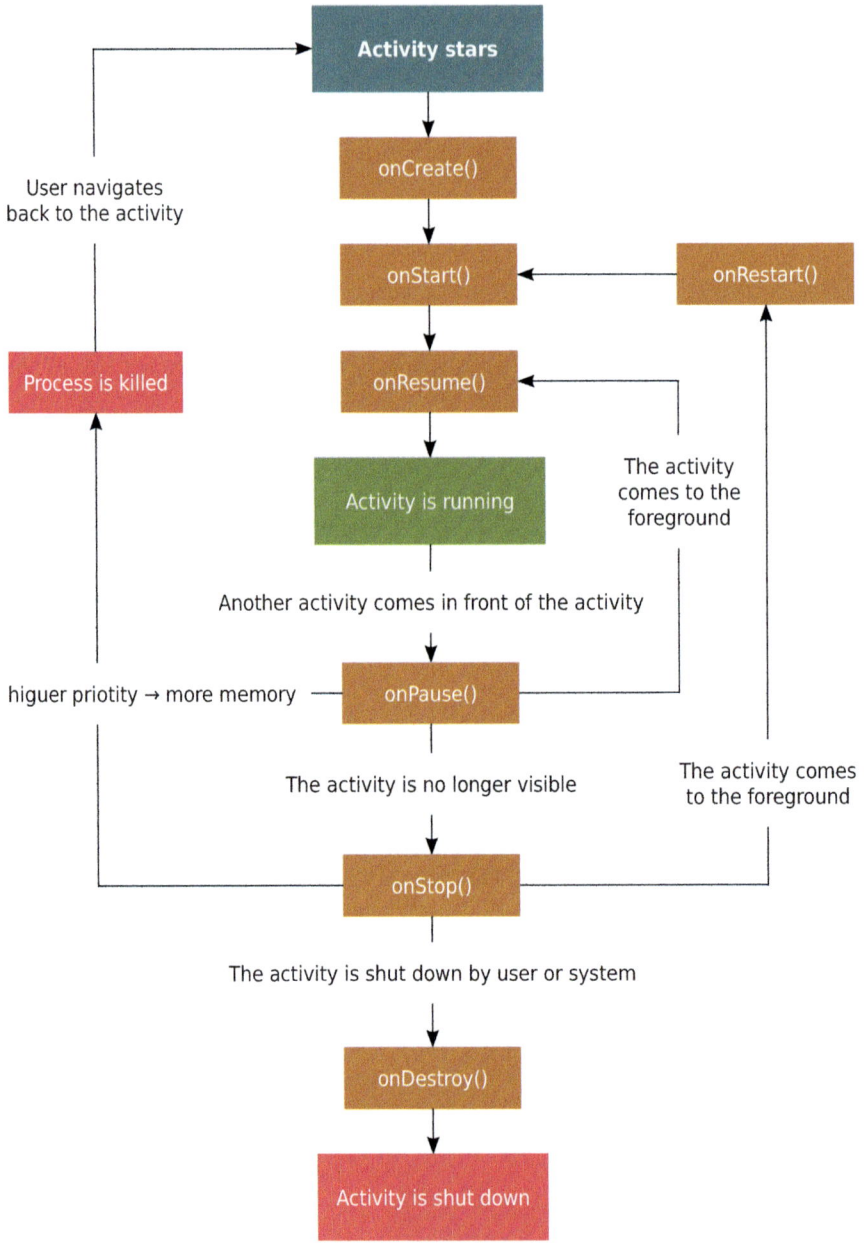

El ciclo de vida de una Activity se controla a través de un grupo de métodos que se suceden uno detrás de otro y pueden ser manejados por el programador.

Cada *Activity* que creamos autogenera el código que la declara dentro del fichero *AndroidManifest.xml,* del cual hablaremos en próximas unidades con más profundidad. Cada *Activity* tiene un ciclo de vida marcado a través de ciertos métodos, con los que se controla desde su creación hasta su destrucción, y para iniciarla tenemos dos métodos que podemos usar. Veamos para qué sirve cada uno de ellos:

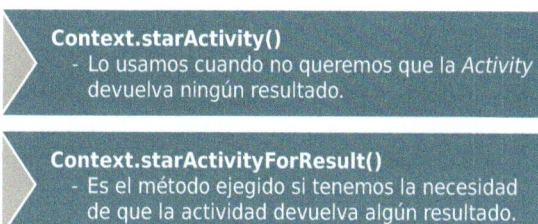

Context.starActivity()
- Lo usamos cuando no queremos que la *Activity* devuelva ningún resultado.

Context.starActivityForResult()
- Es el método ejegido si tenemos la necesidad de que la actividad devuelva algún resultado.

Una aplicación se compone de diferentes *Activities,* que se almacenan en una pila a través del mecanismo *LIFO* o *Last In First Out,* en el cual la primera *Activity* que haya entrado en la cola será la última en salir, guardando así la anterior para poder volver a ella en caso de que el usuario pulse el botón de atrás en la aplicación.

 **DEFINICIÓN**

Frament
Es una parte de la interfaz de usuario o de una actividad que está encapsulada para poder ser usada desde distintas partes de la aplicación. Estos se pueden manipular de manera independiente unos de otros para adaptarlos al momento de la aplicación en el que sean necesarios y usarlos de manera correcta en cada circunstancia que nuestra aplicación demande.

Intent

En todo programa se realiza la comunicación entre pantallas de distinta información. En las aplicaciones *Android,* podemos realizarla a través de los *Intent*. Un *Intent* es un elemento de llamada, es decir, con él podremos llamar a otros componentes como las *Activities* o los servicios.

Intent es una clase que utiliza una información de interés para el componente que la reciba, como qué tipo de acción va a realizar. Es el componente que otorgará movilidad a nuestras aplicaciones, ya que se utiliza para el inicio de las diferentes actividades.

Principalmente se utiliza para realizar el lanzamiento de diferentes componentes, los cuales podemos ver a continuación:

⊃ **Intent:**

- ◗ **Inicio de actividades:** los *Intent* se utilizan para iniciar actividades en una aplicación. Por ejemplo, al hacer clic en un botón puedes crear un *Intent* que inicie otra actividad dentro de la misma aplicación o en otra aplicación, si se tiene permiso.
- ◗ **Comunicación entre componentes:** los *Intent* se utilizan para comunicar información entre diferentes componentes de una aplicación como actividades, servicios, receptores de emisión *(broadcast receivers)* y proveedores de contenido *(content providers)*. Por ejemplo, puedes utilizar un Intent para iniciar un servicio y pasar datos adicionales a ese servicio.
- ◗ **Notificaciones y servicios en segundo plano:** los *Intent* también se utilizan para mostrar notificaciones y realizar tareas en segundo plano a través de servicios. Por ejemplo, puedes utilizar un *IntentService* para realizar operaciones largas en segundo plano y luego enviar una notificación cuando se complete.
- ◗ **Acciones implícitas:** los *Intent* también se pueden utilizar para realizar acciones implícitas como abrir una página web en un navegador, enviar un correo electrónico y realizar una llamada telefónica, entre otros. Esto se logra mediante la creación de un *Intent* con la acción apropiada y, opcionalmente, datos adicionales como URI, dirección de correo electrónico, número de teléfono, etc.

En resumen, los *Intent* son una parte crucial del desarrollo de aplicaciones en *Android* y proporcionan un mecanismo flexible y poderoso para la comunicación entre componentes de la aplicación y entre diferentes aplicaciones en el sistema *Android*.

Service

Son componentes principales también, como las *Activities,* pero no se les asocia ninguna interfaz gráfica y son ejecutados en segundo plano. Se llaman normalmente desde otros componentes como las *Activities,* y sigue en ejecución, aunque el componente que lo haya invocado haya finalizado.

Al igual que debemos hacer con las *Activities,* se autogenera cada *Service* que creamos en nuestra aplicación en el archivo *AndroidManifest.xml*.

Para iniciarlo podemos usar los diferentes métodos:

```
Context.starService()
Context.bindService()
```

Content Provider

Este es el componente destinado a compartir información persistente y estructurada entre diferentes aplicaciones. El *Content Provider* se dedica a guardar estos datos en el sistema de archivos del teléfono, una base de datos o en los demás lugares desde los que sea accesible para nuestra aplicación.

 **NOTA**

El *API* de *Android* trae definidos *Content Providers* que podremos utilizar para intercambiar información de audio, imágenes, vídeo o datos de información personal. Si en algún momento quieres intercambiar datos con una estructura personalizada, deberás crear tu propia subclase que herede de la clase *Content Provider.*

Este se caracteriza por guardar estos datos sin mostrar detalles sobre su almacenamiento, su estructura o su implementación, encapsulando así la información y aportando seguridad a nuestra aplicación; también por la carga de información en segundo plano, lo que aporta una buena sensación en el uso para el usuario, ya que no interfiere la carga de las consultas a bases de datos con la respuesta de la interfaz.

Broadcast Receiver

Es el componente encargado de detectar eventos globales del sistema. Son útiles para detectar cuando llega cierto estado de nuestra aplicación, y poder responder ante él con alguna acción.

Podríamos decir que son *Triggers* implementados para responder cuando un *Intent* se envía entre componentes. Un ejemplo podría ser hacer un seguimiento de cómo se está usando la batería para optimizar su rendimiento.

 ## ACTIVIDAD COMPLEMENTARIA

23. Se requiere desarrollar una aplicación básica "Hola Mundo" donde se debe realizar la configuración del proyecto de:

- Nombre.
- Paquete.
- Actividad inicial *Bottom Navigation Activity*.

Revisa la diferente estructura de ficheros que se ha creado en tu nueva aplicación, además identifica uno a uno los distintos componentes y comenta su utilización en tu aplicación básica.

----

5. Modificación del proyecto creado

 ## HILO CONDUCTOR

En Digital Mushrom, S. L., ya han investigado lo necesario para entender el funcionamiento de prueba. Deciden usar el mismo proyecto prueba, ya que es estable, como aplicación de partida para su proyecto. Como quieren cambiarle el nombre y el paquete que definieron al principio, deciden investigar las diferentes maneras en las que pueden adaptar, a través de modificaciones, un proyecto ya establecido.

En el momento en el que creamos nuestra aplicación *Android,* definimos y configuramos una serie de parámetros que se recomienda definir correctamente desde el principio, ya que la modificación de estos puede suponer fallos en la llamada desde distintos ficheros.

Como no todo sale perfecto desde el principio, es común querer realizar la refactorización de distintas partes de nuestro programa. Veamos cómo podemos llevar esto a cabo dependiendo de la configuración que queramos cambiar.

5.1. Cambiar el nombre del proyecto

Para poder modificar el nombre de un proyecto tenemos varias opciones, entre las cuales podemos elegir la que más nos convenga, aunque siempre son más recomendadas unas que otras. La manera más común y que cualquier buen programador llevaría a cabo es dirigirse a la opción **Refactor → Rename** del menú flotante que aparecerá al pulsar con el botón secundario en el nombre raíz de nuestra aplicación.

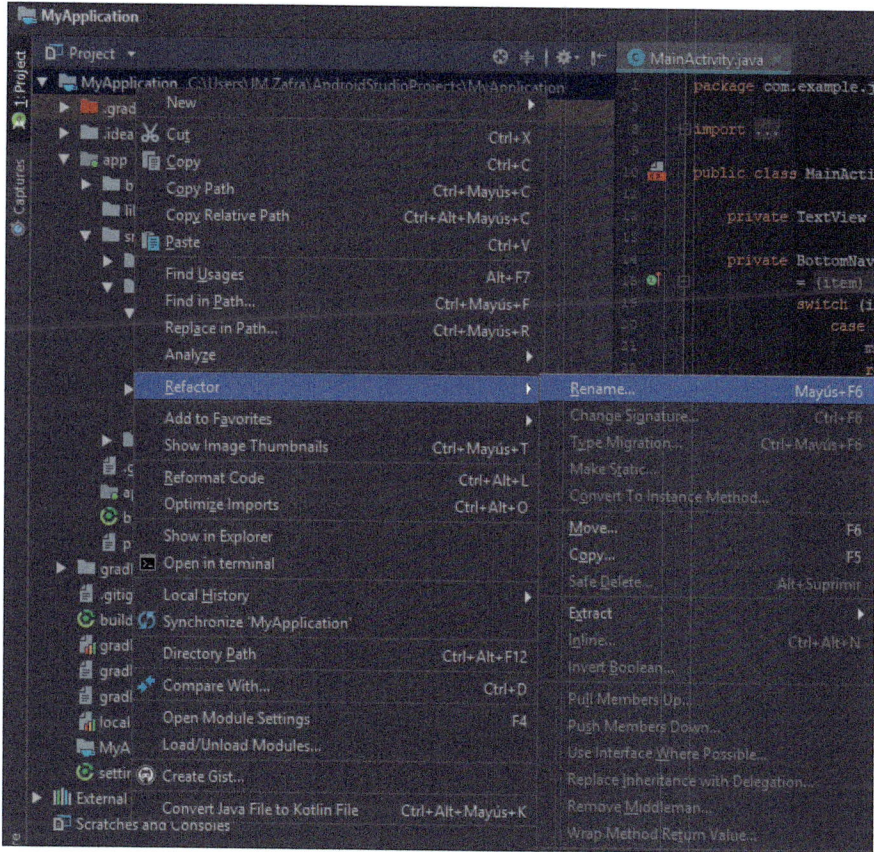

Android Studio nos ofrece por defecto la opción de renombrar cualquier carpeta si pulsamos sobre ella con el botón secundario y pulsamos a continuación la opción refactorizar.

Hay ocasiones en las que la versión que estemos utilizando de *Android Studio* pueda dar un aviso de error al tratar de realizar dicha modificación. Para poder hacer esto, tenemos más opciones.

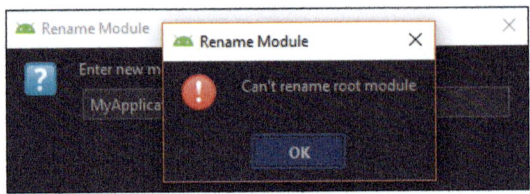

Ciertas versiones de Android Studio no soportan la modificación a través de la refactorización del nombre de proyecto.

Una opción con la cual podremos cambiar el nombre de nuestro proyecto en estas situaciones es cerrando *Android Studio* y dirigiéndonos a la carpeta de la computadora donde guardamos nuestro proyecto. Ahí podemos cambiar el nombre de esta carpeta, que representa el nombre de nuestra aplicación, pero no solo hemos de hacer esto. También debemos borrar todos los ficheros .iml y el directorio .idea. Cuando hayamos hecho esto, volveremos a abrir nuestro proyecto con *Android Studio,* pero no desde los proyectos recientes, sino abriéndolo desde cero como un nuevo proyecto.

 **APLICACIÓN PRÁCTICA**

En la universidad de Javier han realizado una aplicación *Android* de prueba. Esta contiene un juego de piedra, papel y tijera, pero al comienzo de la actividad pensaron en hacer un tres en raya y nombraron así la aplicación. Al haber sido otro el juego que han realizado, le gustaría poder hacer la modificación del nombre de la aplicación.

Ayúdale a decidir la forma más conveniente de hacer esto eligiendo alguna de estas técnicas:

- **Usando la opción Refactorizar.**
- **A través del *AndroidManifest.xml.***
- **Cambiando el nombre de la carpeta del proyecto.**
- **Cambiando el valor *app_name de strings.xml.***

Continúa en página siguiente >>

<< Viene de página anterior

Con estas técnicas podremos llevar a cabo el cambio de nombre de un proyecto que hayamos creado y no tener ningún problema de llamadas que se hiciesen al antiguo nombre de nuestra aplicación durante el desarrollo de código.

Solución

La refactorización es la forma más adecuada y automática de cambiar el nombre de un dominio en *Android Studio.* Para hacerlo, se deben seguir los siguientes pasos:

- Hacer clic derecho sobre el nombre del paquete en la ventana del proyecto. •
- Seleccionar *Refactor* y luego *Rename.*
- Aparecerá una ventana donde se podrá introducir el nuevo nombre del paquete. *Android Studio* se encargará de actualizar todas las referencias automáticamente.

5.2. Cambiar el paquete de la aplicación

Cuando establecemos el paquete de la aplicación, estamos definiendo una ruta de carpetas en las que se encontrarán las clases de nuestro proyecto. En el momento en el que queremos refactorizar esta opción, hemos de ser sumamente cuidadosos, ya que puede darnos muchos problemas.

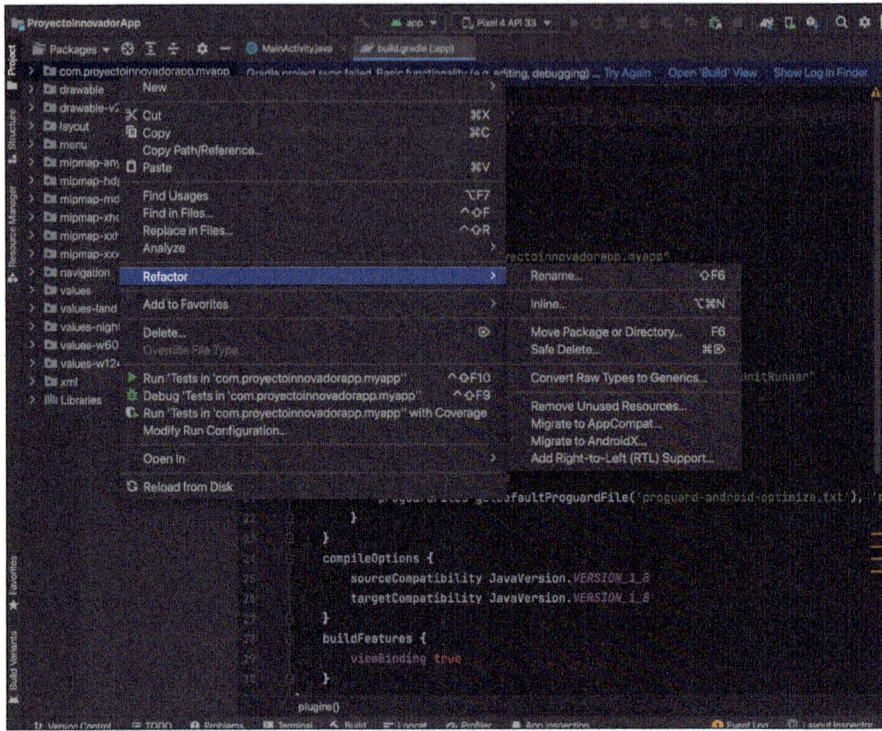

Dentro de las posibles vistas del proyecto que nos ofrece Android Studio, la de Android es muy ilustrativa para ver el nombre completo del paquete de nuestra aplicación.

El nombre del paquete siempre debe coincidir con el que se muestre en la opción *package* dentro de nuestro AndroidManifest.xml. Esta configuración se usará a partir del momento que se establezca para la resolución de ruta de clase relativa que se declare como *Activity*.

El procedimiento que debemos seguir si queremos cambiar esta información sería:

- En *Android Studio,* desmarca o deselecciona la opción *Hide Empty Middle Packages* en el icono de engranaje que se encuentra dentro del área donde se muestra la estructura de nuestro proyecto.

Continúa en página siguiente >>

<< Viene de página anterior

 2 - Selecciona en esta misma área, con la vista *Android* del proyecto, el fichero que tiene el nombre que queremos cambiar y, en el menú que se abre al pulsar el botón secundario, elije la opción **Refactor → Rename...**

3 - Mostrará una ventana donde aparecen las coincidencias que se van a modificar cuando se realice la modificación del nombre. Pulsamos la opción **Do Refactor.**

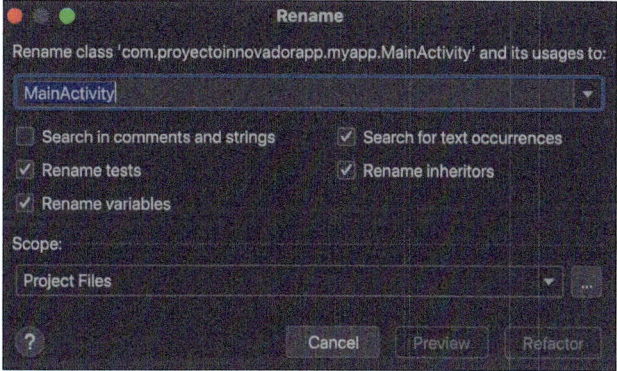

Al realizar una refactorización, Android Studio nos ofrecerá un esquema de los diferentes directorios que sufrirán cambios con dicha modificación.

Siguiendo estos pasos no tendremos problemas en realizar la modificación del nombre que le pusimos a nuestro paquete durante la configuración inicial de nuestro proyecto. Además, nos permitirá cambiar cada segmento del paquete por separado, modificando los ficheros implicados.

5.3. Cambiar el *ID* de la aplicación

Cuando configuras un proyecto por primera vez, se guarda dentro del build. gradle la configuración del *applicationID,* la cual en este primer momento coincide con el nombre que le hayamos puesto al paquete, pero ambos son independientes en sí más allá de esto. Al cambiar el nombre del paquete, no vemos cambios sobre el *ID* de la aplicación y viceversa. Las reglas para nombrar el *ID* de la aplicación tiene restricciones más fuertes, ya que debe tener por lo menos dos segmentos (a partir de un punto, pero puede tener más), comenzar cada uno de estos segmentos con una letra y que todos los caracteres incluidos sean alfanuméricos.

NOTA

El *applicationID* y el nombre del paquete tienden a confundirse y hay que tener cuidado, ya que métodos y parámetros propios del *framework Android,* como *Context.getPackageName()* no devuelven el nombre de paquete de nuestra aplicación, sino el *ID* de nuestra aplicación y puede haber dudas.

- -

Este *ID* de aplicación sirve para que *Google Play Store* nos identifique, entre otras cosas. Cuando compilamos un *APK,* se etiqueta este con el *ID* de aplicación que hubiésemos definido en el bloque *defaultConfig* del archivo build.gradle. Para poder crear como productos por separado (por ejemplo, versión gratuita y de pago de una aplicación), debemos ayudarnos de las variantes de compilación.

ACTIVIDAD COMPLEMENTARIA

24. Recupera la aplicación "Hola Mundo" que creamos en el anterior ejercicio y realizar las siguientes modificaciones:

- Nombre.
- Paquete.
- *ID* de la aplicación.

Revisa que cada uno de los componentes de tu aplicación sigue ejecutándose de manera correcta a través de la ejecución de tu aplicación, por lo menos, en un emulador.

- -

5.4. Cosas que no se pueden cambiar de una aplicación subida a *Google Play Store*

En el momento en el cual publicamos nuestra aplicación *Android* en el *market,* hay cosas de las que hemos hablado en los anteriores apartados que ya no podemos cambiar. Es importante conocer esto, ya que en cada actualización debemos estar atentos a ello, ya que puede hacer que después de su descarga, a un usuario le deje de funcionar la aplicación.

- **El nombre del paquete:** en el archivo *AndroidManifest.xml* se encuentra definido el nombre de nuestro paquete, el cual será un identificador único dentro del *Android Market* y a la hora de instalar esta en un terminal. Para que no haya problema con dos aplicaciones con el mismo nombre, se suele usar el nombre de paquete también como identificador. Si decidiésemos cambiar el nombre de nuestro proyecto, el *Android Market* no reconocería esta como una actualización de la aplicación ya subida, sino que la guardaría como una aplicación totalmente nueva y se instalaría aparte de la aplicación inicial, lo cual sería un error.
- **Certificado de la aplicación:** en el momento de la firma de nuestra aplicación, estamos estableciéndola de por vida. Si la cambiásemos en alguna de las actualizaciones que realizásemos de nuestra app, los *markets* darían un error y no te dejarían descargarla, ya que la combinación de nombre, paquete y firma son la identificación que hace *Android* de nuestra aplicación, y al cambiarla, esta no coincidiría con la de la aplicación instalada en el terminal, por lo que daría error hasta que la desinstalásemos.
- **API pública del AndroidManifest:** el fichero *AndroidManifest.xml* define una cantidad importante de información en su interior. Entre esta destaca la declaración de la *API* pública para que las demás aplicaciones puedan acceder a ciertos recursos de ejecución que puedan necesitar de nuestra aplicación. Dichos recursos se declaran con la etiqueta *android:export* ,en la que incluiremos las aplicaciones que pueden invocar a ciertos componentes, y deben mantenerse inmutables desde la publicación de la aplicación, ya que cualquier cambio de estos entre diferentes versiones de la misma aplicación harán que dejen de funcionar.

Respetando todas estas configuraciones, no tendremos problemas a la hora de realizar las diferentes actualizaciones que requiera nuestra aplicación a lo largo de su historia en el mercado de aplicaciones de *Google*.

6. Resumen

Cuando queremos abordar la creación de una aplicación dirigida a ejecutarse en un entorno de programación *Android,* debemos realizar la descarga del *IDE* oficial dirigido a la creación de aplicaciones bajo el *framework Android,* en este caso, *Android Studio.*

Este crea nuestra nueva aplicación con una estructura predefinida, que debemos configurar desde las ventanas que este *IDE* nos proporciona. Dentro de estas tenemos la creación del nombre de nuestro proyecto, el *ID* de la aplicación con el cual será conocido en las *Stores,* entre otros parámetros.

La ejecución de esta nueva aplicación la podemos hacer desde un dispositivo físico o desde un emulador que hayamos configurado previamente desde las opciones que nos ofrece el *AVD* dentro de *Android Studio.*

Estos parámetros podrán ser modificados posteriormente, como el nombre de la aplicación o el paquete que contiene las clases que usaremos a lo largo del desarrollo de nuestra aplicación, pero en el momento en el que realicemos una subida al *market,* tenemos que tener muy claro cómo hemos definido estos diferentes parámetros, ya que su posterior modificación puede dar problemas o directamente ser imposible de modificar.

Además, el *framework Android* provee una estructura de proyecto muy marcada que podemos seguir para entender mejor los diferentes componentes de los que haremos uso para desarrollar las lógicas y diferentes ventanas de nuestras aplicaciones.

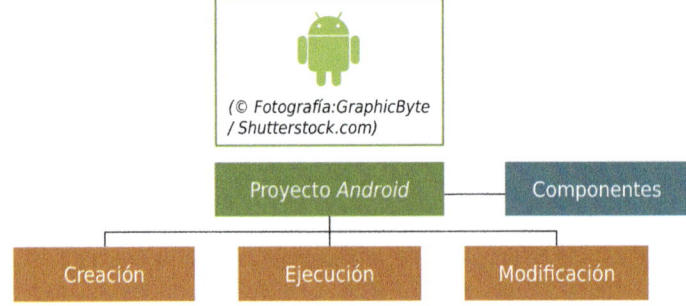

(© Fotografía:GraphicByte / Shutterstock.com)

Ejercicios de autoevaluación
Unidad de Aprendizaje 4

1. ¿Cuál de las siguientes opciones no es parte de la instalación necesaria para poder desarrollar aplicaciones *Android*?

    a. *Android Studio.*
    b. *C++ Compiler.*
    c. *Java Runtime Envoriment.*
    d. *Android SDK.*

2. ¿De qué distintas partes se compone una clase?

    a. Sus funciones y variables.
    b. El *software* y el *hardware*.
    c. Su cardinalidad y su tipo.
    d. Sus métodos y atributos.

3. Determina si la siguiente oración es verdadera o falsa: "Las características principales de un objeto en Java son la identidad, su estado y su comportamiento".

    ■ Verdadero
    ■ Falso

4. ¿Cuál de los códigos tiene que ver con la herencia?

    a. Public class Deportista extends Participante
    b. Public class Deportista inherit Participante
    c. Public class Deportista implements Participante
    d. Public class Deportista belong to Participante

5. ¿Cuál es el resultado de instanciar a una clase?

    a. Tendremos una clase duplicada.
    b. La clase se eliminará.
    c. Se conecta la clase con otra.
    d. Se crea un objeto del tipo clase elegido.

6. Determina si la siguiente oración es verdadera o falsa: "La capacidad de crear clases abstractas en Java no es necesario dentro de la POO".

   ■ Verdadero
   ■ Falso

7. ¿Qué código asociarías a una interfaz de Java?

   a. Masajista ms = new Masajista (InterfazPrueba)
   b. Masajistas ms =new Masajista. InterfazPrueba
   c. public class Masajista implements InterfazPrueba
   d. pblic class Masajista extends InterfazPrueba.

8. ¿Qué implica para un método el hecho de sobrecargarlo?

   a. Editar el contenido para cambiar su comportamiento.
   b. Crear un método de mismo nombre y distintos atributos.
   c. Añadir funcionalidades nuevas.
   d. Cambiarle el nombre dejando la misma funcionalidad.

9. Los *IDE* deben cumplir algunas características, entre las que no se encuentra:

   a. Ejecutar un programa informático.
   b. Ser compatible con más de una plataforma.
   c. Reconocer la sintaxis en la que se escribe.
   d. Soportar varios lenguajes de programación.

10. Determina si la siguiente oración es verdadera o falsa: "Java es un lenguaje que diferencia entre mayúscula y minúscula".

   ■ Verdadero
   ■ Falso

Herramientas *SDK* y clase *Activity*

Contenido

Objetivos

El objetivo general de esta Unidad de Aprendizaje es:

→ Entender el uso de las diferentes herramientas que el *SDK* de *Android* pone a nuestra disposición.

Los objetivos específicos de esta Unidad de Aprendizaje son:

→ Usar correctamente las versiones de *API* de *Android* y poder realizar las configuraciones oportunas entre diferentes versiones de niveles de *software.*

→ Poder implementar correctamente el ciclo de vida de una aplicación, entendiendo los métodos de la clase *Activity* y *Fragment,* así como la configuración de su fichero de manifiesto.

1. Introducción

A estas alturas todos deberíamos conocer lo que es una aplicación. Esta es un programa informático que ofrece algún tipo de funcionalidad o funcionalidades las cuales podremos realizar desde un dispositivo con un sistema operativo para el que estén preparadas.

El conocimiento sobre el desarrollo de aplicaciones ha evolucionado de manera vertiginosa en los últimos años, creando una incertidumbre sobre las tecnologías que serán más idóneas; una de las más empleadas y extendidas es la arquitectura *Android.*

En esta unidad nos introduciremos en el desarrollo de una aplicación *Android,* pasando por descubrir el funcionamiento del *SDK* de *Android,* su composición y uso. Conoceremos también el proceso por el que pasará una aplicación desde que se inicia hasta que finaliza su ejecución, y cómo hacer uso de ciertos estados de la aplicación para realizar la captura de eventos y poder ordenar acciones cuando esto suceda.

El nivel de *API* es otra de las configuraciones que trataremos a lo largo de esta unidad, así como la estructura y funcionamiento de uno de los archivos más importante que tendremos durante el desarrollo de una aplicación *Android,* el archivo de manifiesto de nuestra aplicación, donde se configuraran cosas tan importantes como el orden de aparición de las diferentes pantallas de nuestra aplicación o el nivel de *API* mínimo que esta podrá soportar.

La creación de pantallas a partir de las clases *Activity* y *Fragment* son fundamentales para poder llevar a cabo cualquier desarrollo soportado por el *framework Android,* por tanto, nos adentraremos a conocerlas a lo largo de esta unidad.

2. Niveles de *software*

 **HILO CONDUCTOR**

La aplicación deportiva de Digital Mushroom, S. L., está trabajando sobre una aplicación básica para introducirse en el desarrollo de aplicaciones *Android nativas,*

Continúa en página siguiente >>

<< Viene de página anterior

y, desde ella, adaptar la aplicación para ordenador que tanto triunfo tuvo en una aplicación para dispositivos móviles. La primera aplicación demo que realizaron funcionó de manera correcta, pero al testarla en diferentes dispositivos, había uno en concreto sobre el cual no conseguían hacerla funcionar. Uno de los socios sugirió la posibilidad de que fuese debido a los diferentes niveles de *software* para el cual tenían que preparar la aplicación.

A estas alturas, todos hemos escuchado repetidas veces el concepto de programa y aplicación. Como ahora vamos a entrar en el mundo de las aplicaciones móviles, deberíamos tener estos conceptos aún mejor definidos.

En informática, los programas son códigos fuente que permiten realizar ciertas rutinas de manera independiente. Una aplicación es un tipo de programa diseñado para facilitar al usuario la creación de un tipo de trabajo determinado, como podría ser la redacción de documentos o la gestión de una fábrica.

 **DEFINICIÓN**

Aplicación informática
Son tipos de programas informáticos que sirven un conjunto de instrucciones escritas en algún lenguaje de programación, que dirigen el *hardware* para ejecutar actividades, normalmente de procesamiento de datos, que proporcionan ciertas utilidades al usuario.

De modo que podemos determinar que una aplicación es un programa informático o consta de varios programas relacionados entre sí.

Los niveles de *API* serían un tipo de *software* de sistemas, el cual corresponde a la clase de programas que controlan y apoyan al *hardware* de la computadora y su manera de procesar la información. Es un tipo de *software* más general que el de una aplicación y puede ser independiente de cualquier tipo de estos.

2.1. ¿Qué es un nivel de *API?*

Para entender qué es un nivel de *API* tenemos que saber primero qué es una *API* o *Application Programming Interface.* Para entenderlo de manera fácil y visual podemos ejemplificarlo diciendo que una API es como una carretera que permite la comunicación entre diferentes *softwares.*

Como esta explicación puede resultar simplista, podemos decir que las *API* son la herramienta que usamos los desarrolladores para poder comunicar dos componentes de *software,* comunicándonos a su vez con otros programas y servicios externos de manera sencilla y segura.

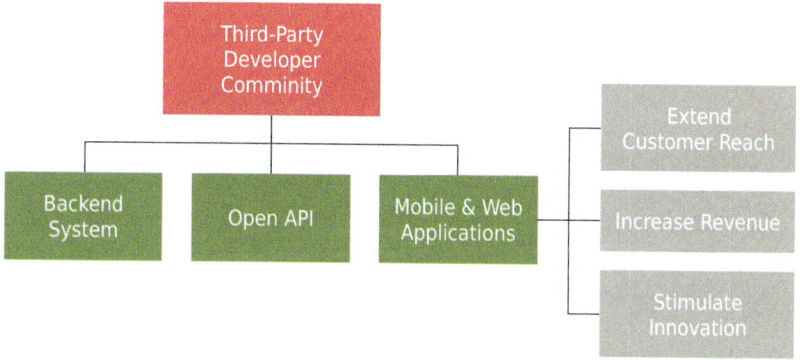

Las *API* son el conjunto de funcionalidades que aportan el recibimiento y envío de datos de manera pública para comunicarse con otros programas externos.

Durante el desarrollo de aplicaciones con la plataforma *Android,* usaremos la *API* que nos proporciona esta para interactuar con el sistema *Android* del dispositivo donde se ejecute nuestro programa. Repasemos cada una de las partes en que consiste la *framework API de Android:*

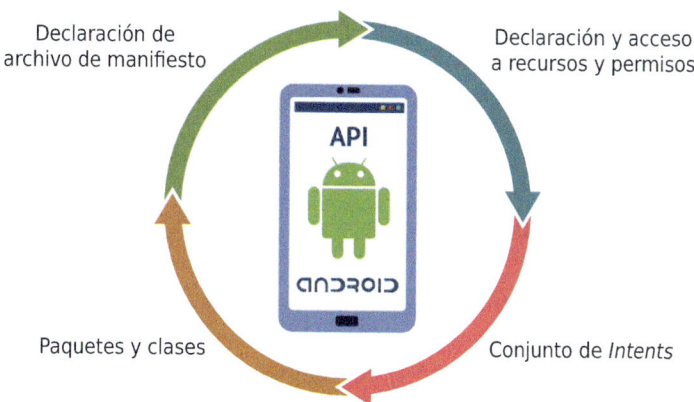

Podemos especificar que, en *Android,* un nivel de *API* es un valor entero que sirve de identificador único y que ofrece una versión de la plataforma *Android.* Cada nueva versión que se publica de la plataforma, se pueden incluir actualizaciones y mejoras en las *Android Application Framework API.* Estas versiones de *API* que van actualizándose serían válidas en versiones anteriores, es decir, son "retrocompatibles". Esto quiere decir que versiones anteriores de la plataforma siguen manteniéndose en uso, aunque hayan publicado nuevas funcionalidades y versiones que suplan las antiguas. Aun así, la retrocompatibilidad no es total, ya que puede haber componentes depreciados con las versiones superiores y esto podría crear conflictos entre algunas versiones.

 **DEFINICIÓN**

Retrocompatibilidad (o compatibilidad regresiva)
Indica la capacidad de una aplicación informática para usar los datos creados o pensados para versiones anteriores de ella misma, permitiendo hacer nuevas versiones de un sistema, siendo compatible con el funcionamiento anterior.

2.2. Usos del nivel de *API Android*

Para cada versión de la plataforma *Android* se almacena un identificador para el nivel de *API* de manera interna dentro del sistema propio de *Android.* Este tiene diferentes características:

- Describe la *framework API* máxima permitida

- Describe la *framework API* requerida

- Asegura la instalación de versiones únicamente compatibles

Las aplicaciones usan en el fichero de manifiesto proporcionado en la *API* la etiqueta *<uses-sdk>*, a fin de definir los niveles mínimos y máximos que la aplicación a desarrollar puede soportar.

Más allá de su nombre, esta etiqueta sirve para identificar el nivel de *API,* no el número de la versión del *SDK* o de la plataforma *Android.* No es tampoco posible tomar este valor del correspondiente a la versión de *Android* asociada a ese nivel de *API,* ya que estos tampoco son lo mismo.

Este componente trabaja con tres atributos que definen su información:

- **android:minSdkVersion:** este valor que, por defecto es **"1"**, especifica el nivel de *API* mínimo en el cual se ejecuta la aplicación.
- **android:targetSdkVersion:** determina el nivel de la aplicación para la cual está pensada su ejecución.
- **android:maxSdkVersion:** establece el nivel de *API* máximo en el que puede ejecutarse la aplicación.

Para ejemplificar esto, si queremos desarrollar una aplicación que tenga un nivel mínimo requerido por las razones que sean, deberíamos usar la etiqueta *<uses-sdk>* con el atributo *android:minSdkVersion.* Este valor debe ser uno entero que coincida con el primer nivel de *API* en el cual podamos ejecutar la aplicación.

```
<manifest>
  <uses-sdk android:minSdkVersion="5" ></uses-sdk>
  ...
</manifest>
```

En caso de que no le definiésemos ningún valor, se establecería este por defecto a un nivel de *API 1* y se ejecutaría sobre este. En caso de que no hubiésemos preparado la aplicación para soportar estas primeras versiones de *Android,* al ejecutarse en dispositivos sobre ellas se bloquearía en tiempo de ejecución en el momento en el cual tratarían de acceder a las *API* que no existen.

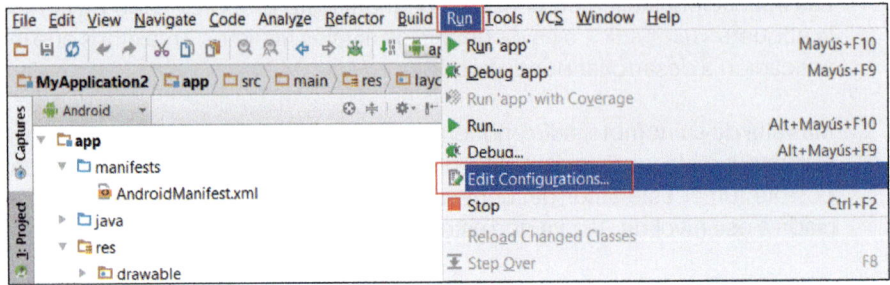

El archivo AndroidManifest.xml es el encargado de guardar las configuraciones y orden de lanzamiento de nuestras aplicaciones Android.

Este archivo *AndroidManifest.xml* se usa para comprobar los requisitos de versiones de *API* combinado junto con el archivo *build.gradle,* en el cual definiremos dos configuraciones similares a las anteriores. Combinadas, podemos asegurarnos de que no se instale nuestra aplicación en un dispositivo que ejecute únicamente las versiones compatibles de la plataforma *Android.*

El archivo *build.gradle* usa las configuraciones *minSdkVersion* y *targetSdkVersion* en el bloque *defaultConfig,* anidado dentro del bloque *Android.*

```
android {
  defaultConfig {
    minSdkVersion 14
    targetSdkVersion 24
  }
}
```

Cuando se realiza la instalación de la aplicación en un dispositivo, se verifica el valor de las diferentes configuraciones, el sistema especifica si la aplicación es o no válida para la versión mínima que soporte ese mismo dispositivo. En caso de que la versión especificada en *build.gradle* sea menor que la versión soportada por el sistema, este evita que podamos instalar una versión superior.

2.3. Compatibilidad entre versiones

De manera general, *Android* tiene compatibilidad con las versiones nuevas que se van publicando, las cuales contarán con niveles de *API* superiores. Todas las aplicaciones podrán ejecutarse en estos niveles superiores a menos que, como advertimos anteriormente, desarrollemos usando alguna parte de una *API* anterior que se eliminasen por alguna razón.

Para ayudarte a probar la compatibilidad del nivel de *API* con el que cuenta tu aplicación, el *Android SDK* cuenta con diferentes imágenes del sistema, la cual puedes ejecutar sobre un *AVD* para probar tus aplicaciones.

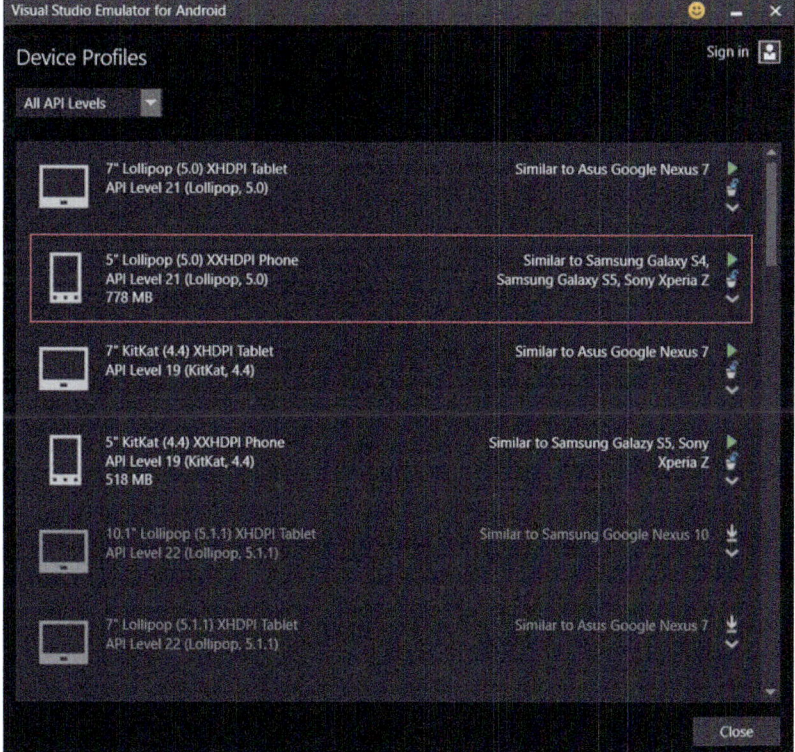

La compatibilidad entre versiones diferentes de Android de nuestra aplicación debe ser siempre comprobada tanto en dispositivos físicos como sobre diferentes versiones virtuales.

La compatibilidad con versiones posteriores es un factor que tenemos que tener en cuenta, ya que la mayoría de los dispositivos pueden instalar una aplicación y realizar su uso con éxito, para, más adelante, instalar una actualización de esta que afecte a la aplicación, pues esta se ejecutará en un entorno nuevo. Al ejecutarse una aplicación que ha sido actualizada, se crea una nueva versión en tiempo de ejecución del entorno y deberá contar con capacidades sobre la *API* de la cual depende la aplicación.

 PARA SABER MÁS

El *AVD* o *Android Virtual Device* te otorga la capacidad de establecer las características de un dispositivo *Android* que desees simular con *Android Emulator*. Si quieres conocer más de él, puedes hacerlo accediendo desde aquí:

https://redirectoronline.com/ifcd059po0501

Algunas veces, los cambios por debajo de la *API* afectarán al propio sistema al ejecutarse en un entorno nuevo. Es importante que, como desarrolladores de aplicaciones, tengamos en cuenta el comportamiento que esta tendrá en cada entorno del sistema.

 TAREA 11

Nuestro amigo Carlos está realizando una documentación en su empresa para la cual necesita contextualizar el cobro de distintas facturas. Para realizar el proceso de actualizaciones de la plataforma, le han pedido que deje de dar soporte de *API* anteriores a una versión concreta; esto requiere una documentación con toda la información que se disponga sobre dichos métodos a través del uso de la etiqueta *<uses-sdk>*.

Ayuda a Carlos a incluir el código con las configuraciones necesarias para resolver adecuadamente la cuestión planteada y explica cada elemento usado.

3. Librerías *Android*

☞ HILO CONDUCTOR

En la aplicación deportiva que Ramón y Juan están desarrollando han estado tratando de que no les suceda como con la aplicación en versión Java, que tuvieron que estar optimizándola desde Digital Mushroom, S. L., ya que no habían realizado ciertas prácticas recomendadas. Como no quieren que les suceda lo mismo con la versión de su aplicación, Ramón va repasando el desarrollo que hace Juan, y ya le ha dado la voz de alerta, puesto que una funcionalidad de la aplicación se repite de manera reiterada, y le ha mandado el trabajo para convertir esta en un módulo de bibliotecas que pueda ser usado desde distintas partes de la aplicación.

Las librerías de *Android* están contempladas dentro de la arquitectura de la plataforma en la cual se soporta. Esta arquitectura está compuesta de cuatro capas, que están soportadas sobre distintos *softwares* libres:

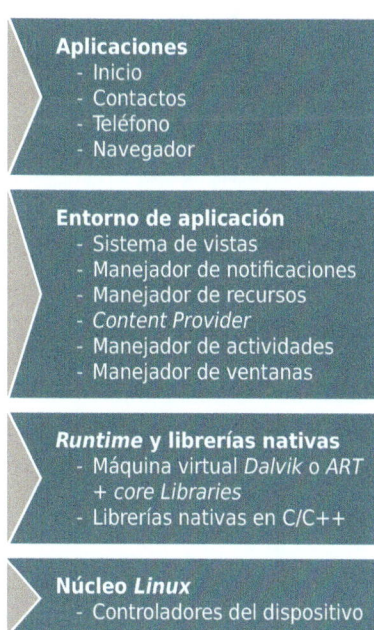

En la capa de ejecución de *Android* tenemos la *Runtime* de *Android*. Está basada en el concepto de máquina virtual usado en Java, pero adaptado a dispositivos móviles, los cuales constan con más limitaciones. Es un tipo de máquina virtual basada en registros, cada aplicación se ejecuta sobre su propia instancia de la máquina virtual *Dalvik,* delegando esta al *kernel* de *Linux* algunas funciones.

A partir de *Android 5* se reemplazó la máquina *Dalvik* por *ART,* consiguiendo reducir el tiempo de ejecución considerablemente. También se incluye en el *Runtime* de *Android* el módulo de *Core Libraries,* el cual incluye las librerías del lenguaje Java disponibles.

3.1. Librerías nativas

Las librerías nativas incluyen un conjunto de librerías en el lenguaje C y C++ que son usadas en diferentes componentes de *Android.* La plataforma *Android* proporciona la *API* del *framework* de Java para exponer la funcionalidad.

SQLite es una librería de software libre que implementa el motor de la base de datos SQL en sistema portable, sin servidores ni necesidad de configuración.

Muchos de los componentes que usa el sistema *Android* son dependientes de códigos nativos de bibliotecas escritas en C o C++. Por ejemplo, puedes acceder a *OpenGL* ES a través de la Java *OpenGL API* del *framework* de *Android* para que tu aplicación sea compatible con la edición de gráficos en 2D Y 3D.

 SABÍAS QUE...

Si eres desarrollador *Android* y desarrollas una aplicación que requiera de C o C++, *Android* pone a tu disposición el *NDK* que permite la inclusión de este tipo de códigos en el código nativo.

Veamos algunas de las bibliotecas disponibles en *Android:*

- **System C library:** es una variante de la biblioteca *BSD* de C que se ha adaptado para dispositivos que estén basados en *Linux.*
- **Media Framework:** es una librería que está basada en *OpenCORE* de *PacketVideo,* que se utiliza para la codificación de vídeo e imagen.
- **Surface Manager:** se usa para acceder a la representación gráfica en 2D y 3D.
- **WebKit/Chromium:** es un navegador web que se usa en el navegador *Android* junto con la vista de los *WebViews.*
- **SGL:** Es un motor de gráficos para 2D.
- **Librerías 3D:** diferentes librerías que usan el acelerador de *hardware* o la proyección 3D si está es accesible.
- **FreeType:** se utiliza para trabajar con archivos vectoriales y distintos *bitmaps.*
- **SQLite:** es un potente y ligero motor de bases de datos.
- **SSL:** servicios de encriptación *Secure Locket Layer.*

Muchas de estas librerías están compiladas en el código nativo del procesador y son usadas como proyectos de código abierto.

3.2. Crear una librería en *Android*

Una biblioteca *Android* es como un módulo de aplicación, ya que consta de la misma estructura que estos. Incluye el código fuente, archivos de recursos y un archivo de manifiesto de *Android,* todo lo que necesita para compilarse. Estos se comprimen como archivos *AAR* o *Android Archive,* que pueden usarse con independencia, en vez de *JAR.*

 SABÍAS QUE...

También tenemos la opción de crear una biblioteca Java tradicional, aunque esta no te permitirá incluir recursos de *Android* ni archivos de manifiesto, lo que es útil para reutilizar código.

Un módulo de biblioteca se suele usar cuando compilamos varias aplicaciones que tienen componentes compartidos o cuando compilas una aplicación que tiene diferentes variaciones de *APK,* como en el caso de versiones gratuitas o de pago de la misma aplicación.

Podemos ver cómo ejecutar la creación de un módulo de biblioteca:

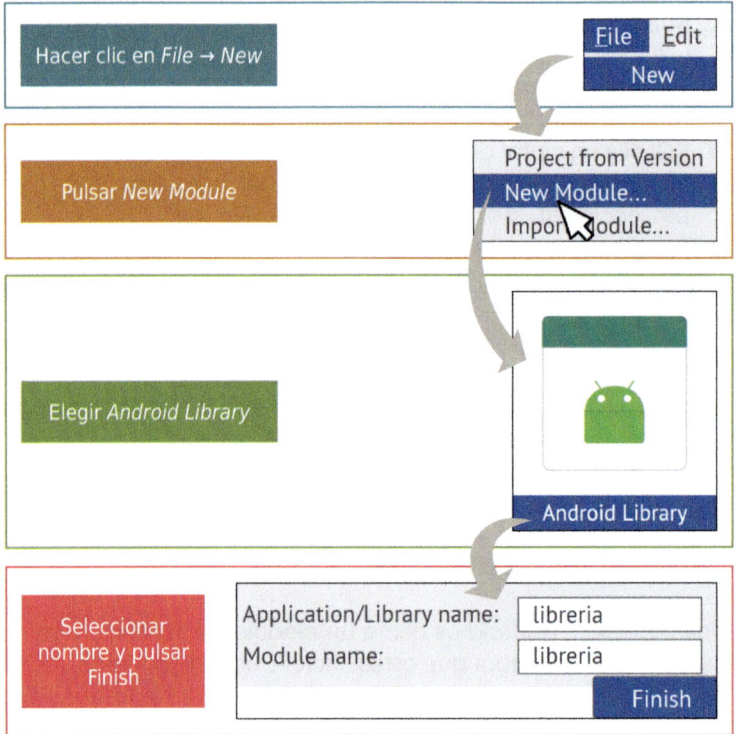

Entonces se sincronizará el Gradle y, cuando esto finalice, la nueva biblioteca aparecerá en el panel de *Project,* a la izquierda, siempre teniendo en cuenta que estamos trabajando sobre la vista del proyecto de *Android*.

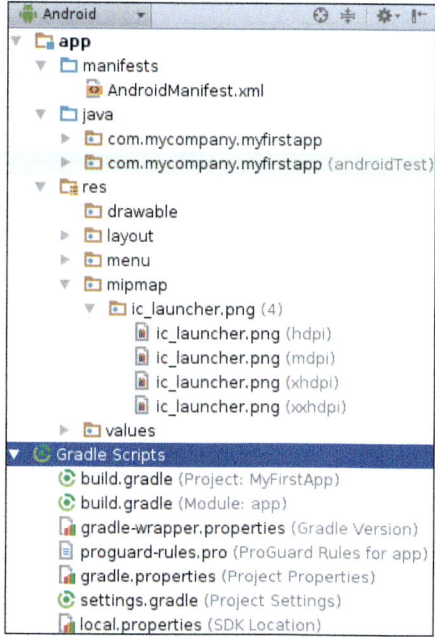

En Android se soportan varias configuraciones para visualizar el proyecto. Dentro de estas está la vista de Android, que muestra los módulos de nuestra aplicación.

Si lo que deseamos es convertir un módulo de *Android* que ya tengamos desarrollado y reutilizarlo en diferentes lugares, podemos convertirlo abriendo el archivo *build.gradle* del módulo y cambiando la configuración *apply plugin,* que contendrá el valor *com.android.application* por el valor *com. android.library* y dando clic en *Sync Project with Gradle Files.* Entonces, la estructura del módulo será la misma, pero ahora funcionará como una biblioteca de *Android,* creando un archivo *AAR* en vez de *APK.*

3.3. Usar tu biblioteca en otro módulo

Para poder usar el código de una biblioteca dentro de un módulo concreto, debemos seguir ciertos pasos de diferentes maneras:

- ➲ Podemos agregar el archivo AAR compilado (o JAR en caso de ser una biblioteca Java) haciendo clic en **File → New Module → Import .JAR/. AAR Package y Next.** Ingresaremos la ubicación del archivo que queremos importar y pulsaremos sobre *Finish.*

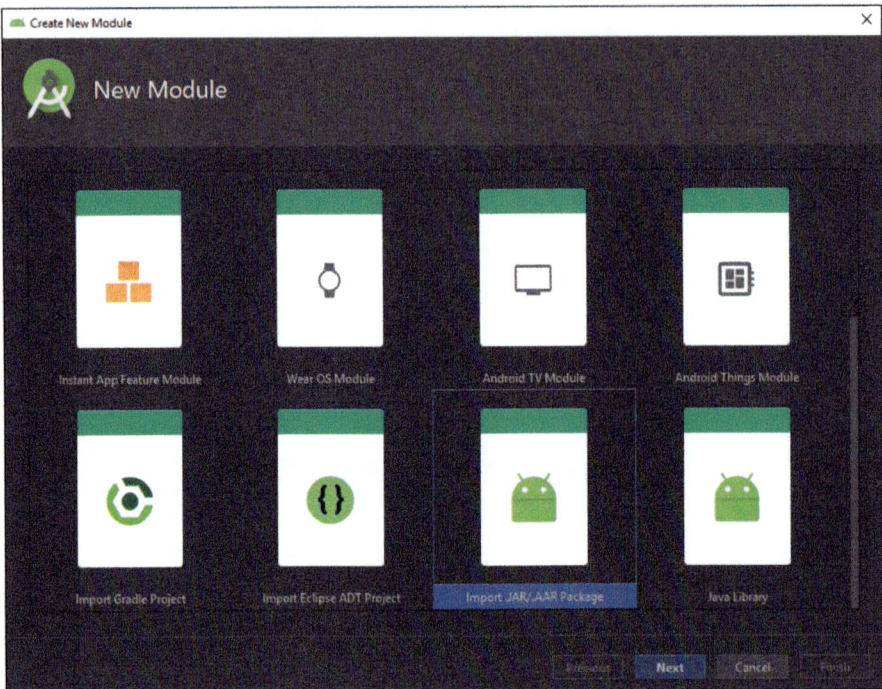

La ventana de Android Studio New Module nos permite la importación de un módulo independiente en formato JAR o AAR.

Incluirlo a través de la importación de módulos con la opción **File → New → Import Module.** Al igual que en el paso anterior, nos pedirá que introduzcamos la dirección del módulo de biblioteca a importar y finalizaremos.

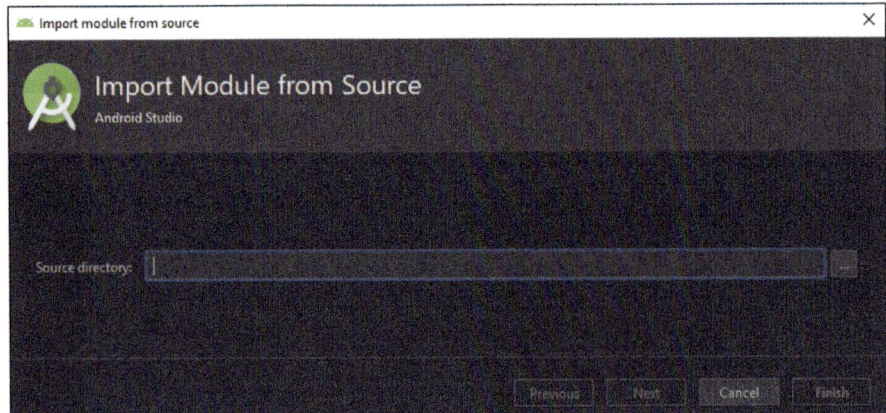

Android Studio nos ofrece la posibilidad de importar un módulo a nuestro proyecto a través de la ventana Import Module from Source.

El módulo de biblioteca, en ambos casos, ha de colocarse en la parte superior de nuestro archivo *settings.gradle.*

```
include ' :app', ' :my-library'
```

También debes agregar la línea compile Project al bloque dependencies del archivo *build.gradle* de la siguiente manera:

```
dependencies {
  compile project(" :my-library")
}
```

Para finalizar, recuerda siempre pulsar sobre la opción *Sync Project with Gradle Files.* En este caso, habremos convertido este módulo de biblioteca en una dependencia de compilación para el módulo en el cual esté ubicado el *build.gradle.*

 ACTIVIDAD COMPLEMENTARIA

25. Realiza la búsqueda de dos librerías externas de *Android* que sean usadas por los desarrolladores, entre las cuales tiene que haber una que se dedique a trabajar con ficheros *JSON*. Apunta sus nombres y busca aplicaciones que utilicen esas tecnologías.

- -

3.4. Seleccionar recursos de manera pública

Cualquier recurso que quieras que vean los desarrolladores que usen tu biblioteca, debes hacerlo público. Si no has agregado anteriormente recursos públicos, debes crear el archivo public.xml, dentro del directorio *res/values/* de tu biblioteca.

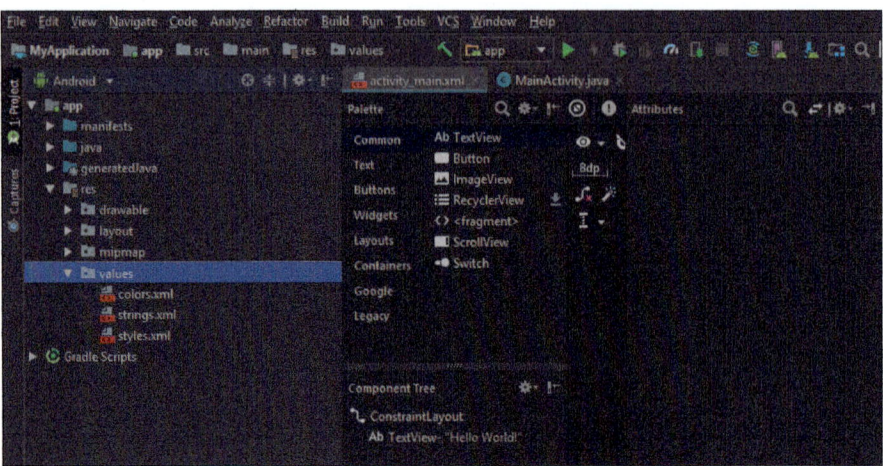

Por defecto no aparece el fichero public.xml, ya que se guardan como privados todos los recursos que se vayan incluyendo, a menos que configuremos lo contrario.

Los recursos incluyen los archivos que contenga el directorio de tu proyecto *res/*. Hay recursos que pueden estar previstos únicamente para uso interno, por lo que debes usar este mecanismo de asignación privada automática y hacerlos públicos en caso de usarlo de dicha manera.

```
<resources>
  <public name="my-library" type="string"></public>
</resources>
```

Los recursos que todavía mantengamos privados se eliminarán mediante el filtrado del código, y entonces el editor de tema y *Lint* te advertirán si intentas hacer referencia a un recurso de tipo privado.

Hacer estos atributos privados no solo evita que los demás programadores que usen tu biblioteca reciban recomendaciones de sintaxis de código a través de los recursos que incluye la biblioteca, sino que además se pueden eliminar diferentes recursos privados o renombrarlos sin necesidad de sufrir ningún impacto por parte del usuario de nuestra biblioteca. Es importante que, aunque queramos asignar a casi todos los atributos el contenido como privado, dejemos por lo menos algunos públicos.

4. Herramientas *SDK*

 **HILO CONDUCTOR**

Cuando Ramón, nuestro socio más experimentado en lenguaje Java de Digital Mushroom, S. L., comenzó con el aprendizaje de aplicaciones sobre el *framework Android,* tuvo un gran problema a la hora de programar con *Android Studio,* ya que cuando trabajó con Java, se acostumbró al uso del *IDE Eclipse.* Juan, que estaba adquiriendo conocimientos sobre el *framework Android*, le recomendó buscar más información sobre la descarga del *SDK* de manera independiente del *Developer Tools que trae Android Studio,* para poder usar este paquete de herramientas junto a otro *IDE.*

Las siglas *SDK,* que corresponden a *Software Development Kit,* efectivamente se refieren a un conjunto de herramientas de desarrollo de *software* que la plataforma *Android* proporciona a los desarrolladores. Sin embargo, es importante aclarar que aunque el SDK de *Android* incluye muchas herramientas y recursos para el desarrollo de aplicaciones *Android;* no todas las aplicaciones *Android* se desarrollan exclusivamente en lenguaje *Java.*

Mientras que *Java* es el lenguaje de programación principal utilizado para el desarrollo de aplicaciones *Android,* también es posible utilizar otros lenguajes como *Kotlin,* un lenguaje oficialmente compatible y promovido por *Google* para el desarrollo de aplicaciones *Android.* Además, en el ámbito del desarrollo de juegos es común utilizar lenguajes como C++ en combinación con el *SDK* de *Android.*

NOTA

Google ofrece el *SDK* oficial de *Android* de manera gratuita para la descarga de cualquier usuario que desee aprender la programación de aplicaciones para este sistema operativo móvil.

Respecto a la creación de un archivo *APK (Android Package),* este es el formato de archivo utilizado para distribuir e instalar aplicaciones en dispositivos *Android.* El *SDK* de *Android* proporciona herramientas como el *Android*

[291]

Debug Bridge (ADB) y el *Android Asset Packaging Tool* (AAPT), que permiten compilar y empaquetar los archivos de código fuente y recursos de una aplicación en un archivo *APK* listo para su distribución e instalación en dispositivos *Android.*

4.1. ¿Qué es *Android SDK?*

El *SDK* de *Android* es un conjunto de paquetes de herramientas de desarrollo de *software* sobre el cual trabajaremos nuestras aplicaciones *Android.* Las herramientas de desarrollo son componentes descargables y las actualizaciones que se van descargando están coordinadas con el desarrollo general de *Android.*

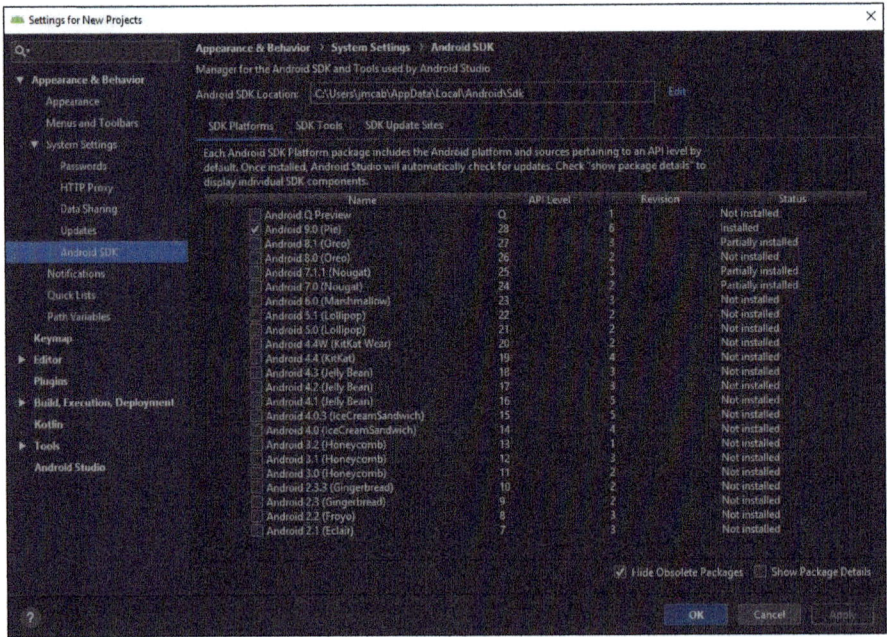

Las herramientas del SDK de Android son descargables, como paquete o como herramientas particulares de uso.

El *SDK* de *Android* comprende una biblioteca, un emulador de dispositivos basado en *QEMU,* distintas documentaciones de consulta y un depurador de código. El entorno de desarrollo que la soporta oficialmente es *Android Studio,* junto con el *plugin ADT* (*Android Development Tools*).

DEFINICIÓN

QEMU

Es un emulador de procesadores basado en la traducción de archivos binarios al tipo de lenguaje entendible por la arquitectura que lo acoja. Puede realizar virtualizaciones dentro de diferentes sistemas operativos admitidos, siendo este su uso más común.

Como dijimos anteriormente, el *SDK* de *Android* es un conjunto de herramientas que trabajan entre sí para crear un entorno sobre el que desarrollar en el lenguaje de programación Java bajo el *framework* de desarrollo *Android*. Podemos conocer las herramientas más importantes que ofrece el *SDK* a los desarrolladores:

Android Debug Bridge o ADB
- Sirve para depurar las aplicaciones *Android*, y funciona tanto de cliente como de servidor estableciendo una comunicación entre ambos.

Fastboot o arranque rápido
- Es la herramienta que nos ofrece el *SDK* de *Android* para modificar el sistema de ficheros *flash* a través una de una conexión USB.

Native Development Kit
- Sirve para instalar bibliotecas escritas en C y C++. Todos los programas que se ejecuten sobre una máquina virtual *Dalvik* pueden llamar a las clases nativas a través de las clases estandarizadas de Java en *Android*.

Android Open Accesory Development Kit
- Activa un modo especial llamado "accesory" para que los equipos USB externos puedan acceder a él de manera más fácil y sencilla.

El *SDK* de *Android* nos permite crear aplicaciones desde las más sencillas a las más complicadas. Las *API* de *Android* nos facilitan la tarea, pero con el *Android SDK* tendremos control completo del dispositivo *Android*. Podemos descargar este de manera independiente, pero lo más común es que lo hagamos a través de *Android Studio*.

4.2. Actualizar el *IDE* y herramientas del *SDK*

Una vez que instalas *Android Studio,* se mantiene de manera semiautomática actualizando las herramientas a través del *Android SDK Manager*. *Android Studio* te va notificando con un pequeño diálogo sobre las nuevas versiones y actualizaciones que estén listas para descarga e instalación.

Estas actualizaciones están disponibles a través de varios canales:

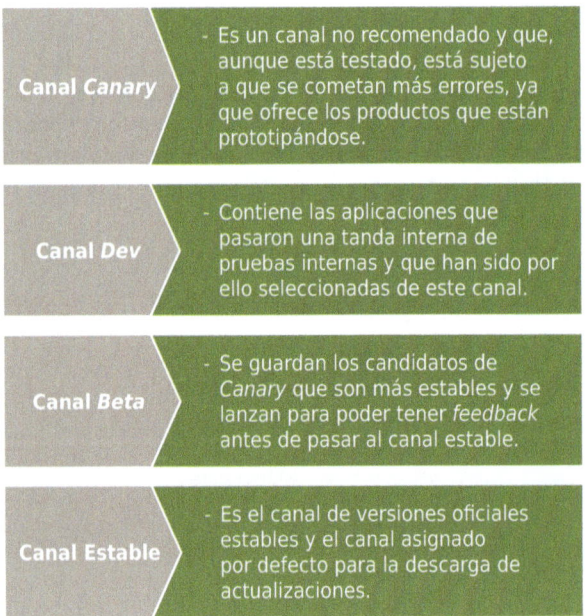

Canal *Canary* - Es un canal no recomendado y que, aunque está testado, está sujeto a que se cometan más errores, ya que ofrece los productos que están prototipándose.

Canal *Dev* - Contiene las aplicaciones que pasaron una tanda interna de pruebas internas y que han sido por ello seleccionadas de este canal.

Canal *Beta* - Se guardan los candidatos de *Canary* que son más estables y se lanzan para poder tener *feedback* antes de pasar al canal estable.

Canal Estable - Es el canal de versiones oficiales estables y el canal asignado por defecto para la descarga de actualizaciones.

Android Studio, de manera predeterminada, actualiza directamente desde el canal estable. En caso de que queramos cambiar el canal a través del cual recibimos las actualizaciones, deberemos abrir las preferencias del *IDE* y, en la opción de **Appearance & Brehavior → System → Updates,** o **Appearance & Brehavior → System Settings → Updates** en *Android Studio 3.3,* nos aseguraremos de que la opción *Automatically check for updates* esté seleccionada, y elegiremos una de las opciones del listado como vía predeterminada de suministro de actualizaciones.

NOTA

Si queremos probar alguno de los canales alternativos de descarga de actualizaciones de *Android* mientras usamos una aplicación con compilación estable o un proyecto de producción, debemos instalar una segunda versión de *Android Studio* desde tools.android.com.

Para actualizar las herramientas del *SDK* de *Android* debes tener en cuenta algunas herramientas en particular, como las de compilación de *Android,* las *SDK platform-tools* y las *SDK Tools.* Es recomendable también el repositorio de compatibilidad de *Android,* y tener actualizado el repositorio de *Google.*

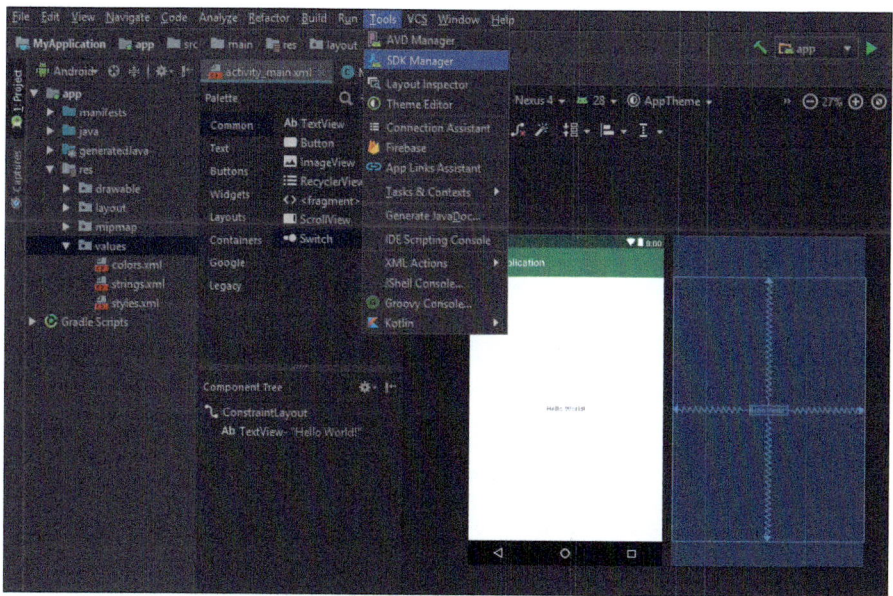

El SDK Tools es un componente del SDK de Android, que incluye un conjunto completo de herramientas para el desarrollo y depuración de aplicaciones Android.

Podemos también añadir sitios de terceros como fuente de descarga de actualizaciones desde la pestaña *SDK Update Sites* y añadiendo con el botón *Add* y guardando la configuración. Estos paquetes aparecerán en las pestañas *SDK Platforms* o *SDK Tools,* según corresponda.

5. Fichero de manifiesto y su estructura

☞ HILO CONDUCTOR

En la aplicación *Android* que están desarrollando nuestros compañeros de Digital Mushroom, S. L., se establece una funcionalidad en la cual es necesario acceder a la cámara de vídeo del dispositivo móvil. Ramón desarrolla todas las funcionalidades como puede, siguiendo las documentaciones oficiales y las comunidades de desarrollo, pero en cada prueba que hace con un dispositivo real, la aplicación lanza un error de acceso. Juan, que ya ha leído más sobre el tema, le explica que eso es debido a la configuración inicial en el documento de manifiesto, en el cual se deben configurar cosas tan importantes como los permisos que tendrá nuestra aplicación sobre el sistema en el cual se instale.

Siguiendo con los primeros pasos para crear una aplicación *Android,* descubriremos más cosas en profundidad sobre un fichero ampliamente ya nombrado, el fichero *AndroidManifest.xml,* que contienen todas las aplicaciones *Android* en la raíz del proyecto.

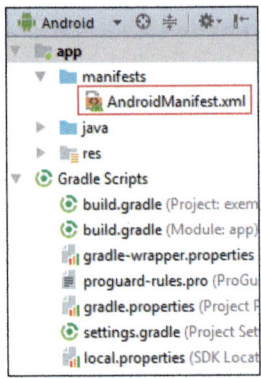

El fichero de manifiesto de Android es el encargado de guardar gran cantidad de configuraciones que afectarán al funcionamiento de la aplicación.

La configuración de este fichero se puede hacer a través de una interfaz gráfica, pero es recomendable conocer la sintaxis XML en que se escribe para poder realizar más rápidamente esas mismas configuraciones en diferentes situaciones en las cuales será más recomendable.

5.1. ¿Para qué sirve el fichero *Android Manifest*?

El fichero AndroidManifest.xml situado en la raíz de nuestras aplicaciones, es un archivo escrito en código XML en el cual realizamos la mayoría de las configuraciones básicas de nuestra aplicación. Su función principal es registrar las diferentes configuraciones para que todo se ejecute de manera correcta, pero esto significa cumplir varias funciones al mismo tiempo:

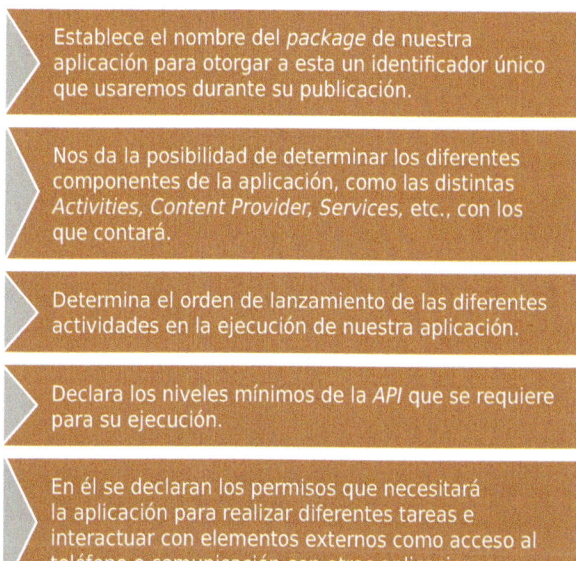

Establece el nombre del *package* de nuestra aplicación para otorgar a esta un identificador único que usaremos durante su publicación.

Nos da la posibilidad de determinar los diferentes componentes de la aplicación, como las distintas *Activities, Content Provider, Services,* etc., con los que contará.

Determina el orden de lanzamiento de las diferentes actividades en la ejecución de nuestra aplicación.

Declara los niveles mínimos de la *API* que se requiere para su ejecución.

En él se declaran los permisos que necesitará la aplicación para realizar diferentes tareas e interactuar con elementos externos como acceso al teléfono o comunicación con otras aplicaciones.

Vemos así la gran importancia que tiene este fichero y las muchas y fundamentales funciones que cumple. En él se indicarán todas las configuraciones en la compilación de la aplicación, sin las que sería imposible poder realizar la correcta compilación y posterior ejecución.

 **PARA SABER MÁS**

Si quieres preparar una aplicación *Android* para ser ejecutada sobre equipos *Chromebook,* deberás tener en cuenta ciertas limitaciones con las funcionalidades de *software* y *hardware,* por lo cual se condicionará las configuraciones de tu aplicación. Esto viene más detenidamente explicado en la documentación de *Android,* la cual puedes consultar accediendo desde aquí:

Continúa en página siguiente >>

<< Viene de página anterior

https://redirectoronline.com/ifcd059po0502

5.2. Estructura del fichero de manifiesto

Todas las aplicaciones que se construyan bajo el *framework Android* deberán llevar un fichero definido como AndroidManifest.xml en el directorio raíz de la aplicación. Este fichero describe un gran número de elementos con diferentes atributos, y se implementan en lenguaje XML. Si implementásemos un componente de manera posterior, este se iría añadiendo al fichero de manifiesto.

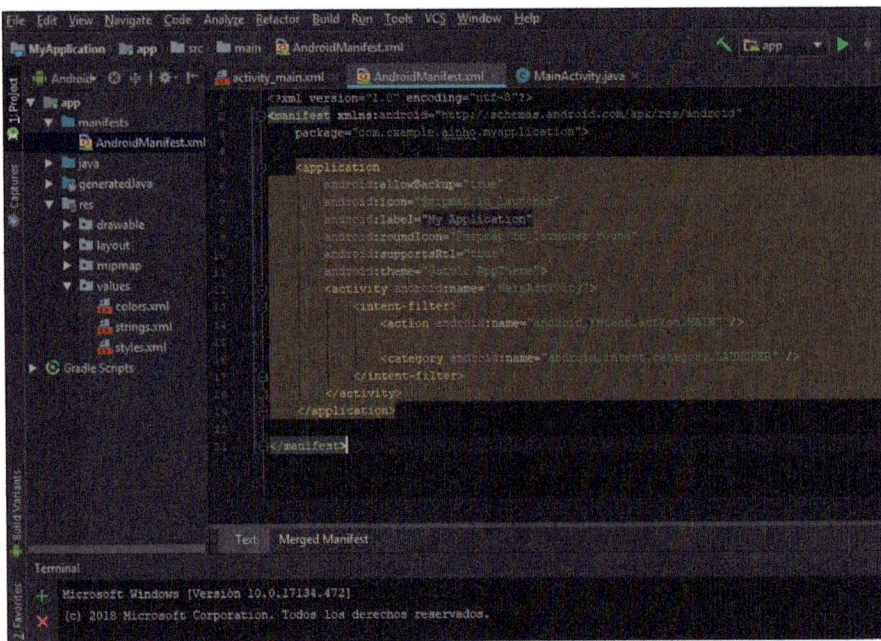

El fichero de manifiesto de Android tiene una estructura en la cual se puede poner un número limitado de componentes y atributos.

En el fichero de manifiesto no todos los elementos están permitidos, es decir, no podemos crear nuevos elementos o atributos propios y usarlos dentro de este fichero. A continuación, expondremos las etiquetas más usadas en este lenguaje y algunas convenciones sobre su declaración:

- **<manifest>:** agrega todos los elementos al manifiesto. Debe llevar consigo xmlns:android y los atributos *package,* y siempre contener una etiqueta de cierre antes de su propio cierre, la de la etiqueta </application>.
- **<application>:** esta será la etiqueta que declare el resto de componentes internos de nuestra aplicación, así como las configuraciones sobre estos.
- **<activity>:** declara una nueva clase actividad, la cual implementa parte de la funcionalidad de nuestra aplicación.
- **<intent-filter>:** especificará el tipo de *intent* ante el cual responderá la aplicación, es decir, a qué tipos de transmisiones podrá responder el receptor de nuestra aplicación.
- **<activity-alias>:** esta etiqueta usa la entidad en una actividad independiente para ser usado a través de un alias.
- **<service>:** declara un servicio para poder usarlo dentro de la aplicación. Se usarán para implementar operaciones en segundo plano de larga ejecución.
- **<receiver>:** se usa para añadir una clase *receiver* a nuestra aplicación. *BroadcastReceiver* es una clase padre que sirve para preparar a la actividad para recibir diferentes intentos que serán entendidos por el sistema o por otras aplicaciones.
- **<provider>:** es un componente que usamos para poder acceder a la estructura de datos de la aplicación. Solo debes declarar *content provider* que formen parte de tu aplicación.

 **EJEMPLO**

Puedes ver un ejemplo de la estructura completa del archivo de manifiesto accediendo desde aquí:

https://redirectoronline.com/ifcd059po0503

5.3. Convenciones del archivo

El archivo *AndroidManifest.xml* es necesario para establecer configuraciones de tu aplicación antes de ejecutar el código nativo de esta. Para que haya el mínimo de errores en tu aplicación y pueda procesarse todo correctamente desde el inicio, es un archivo bastante cerrado y estricto con los parámetros que introducimos. Para su correcta codificación, se deben seguir unas reglas o convenciones que generalmente se aplican a todos los elementos del archivo de manifiesto.

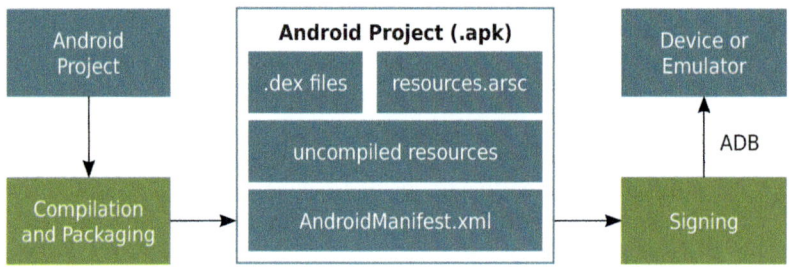

El archivo AndroidManifest.xml cumple una función fundamental en la compilación de cualquier aplicación Android.

Elementos

Los elementos son las etiquetas en las cuales se estructura el lenguaje XML. Este es un lenguaje de marcas que utilizaremos tanto para establecer diferentes configuraciones como para configurar las interfaces gráficas de nuestras actividades.

 **DEFINICIÓN**

XML (o lenguaje de etiquetado extensible)
Es un formato usado para intercambiar información entre diferentes plataformas. Estos ficheros guardan la información que contienen entre pares de etiquetas de mismo nombre, escrita entre < > y con barra final en la etiqueta de cierre < />. Para poder "parsear" la información que contienen se emplean dos vías principalmente: SAX y DOM.

El archivo de manifiesto de *Android* nos pide de manera obligatoria solo dos elementos: el elemento <manifest> y el elemento <application>, cada uno de los cuales solo puede aparecer una vez, mientras que el resto de los elementos que nos permite incluir este fichero pueden aparecer varias o ninguna vez. Un elemento puede contener otros elementos y se establecerá los valores de estos mediante atributos.

Los distintos elementos que haya en un mismo nivel no están ordenados, pero hay dos excepciones a esta regla:

1 - La etiqueta <activity-alias> debe estar colocada después del elemento <activity>, si no no funcionará con alias de este.

2 - Dentro del elemento <manifest> el último elemento de cierre siempre tiene que ser <application>, esto quiere decir que la etiqueta de cierre </application> tiene que aparecer justo antes de la etiqueta </manifest>.

Atributos

Aunque en principio todos los atributos en el fichero de manifiesto son opcionales, hay ciertos elementos que no cumplirán su función si no establecemos los valores de ciertos atributos que son necesarios para su funcionamiento.

Veamos la formulación de los elementos y atributos que se deben establecer en un fichero *AndroidManifest.xml* básico durante la creación de una *Blank Activity:*

```
<manifest
  xmlns:android="http://schemas.android.com/apk/res/
  android"
  package="com.example.ainho.myapplication">
  <application
  android:allowBackup="true"
```

Continúa en página siguiente >>

<< Viene de página anterior

```
    android:icon="@mipmap/ic_launcher"
    android:label="@string/app_name"
    android:roundIcon="@mipmap/ic_launcher_round"
    android:supportsRtl="true"
    android:theme="@style/AppTheme">
    <activity android:name=".MainActivity">
    <intent-filter>
    <action android:name="android.intent.action.MAIN" />
    <category android:name="android.intent.category.
    LAUNCHER" />
    </intent-filter>
    </activity>
    </application>
  </manifest>
```

Excepto algunos atributos, la mayoría menciona un valor predefinido o se indica lo que sucede si no se especifica un valor. Normalmente la mayoría también comienzan con un prefijo *Android,* que es universal y suele omitirse en la documentación. Aun así, para conocer qué atributos tiene que llevar cualquier elemento, se recomienda recurrir siempre a la documentación oficial de cada elemento concreto.

Nombres de clases

Hemos visto que los nombres que establecemos en el fichero de manifiesto se corresponden con el nombre de los componentes de la aplicación en sí y las clases de las que serán subclases. Estas subclases las declararemos a través de un atributo *name* y la designación completa del paquete al cual pertenecen:

```
  <manifest …>
    <application…>
      <service Android:name="com.example.ainho.
      MyService" …>
      </service>
    </application>
    </manifest>
```

NOTA

Podemos también nombrar este paquete a través del operador punto (.), ya que el nombre del paquete de la aplicación que escribamos se concatenará al *String* del *name* del elemento en cuestión.

```
<manifest package=" com.example.ainho"...>
  <application...>
     <service android:name=".MyService" ...>
     </service>
  </application>
</manifest>
```

Valores

Los valores son la información que queremos establecer como activa para un atributo de un elemento concreto. Cuando un elemento se repite de manera reiterada, la información no se guarda en un único elemento con una colección de valores, sino que se repite el elemento con sus valores de manera independiente.

```
<intent-filter...>
  <action android:name="android.intent.action.EDIT" />
  <action android:name="android.intent.action.INSERT" />
  <action android:name="android.intent.action.DELETE" />
</intent-filter>
```

Cuando los valores de los atributos sean *Strings,* debemos escaparlo con doble barra invertida (\\), así lo diferenciaremos de los caracteres. También es importante mencionar que los valores de recurso, como algunos atributos que tienen valores que podrán ser mostrados a los usuarios, deben configurarse desde un recurso o tema en el siguiente formato:

```
@[<i>package</i>:]<i>type</i>/<i>name</i>
```

Y los valores de este tema se expresarán de manera parecida, pero usando el operador ? en lugar de @.

```
? [<i>package</i>:]<i>type</i>/<i>name</i>
```

No sería necesario que se escribiese el *package* si el recurso al que nos estamos refiriendo está en el mismo paquete.

```
<activity android:icon="@drawable/myImg"...>
```

 ACTIVIDAD COMPLEMENTARIA

26. Busca la etiqueta conveniente para que, en una aplicación de ejemplo, podamos editar el *AndroidManifest.xml* con los permisos siguientes:

   · Contactos del teléfono.
   · Escritura en almacenamiento externo.
   · Establecer fondo.

   Busca estas etiquetas en la documentación que encuentres de *Android* y úsalas de la manera que te indique.

6. Ciclo de vida a través de Java

👉 **HILO CONDUCTOR**

Cuando Ramón tuvo la urgencia de una especificación del proyecto en el cual está trabajando, tuvo que andar investigando cómo podía realizarla. Este requisito consistía en que, al finalizar la actividad donde se editaba la información del usuario, esta debía guardarse de manera automática. Encontró un método, *onDestroy,* que se sobrescribía de la clase padre *Activity* y esto le llevó a descubrir las posibilidades que aportaba programar una actividad teniendo en cuenta su ciclo de vida.

Cuando nos adentramos en la creación de cualquier aplicación bajo distintas tecnologías, una de las primeras cosas que tenemos que aprender es cómo se comporta y las fases que recorrerá en su ejecución. En muchos casos, somos nosotros los que definimos y usamos ese ciclo de vida, pero bajo el *framework Android* este viene definido y controlado por el sistema.

Una aplicación *Android* se ejecuta dentro de su propio proceso de *Linux,* que se mantendrá vivo hasta que se asigne su memoria a otra aplicación. Para que esto suceda, *Android* se basa en la información que tiene de las actividades y servicios que estén ejecutándose en ese momento, en la relevancia que tienen dichas partes para el usuario y en la memoria que tenga el dispositivo disponible.

Cuando se elimina el proceso de la aplicación, al volverla a lanzar se creará un nuevo proceso y el estado del ciclo de vida en el que se encontrase dicha aplicación, por lo que es importante que el desarrollador tenga muy presente este mismo ciclo para guardar posibles estados o información que necesitase persistir. Este ciclo de vida será el mismo para todas las aplicaciones que se desarrollen para el sistema *Android.*

Comprobemos lo que hemos aprendido hasta ahora de los estados de una actividad de *Android* a través de la realización de una actividad de aprendizaje.

APLICACIÓN PRÁCTICA

Manuel se dedica a realizar aplicaciones de manera independiente mientras se forma sobre el desarrollo nativo de aplicaciones *Android*. En una aplicación que está realizando, le piden que tiene que enviar un mensaje en el momento en el que la actividad pase a segundo plano. En este caso, el estado en el cual tiene que capturar la actividad sería:

- **Activa.**
- **Destruida.**
- **Visible.**
- **Parada.**

Ayuda a decidir con Manuel cuál es el principio estado que recoge esta funcionalidad.

Solución

El estado en el que se captura la actividad sería parado, pues es aquel en el que entra nuestra aplicación al ser pausada. Cuando se regresa de él, se pasa por el estado *onResume* u *onStop*, dependiendo de si volvemos a la aplicación o no.

6.1. Métodos y captura de estados

Cada vez que la aplicación cambia de estado, esta genera un evento que puede ser capturado por ciertos métodos predefinidos en la clase *Activity*. Estos eventos son los siguientes:

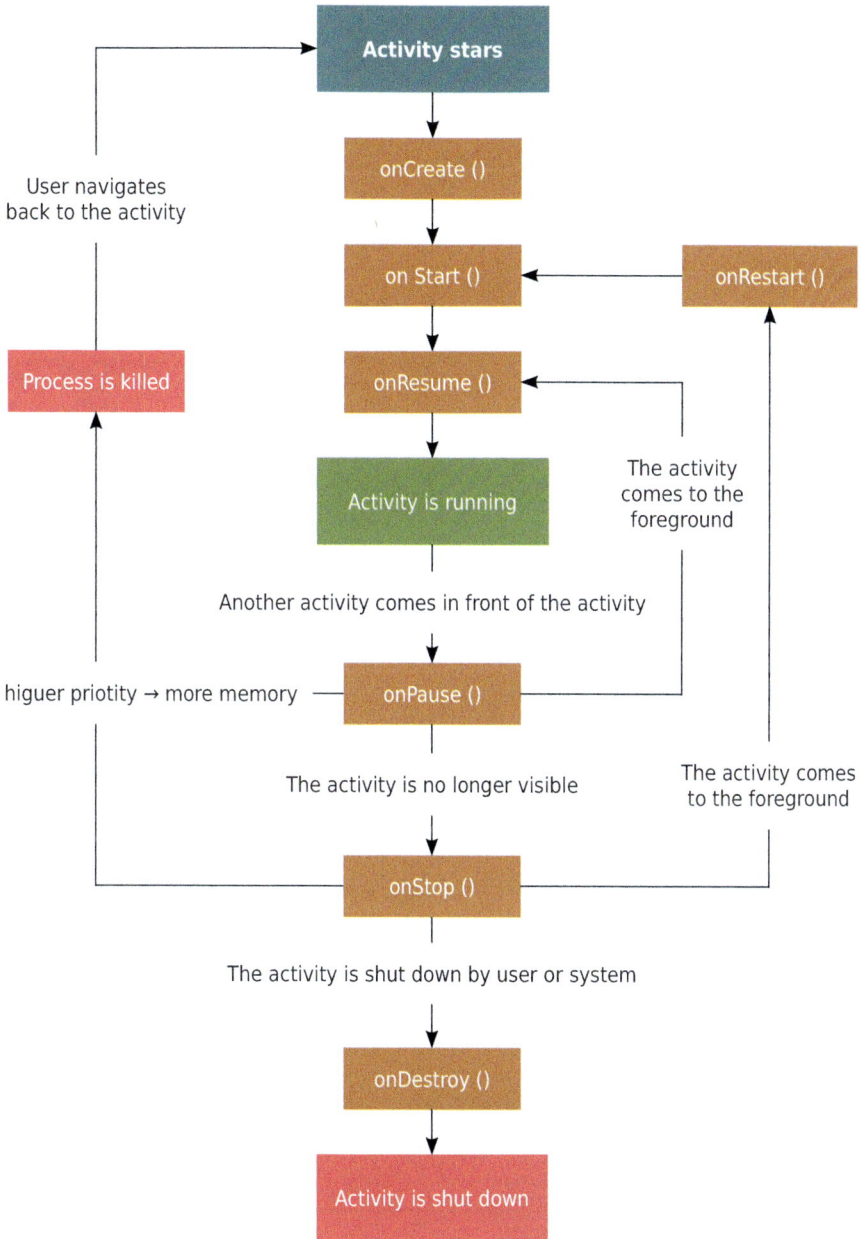

⊃ **onCreate(Bundle):** crea la actividad y se usa para inicializar la estructura de datos de la aplicación. Una instancia de la clase *Bundle* pasada como parámetro puede mandar información sobre el estado a nuestra actividad.

```
@Override
public void onCreate(BundlesavedInstanceState){
  super.onCreate(savedInstanceState);
  setContentView(R.layout.activity_main);
  Log.d(TAG, "onCreate...");
}
```

⮑ **onStart**(): este estado refleja el momento en el que la actividad de la cual forme parte va a ser mostrada por la aplicación.

```
@Override
protected void onStart() {
  super.onStart();
  Log.d(TAG, "onStart...");
}
```

⮑ **onResume**(): es llamada en el momento en el que la actividad comienza a interactuar con el usuario.

```
@Override
protected void onResume() {
  super.onResume();
  Log.d(TAG, "onResume...");
}
```

⮑ **onPause**(): este es el momento en el que la actividad queda parada en segundo plano, ya que otra nueva actividad ha sido lanzada u otro componente detiene su funcionamiento.

```
@Override
protected void onPause() {
  super.onPause();
  Log.d(TAG, "onPause...");
}
```

⮑ **onStop**(): la actividad va a dejar de ser visible para el usuario. Hay que tener cuidado cuando queda poca memoria en el dispositivo en el cual ejecutemos la aplicación, ya que puede destruirse directamente sin pasar por esta llamada.

```
@Override
protected void onStop() {
  super.onStop();
  Log.d(TAG, "onStop...");
}
```

⮑ **onRestart**(): este método se invoca en el momento en el que la actividad va a volver a ser mostrada tras haber pasado por el estado *onStop.*

```
@Override
protected void onRestart() {
  super.onRestart();
  Log.d(TAG, "onRestart...");
}
```

⮑ **onDestroy**(): es llamado el momento antes de que la actividad sea totalmente destruida. Es posible, al igual que con el método *onStop()*, que este no sea llamado si se destruye la aplicación y la memoria es limitada en el terminal.

```
@Override
protected void onDestroy() {
  super.onDestroy();
  Log.d(TAG, "onDestroy...");
}
```

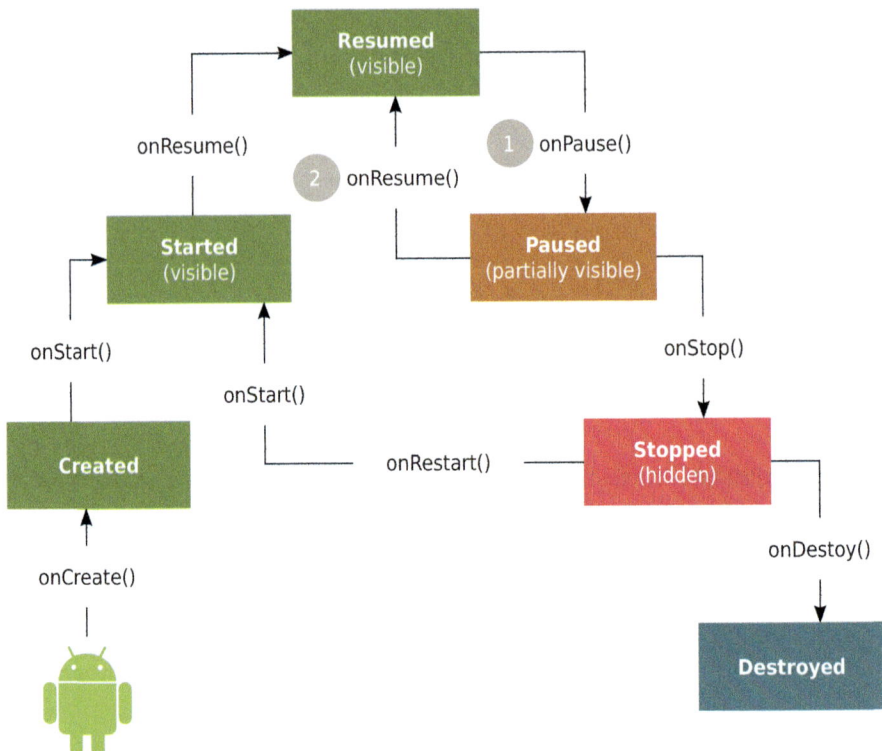

El ciclo de vida de una aplicación Android está determinado por cuatro estados y diferentes métodos que son escuchados a lo largo de su ejecución.

 ACTIVIDAD COMPLEMENTARIA

27. Implementa una nueva aplicación de prueba y, a través del conocimiento adquirido en este apartado, y la posible documentación que encuentres navegando, hacer que esa actividad realice el lanzamiento de una instancia de la clase Toast, la cual se puede consultar accediendo desde aquí:

https://redirectoronline.com/ifcd059po0504

Continúa en página siguiente >>

<< Viene de página anterior

Este mostrará a través de un mensaje flotante que durará unos segundos el estado en el cual se encuentra en cada momento.

6.2. Pila de actividades

La pila de actividades es un concepto realmente importante cuando desarrollamos nuestras actividades. Cuando una actividad inicia otra diferente, esta primera entra en modo de espera en una cola de actividades.

 DEFINICIÓN

Pila de actividades

Es una cola en la que se mantienen en espera las actividades que van quedando en segundo plano. Se organiza de manera que la última actividad que entra es la primera actividad que sale, es decir, si estamos en una foto del teléfono y al pulsar atrás volvemos a la galería de fotos, es porque la actividad de la aplicación galería del teléfono fue la anterior, es decir, la última en entrar, y por ello también la primera en salir.

Cuando se inicia una nueva actividad, esta capta el foco del usuario mientras la actividad en la cual se encontraba se guarda en la pila con su estado guardado, ya que se tenía que poder recuperar para volver a captar el foco del usuario como actividad actual cuando se destruyese su actividad siguiente.

Es importante entender el funcionamiento del *Back Stack* o pila de aplicaciones, que se presenta cuando pulsamos el botón de volver o *back* de nuestra actividad. Entenderemos esto mejor viendo el siguiente esquema:

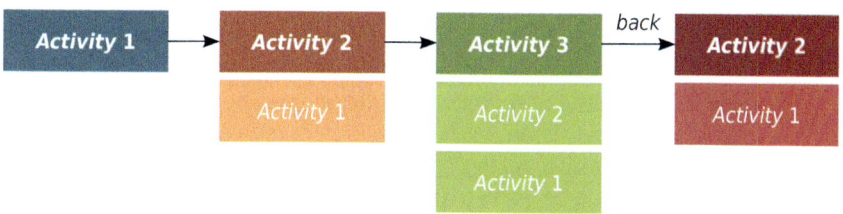

Hemos mencionado anteriormente que, cuando se pausa o se detiene una actividad, esta entra en una pila de espera, y tiene que poder ser recuperada con el estado anterior intacto. Esto es fácilmente realizado por el *framework Android,* ya que el objeto de la clase *Activity* que se está añadiendo todavía está guardado en memoria y se mantendrá así mientras que esta tenga un estado pausado o detenido en la pila de actividades.

6.3. Guardar el estado de una actividad

Para manejar el estado de la UI y los datos en aplicaciones Android de manera eficiente y flexible, se pueden utilizar varias herramientas y prácticas recomendadas. A continuación, se describen las principales estrategias:

1. **onSaveInstanceState**(): este método se utiliza para guardar el estado temporal de una actividad antes de que sea destruida, debido a cambios de configuración o cuando el sistema necesita liberar memoria. Permite guardar un conjunto limitado de datos necesarios para restaurar el estado de la UI cuando la actividad es recreada. Es ideal para guardar datos simples como el texto en los campos de entrada o la posición de desplazamiento en una lista.
   A continuación, se muestran los diferentes caminos que puede tomar el estado de una aplicación.

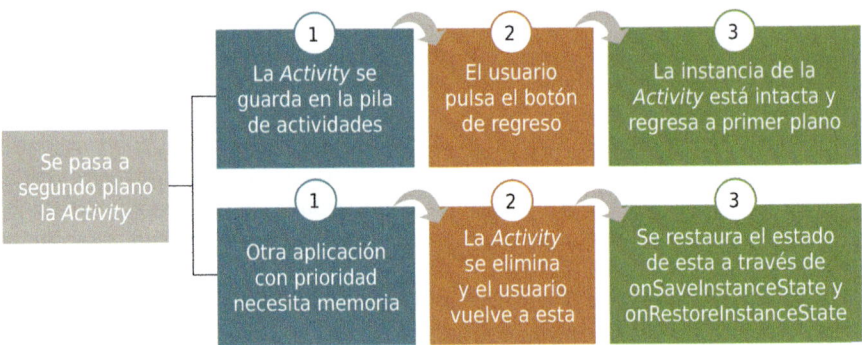

2. **ViewModel:** son componentes de arquitectura de *Android* diseñados para almacenar y gestionar datos relacionados con la UI durante la vida útil de la actividad. Los ViewModels sobreviven a cambios de configuración como la rotación de la pantalla, pero no persisten si la actividad es finalizada por el sistema. Son ideales para manejar datos que no necesitan ser persistentes a largo plazo, pero que deben mantenerse durante la rotación de la pantalla y otros cambios de configuración.

3. **SavedStateHandle:** utilizado en combinación con ViewModel, el SavedStateHandle permite almacenar y recuperar datos necesarios para restaurar el estado de la UI, después de que el sistema ha finalizado y re-creado la actividad o el fragmento, debido a la eliminación del proceso. Es útil para manejar datos que necesitan ser recuperados después de que la actividad o el fragmento ha sido destruido y recreado.
4. **Persistent Storage:** para datos que necesitan ser guardados permanen-temente, como configuraciones del usuario o datos de la aplicación que deben persistir más allá de la vida útil de una actividad o fragmento, se recomienda utilizar almacenamiento en disco (por ejemplo, usando Sha-redPreferences, archivos o bases de datos SQLite) o almacenamiento en red. Esto asegura que los datos estén disponibles incluso después de que la aplicación haya sido cerrada o el dispositivo haya sido reiniciado.

Estas estrategias pueden ser combinadas según las necesidades específi-cas de la aplicación, asegurando que los datos y el estado de la UI se mane-jen de manera robusta y eficiente.

NOTA

Si por necesidades concretas de una *Activity* necesitases que *onSaveInstan-ceState* no guarde información sobre el estado de esta actividad, debe fijar el atributo Android:saveEnabled con el valor "false" o al método conocido como *setSaveEnabled()*.

----

7. Creación de una actividad (clase *Activity*)

👉 **HILO CONDUCTOR**

Para la primera prueba de concepto que quisieron realizar desde Digital Mushroom sobre la aplicación que se pensaba construir, necesitaban una pan-talla de *login* y se dispusieron a ver cómo podían realizar esto con el mínimo esfuerzo posible. Vieron que la clase principal en la cual tendrían que trabajar sería la clase *Activity*, que por defecto ya traía una subclase conocida *Login Activity*. Comprobaron que es una de las muchas ventajas que tiene trabajar con *Activities* de *Android*.

Con la clase *Activity* estamos topando con el componente principal de nuestras aplicaciones y el primero por el cual solemos empezar a trabajar. Este es la representación de una pantalla de nuestra aplicación, con la que los usuarios podrán interactuar y realizar diferentes acciones, como, por ejemplo, tomar una foto.

Cada actividad tiene asignada una interfaz de usuario, que se genera en un archivo XML y define el diseño de esta y los componentes que contendrá con sus diferentes identificadores. Una aplicación es la combinación de diferentes actividades que interactúan entre ellas. De entre todas estas, tendremos una que será la actividad principal, y que es presentada al usuario cada vez que iniciamos la aplicación. Cada vez que una actividad se inicia, deja otra en segundo plano y la agrega a una pila de actividades, una especie de historial de objetos.

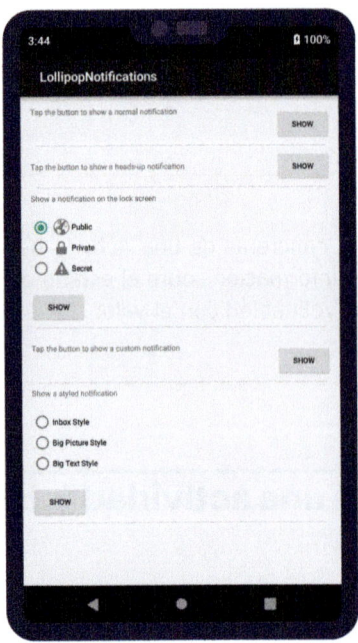

Las aplicaciones Android están formadas por diferentes actividades, las cuales representan, cada una, una pantalla diferente con la que el usuario puede interactuar.

Al fin y al cabo, una aplicación está formada por un conjunto de actividades que se vinculan entre sí de diferentes maneras. Una de todas estas actividades será especificada como actividad principal, que irá llamando a diferentes actividades que, a su vez, llamarán a otras, cada una realizando distintas acciones con el usuario.

7.1. Creación de una nueva actividad

Para crear una actividad se debe crear una subclase de la clase padre *Activity*. Esto se puede hacer desde el menú de *Android Studio,* que aparecerá cuando pulsemos sobre el botón secundario del ratón encima del paquete donde queramos crear la nueva clase actividad.

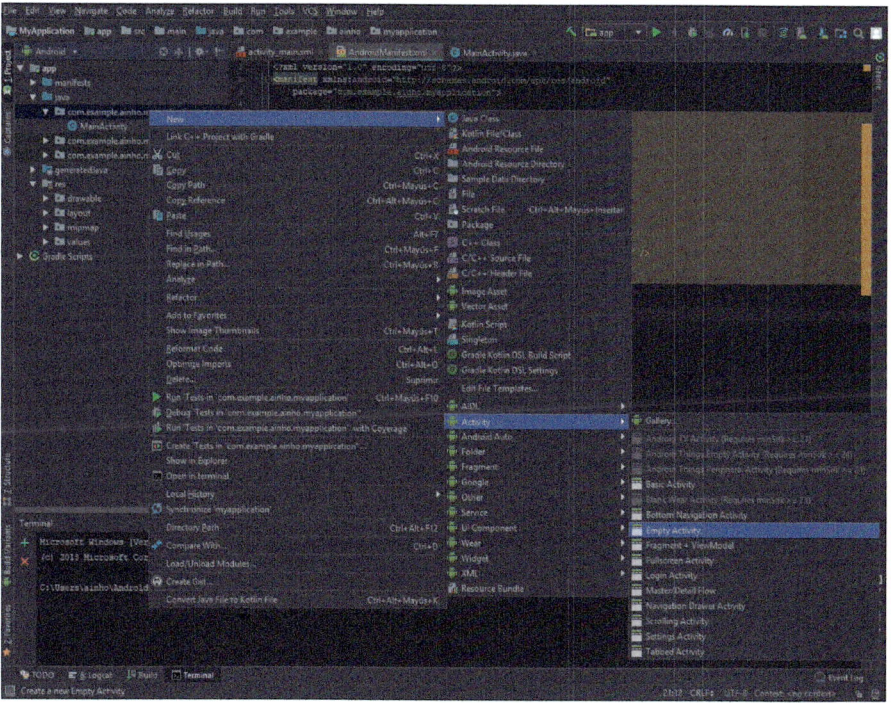

Los diferentes tipos de Activities que ofrece Android pueden ser creadas desde el menú conceptual que aparece al pulsar sobre el paquete con el botón secundario.

Estas subclases que crearemos deben implementar métodos *callback* a los que se invoque cuando se vaya pasando por los diferentes estados del ciclo de vida de esta. Hay dos métodos fundamentales que no podemos olvidar:

onCreate()

- Es de obligatoria implementación en cualquier actividad, ya que se llama cuando esta es creada. Se usa para inicializar la mayoría de componentes, entre ellos los visuales a través del método setContentView().

onPause()

- Aquí debes recordar guardar los datos que sean persistentes en tu aplicación, puesto que, aunque no siempre sea así, es el primer indicio de que tu actividad puede ser destruida.

Deberemos, de la misma manera, implementar una interfaz de usuario para la actividad que estamos creando. Esta interfaz en *Android* se proporciona mediante diferentes objetos derivados de la clase *View* en forma de jerarquía. Estos serán componentes visuales con los cuales podrá interactuar o no el propio usuario.

```
public class MainActivity extends AppCompatActivity {
  @Override
  protected void onCreate(Bundle savedInstanceState) {
    super.onCreate(savedInstanceState);
    setContentView(R.layout.activity_main);
  }
}
```

Esta llamada a *setContentView(view)* es la que determina cuál será el recurso que representará su vista, y del cual recogerá los diferentes id de los componentes visuales que hay en la pantalla para poder dotarles de acciones ante los eventos que sobre estos se produzcan.

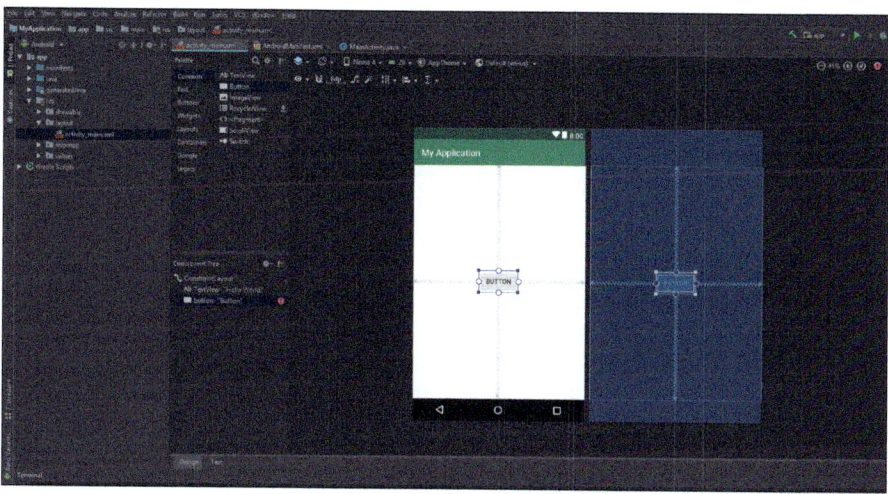

El botón widget viene ya predefinido en las herramientas que el SDK de Android nos ofrece para poder programar distintas aplicaciones.

Android trae predefinidos distintos *widgets,* que son vistas ya preparadas de elementos interactivos para la pantalla, como, por ejemplo, un campo de texto. Estos son derivados de la clase *ViewGroup,* que establecen un estilo general de la colocación de los elementos en el diseño de la actividad.

7.2. Declaración en el archivo de manifiesto

Cuando creamos una nueva actividad, esta no estará disponible para el sistema hasta que no declares dentro de tu fichero de manifiesto. La etiqueta con la que haremos esto será la etiqueta <activity></activity>, que registrará el nombre de nuestra actividad de manera obligatoria junto con una cantidad de atributos que serán optativos.

NOTA

Puedes ver la cantidad de atributos que puede contener el elemento *Activity* al declararlo en el fichero de manifiesto, accediendo desde aquí:

Continúa en página siguiente >>

<< Viene de página anterior

https://redirectoronline.com/ifcd059po0505

Esta etiqueta estará contenida por la etiqueta <application></application> del manifest. Veamos la escritura de esto:

```
<manifest …>
  <application…>
    <activity android:name=".MyActivity" />
  </application>
</manifest>
```

La etiqueta <activity> también puede contener la etiqueta *intent-filter*, la cual sirve para usar filtros de *intents*, o realizar llamadas de *intents* implícitos. De manera predeterminada se preparan para responder a la acción principal de nuestra aplicación, y se ve de la siguiente manera:

```
<activity android:name=".MainActivity">
  <intent-filter>
    <action android:name="android.intent.action.MAIN" />
    <category android:name="android.intent.category.
    LAUNCHER" />
  </intent-filter>
</activity>
```

El punto de entrada de tu aplicación será especificado en el elemento *action*, y en *category* se establecerá que puede ser lanzada como aplicación del sistema.

RECUERDA

Estos nombres que darás a tus actividades solo podrán ser cambiados en caso de que tu aplicación no esté publicada, ya que, en caso contrario, al cambiarla se pueden producir errores con las funcionalidades que tuviesen que realizar estas actividades.

- -

Si queremos que nuestra actividad sea independiente de los filtros *intent* desde el *manifest* y preferimos no permitir que otras aplicaciones puedan activar tus actividades, debes no declarar estos dentro de la etiqueta <activity>. Estos se podrán llamar siempre de manera explícita como veremos en el siguiente apartado.

7.3. ¿Cómo se inicia una actividad?

Para realizar la inicialización de una actividad debemos recurrir al uso de *intents* explícitos. Estos se usan junto con la llamada al método *startActivity()*, a la cual pasaremos como parámetro una instancia de la clase *Intent* que describa la actividad que queremos comenzar.

Podemos ver cómo llamaremos a una actividad nueva desde otra actividad:

```
Intent intent = new Intent(this, NewActivity.class);
startActivity(intent);
```

- ⮂ **Intent:** este es el objeto *Intent* a través del cual podremos solicitar diferentes acciones a otros componentes de la aplicación. Es como una descripción de una acción que hay que realizar, donde se pasan como parámetros el contexto y el nombre de la clase a lanzar.
- ⮂ **this:** es el contexto desde el que se lanzará la acción y es un parámetro opcional de la clase *Intent.*
- ⮂ **NewActivity.class:** esta es la clase a la cual queremos dirigirnos y se acepta como un parámetro de entrada del *Intent.*
- ⮂ **startActivity:** este es el método *startActivity,* el cual deberemos usar junto con un *Intent,* pasándole este como parámetro.

Uno de los mayores valores de los *Intents* se ve cuando queremos usar alguna funcionalidad de una aplicación externa. Entonces deberemos solicitar a través de las actividades que otras aplicaciones ponen a nuestra disposición de manera pública. En este caso, si por ejemplo quisiésemos enviar un correo electrónico a través de la aplicación de *e-mail* del teléfono, se debería añadir la información adicional EXTRA_EMAIL al *Intent.*

```
Intent myIntent = new Intent(Intent.ACTION_SEND);
myIntent.putExtra(Intent.EXTRA_EMAIL, recipientArray);
startActivity(myIntent);
```

Podemos también iniciar una actividad con intención de obtener un *feedback* concreto o un resultado. Es muy común hacer la llamada al *Intent* capturando un evento que mandará un componente visual de nuestra aplicación. Por ejemplo, podría crear un texto que cambiase cuando pulsásemos un botón de la siguiente manera:

```
protected void onCreate(Bundle savedValues) {
  // Captura el botón de nuestra vista a través del ID
  Button miBoton = (Button)findViewById(R.id.mi_boton);
  // Captura el evento de clic del elemento miBoton
  button.setOnClickListener(miBoton);
}
```

En caso de querer lanzar el *intent,* debemos llamar al método *startActivityForResult(),* y en la actividad que reciba esta información se implementará el método *onActivityResult().*

Para aplicaciones que utilizan *Android 11* o superior, se recomienda utilizar *ActivityResultLauncher,* en lugar de *startActivityForResult()* para un manejo más eficiente de los resultados.

ACTIVIDAD COMPLEMENTARIA

28. Crea un nuevo proyecto de *Android Studio,* en el que se crearán dos actividades de las cuales habrá una principal y otra secundaría. Esta primera actividad deberá contener un botón con un identificador, que será usado para capturar el evento de clic de este.
    En este evento se debe programar la funcionalidad para que, a través de un objeto de la clase *Intent,* se inicie la nueva actividad. Recuerda declarar siempre ambas actividades dentro del archivo de manifiesto de tu aplicación.

8. Fragmentos *(Fragments)*

 HILO CONDUCTOR

Para las diferentes pantallas que están desarrollando en la prueba de concepto desde Digital Mushroom sobre la aplicación que se pensaba construir, necesitaban definir una nueva pantalla, en la que los usuarios puedan consultar las imágenes que van subiendo sobre el evento deportivo. Esta pantalla tiene diferentes requisitos de diseño para distintos dispositivos, más concretamente para la versión móvil. Debe contar con dos pantallas diferentes, una de listado de fotos y otra de detalle de la foto. En caso de ser mostrado por una tableta, debe disponerse solo de una pantalla dividida en la cual se recojan ambos diseños en una misma pantalla. Investigando, creen que pueden llevar a cabo esto con las herramientas *Fragments* de *Android.*

Las actividades constan de una unidad menor o subactividades, denominadas *Fragments* o fragmentos. Estos son secciones modulares que se puede usar dentro de una actividad o en diferentes actividades, y a su vez, una actividad puede estar compuesta de varios *Fragments* a modo de paneles, a los cuales se les puede dar diferentes combinaciones de pantalla para una misma actividad.

Un fragmento es una unidad independiente que, aunque dependa del ciclo de vida de la actividad en la que esté contenido, tiene un ciclo propio con sus propios métodos y diferentes estados.

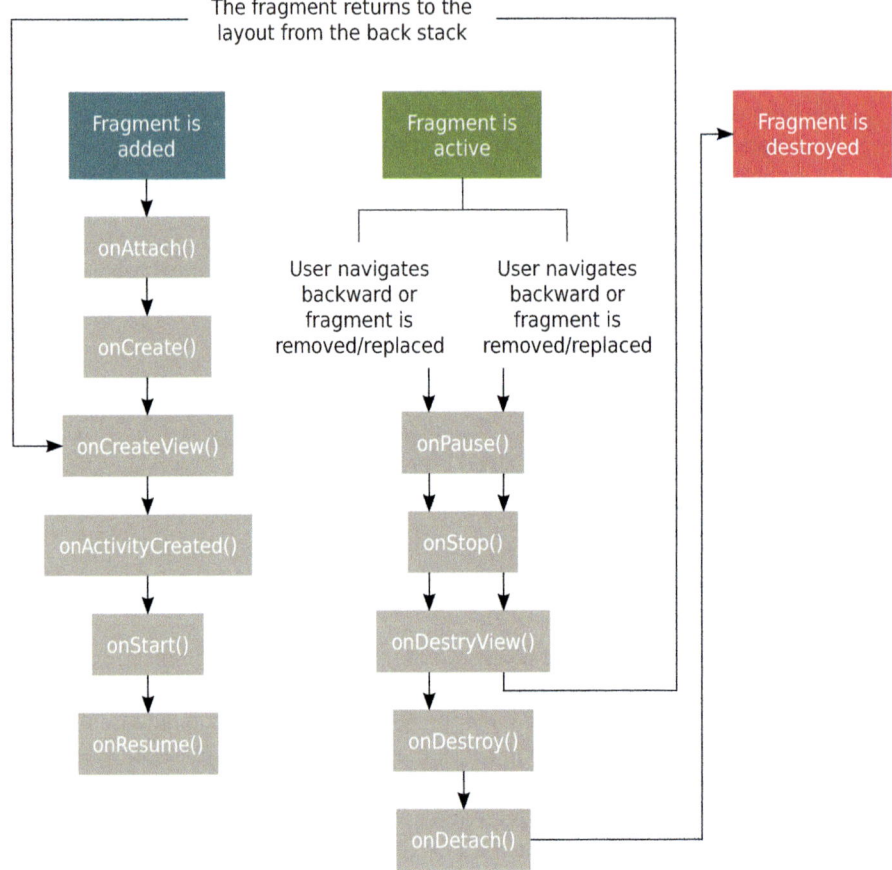

Los Fragments cuentan con su propio ciclo de vida, aunque hay que recordar siempre que dependen del estado en el cual se encuentre la actividad que los contenga.

La actividad afectará a los fragmentos que la contengan, es decir, si la actividad está en estado activo, los fragmentos no tendrán problema en actuar independientemente; pero si la actividad pasa a estado pausada, todos los fragmentos que contenga pasarán al mismo estado automáticamente. Estos irán a la pila de actividades que administrará la actividad, lo que permitirá usar el botón atrás entre fragmentos y recuperar sus estados.

Se debe pensar en cada fragmento que se cree como un componente reutilizable de las actividades. Debes diseñarlos de manera en que puedan ser independientes unos de otros y no reutilizarlos desde otros fragmentos, ya que perderían su modularidad. Si consigues esto, podrás sacar el máximo partido a tus fragmentos dentro de las actividades que los contengan, ya que podrán ser reutilizados para diferentes configuraciones de pantalla, lo que, en el mundo de las aplicaciones, contando con tal número de dispositivos diferentes, es realmente de utilidad al diseñar nuestras interfaces.

Existe también la posibilidad de crear otro tipo de clases fragmento las cuales podemos conocer a continuación:

DialogFragment
- Utilizar esta clase para crear un diálogo es una buena alternativa al uso del asistente de diálogos en la clase *Activity*, ya que puedes incorporar un diálogo del fragmento en la pila de actividades de fragmentos administrados por la actividad, lo que le permite al usuario volver a un fragmento descartado. Cuando se activa esta clase muestra un diálogo flotante.

ListFragment
- Sirve para mostrar una lista de elementos administrados por un adaptador, al igual que *ListActivity*. Nos proporciona varios métodos para administrar una vista de lista, como el callback *onListItemClick()* y para manipular eventos de clic.

PreferenceFragment
- Se utiliza para mostrar una jerarquía de objetos Preference en forma de lista. Esto es muy útil para crear una actividad "configuración" para tu aplicación.

NOTA

Cada fragmento necesita constar de un identificador único que el sistema usará para restaurar este mismo y poder restaurar el fragmento si se vuelve a iniciar este o la actividad que lo contenga. Este *ID* del fragmento se puede establecer de tres formas: usar el atributo android:id, usar el atributo android:tag (con un *String* único) y usando el *ID* del objeto *View* contenedor.

8.1. Creación de un *Fragment*

Para agregar un fragmento debemos crear una subclase de la clase padre *Fragment,* que herede de sus propiedades y comportamientos. La clase

Fragment tiene un comportamiento bastante similar a *Activity* y se trata este también a través de su ciclo de vida.

Para poder usar *Fragments,* debemos importar en nuestro proyecto la biblioteca de soporte de *Android* para poder ser compatibles con versiones antiguas de la plataforma. Para poder obtener las bibliotecas de soporte de *Android,* podemos descargarlas a través del *SDK Manager* que *Android Studio* pone a nuestra disposición.

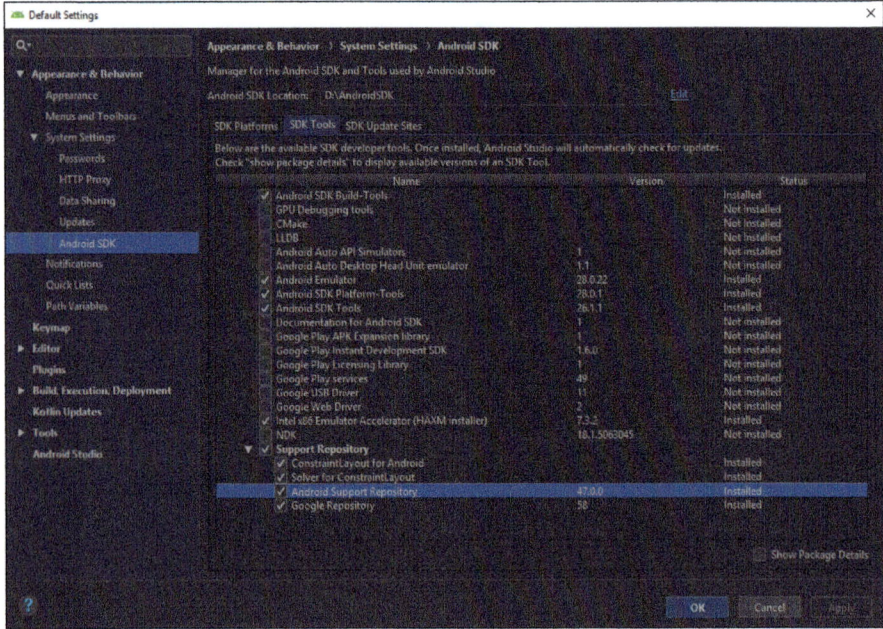

El *Android SDK Manager* es una herramienta desde donde podemos descargar e instalar las diferentes bibliotecas y herramientas necesarias para la ejecución de nuestras aplicaciones.

Este tipo de componente se usa para representar una parte de la actividad y consta de su propio diseño. Para otorgarle de este diseño, se debe crear el método *onCreateView()* de manera similar a como hacemos para establecer la *View* de la *Activity.* Este proporciona un objeto *LayoutInflater.*

Veamos cómo se vería escrito en un ejemplo:

```
public static class MyFragment extends Fragment {
  @Override
```

Continúa en página siguiente >>

<< Viene de página anterior

```
public View onCreateView(LayoutInflater myInflater,
ViewGroup myContainer,
    Bundle savedInstanceState) {

   return myInflater.inflate(R.layout.my_fragment,
myContainer, false);
  }
}
```

El método inflate se encarga de "inflar la vista" de nuestra vista y acepta tres argumentos diferentes:

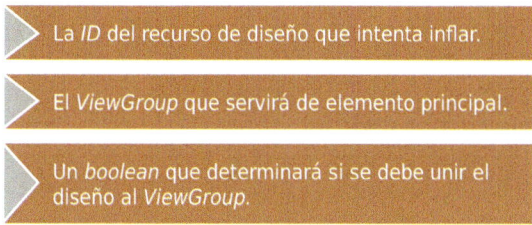

La *ID* del recurso de diseño que intenta inflar.

El *ViewGroup* que servirá de elemento principal.

Un *boolean* que determinará si se debe unir el diseño al *ViewGroup*.

Para que los fragmentos puedan ser mostrados en la aplicación, deben obligatoriamente insertarse dentro de una actividad. Para agregar el fragmento que hemos creado a una actividad podemos hacerlo a través de dos vías:

⊃ **A través de XML:** se pueden añadir los fragmentos de nuestras aplicaciones de manera visual a través de las vistas de estas, añadiéndolos como si fuesen elementos de diseño:

```
<LinearLayout xmlns:android="http://schemas.android.com/
apk/res/android"
 android:orientation="horizontal"
 android:layout_width="match_parent"
 android:layout_height="match_parent">
 <fragment android:name="com.example.news.
 ArticleListFragment"
```

Continúa en página siguiente >>

<< Viene de página anterior

```
    android:id="@+id/list"
    android:layout_weight="1"
    android:layout_width="0dp"
    android:layout_height="match_parent" />
    <fragment android:name="com.example.news.
    ArticleReaderFragment"
    android:id="@+id/viewer"
    android:layout_weight="2"
    android:layout_width="0dp"
    android:layout_height="match_parent" />
</LinearLayout>
```

- **A través de Java:** se puede guardar un fragmento de manera programática a través de su inclusión en un *ViewGroup* de nuestra actividad. Para poder gestionar las diferentes acciones que podemos realizar con los *Fragments* dentro de nuestra actividad, deberemos usar las *API* de *Fragment Transaction:*

```
FragmentManager fragmentManager = getFragmentManager();
FragmentTransaction
fragmentTransation = fragmentManager.beginTransation();
```

Luego podemos especificar el fragmento que se agregará y en qué vista se insertará. Esto se hace usando el método add() y pasándole el *ViewGroup*. Debes acordarte de usar siempre *commit* al finalizar las diferentes acciones que hayas realizado.

```
ExampleFragment fragment = new ExampleFragment();
fragmentTransaction.add(R.id.fragment_container,
fragment);
fragmentTransaction.commit();
```

 **TAREA 12**

En la empresa en la que trabaja nuestra compañera Mar, están adaptando distintos diseños de pantalla de una aplicación. Ella es desarrolladora *FrontEnd* de aplicaciones *Android,* y le han pedido la realización de un diseño de interfaz. Esta pantalla tendrá un diseño multidispositivo dependiendo de si se ejecuta en móvil o tableta. Constará para móvil de dos pantallas independientes, una de listado y otra de detalle, estilo galería, mientras que en tableta deben cargarse ambas sobre la misma pantalla.

Trata de crear como si fueses Mar la estructura de actividades y fragmentos necesarios, sin olvidar incluir estos en su fichero de manifiesto y controlar el ciclo de vida tanto de clases como de actividades.

8.2. Comunicación con otros fragmentos

Hay muchas ocasiones, en las que programando *Fragments* necesitemos que estos se comuniquen con otros *Fragments.* Para poder reutilizar los diferentes fragmentos de los que disponga nuestra aplicación, ya hemos mencionado que es importante que sean autónomos unos de otros. La comunicación entre ellos nunca debe ser directa, y se realizará a través de una actividad *ViewModel,* que será compartida entre ambos.

Se accederá a esta *ViewModel* a través de su actividad contenedora, la cual se observará mediante de un objeto *LiveData,* que trabajará como *Observer* sobre los cambios de información que se produzcan en este, para que los diferentes fragmentos puedan acceder a ella.

 **PARA SABER MÁS**

Para acceder a más información sobre cómo se implementa un *ViewModel* propio o realizar cambios sobre este, podemos consultar su documentación oficial accediendo desde aquí:

Continúa en página siguiente >>

<< Viene de página anterior

https://redirectoronline.com/ifcd059po0506

Es posible que, en algunos casos, no esté disponible el uso de un *ViewModel* para comunicar nuestros fragmentos. En situaciones así se da una vía alternativa para realizar esta función a través de la implementación de una interfaz, aunque esta debe usarse en casos muy concretos, ya que requiere un gran esfuerzo de implementación y su uso no puede ser aplicado al resto de fragmentos, siendo una opción que limita la reutilización de código.

9. Resumen

En esta unidad hemos repasado la estructura de la plataforma *Android,* a través de sus versiones de nivel de *API* de *software* y las diferentes configuraciones que deberemos realizar para poder hacer nuestras aplicaciones compatibles con las funcionalidades concretas de las diferentes *API* disponibles.

Mediante las librerías de *Android* podemos acceder a la mayoría de las funcionalidades extra de nuestras aplicaciones. Una de las herramientas más importantes que todo desarrollador debe conocer es el *Android SDK,* ya que este es el que dispondrá de mayor número de herramientas de uso cuando estemos desarrollando nuestras aplicaciones.

Con el comienzo del desarrollo hemos visto cómo se crea la estructura de la clase *Activity,* ya que este será el punto principal de entrada a nuestras aplicaciones. Tiene su propio ciclo de vida y se trabaja a través de la captura de los diferentes eventos o estados por los que va pasando la aplicación. Estos son sobrescritos por el desarrollador para realizar las diferentes acciones de nuestra aplicación.

Un tipo de subactividad que nos ofrece modularidad para la creación de contenedores con funcionalidades y diseños concretos son los *Fragments.*

Se trata de módulos que pueden ser usados en diferentes actividades para configurar distintas vistas y aportar reutilización de código. En este caso, el ciclo de vida del *Fragment* es propio, pero siempre que se haya condicionado por el de la actividad que lo contenga.

Todos estos componentes que hemos ido definiendo deben ser siempre registrados en uno de los puntos de entrada de nuestra aplicación: el fichero de manifiesto de *Android*. Este importante fichero deben tenerlo todas las aplicaciones y sirve para guardar la configuración de la aplicación para realizar la posterior compilación de manera correcta. También, como hemos mencionado, guarda un registro de todos los componentes de los cuales consta nuestra aplicación.

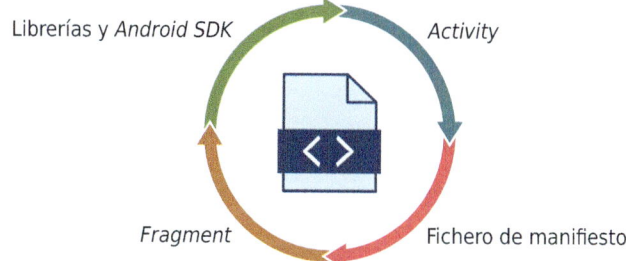

Librerías y *Android SDK* — Activity — Fichero de manifiesto — Fragment

Ejercicios de autoevaluación
Unidad de Aprendizaje 5

1. **¿Qué vías usaremos para comprobar los niveles de *API* que soporta nuestra aplicación?**

   a. Dispositivo físico y emulador.
   b. En este caso, con el emulador podemos comprobarlo.
   c. Dispositivo físico.
   d. Todas las opciones son incorrectas.

2. **¿En qué carpeta de nuestra aplicación guardaremos los recursos visuales y diferentes configuraciones sobre diseño?**

   a. Directorio *manifests*.
   b. Carpeta Java.
   c. Raíz del proyecto.
   d. El directorio res.

3. **Determina si la siguiente oración es verdadera o falsa: "Los recursos que incluimos dentro de las bibliotecas que creamos deben ser privados para que no sean accesibles por desarrolladores externos".**

   ■ Verdadero
   ■ Falso

4. **Indica, entre las siguientes opciones, qué frase es incorrecta:**

   a. El *SDK* de *Android* es un emulador de dispositivos móviles.
   b. El *SDK* es ofrecido a los desarrolladores *Android* de manera gratuita.
   c. Dentro de las herramientas del *SDK* encontramos *QEMU*.
   d. Las aplicaciones *Android* se escriben en lenguaje Java sobre el *SDK*.

5. **¿Cuál es el resultado de instanciar a una clase?**

   a. Tendremos una clase duplicada.
   b. La clase se eliminará.

    c. Se conecta la clase con otra.

    d. Se crea un objeto del tipo clase elegido.

6. **Determina si las siguientes oraciones son verdaderas o falsas:**

    a. Un módulo de biblioteca solo puede ser usado una vez en otro módulo, y en ningún otro.

        ■ Verdadero
        ■ Falso

    b. Cuando otra aplicación con mayor prioridad entra en espera por el hueco de memoria que tiene nuestra aplicación, es posible que esta no pase por un estado detenida o pausada.

        ■ Verdadero
        ■ Falso

7. **¿De qué canal se descargarán de manera predefinidas las actualizaciones del *Android SDK*?**

    a. Canal DEV.

    b. Canal BETA.

    c. Canal ESTABLE.

    d. Canal CANARY.

8. **El fichero AndroidManifest.xml sirve para:**

    a. Dar permisos a nuestras aplicaciones.

    b. Guardar conjuraciones generales del uso de nuestra aplicación.

    c. Registrar las actividades que contenga nuestra aplicación.

    d. Todas las opciones son correctas.

9. **¿Qué quiere decir la siguiente expresión?**

    Intent intent = new Intent(MainActivity1.this, MainActivity2.class);

    a. Mostramos la MainActivity2 desde la MainActivity1.

    b. Ser compatible con más de una actividad.

c. Estamos creando a la vez las dos actividades.
d. Soportar varios lenguajes de programación.

10. Los *Fragment* son herramientas con un ciclo de vida...

a. ... propio.
b. ... heredado de *Activity*.
c. ... pensado para crear interfaces.
d. ... que soportan varias clases distintas.

ListActivity y *ListView*

Contenido

Objetivos

El objetivo general de esta Unidad de Aprendizaje es:

→ Crear aplicaciones simples utilizando herramientas del *framework* de programación *Android,* haciendo uso de sus vistas y acciones sobre estas vistas.

Los objetivos específicos de esta Unidad de Aprendizaje son:

→ Realizar la creación de nuevos elementos de tipo *ViewGroup* como *Widget* y enlazar esos elementos a los códigos de manera programática.

→ Usar tanto adaptadores que nos ofrezca *Android* como subclases personalizadas para realizar el establecimiento de los conjuntos de datos de nuestros *ListViews.*

→ Manejar los *Intents* explícitos dentro de nuestras actividades para poder convocar diferentes subactividades.

1. Introducción

Una *ListActivity* es, como su nombre indica, una actividad que sirve para mostrar un listado de elementos visuales en la pantalla de la actividad. Cada uno de estos elementos se utilizarán vinculándose a una fuente de datos y lanzando eventos cuando un usuario selecciona una acción.

Una *ListActivity* utiliza en su interior un objeto *ListView,* que sirve para mostrar una colección de vistas que tendrán un desplazamiento, donde cada vista se coloca a continuación de la vista anterior. Este componente trata de reutilizar los objetos de las vistas para poder dar mejor rendimiento e intentar no afectar a la usabilidad del usuario, y evitar así un retraso en la respuesta que la aplicación dé ante este. Tendrá un diseño que ya viene predeterminado y que consiste en una única lista de pantalla completa en el centro de la pantalla. Esta vista puede ser personalizada, y se cargará a través de un componente de tipo Adaptador, que puede ser creado de manera personalizada o podemos usar los que nos ofrece *Android* por defecto.

Los componentes que definimos en nuestras vistas a través de recursos XML tienen su contrapartida como clases de *Android* para poder ser instanciados, interactuar con ellos y darles funcionalidad. En estos podremos capturar el evento de clic para asignarle alguna funcionalidad cuando se pulse el elemento.

Si desde nuestra Actividad tenemos la necesidad de enviar información o iniciar el lanzamiento de otra actividad secundaria o subactividad, podremos hacer esto a través de los métodos *startActivity()* y *startActivityForResult(),* los cuales recibirán un objeto de tipo *Intent,* que contendrá la información necesaria para realizar la acción recibida.

En Digital Mushroom, S. L., aprendieron estos conceptos por necesidades de trabajo cuando, dentro de la nueva actualización de peticiones que habían estado tomando recientemente, aceptaron la creación de un listado con los comentarios de los jueces del certamen a través de la aplicación, debiendo este tener un diseño muy particular y diferenciador y realizando el traspaso de información a la actividad del perfil del usuario.

2. Vistas

☞ **HILO CONDUCTOR**

En Digital Mushroom, S. L., acaban de recibir los nuevos diseños que los clientes solicitan. Estos son muy sencillos, pero ninguno de nuestros dos socios es lo suficientemente bueno con la parte visual de los programas y aplicaciones, y, como este cliente es el que les puede encumbrar, buscan algún programador o programadora para formar parte del equipo e incorporarse en el desarrollo del diseño visual y creación de vistas con el *framework Android*.

Como hemos aprendido a lo largo de la unidad anterior, el uso de actividades y su comportamiento en *Android* está íntimamente ligado a las diferentes vistas de las que estén compuestas. Estas serán las que definirán el diseño de los componentes que tendrá cada clase que extienda de Activity, y cada uno de estos elementos podrá ser iniciado y capturado para realizar las acciones que les asignemos.

Las vistas también son componentes que forman parte de la aplicación, y que nosotros definiremos con los nombres y diseños oportunos. Estos diseños se crean a través de diferentes ficheros XML que van asociados a las actividades que corresponda. Dichos ficheros se encuentran dentro de la carpeta res/layout, y cada pantalla cuenta con un fichero XML correspondiente. Este es un lenguaje de marcas que utiliza etiquetas para su escritura. Su estilo es el siguiente:

```
<elemento atributo="valor">
  <subelemento atributo="valor"/>
<elemento/>
```

Estas clases *layout* se estructuran en un árbol de herencia de la interfaz del IU de la siguiente manera:

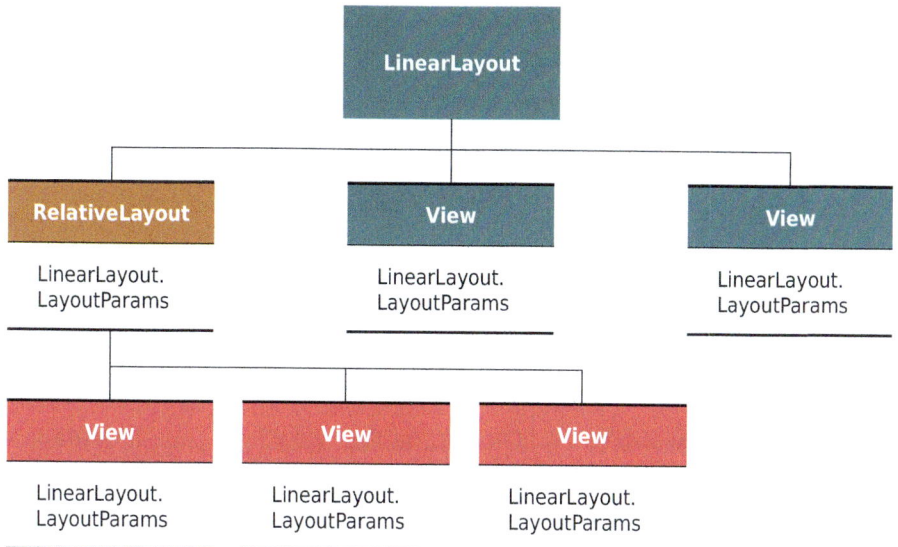

Las vistas en Android se crean a través de jerarquías de diferentes contenedores, que pueden contener otras vistas a su vez.

Las diferentes *Views* y *ViewGroups* que creemos deben estar formados por *layouts,* los cuales deben contener otros elementos que sean necesarios, como diferentes *widgets* y otros *layouts.*

 ## DEFINICIÓN

View
Objeto de la clase android.view.View. Será usada como clase base para los distintos contenedores y *widgets*, que serán los diferentes componentes que aparecerán en la pantalla. Esta contendrá los datos de la capa visual y nos permitirá establecer los diferentes *layouts.*

ViewGroup
Instancia de la clase Android.view.Viewgroup. Es un objeto especial de la clase *View* que se utiliza para controlar los diferentes *Views* u otros elementos *View-Groups.* Sirven para tratar como una sola entidad múltiples elementos visuales, y también como clase padre de los contenedores que usaremos en los diseños de nuestras aplicaciones.

Existen múltiples diseños de *layouts* en función de la posición que tomarán los elementos en la pantalla, y algunos de ellos serían:

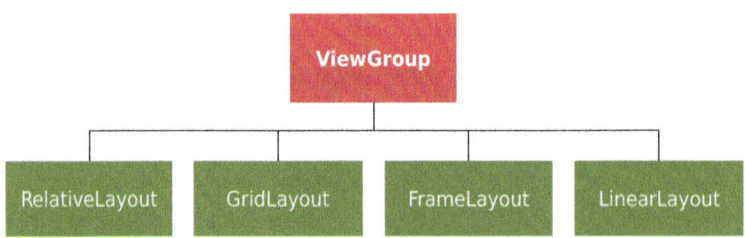

- ⮞ **RelativeLayout:** es un elemento de tipo *ViewGroup* que muestra las vistas que contenga con posiciones relativas. La posición de cada vista se puede especificar como relativa a elementos hermanos (como a la izquierda o debajo de otra vista) o en posiciones relativas al área principal del *RelativeLayout,* alineadas con la parte inferior, izquierda o centro. Es una interfaz muy útil para diseñar una interfaz de usuario porque puede eliminar grupos de vistas anidadas y mantener plana la jerarquía de diseño, lo que mejora el rendimiento.
- ⮞ **GridLayout:** es una vista de tipo contenedor que coloca a sus hijos en una cuadrícula rectangular. La cuadrícula se compone de un conjunto de líneas imaginarias que separan el área de visualización en celdas, las cuales están referenciadas por índices de cuadrícula. Una cuadrícula con un número de columnas tiene esas columnas más un índices de rejilla que van desde 0. Independientemente de la configuración de *GridLayout,* el índice de cuadrícula 0 se fija al borde anterior del contenedor y el índice más alto de la cuadrícula a su borde posterior (después de tener en cuenta el relleno que pudiese existir en su diseño).
- ⮞ **FrameLayout:** *FrameLayout* es una vista que está diseñada para bloquear un área en la pantalla para mostrar un solo elemento. En general, se debe usar *FrameLayout* para mantener una sola vista secundaria, ya que puede ser difícil organizar las vistas hijas de una manera que se pueda escalar a diferentes tamaños de pantalla sin que los elementos que contenga se superpongan entre sí. Sin embargo, podremos agregar varios hijos a un *FrameLayout* y controlar su posición dentro del *FrameLayout* asignando la gravedad a cada uno, usando el atributo android:layout_gravity. Las vistas de los hijos se dibujan en una fila, con elementos agregados más recientemente en la parte superior. El tamaño del *FrameLayout* será el tamaño de su elemento hijo mayor (más el relleno), visible o no (si el *FrameLayout* lo permite).
- ⮞ **LinearLayout:** es una vista de tipo *ViewGroup* que establecerá un diseño que organiza otras vistas, ya sea horizontalmente en una sola columna o verticalmente en una sola fila. En esta estableceremos el atributo

Android:orientation para especificar cómo se agruparán los elementos de tipo listado. Este siempre respetará los márgenes de los elementos que contenga, así como su gravedad.

La ventaja de usar XML para la creación de pantallas es que es un lenguaje que soporta la creación de elementos personalizados de manera sencilla y accesible. Con XML podemos definir elementos haciendo subclases de la clase *View,* y así crear nuestras vistas personalizadas, en las que cada fichero describe un diseño o *layout* (que representa una pantalla) y esta a su vez podrá contener múltiples elementos visuales.

NOTA

No debemos confundir *GridLayout* con *GridView,* ya que ambos son conceptos diferentes. La primera es una clase de tipo vista que coloca los elementos que contenga en una cuadrícula rectangular, mientras que la segunda es una clase *ViewGroup* que muestra elementos en una cuadrícula, pero de dos dimensiones.

La clase View es usada como clase base para los *widgets,* que son unas subclases ya implementadas que presentan los elementos en la pantalla. Existen *widgets* predefinidos que contienen sus propias medidas, pero también puedes crear los tuyos propios personalizados. La lista de *widgets* que puedes utilizar incluye: *Text, EditText, InputMethod, MovementMethod, Button, RadioButton, CheckBox y ScrollView.*

2.1. Atributos e ID

Los atributos son los parámetros que podemos establecer dentro de las diferentes etiquetas que encontremos. Estos servirán para establecer comportamientos de los componentes que los contengan y serán dependientes del tipo de etiqueta que lo contenga, ya que no todos los tipos de *Views* aceptan los mismos atributos. Estos podrían entenderse como representaciones de diferentes clases con distintos valores en sus atributos.

```
<application
    android:allowBackup="true"
    android:icon="@mipmap/ic_launcher"
    android:label="My Application"
    android:roundIcon="@mipmap/ic_launcher_round"
    android:supportsRtl="true"
    android:theme="@style/AppTheme">
```

Los atributos son los diferentes valores que se pueden establecer en nuestras clases Views y se corresponderían con los parámetros de nuestros métodos en Java.

Los ID o identificadores son un tipo de atributo que puede tener cualquier objeto *View* y que deberá ser único. Este, en el momento de compilar, es considerado como un número entero, pero siempre que nosotros lo asignemos lo haremos a través de un *String* como valor del atributo ID.

```
android:id="@+id/mi_identificador"
```

Cuando un recurso hace referencia a otro, este debe hacerlo a través del ID. En este caso no será necesario el símbolo más (+), pero sí el espacio de nombre del recurso correspondiente:

```
android:id="@android:id/mi_identificador"
```

El tipo de escritura es la que acabamos de presentar. Dentro de esta, el símbolo @ representará que debe identificarse el recurso de ID. El símbolo más (+) delante del ID sirve para que este ID sea considerado como nuevo dentro del archivo *R.java* y pueda ser incluido en este.

2.2. Archivo R de *Android*

Para entender para qué sirve este fichero, primero tenemos que tener claro el concepto de *recurso* dentro de nuestra aplicación. Todos los recursos de nuestra aplicación deben encontrarse dentro de la carpeta *res/* de nuestro proyecto.

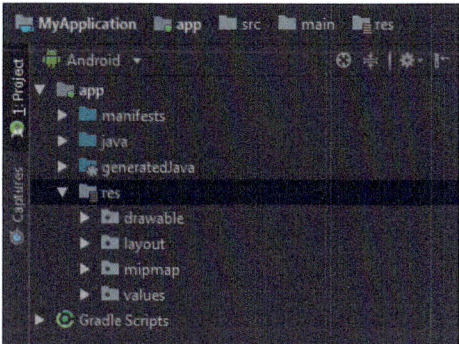

La carpeta res es la que contiene todos los recursos con los que contará nuestro proyecto para su uso.

Estos recursos pueden hacer referencia a imágenes, cadenas de textos, estilos, temas, etc., que la aplicación necesite a la hora de ejecutarse. Podemos ver un ejemplo de un fichero de recurso dirigiéndonos al fichero strings.xml, que se encuentra dentro de la ruta *res/values*. Este es el encargado de extraer y parametrizar los textos de la aplicación:

```xml
<?xml version="1.0" encoding="utf-8"?>
<resources>
  <string name="app_name">HolaMundo</string>
  <string name="action_settings">Settings<string>
  <string name="hello_world">Hello world!</string>
</resources>
```

Podemos observar que se trata de un fichero muy sencillo, en el cual se van añadiendo etiquetas *string* y estableciendo el nombre de esta y el valor de su contenido.

El archivo R.java, generado por AAPT, es el encargado de contener todos los ID de los recursos de tu directorio *res/*. En él se guarda un valor entero, o el equivalente al *string* que introduzcamos como ID, que posteriormente usará *Android* para recuperar el recurso. Es muy importante no modificar nunca a mano el fichero *R.java*, ya que este es controlado por el propio *framework* de manera automática, y cambiar un identificador que viene por defecto puede hacerte perder el control sobre los elementos que has introducido.

DEFINICIÓN

AAPT

El *Android Asset Packaging Tool* es la herramienta de empaquetado de recursos de *Android*. Esta es una parte del *SDK* y nos permite ver, crear y modificar los archivos compatibles con *ZIP*, como *APK*. También se utiliza para compilar recursos binarios y es el constructor base de las aplicaciones *Android*.

- -

3. Uso de vistas

 **HILO CONDUCTOR**

En Digital Mushroom, S. L., están tratando de ampliar el personal, y en esta ocasión buscan una persona que sepa manejarse con soltura dentro de las vistas y diseños XML. En las entrevistas han conocido a varios candidatos, pero ninguno les ha gustado más que Laura, quien realizó de manera brillante la prueba técnica que le habían propuesto. En esta tuvo que crear una vista de *Android* y usar tres componentes de la pantalla.

- -

Hemos visto cómo cada actividad que construyamos dependerá de una interfaz de usuario, la cual se consigue a través del uso de objetos Vista o *View* y diferentes grupos de vistas o *ViewGroup*. Aunque se puede instanciar una clase *View* desde nuestro código Java, la forma más común y sencilla de usarlo será a través del archivo de diseño XML asociado a nuestro proyecto.

Este fichero puedes verlo en la aplicación que se te crea por defecto en *Android Studio*. Este se encuentra en la ruta *res/layout* y será nombrado como *activity_main.xml*. Este fichero presentará la siguiente estructura:

```xml
<?xml version="1.0" encoding="utf-8"?>
<android.support.constraint.ConstraintLayout
xmlns:android="http://schemas.android.com/apk/res/
android"
```

Continúa en página siguiente >>

<< Viene de página anterior

```
xmlns:app="http://schemas.android.com/apk/res-auto"
xmlns:tools="http://schemas.android.com/tools"
android:layout_width="match_parent"
android:layout_height="match_parent"
tools:context=".MainActivity">
<TextView
   android:layout_width="wrap_content"
   android:layout_height="wrap_content"
   android:text="Hello World!"
   app:layout_constraintBottom_toBottomOf="parent"
   app:layout_constraintLeft_toLeftOf="parent"
   app:layout_constraintRight_toRightOf="parent"
   app:layout_constraintTop_toTopOf="parent" />
</android.support.constraint.ConstraintLayout>
```

En *Android Studio* este tipo de ficheros tiene dos maneras de visualizarse. En primer lugar, haciendo doble clic desde el fichero, nos aparecerá la vista de diseño de *Android Studio,* que servirá para crear de manera más visual el diseño de nuestras vistas.

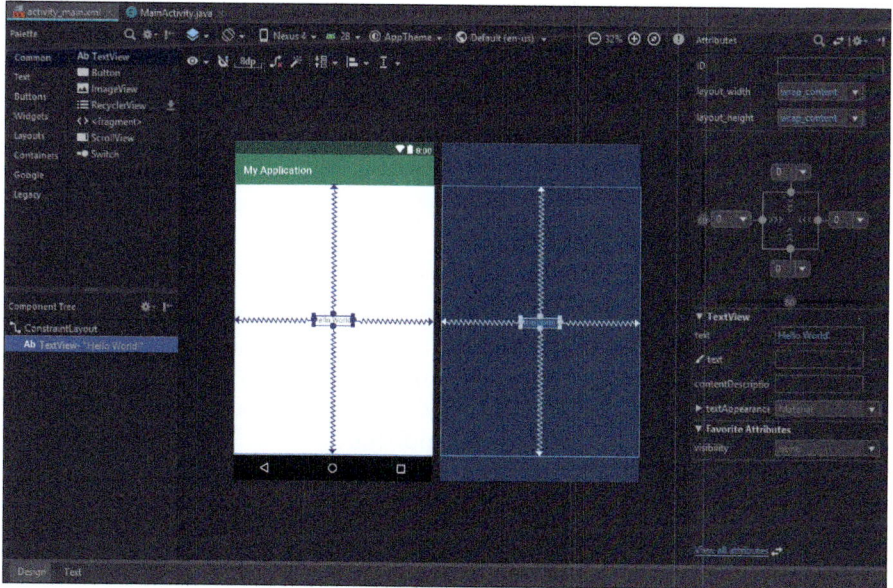

La vista de diseño de Android Studio para nuestros archivos de diseño de XML nos permite arrastrar elementos y moverlos a través de la interfaz de nuestra aplicación.

En segundo lugar, aparecerá la opción *Text,* en la cual encontraremos la parte más interesante, nuestro código XML. Centrémonos en el elemento *TextView* que presenta el mensaje "¡Hola Mundo!" como texto:

```
<TextView
    android:layout_width="wrap_content"
    android:layout_height="wrap_content"
    android:text="Hello World!"
    app:layout_constraintBottom_toBottomOf="parent"
    app:layout_constraintLeft_toLeftOf="parent"
    app:layout_constraintRight_toRightOf="parent"
    app:layout_constraintTop_toTopOf="parent" />
```

En el código anterior se muestra un tipo *View* que será visualizado en la aplicación: el tipo *TextView.* Este solo deberá tomar el ancho y largo *(width y heigth)* que se defina en los atributos de su interior. En este caso, el ancho y largo que tomará será establecido como *wrap_content,* lo cual establece que este texto se limitará a medir lo necesario para mostrar su contenido.

DEFINICIÓN

Atributos de *layout*
Son los que comienzan con la etiqueta *layout_*. Dependen de la clase *LayoutParams*, que tiene grandes utilidades en nuestras vistas. Será estudiada en las unidades siguientes de este manual.

- -

El vocabulario XML permite añadir elementos o *widgets* dentro de un fichero que deberá contener un único elemento como elemento raíz. Este elemento principal deberá ser un objeto *View* o *ViewGroup.* A este elemento será al que se irán agregando los distintos *widgets* u otras vistas, creando estas una jerarquía de vistas que vayan definiendo tus diseños.

3.1. Cargar el recurso XML

Siempre debemos crear los recursos que usaremos en nuestras aplicaciones en ficheros XML diferentes, manteniendo de manera independiente a nuestros códigos Java de nuestras vistas. Esto es recomendable, ya que así también podremos guardar diferentes imágenes para distintas configuraciones, como, por ejemplo, distintas resoluciones de pantalla.

Los diferentes archivos de recursos deben estar colocados en sus correspondientes directorios; dentro de la raíz de la aplicación hay una carpeta que se denomina *res/*. En ellas encontrarás o deberás crear las diferentes carpetas que contendrán los recursos de los que dispondrás a lo largo del desarrollo de las vistas.

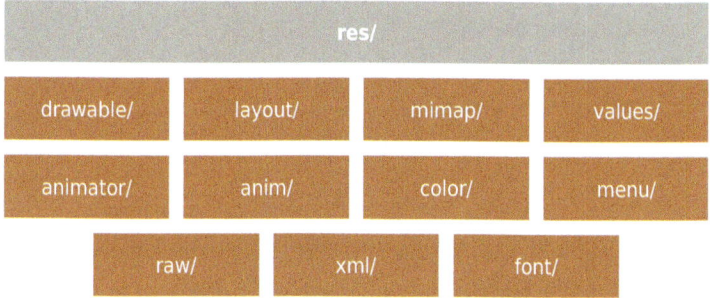

- **drawable/:** es la ruta en la cual estableceremos el almacenaje de todos los recursos de tipo imagen que encontraremos en nuestra aplicación. En este archivo debemos encontrar archivos con extensiones como .png, .jpg, .gif, etc.
- **layout/:** esta es la ruta en la que encontraremos los diferentes recursos de diseño con los cuales podremos interactuar a lo largo de nuestra aplicación. Contendrá todos los componentes de tipo *View* que mostraremos a lo largo de esta.
- **mimap/:** contendrá recursos de tipo icono con distinta resolución, que serán usados en los lanzadores e instalables de la aplicación, siendo recursos que se administran durante la creación del proyecto.
- **values/:** dentro de esta ruta encontraremos diferentes archivos XML que contienen valores simples, como *strings,* valores enteros y colores. Dentro de estos podemos encontrar varios ficheros prestablecidos que usaremos continuamente en el transcurso del desarrollo de aplicaciones, *arrays* para diferentes arreglos, colors.xml para valores de color, dimens.xml para valores de dimensión, strings.xml para cadenas de texto y styles.xml para los distintos estilos.

- **animator/:** contendrá diferentes archivos XML que definen distintas propiedades de las animaciones.
- **color/:** es la ruta donde almacenaremos los distintos valores de los colores que usaremos en nuestra aplicación.
- **menu/:** contendrá diferentes recursos XML de tipo menú, que definirán los menús de las diferentes aplicaciones, como menús de opciones, contextuales o submenús.
- **raw/:** contendrá diferentes elementos arbitrarios que no estarán procesados.
- **xml/:** pensada para contener distintos ficheros XML arbitrarios, que se podrán leer en tiempo de ejecución.
- **font/:** en la carpeta /font encontraremos todos los recursos de fuentes personalizadas que usaremos a lo largo del desarrollo de nuestras aplicaciones. Dentro se guardarán archivos de fuentes individuales (en formato .ttf, .ttc, .otf) o distintas colecciones de fuentes guardadas en archivos con extensión XML.

PARA SABER MÁS

Si quieres obtener más información sobre alguno de los directorios anteriormente expuestos, puedes hacerlo accediendo desde aquí:

drawable/	layout/
https://redirectoronline.com/ifcd059po0601	*https://redirectoronline.com/ifcd059po0602*

Continúa en página siguiente >>

<< Viene de página anterior

mimap/	animator/

https://redirectoronline.com/ifcd059po0603

https://redirectoronline.com/ifcd059po0604

anim/	color/

https://redirectoronline.com/ifcd059po0605

https://redirectoronline.com/ifcd059po0606

menu/	raw/

https://redirectoronline.com/ifcd059po0607

https://redirectoronline.com/ifcd059po0608

Continúa en página siguiente >>

<< Viene de página anterior

https://redirectoronline.com/ifcd059po0609

Estos diferentes directorios mantienen un orden en las rutas que usará *Android* para acceder a ellas.

Cada vez que vayas a compilar tu aplicación, *Android* usará el recurso preciso para la configuración más adecuada. Este interpreta cada archivo XML como un recurso de la clase *View*. Esta *View* debe ser cargada desde el código a través de los recursos que nos proporciona *Android,* en este caso el uso del método *setContentView(),* que es invocado por el propio *framework Android* al llamar al método *onCreate()* de nuestra actividad.

NOTA

No debemos agregar nunca ningún tipo de recurso a la carpeta principal de los recursos *res/,* ya que, si llegamos a compilar nuestra aplicación con algún archivo que no corresponda, sufriremos un error de compilación.

Veamos un ejemplo de cómo se implementaría el método *onCreate()* de una nueva actividad en la cual quisiéramos cargar la vista anterior:

```
protected void onCreate(Bundle savedInstanceState) {
  super.onCreate(savedInstanceState);
  setContentView(R.layout.activity_main);
}
```

O también podríamos instanciar un recurso en código a través del uso de las distintas funciones que nos ofrece la clase pública *Resources* del paquete *android.content.res.Resources,* que se utiliza para acceder y recuperar los recursos de nuestra aplicación. Para acceder a una instancia de esta usamos la función *getResources().*

3.2. Acceso a recursos

Ahora que ya sabemos cómo se proporcionan distintos recursos a tu aplicación, podemos ver cómo recuperaremos y accederemos a estos para su utilización. Como hemos visto anteriormente, la clase *R* es generada en el momento en el cual se crea una compilación de nuestra aplicación. En este fichero se guardarán las referencias a cada uno de los recursos que añadamos a nuestro proyecto.

La clase R es una clase que nos proporciona todos los atributos de tipo ID que tiene cada elemento, usando estos para identificarlo del resto de elementos del sistema.

Para recuperar tu recurso, no es necesario buscar dentro de la clase *R* de *Android,* simplemente tendremos que entender cómo está formado el ID del recurso:

Tipo de recurso
- Los diferentes recursos que podemos encontrar en *Android* se guardan en carpetas que los unen por el tipo de recurso que sean estos, como hemos visto anteriormente.

Nombre del recurso
- Este es el nombre del archivo (sin la extensión) o, en caso de ser un *String*, el valor en su atributo *android:name*.

Teniendo esta información sobre los recursos, podremos acceder a ellos a través del XML o de código, siempre mediante la invocación de la clase *R*. La primera expresión corresponderá al XML y la segunda al estilo programático:

```
@string/mi_texto
R.string.mi_texto
```

En estos casos *String* sería el tipo del recurso que trataríamos de recuperar, y el valor *mi_texto* sería el nombre del ID al que haremos referencia.

SABÍAS QUE...

Cuando queremos hacer referencia a un atributo de estilo del tipo attr, la sintaxis es casi idéntica a la que hemos mostrado para cualquier recurso, pero deberemos sustituir el símbolo de arroba (@) por un signo de interrogación (?).

ACTIVIDAD COMPLEMENTARIA

29. Almacena un recurso de tipo .png o .jpg que tengas en tu ordenador, el cual debes guardar en la carpeta precisa. Después, sobre una nueva aplicación

Continúa en página siguiente >>

<< Viene de página anterior

vacía, lo estableces como fondo del elemento principal del que esté formado su archivo *activity_main.xml*.

Añade el código *android:background="@drawable/x"* al recurso *ViewGroup* principal, siendo x el nombre de la imagen que hayas guardado.

---

4. Añadir vistas

 HILO CONDUCTOR

En Digital Mushroom, S. L., Laura es la nueva empleada, y como el trabajo se acumula para nuestros socios, está preparándose para comenzar a trabajar cuanto antes. La primera tarea que le han asignado es la creación y adición de las nuevas vistas que ha pedido el cliente. Estas son sencillas, pero requieren de una persona que conozca la manera más óptima de realizar esta tarea.

Hemos visto cómo se invoca a la clase *R*, pero hemos de ver dónde es oportuna pasarla como dato y por qué. Como ya sabes, cada clase *Activity* representa una pantalla de nuestra aplicación, que se compondrá de diferentes elementos que mostraremos al usuario. Para asignar a cada actividad el recurso *layout* que debe mostrar, usaremos el método *setContentView()*. Los elementos de la IU estarán declarados en el fichero XML, bajo un nombre de fichero como *activity_main.xml*. Entonces la actividad llamará a este fichero y lo enlazará a sí mismo a través de un código como el siguiente:

```
setContentView(R.layout.activity_main);
```

Esta llamada se debe producir en el método *onCreate()* de nuestra Actividad, ya que cuando se crea la aplicación se compilará cada componente de recurso *layout* en un nuevo recurso *View*.

 **RECUERDA**

onCreate(Bundle savedInstanceState) es el método que representa el primer paso del ciclo de vida de la actividad. El *framework Android* llama a este método en el momento en el cual la actividad es lanzada por primera vez.

- -

Para poder ver un ejemplo en el que incluimos una vista desde un código de recurso XML a nuestra actividad principal, podemos dirigirnos a la aplicación que crea *Android Studio* por defecto cuando creamos un proyecto vacío. Dentro de esta hemos de dirigirnos al archivo MainActivity.java. Fijémonos en el código que encontramos al inicio de nuestro método *onCreate():*

```
@Override
protected void onCreate(Bundle savedInstanceState) {
  super.onCreate(savedInstanceState);
  setContentView(R.layout.activity_main);
}
```

En la primera línea estaremos llamando al constructor de la clase padre para pasarle un objeto *Bundle* con la posible información necesaria. La segunda línea es la que cargará nuestro diseño asociándolo a dicha actividad, es decir, ligando el diseño del archivo de recurso *activity_main.xml* a nuestra actividad *MainActivity.java*.

Dentro de este diseño encontraremos un componente de texto de tipo *TextView* en el cual se lee la cadena de texto "Hello World!". En nuestra actividad no ha sido necesario inicializar este componente, ya que no deseamos interactuar con él, pero en caso de querer hacerlo, hemos de realizarlo de la siguiente manera.

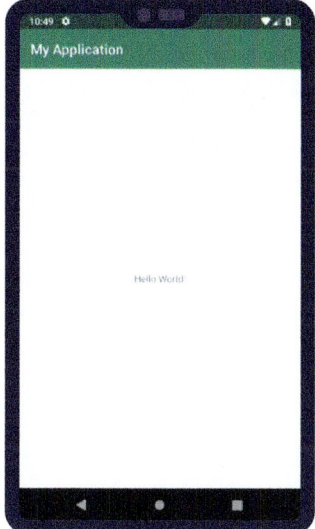

Cuando creamos una aplicación vacía desde cero, Android Studio crea por defecto un texto de ejemplo realizando un saludo.

4.1. Modificar elementos programáticamente

Para poder capturar y modificar o recuperar información de los diferentes componentes que compondrán nuestra vista, hemos de recurrir al uso del método *findViewById()*, que acepta como parámetro de entrada el ID de nuestro recurso, encontrando este a través de la clase *R* de *Android*.

El método *findViewById()* es una llamada a una función que devuelve una referencia de la clase *View,* es decir, la vista que se asocia a través de un *LayoutInflater* utilizando el diseño inflable. Pero, ¿qué es un *LayoutInflater?*

 DEFINICIÓN

Inflar

La acción de inflar dentro del *framework* de programación *Android* hace referencia al hecho de añadir o adjuntar una nueva jerarquía de vistas *(Views* de diseño) con los distintos atributos del *ViewGroup* contenedor. Esto quiere decir que estamos comunicando a la clase contenedora qué atributos debe respetar para pintar o *inflar* a los elementos que contiene.

La clase *LayoutInflater* nos ayuda a convertir una vista en un objeto java y será creado haciendo mención a la función *findViewById()*, usando la referencia de la vista. Este tipo de componente inflador se usa principalmente en Fragmentos porque, a diferencia de las Actividades, los Fragmentos no tienen ningún objeto, no se pueden instanciar. Su ciclo de vida depende totalmente de las actividades en las que se crean.

Si en nuestro fichero *layout* principal *activity_main.xml* añadimos un ID a nuestro texto, podremos posteriormente capturar este desde nuestra *Activity* principal:

```
<TextView
  android:id="@+id/mi_texto"
  android:layout_width="wrap_content"
  android:layout_height="wrap_content"
  android:text="Hello World!"
  app:layout_constraintBottom_toBottomOf="parent"
  app:layout_constraintLeft_toLeftOf="parent"
  app:layout_constraintRight_toRightOf="parent"
  app:layout_constraintTop_toTopOf="parent" />
```

Entonces ya tendremos identificado nuestro componente *View* en nuestra clase *R,* a través de la cual podremos capturarlo inflando nuestra vista. En la actividad principal *MainActivity.java* añadimos la siguiente sentencia en nuestro *onCreate():*

```
TextView miTexto = findViewById(R.id.mi_texto);
```

Ya tendremos instanciado como objeto nuestro componente para poder acceder a todos los métodos que guarda para poder trabajar con él. Si quisiésemos modificar el texto y el tamaño del *TextView* que establecimos en nuestro diseño XML, lo podremos hacer con las siguientes sentencias, las cuales se escriben a continuación de la declaración del objeto, dentro del método *onCreate():*

```
TextView miTexto = findViewById(R.id.mi_texto);
miTexto.setText("Soy un ejemplo de aviso!");
miTexto.setTextColor(Color.parseColor("#A80000"));
```

Cuando capturamos e instanciamos los elementos que encontramos en nuestros diseños XML, podemos realizar el cambio de los valores de sus atributos.

Como hemos visto, es posible trabajar con nuestros componentes a través de la declaración de estos como objetos de manera programática.

4.2. Añadir vistas programáticamente

Si deseamos añadir recursos de tipo vista de manera programática, contamos con suficientes herramientas para ello. En concreto, hay dos métodos que se usan para fines similares pero distinguidos:

addView()
- Es un método que pertenece a la clase *ViewGroup*, por lo que cualquier vista de tipo contenedor podrá usarla. Sirve para establecer el enlace de una nueva clase *View* creada desde otra fuente a nuestra aplicación. Si ya hay parámetros de diseño establecidos en el elemento que se está añadiendo, los parámetros predeterminados para esta clase *ViewGroup* se configuran en el elemento secundario.

addContentView()
- A diferencia del anterior, es un método contenido por cualquier clase *Activity*. Sirve para añadir una vista de contenido adicional a la actividad. Estas serán incluidas siempre después de las vistas ya existentes en la actividad.

Para entender en acción el uso de cada uno de ellos, podemos seguir modificando nuestra clase *MainActivity.java*, para añadir una nueva *ViewGroup LinearLayout* y, dentro de esta, un botón:

```
LinearLayout nuevaView = new LinearLayout(this);
LinearLayout.LayoutParams parametros =
  new LinearLayout.LayoutParams(
     LinearLayout.LayoutParams.WRAP_CONTENT,
     LinearLayout.LayoutParams.WRAP_CONTENT,
     LinearLayout.MarginLayoutParams.MATCH_PARENT
     );
Button nuevoBoton = new Button(this);
nuevoBoton.setText("Soy un botón");
nuevaView.addView(nuevoBoton);
addContentView(nuevaView, parametros);
```

Podremos añadir a través de los métodos addView y addContentView nuevos grupos de vistas o widgets concretos de manera fácil y sencilla.

En este ejemplo vemos cómo crear diferentes elementos y añadirlos posteriormente a nuestros diseños. De manera programática podremos trabajar también con nuestros elementos, pero se recomienda siempre que la inicialización de estos y su definición se haga a través de ficheros de recursos XML. De este modo, ganaremos en modularidad y orden en nuestras aplicaciones si mantenemos las lógicas por un lado y los diseños por otros.

 TAREA 13

Manuel realiza el mantenimiento de diferentes aplicaciones, dentro de las cuales le ha llegado una dedicada al mundo bancario. En esta se debe realizar el desarrollo de una interfaz gráfica que se complete con un listado de datos de tipos de cuentas en forma de *array*, y que tengan forma de cuadrícula. Estos datos serán:

- Cuenta corriente.
- Cuenta de ahorro.
- Cuenta nómina.

Ayuda a Manuel a realizar una interfaz de tipo contenedor en forma de cuadrícula, en la cual el diseño sea libre, pero debe poderse realizar la consulta de estos datos.

----

5. Utilizar *ListActivity*

☞ HILO CONDUCTOR

Dentro de las nuevas vistas de la aplicación, Laura encuentra una vista *layout* que contiene un listado. Su primer deseo es crear un elemento *ListView* independiente que pueda ser llamado desde la actividad oportuna. Pero entonces recuerda que hay una clase que ya viene preparada para mostrar listados a través de elementos *ListViews:* los *ListActivities.*

- -

ListActivity es un tipo de actividad que muestra un listado de elementos enlazado. Esta es una subclase de *Activity* que incluye un objeto *ListView.* A través de esta clase podemos crear una actividad de tipo listado en nuestra aplicación con la capacidad de conectarse a diferentes fuentes de datos (cursores o *Arrays)* y mostrarse como un conjunto de elementos en forma de lista. En realidad, el uso de la clase *ListActivity* nos proporciona una forma más simplificada de manejar la lista de elementos porque contiene una *ListView* por defecto.

En nuestro ejemplo, vamos a crear una nueva aplicación vacía, de la que extenderemos su MainActivity.java principal de la clase *ListActivity.*

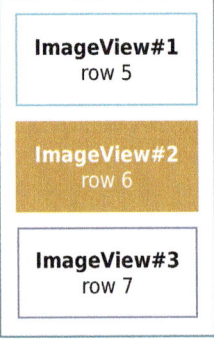

Una actividad de tipo lista estará pensada para cargar un listado de elementos, que se irá mostrando por pantalla según el usuario vaya realizando scroll sobre esta.

5.1. Uso de la interfaz *Adapter*

Hemos visto que las vistas contenedor se rellenan con listados de datos. Estos datos seguramente sean dinámicos y vayan a crearse unos y desaparecer otros a lo largo de la vida de la aplicación. Como esto es así, debemos siempre tratar de que nuestros datos se usen para gestionar esta carga de manera dinámica. Esto quiere decir que rellenaremos nuestros contenedores con datos que podrán ser distintos cada vez que se cargue la vista, siendo esta vista siempre estática.

Por ejemplo, si queremos realizar la creación de un objeto *ArrayAdapter,* lo haremos teniendo en cuenta que necesitaremos, por un lado un grupo de datos, que explicaremos en adelante, y por otro crear un *layout* llamado *item.xml* en la carpeta *res/layout,* poniendo como elemento raíz de este la etiqueta *LinearLayout.* Nosotros veremos este ejemplo creando una nueva aplicación que nos haga elegir nuestra serie favorita entre un listado que presentamos. Nuestro elemento *item.xml* contendrá el siguiente código:

```xml
<?xml version="1.0" encoding="utf-8"?>
<LinearLayout xmlns:android="http://schemas.android.
com/apk/res/android"
  android:layout_width="match_parent"
  android:layout_height="match_parent"
  android:orientation="vertical" >
  <TextView
  android:id="@+id/txt_serie"
  android:layout_width="wrap_content"
  android:layout_height="wrap_content"
  android:layout_margin="10dp"
  android:textSize="16sp"
  android:textStyle="bold"
  android:textColor="#6f006f" />
</LinearLayout>
```

De momento solo con este elemento no podremos hacer nada, así que debemos realizar el desarrollo de nuestra clase *MainActivity.java,* que se encargará de inicializar el listado y asignar los valores oportunos a este a través de la creación de un objeto *ArrayAdapter* nativo:

```java
import android.app.ListActivity;
import android.os.Bundle;
import android.view.View;
import android.widget.ArrayAdapter;
import android.widget.ListView;
import android.widget.TextView;

public class MainActivity extends ListActivity {
  private TextView preferida;
  private String[] listaSeries = {
    "Juego de Tronos",
    "Vikingos",
    "Mr. Robot",
    "Big Bang Theory",
    "Narcos"
  };
  @Override
  protected void onCreate(Bundle savedInstanceState) {
    super.onCreate(savedInstanceState);
    setContentView(R.layout.activity_main);
    preferida = findViewById(R.id.txt_elegido);
    ArrayAdapter<String> miAdapter = new
    ArrayAdapter(this,
        R.layout.item, R.id.txt_serie, listaSeries);
    setListAdapter(miAdapter);
  }

  @Override
  protected void onListItemClick(ListView list, View
  view, int position, long id) {
    super.onListItemClick(list, view, position, id);
    String seleccionado = (String) getListView().
    getItemAtPosition(position);
    preferida.setText("La serie preferida elegida es "
    + seleccionado);
  }
}
```

Podemos ver cómo el objeto *ArrayAdapter* es el encargado de ir rellenando y proporcionando las diferentes listas de tipo *item.xml* dentro de la cual cargaremos un texto en su *TextView* con id *txt_serie,* que mostrará el texto de cada uno de los ítems del *array*. Este adaptador se incluye al listado con clave *@android:id/list,* que estará contenido por el *layout* de la actividad principal. Este debe obligatoriamente contener un componente *ListView* con la clave anterior:

```xml
<RelativeLayout xmlns:android="http://schemas.
android.com/apk/res/android"
  xmlns:tools="http://schemas.android.com/tools"
  android:layout_width="match_parent"
  android:layout_height="match_parent"
  tools:context=".MainActivity">
  <TextView
    android:id="@+id/titulo"
    android:layout_width="wrap_content"
    android:layout_height="wrap_content"
    android:text="Elige tu serie preferida"
    android:textSize="20dp"
    android:textStyle="bold" />
  <ListView
    android:id="@android:id/list"
    android:layout_width="wrap_content"
    android:layout_height="wrap_content"
    android:layout_below="@id/titulo"
    android:background="@color/colorPrimary" />
  <TextView
    android:id="@+id/txt_elegido"
    android:layout_width="wrap_content"
    android:layout_height="wrap_content"
    android:layout_below="@android:id/list"
    android:text="" />
</RelativeLayout>
```

Sobre los elementos sobre los cuales realizaremos las funcionalidades básicas de nuestra aplicación, hemos creado un texto que, según se capture el evento de clic en alguno de los elementos del listado, este pasa la información sobre el elemento pulsado y lo establece como opción de serie preferida en el texto mostrado. Cuando pulsemos sobre un elemento de nuestro *ListView,* este texto cambiará.

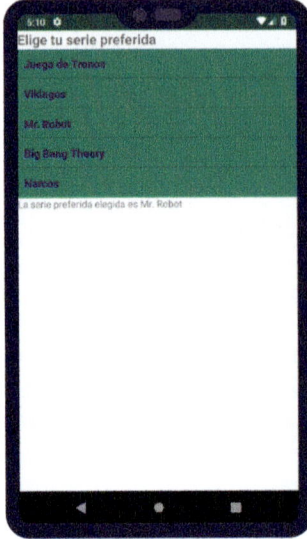

Podemos usar ListView y ListAcitivty para realizar una acción concreta cuando se realiza el evento de pulsado sobre él.

En este caso hemos decidido usar una clase *Adapter* propia del *framework Android,* como es *ArrayAdapter,* pero en caso de que necesitásemos que se estableciese un elemento ítem con varios componentes que debemos tratar de formas particulares, deberíamos realizar un *Adapter* personalizado.

Ejemplo de Adapter personalizado

La interfaz *Adapter* se implementará en las distintas clases que usemos para controlar la carga de elementos dentro de nuestras vistas dinámicas. El *Android SDK* nos ofrece distintas clases *Adapter* ya preparadas para distintos casos y componentes concretos, como *ArrayAdapter* o *SimpleCursorAdapter,* pero vamos a ver cómo crear nuestra propia clase que implemente la interfaz *Adapter* para poder entender cada una de las funcionalidades que esta realiza.

Para comprender mejor el uso que haremos de la interfaz *Adapter,* desarrollaremos una extensión del ejemplo anterior, sobre el cual pudimos ver estas distintas partes. Sobre nuestro proyecto anterior vamos a realizar la creación de dos nuevas clases. La primera de ellas será una clase denominada Serie, que definirá la información que podemos tener de una serie, la cual será el título y el número de temporadas:

```java
public class Serie {
  private String titulo;
  private int numTemporadas;

  public Serie(String titulo, int numTemporadas) {

    this.titulo = titulo;
    this.numTemporadas = numTemporadas;
  }
  public String getTitulo() {
    return titulo;
  }
  public void setTitulo(String titulo) {
    this.titulo = titulo;
  }
  public int getNumTemporadas() {
    return numTemporadas;
  }
  public void setNumTemporadas(int numTemporadas) {
    this.numTemporadas = numTemporadas;
  }
}
```

 SABÍAS QUE...

Para generar de manera automáticas los métodos *get* y *set* de una clase nueva, podemos hacerlo automáticamente desde *Android Studio* pulsando sobre el nombre del atributo sobre el cual queramos construir los métodos con el botón secundario, y seleccionando la opción del menú *Generate...* Esta opción nos permitirá realizar la creación automática de distintos componentes útiles en una clase que se está definiendo.

También modificaremos nuestro recurso item.xml, ya que este deberá mostrar un nuevo dato más: el número de temporadas. Para hacer esto incluiremos a continuación de nuestro elemento *txt_serie* un nuevo *TextView* con el siguiente código:

```
<TextView
  android:id="@+id/num_temporadas"
  android:layout_width="wrap_content"
  android:layout_height="wrap_content"
  android:layout_margin="10dp"
  android:textSize="12sp"
  android:textStyle="bold"
  android:textColor="#6f006f" />
```

A los recursos de tipo layout que usaremos para representar una entrada de un listado los definiremos normalmente como row.xml o item.xml.

Hemos mencionado que se realizará la creación de dos nuevas clases. La segunda clase nueva que hemos de crear será nombrada como *MiAdapter. java,* y será la encargada de realizar el funcionamiento oportuno de recibir las distintas clases Serie que necesitemos para mostrar cada dato en su elemento de diseño oportuno. Esta clase se definirá de la siguiente manera:

```
import android.content.Context;
import android.view.LayoutInflater;
import android.view.View;
import android.view.ViewGroup;
import android.widget.ArrayAdapter;
import android.widget.TextView;
import java.util.ArrayList;

public class MiAdapter extends ArrayAdapter<Serie> {
  private ArrayList<Serie> listadoSeries;

  public MiAdapter(Context contexto, ArrayList<Serie>
  listaSeries) {
    super(contexto, 0, listaSeries);
```

Continúa en página siguiente >>

<< Viene de página anterior

```
        listadoSeries = listaSeries;
    }


    @Override
    public View getView(int position, View listItem,
    ViewGroup parent) {
        if (listItem == null)
            listItem = LayoutInflater.from(getContext()).
            inflate(R.layout.item, parent, false);
        Serie serie = listadoSeries.get(position);
        TextView titulo = listItem.findViewById(R.id.txt_
        serie);
        titulo.setText(serie.getTitulo());
        TextView numTemporadas = listItem.findViewById(R.
        id.num_temporadas);
        numTemporadas.setText("Número de temporadas: " +
        serie.getNumTemporadas());

        return listItem;
    }
}
```

En esta constaremos de un adaptador personalizado que podrá gestionar una *ArrayList* de tipo *Serie,* la clase que creamos anteriormente. Para realizar la invocación de este solo tendremos que modificar unos códigos más dentro de nuestra clase *MainActivity.java* anterior, en la que cambiaremos la declaración de nuestro *array* por una *ArrayList* llamado *listaSeries* que contendrá un objeto de tipo *Serie* por cada uno de los elementos que queramos incluir. También realizaremos la modificación de la creación de nuestro *adapter,* que ahora será de tipo *MiAdapter* y usará el contexto y el *ArrayList* creado para inicializarse y quedar enlazado con el listado:

```
import android.app.ListActivity;
import android.os.Bundle;
import android.view.View;
import android.widget.ListView;
```

Continúa en página siguiente >>

<< Viene de página anterior

```
import android.widget.TextView;
import java.util.ArrayList;

public class MainActivity extends ListActivity {
  private TextView preferida;
  private ArrayList<Serie> listaSeries = new ArrayList();

  @Override
  protected void onCreate(Bundle savedInstanceState) {
     super.onCreate(savedInstanceState);
     setContentView(R.layout.activity_main);
     preferida = findViewById(R.id.txt_elegido);

     listaSeries.add(new Serie("Juego de Tronos", 8));
     listaSeries.add(new Serie("Vikingos", 5));
     listaSeries.add(new Serie("Mr. Robot", 3));
     listaSeries.add(new Serie("Big Bang Theory", 12));
     listaSeries.add(new Serie("Narcos", 3));
     MiAdapter miAdapter = new MiAdapter(this,
     listaSeries);
     setListAdapter(miAdapter);
  }

  @Override
  protected void onListItemClick(ListView list, View view,
  int position, long id) {
     super.onListItemClick(list, view, position, id);
     Serie serieElegida = (Serie) getListView().
     getItemAtPosition(position);
     preferida.setText("La serie preferida elegida es " +
     serieElegida.getTitulo());
  }
}
```

También hemos realizado la modificación de la llamada en el evento *onLis-tItemClick,* ya que ahora debemos realizar un *casting* de la vista como un objeto del tipo Serie y rellenar el texto de preferencia con el método getTi-tulo de nuestro objeto. Con esto podremos ejecutar nuestra aplicación para mostrar una imagen similar a la siguiente:

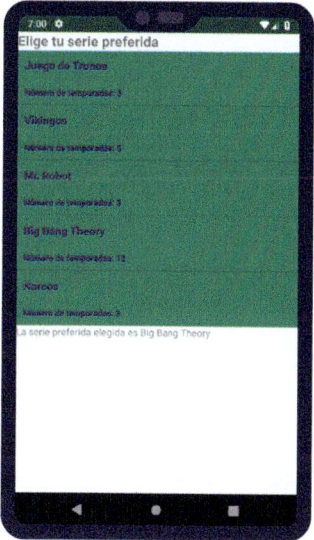

Cuando creamos un adaptador personalizado, podemos enlazar diferentes componentes de diseño a distintos listados.

6. Agregar *ListView*

☞ HILO CONDUCTOR

En Digital Mushroom, S. L., están tratando de ampliar la aplicación que tanto les ha beneficiado, por lo cual han contratado a una nueva empleada, Laura, experta en la parte visual de la aplicación. En la pantalla de creación de evento han encontrado un Listado que tienen que organizar, pero al ser este muy sencillo, Laura no desea crear una actividad completa de tipo *ListActitvity*, así que ha decidido crear un componente simple de tipo *ListView* y capturar este a través del ID que se le establezca.

- -

Al igual que tenemos diferentes *widgets* recurrentes a lo largo de nuestras vistas como *TextView* o *Button,* el *widget ListView* es otro de los *widgets* más usados para nuestros diseños dentro de *Android.* Este representará un elemento listado, en el que los datos se insertarán automáticamente a través de un adaptador, el cual extraerá el contenido de la fuente que le digamos. Este permite la configuración de sus valores a través de los atributos que acepta:

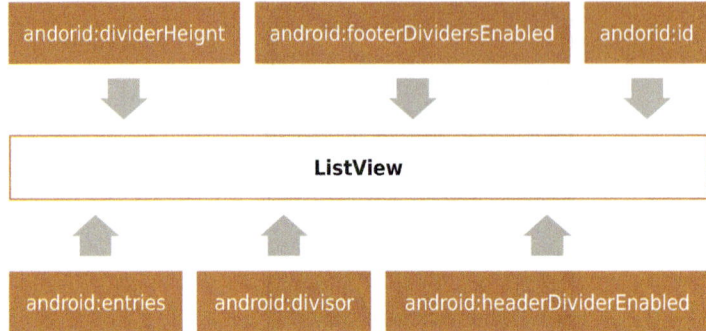

- **android:id:** será el ID que identifica de forma única el diseño de nuestra lista.
- **android:divisor:** este atributo dibujará un divisor entre los elementos de la lista.
- **android:dividerHeight:** contendrá el valor de la altura de separación, la cual podría estar en px, dp, sp, in o mm.
- **android:entries:** definirá las referencias a un recurso de tipo matriz o *List* que llenará el *ListView* con sus distintos elementos.
- **android:footerDividersEnabled:** establece la visualización del elemento separador que encontramos al final de cada entrada del listado.
- **android:headerDividerEnabled:** es igual que el anterior, lo que sucede es que el elemento que se mostrará o no, dependiendo de si su valor está establecido en *true* o *false*, es el separador que encontramos en la cabecera de cada elemento.

Android proporciona varias subclases de Adaptador que son útiles para recuperar diferentes tipos de datos y crear vistas para un *AdapterView* (es decir, *ListView* o *GridView*). Los adaptadores comunes son *ArrayAdapter, BaseAdapter, CursorAdapter, SimpleCursorAdapter, SpinnerAdapter* y *WrapperListAdapter*.

6.1. Agregar un *ListView* de manera programática

En el apartado anterior hemos estudiado cómo podemos crear un listado a través de la actividad *ListActivity,* que nos proporcionaba un elemento *ListView* con el cual trabajaremos a través de su ID predefinido para que *ListActivity* trabaje de manera semiautomática sobre él.

Si no contamos con el soporte que nos proporciona el *ViewGroup ListActivity* y solo deseamos usar ListView como un objeto, debemos definir este con un

ID personalizado en nuestro recurso de tipo *layout* XML, capturando su ID a través de código de la siguiente manera:

```
ListView miListView = (ListView) findViewById(R.
id.mi_list_view);
```

Para poder ver cómo realizamos esto, podemos usar el mismo contenedor de datos que teníamos en nuestra aplicación anterior antes de crear nuestra clase Serie, pero vamos a diseñar un ejemplo nuevo sobre el que se mostrará un *ListView* de manera programática.

NOTA

Cuando queremos llamar a un componente de vista que cargará muchos elementos de manera dinámica, debemos usar el componente *RecyclerView*, ya que este va creando y destruyendo los elementos del listado según se muestren u oculten, realizando una gestión mejorada de los recursos del dispositivo.

Vemos la simpleza tanto de archivos como de código con respecto al ejemplo anterior. Mantendremos el diseño de nuestro *item.xml* como un elemento *LinearLayout* con un *TextView* que mostrará el título de la serie:

```
<?xml version="1.0" encoding="utf-8"?>
<LinearLayout xmlns:android="http://schemas.android.com/
apk/res/android"
  android:layout_width="match_parent"
  android:layout_height="match_parent"
  android:background="@color/colorPrimary">>
  <TextView
    android:id="@+id/titulo"
    android:layout_width="wrap_content"
    android:layout_height="wrap_content"
```

Continúa en página siguiente >>

<< Viene de página anterior

```
        android:textColor="#6f006f"
        android:textSize="@android:dimen/app_icon_size"
        android:text="Texto" />
</LinearLayout>
```

En el código de nuestro MainAcitivity.java ya no extenderemos de la clase *ListActivity,* sino que dejaremos que esta se comporte como una Actividad normal, extendiendo de *Activity* o de *appcompactactivity.*

 **RECUERDA**

AppCompactActivity

La clase *AppCompactActivity* es la clase base para las actividades que sirve para establecer y hacer visibles las funciones del componente de la barra de acción o *ActionBar* de *Android.* Para establecer este, necesitamos que nuestra aplicación tenga un nivel de *API* igual o superior a *Android 7* y que el tema de la aplicación debe ser *Theme.AppCompat,* establecido dentro de la etiqueta *application* de nuestro *AndroidManifest.xml* de la siguiente manera:

```
android:theme="@style/Theme.AppCompat"
```

```
import androidx.appcompat.app.AppCompatActivity;
import android.os.Bundle;
import android.view.View;
import android.widget.AdapterView;
import android.widget.ArrayAdapter;
import android.widget.ListView;
import android.widget.Toast;

public class MainActivity extends AppCompatActivity {
```

Continúa en página siguiente >>

<< Viene de página anterior

```
    String[] listaSeries = {
      "Juego de Tronos",
      "Vikingos",
      "Mr. Robot",
      "Big Bang Theory",
      "Narcos"
    };

    @Override
    protected void onCreate(Bundle savedInstanceState) {
      super.onCreate(savedInstanceState);
      ListView vistaListado = new ListView(this);
      setContentView(vistaListado);

      ArrayAdapter<String> adaptador =
        new ArrayAdapter(this,
          R.layout.item,
          R.id.titulo,
          listaSeries
        );

      vistaListado.setAdapter(adaptador);
      vistaListado.setOnItemClickListener(new AdapterView.
      OnItemClickListener() {
        @Override
        public void onItemClick(AdapterView adapterView,
            View view, int position, long rowId) {
          String mensaje = "La serie preferida elegida es
          " + listaSeries[position];
          Toast.makeText(adapterView.getContext(),
            mensaje, Toast.LENGTH_SHORT).show();
        }
      });
    }
}
```

Al ejecutar este código de actividad principal, podremos observar cómo aparece el mismo listado que ejecutábamos en nuestra aplicación anterior, pero ahora en vez de tener un aviso en forma de *TextView,* hemos añadido el mensaje a un aviso temporal con un componente *Toast,* que estudiaremos en siguientes unidades.

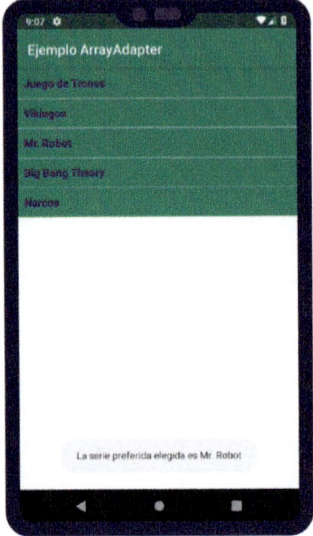

Podemos crear un widget ListView tanto de manera programática como asociando este a través del ID del elemento XML.

TAREA 14

María está diseñando una aplicación de recetas de cocina, en la que se debe poder consultar la información sobre las recetas que se hayan guardadas en un *ArrayList* donde se contienen objetos del tipo Receta. Ha decidido implementar una clase Receta, y un *adapter* personalizado para rellenar el listado. Dentro de los datos de la receta se guardarán los siguientes datos:

- Nombre de la receta.
- Ingredientes.
- Elaboración.

Ayuda a María a realizar una interfaz de listado, en la cual el diseño sea libre pero se muestre la información que contenga el *ArrayList* que creemos.

7. Agregar eventos

En Digital Mushroom, S. L., están realizando una batida de desarrollo de nuevas funcionalidades, dentro de las cuales Laura topa con la primera duda. Se desea que solo se pueda editar el perfil del usuario en el caso de que este realice un pulsado largo sobre un elemento concreto. Para hacer esto Laura se dispone a buscar con qué tipos de gestores de eventos contamos y si alguno se adecúa a su caso concreto.

Durante la creación de nuestras aplicaciones con *Android,* ya hemos visto cómo podemos establecer distintos componentes que se dedicarán a realizar la escucha de los distintos eventos de la aplicación. Estos eventos pueden ser las distintas acciones que puede realizar un usuario sobre la aplicación, como el pulsado de un botón o la introducción de algún texto.

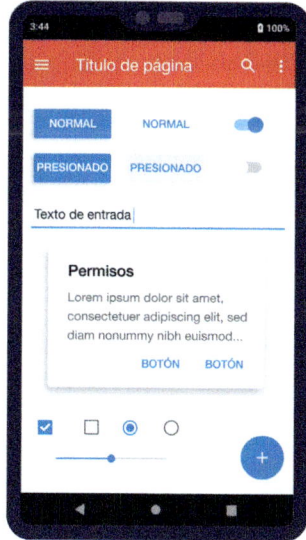

Dentro del framework Android contamos con diferentes formas de interactuar con los widgets que nos proporciona la clase View.

Estos serán métodos públicos *callback* que son llamados por el *framework Android* cuando el evento que capturan sucede. Para poder usar estos métodos, debemos saber que estos estarán contenidos por las interfaces que implementa la clase *View,* de la cual heredan los objetos sobre los que deseamos realizar la captura de eventos. Un ejemplo que hemos visto de manera recurrente ha sido la captura del evento de clic de un botón, usando para ello el método *onClick()*, el cual se llama desde *View.OnClickListener*. Aparte de este, tenemos un gran número de métodos que podemos usar como receptores de eventos.

7.1. Diferentes gestores de eventos

Un gestor de eventos es un componente de tipo interfaz.

Los métodos que se describen a continuación son las únicas funcionalidades que contendrá cada una de las interfaces gestoras de eventos de la clase *View*. Podemos llamar a estos métodos implementando la interfaz oportuna y realizando la sobreescritura del método en cuestión:

- **View.OnClickListener:** contendrá el método *onClick()*, que será llamado cuando el usuario pulse sobre algún elemento que acepte esta interfaz como configuración.
- **View.OnLongClickListener:** esta interfaz contendrá la implementación *onLongClick()*, que capturará el evento de pulsado largo (un segundo) sobre un elemento que lo implemente.
- **View.OnFocusChangeListener:** realiza la definición de *onFocusChange()*, que capturará el evento por el cual el usuario navega con la teclas de navegación del dispositivo o *touchpad*.
- **View.OnKeyListener:** definirá el método *onKey()*, que servirá para recoger el evento de pulsado sobre un elemento de *hardware* del dispositivo, como un botón físico.
- **View.OnTouchListener:** esta interfaz implementará el método *onTouch()*, que servirá para capturar el evento de pulsado táctil, englobando en estos el pulsar, arrastrar, presionar, etc.
- **View.OnCreateContextMenuListener:** capturará el evento de creación de un menú de tipo contextual cuando realizamos el pulsado largo de algún elemento a través de su método *onCreateContextMenu()*.

Ejemplo: evento de dos botones

Por ejemplo, si quisiésemos realizar la captura del evento de clic de dos botones, deberemos implementar la interfaz *OnClickListener* y sobrescribir el método *onClick*, sobre el que ya podremos capturar el ID de cada botón para poder realizar la acción oportuna sobre ellos. La interfaz *activity_main.xml* que contendrá cada uno de los botones será la siguiente:

```xml
<?xml version="1.0" encoding="utf-8"?>
<LinearLayout xmlns:android="http://schemas.android.
com/apk/res/android"
  xmlns:tools="http://schemas.android.com/tools"
  android:layout_width="match_parent"
  android:layout_height="match_parent"
  android:orientation="vertical"
  tools:context=".MainActivity">
  <TextView
     android:id="@+id/texto"
     android:layout_width="wrap_content"
     android:layout_height="wrap_content"
     android:text="Hello World!"
     android:textSize="25dp" />
  <Button
     android:id="@+id/azul"
     android:layout_width="wrap_content"
     android:layout_height="wrap_content"
     android:background="@color/azul"
     android:text="AZUL"
     android:layout_below="@id/texto"/>
  <Button
     android:id="@+id/rojo"
     android:text="ROJO"
     android:layout_width="wrap_content"
     android:layout_height="wrap_content"
     android:background="@color/rojo"
     android:layout_below="@id/azul"/>
</LinearLayout>
```

En este código hemos presentado también un texto, que cambiará de color al pulsar cada uno de nuestros botones. Para definir estos colores, la forma correcta sería integrarlos en el fichero *colors.xml* que encontraremos dentro de la ruta *res/values:*

```xml
<color name="rojo">#FF0000</color>
<color name="azul">#0088FF</color>
```

Así, ya podremos llamarlos desde nuestro código y no recibiremos ningún error.

 **RECUERDA**

Una ventaja de dejar nuestros valores dentro de recursos definidos de la manera correcta es que, en caso de querer cambiarlos, podremos hacerlo modificando solo un fichero de nuestra aplicación, en vez de tener que ir buscando los diferentes lugares en los cuales se haya establecido dicho valor.

Continuando con el ejemplo, la clase *MainActivity.java* será la encargada de realizar las llamadas a los métodos de gestión de eventos que deseemos. Esto se traducirá en código, capturando tanto el texto como los dos botones, que establecerán como *Listener* la propia Actividad, ya que esta implementará la interfaz *OnClickListener()*:

```java
import androidx.appcompat.app.AppCompatActivity;
import android.os.Bundle;
import android.view.View;
import android.widget.Button;
import android.widget.TextView;
public class MainActivity extends AppCompatActivity
implements View.OnClickListener {
  private TextView texto;
  private Button rojo, azul;
  @Override
  protected void onCreate(Bundle savedInstanceState) {
  super.onCreate(savedInstanceState);
  setContentView(R.layout.activity_main);
  texto = findViewById(R.id.texto);
  rojo = findViewById(R.id.rojo);
  azul = findViewById(R.id.azul);
  rojo.setOnClickListener(this);
  azul.setOnClickListener(this);
  }
  @Override
  public void onClick(View v) {
  switch (v.getId()){
  case R.id.rojo:
```

Continúa en página siguiente >>

<< Viene de página anterior

```
texto.setTextColor(getResources().getColor(R.color.
rojo));
break;
case R.id.azul:
texto.setTextColor(getResources().getColor(R.color.
azul));
break;
}
}
}
```

Con la ejecución de este simple código podremos visualizar nuestro resultado.

A través de los gestores de eventos podremos dar vida a nuestras aplicaciones realizando interacciones tanto con el usuario como entre propios componentes de la IU.

Otra manera de realizar la captura del evento de estos botones, en caso de que no deseemos realizar la implementación de la interfaz oportuna, será hacer la llamada a estos métodos contenidos en la propia subclase de *View*. Esto, en nuestra clase principal *View,* implicaría la siguiente refactorización de código:

```java
import androidx.appcompat.app.AppCompatActivity;
import android.os.Bundle;
import android.view.View;
import android.widget.Button;
import android.widget.TextView;

public class MainActivity extends AppCompatActivity {
  private TextView texto;
  private Button rojo, azul;

  @Override
  protected void onCreate(Bundle savedInstanceState) {
    super.onCreate(savedInstanceState);
    setContentView(R.layout.activity_main);
    texto = findViewById(R.id.texto);
    rojo = findViewById(R.id.rojo);
    azul = findViewById(R.id.azul);

    rojo.setOnClickListener(new View.OnClickListener() {
      @Override
      public void onClick(View v) {
        texto.setTextColor(getResources().getColor(R.
        color.rojo));
      }
    });
    azul.setOnClickListener(new View.OnClickListener() {
      @Override
      public void onClick(View v) {
        texto.setTextColor(getResources().getColor(R.
        color.azul));
      }
    });
  }
}
```

La captura de la acción también se puede capturar pasando al método *setOnClickListener* una nueva instancia de la interfaz *View.OnClickListener* con el método *onClick* sobrescrito. Ambos métodos son igualmente válidos, aunque realizamos mejor la separación entre la lógica y la creación de cada componente si implementamos la interfaz *OnClickListener*, siendo esta una opción más correcta en la mayoría de los casos.

8. *Intents* y filtros *Intent*

👉 **HILO CONDUCTOR**

En Digital Mushroom, S. L., Laura ha realizado la mayoría de las nuevas tareas que le han solicitado, por lo que tiene un par de días libres en los cuales no estará en la oficina. En estos días la empresa no puede permitirse parar el desarrollo, y Ramón se dispone a asignarse algunas tareas de tipo frontal de la aplicación, de las que se suele hacer cargo Laura. La primera misión será conseguir que una actividad de la aplicación salte a una nueva pantalla que dejó nuestra empleada preparada.

Un pilar clave dentro de la programación *Android* es el concepto *Intent*. Un *Intent* es el encargado de comunicar unas partes de las aplicaciones con otras, pudiendo "romper" el aislamiento que mantiene cada componente y proporcionando una vía de comunicación entre ellas. Un ejemplo de *Intent* básico sería en lanzamiento de una *Activity* o la apertura de la aplicación de cámara desde otra segunda aplicación.

Cuando realizamos una llamada directamente desde el panel de notificaciones, el sistema está llamando al Intent que hayamos puesto a disposición del resto de componentes.

Para realizar el lanzamiento de un *Intent* haremos uso del método *startActivity()*, del cual constan todas las subclases de *Activity,* que recibirá un *Intent* como parámetro. Para iniciar este *Intent*, realizaremos una llamada a *new()*, estableciendo en este el contexto desde el que será lanzado y la clase que tiene que llamar.

```
Intent miIntent = new Intent(this, Activity2.class);
startActivity(miIntent);
```

De esta manera estaremos invocando a la clase que tengamos definida como Acitivity2.java dentro de nuestro paquete. Podemos realizar el registro de nuestros *Intent* a través de los filtros *Intent* para la realización de una acción especificada. Estos serán registrados de manera estática en nuestro AndroidManifest.xml a través de la etiqueta <intent-filter>.

```
<intent-filter>
  <action android:name="android.intent.action.VIEW"/>
  <data android:scheme="http"/>
  <category android:name="android.intent.category.
  DEFAULT"/>
  </intent-filter>
```

Esta debe estar contenida por la etiqueta <activity/>. Estos filtros *Intent* servirán para hacer posible que otras actividades o incluso otras aplicaciones puedan iniciar directamente la actividad que estemos declarando.

9. *Intents* explícitos e implícitos

 **HILO CONDUCTOR**

Nuestro socio Ramón está tratando de entender mejor cuál es el concepto de *Intent* y cómo se usa este. En Digital Mushroom, S. L., es necesario hacer uso del acceso de una nueva actividad que acceda a los diferentes contactos del teléfono. Para realizar esto quiere hacer uso de un *Intent*, pero se da cuenta de que estos están divididos entre *Intents* explícitos e implícitos. Para poder

Continúa en página siguiente >>

<< Viene de página anterior

entender cuál se adecua mejor a su situación, decide buscar un poco más de información sobre ambos.

Los *Intents* pueden dividirse en dos grandes grupos dependiendo de la manera en la cual usemos estos. Por un lado podemos encontrar *Intents* implícitos y por otro *Intents* explícitos. Estos residen en la manera en la que se inicia el componente que se quiere lanzar.

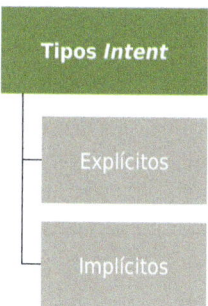

9.1. *Intents* explícitos

El código que hemos tratado como manera de convocar otra actividad sería considerado como un *Intent* de este tipo. Los *Intents* explícitos son los *Intents* en los cuales se declara de forma explícita el nombre de la actividad a la que debemos lanzar nuestra aplicación. Este tipo de *Intent* son los que normalmente usaremos cuando estamos desarrollando nuestras aplicaciones, ya que nos dan un control sobre qué componente lanzará que actividad.

Un ejemplo de un *Intent* explícito sería el siguiente:

```
Intent miIntent = new Intent(this, Activity2.class);
startActivity(miIntent);
```

En este *Intent* tenemos claro en todo momento que el sistema que contenga el código mostrado llamará a la *Actividad2.java* en su ejecución. Otra ventaja de los *Intents* explícitos es que estos pueden realizar un control sobre qué botón de la primera actividad ha sido pulsado para convocarlo, así como el traspaso de información de una actividad a otra. El método que realizará este traspaso de información será conocido como *putExtra()*.

9.2. *Intents* implícitos

Estos se caracterizan por el hecho de que no se nombre el componente al cual hacen referencia. Sin embargo, estos declaran una acción a llevar a cabo, lo que les permite la realización del *Intent* implícito, abriendo las diferentes actividades que puedan realizar dicha acción.

Cuando creas este tipo de *Intent* el sistema realizará la búsqueda del componente en cuestión apropiado comparando el *Intent* con los *Intents* declarados como filtros *Intents*. Si estos coinciden, se inicia este pasándole el objeto *Intent* en cuestión.

```
Intent intent = new Intent(Intent.ACTION_VIEW, Uri.
parse("https://www.iceditorial.com/"));
startActivity(intent);
```

Por ejemplo, podemos realizar la apertura de una URL que está contenida dentro de un *Intent*. Pero para que el sistema pueda reconocer qué acción específica debe realizar, debemos declarar un filtro *Intent* que haga referencia a este en el *AndroidManifest.xml*.

```
<intent-filter>
  <action android:name="android.intent.action.VIEW" />
  <category android:name="android.intent.category.
  DEFAULT" />
  <data android:scheme="http"/>
</intent-filter>
```

Este código registrará el componente como un tipo componente de visor web, dando acceso al evento de lanzamiento de este desde la aplicación que hemos desarrollado.

 **APLICACIÓN PRÁCTICA**

Pablo está desarrollando una aplicación en la que está creando distintos tipos de navegación entre pantallas. Desea cambiar entre diferentes actividades de la propia aplicación. Está preparando este ejemplo, durante el cual le surge la duda en la documentación final, ya que, aparte de construir este tipo de *Intents*, está también creando otros donde no menciona la clase a la cual quiere dirigirse de manera clara. Pablo ha visto que hay dos tipos de *Intents*, ¿cuáles está usando a lo largo de la aplicación?

Solución

Pablo está haciendo uso de *Intents* implícitos e implícitos, siendo este el nombre con el cual se conocerá cada uno de los tipos de *Intent* que existen. En el caso de nuestro compañero, está desarrollando *Intents* implícitos y explícitos, ya que se dice que el texto de la acción no siempre es declarado de manera explícita.

- -

10. *Intent* para llamar a *Activities*

 HILO CONDUCTOR

En Digital Mushroom, S. L., nuestro socio Ramón debía realizar el salto entre algunas actividades de la aplicación pasando entre ellas diferente información. Después de investigar los tipos de *Intent* de los que dispone, se da cuenta de que tiene que realizar la implementación de un *Intent* explícito, que realizará la acción necesaria.

- -

Hemos mencionado anteriormente que el principal uso que daremos a nuestros *Intents* será el lanzamiento de otras Actividades, donde guardaremos una acción a realizar para ser usada por diferentes métodos. Estos recibirán la instancia de *Intent* y usarán la información que este contenga de la manera oportuna.

Para agilizar un poco la comprensión de estos conceptos vamos a realizar un ejemplo en el cual veremos la declaración de los dos tipos distintos de *Intent*. En ellos se abrirá una actividad secundaria, así como el lanzamiento de un navegador web, que abrirá una dirección determinada. Para realizar este código debemos crear un nuevo proyecto vacío, que debe tener una clase principal *MainActivity.java* que se verá de la siguiente manera:

```java
import android.content.Intent;
import android.net.Uri;
import android.os.Bundle;
import androidx.appcompat.app.AppCompatActivity;
import android.view.View;
import android.widget.Button;
import android.widget.EditText;

public class MainActivity extends AppCompatActivity {
  private EditText pelicula, serie;
  private Button btnAceptar, btnNavegador;

  @Override
  protected void onCreate(Bundle savedInstanceState) {
    super.onCreate(savedInstanceState);
    setContentView(R.layout.activity_main);

btnAceptar = findViewById(R.id.boton_aceptar);
    (btnAceptar).setOnClickListener(new View.
    OnClickListener() {
      @Override
      public void onClick(View v) {
        pelicula = findViewById(R.id.pelicula_preferida);
        serie = findViewById(R.id.serie_prefereida);

        Intent miIntent = new Intent(MainActivity.this,
        Actividad2.class);
        miIntent.putExtra("pelicula_preferida",
        pelicula.getText().toString());
        miIntent.putExtra("serie_preferida", serie.
        getText().toString());
        startActivity(miIntent);
      }
    });
```

Continúa en página siguiente >>

<< Viene de página anterior

```java
    btnNavegador = findViewById(R.id.boton_navegador);
    btnNavegador.setOnClickListener(new View.
    OnClickListener() {
      @Override
      public void onClick(View v) {
        Intent intent = new Intent(Intent.ACTION_VIEW,
        Uri.parse("https://www.iceditorial.com/"));
        startActivity(intent);
      }
    });
  }
}
```

Esta actividad principal *MainActivity.java* cargará un *layout activity_main. xml* principal que tendrá el siguiente aspecto:

```xml
<?xml version="1.0" encoding="utf-8"?>
<RelativeLayout xmlns:android="http://schemas.android.
com/apk/res/android"
  xmlns:tools="http://schemas.android.com/tools"
  android:layout_width="match_parent"
  android:layout_height="match_parent"
  android:padding="15dp"
  tools:context=".MainActivity">

  <EditText
    android:id="@+id/pelicula_preferida"
    android:layout_width="match_parent"
    android:layout_height="wrap_content"
    android:hint="Introduce tu peli preferida..." />

  <EditText
    android:id="@+id/serie_prefereida"
    android:layout_width="match_parent"
    android:layout_height="wrap_content"
    android:layout_below="@id/pelicula_preferida"
    android:hint="Introduce tu serie preferida..." />
```

Continúa en página siguiente >>

<< Viene de página anterior

```
    <LinearLayout
        android:layout_width="match_parent"
        android:layout_height="wrap_content"
        android:layout_below="@id/serie_prefereida">

        <Button
            android:id="@+id/boton_aceptar"
            android:layout_width="wrap_content"
            android:layout_height="wrap_content"
            android:text="Abrir Actividad" />

        <Button
            android:id="@+id/boton_navegador"
            android:layout_width="wrap_content"
            android:layout_height="wrap_content"
            android:text="Abrir Navegador" />
    </LinearLayout>
  </RelativeLayout>
```

Este será un recurso de tipo *layout* que visualizará en la pantalla dos campos de texto y dos botones.

Las clases que ejecutan Intent pueden llamar a Intents explícitos o implícitos dentro de una misma aplicación.

En ambos campos de texto se realizará la introducción de una información, información que enviaremos junto a la apertura de la actividad secundaria, que denominaremos *Actividad2.java*.

```
import android.app.Activity;
import android.os.Bundle;
import android.widget.TextView;

public class Actividad2 extends Activity {
  private TextView pelicula, serie;
  @Override
  protected void onCreate(Bundle savedInstanceState) {
     super.onCreate(savedInstanceState);
     setContentView(R.layout.activity_main_2);
     Bundle extras = getIntent().getExtras();
     String peliculaElegida = extras.getString("pelicula_
     preferida");
     String serieElegida = extras.getString("serie_
     preferida");
     pelicula = findViewById(R.id.resultado_pelicula);
     serie = findViewById(R.id.resultado_serie);
     pelicula.setText(peliculaElegida);
     serie.setText(serieElegida);
  }
}
```

Esta segunda actividad constará de dos campos de texto, que mostrarán el texto de la película y la serie elegidas en la actividad anterior. Esta información se traspasa entre actividades haciendo uso de un objeto *Bundle,* que es una clase que te permite almacenar y soportar datos primitivos.

Has elegido la película Gladiator
Has elegido la serie Mr. Robot

Cuando ejecutamos el Intent entre actividades, este pasa la información introducida en la primera hasta la segunda para mostrarla.

Esta actividad secundaria cargará una vista secundaria que podríamos denominar como *activity_main_2.xml*.

```xml
<?xml version="1.0" encoding="utf-8"?>
<LinearLayout xmlns:android="http://schemas.android.
com/apk/res/android"
  xmlns:tools="http://schemas.android.com/tools"
  android:layout_width="match_parent"
  android:layout_height="match_parent"
  android:layout_margin="16dp"
  android:orientation="vertical"
  tools:context=".Actividad2">

  <TextView
     android:id="@+id/resultado_pelicula"
     android:layout_width="wrap_content"
     android:layout_height="wrap_content"
     android:text="Pelicula..."/>

  <TextView
     android:id="@+id/resultado_serie"
     android:layout_width="wrap_content"
     android:layout_height="wrap_content"
     android:text="Serie..."/>
</LinearLayout>
```

En este momento, si ejecutásemos la aplicación, esta fallaría al realizar cualquiera de los dos *Intent* para los que están destinados los botones, ya que nos falta en el primer caso registrar la actividad secundaria para poder navegar hasta ella y en el segundo caso registrar la actividad para permitir un filtro *Intent* que observe la apertura de navegación, es decir, como tipo browser.

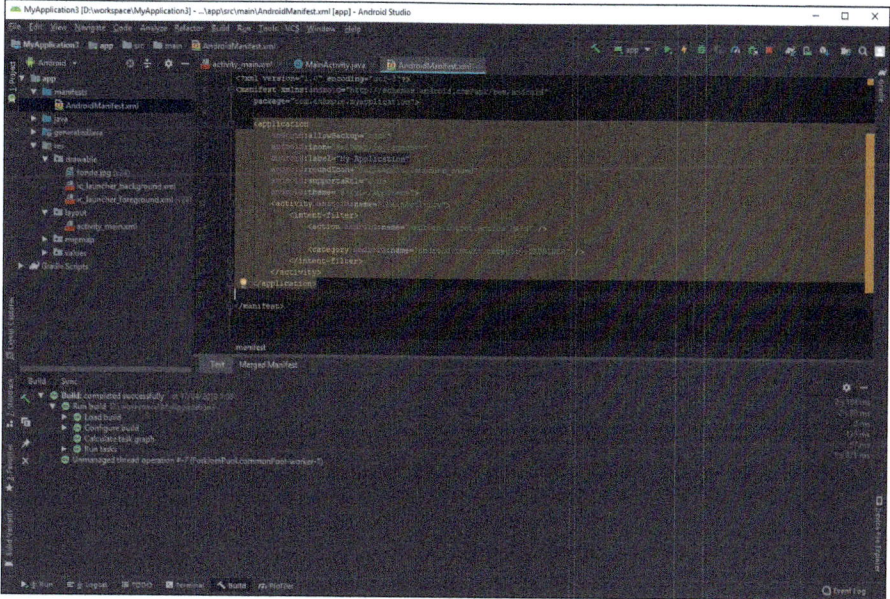

Debemos declarar cada uno de los componentes de nuestra aplicación dentro del fichero AndroiManifest.xml.

Esto lo haremos desde nuestra clase ActivityManifest.xml, donde debemos desarrollar el siguiente código:

```xml
<?xml version="1.0" encoding="utf-8"?>
<manifest xmlns:android="http://schemas.android.com/
apk/res/android"
  package="com.example.ejemplointent">

  <application
    android:allowBackup="true"
    android:icon="@mipmap/ic_launcher"
    android:label="@string/app_name"
    android:roundIcon="@mipmap/ic_launcher_round"
    android:supportsRtl="true"
    android:theme="@style/AppTheme">
    <activity android:name=".MainActivity">
      <intent-filter>
        <action android:name="android.intent.action.
        MAIN" />
```

Continúa en página siguiente >>

<< Viene de página anterior

```
                <category android:name="android.intent.
                category.LAUNCHER" />
                <category android:name="android.intent.
                category.BROWSABLE" />
                <data android:scheme="http" />
            </intent-filter>
        </activity>
        <activity android:name=".Actividad2"></activity>
    </application>
</manifest>
```

Con este archivo de manifiesto ya sí que podemos lanzar ambos tipos de *Intent,* el primero a través del cual viajaremos con cierta información para iniciar una actividad distinta de la que ha recibido los datos, y el otro para poder abrir un navegador web externo en el que se establecerá la URL que hemos determinado en nuestro *Intent.*

Así, hemos podido ver un ejemplo completo en el cual hemos usado ambos estilos de declaración de *Intent,* explícito e implícito, y el registro oportuno de nuestro filtro *Intent* en la declaración de la actividad que debe lanzarlos dentro de nuestro manifiesto. Sobre estos filtros hablaremos a continuación en más detalle.

 TAREA 15

Petra está trabajando en una aplicación de acceso a la información de una discoteca, en la que le han pedido como requisitos que se almacenen los datos del usuario en una actividad principal, los cuales deben pasar a una actividad secundaria para poder ser mostrados. Estos datos serán:

- Nombre.
- DNI.
- Nacionalidad.

Ayuda a Petra a realizar este programa con las herramientas que los *Intents* ponen a nuestra disposición en la programación *Android.*

11. Registrar un filtro *Intent*

☞ HILO CONDUCTOR

Cuando nuestra socia Laura, empleada de Digital Mushroom, S. L., regresó de sus vacaciones, se encontró con Ramón que deseaba realizarle una serie de preguntas técnicas sobre los objetos *Intent*, ya que, por más que desarrollaba los ejemplos de la manera en la que la documentación de Android decía, no conseguía realizar la ejecución del programa. Laura, ya conocedora de estos temas, le ayudó a encontrar el error. Los *Intents* implícitos deben ser declarados como filtros *Intent* dentro del fichero de manifiesto de la aplicación, y Ramón no lo había hecho.

Cuando deseamos crear un *Intent* implícito, hemos visto que el sistema *Android* buscará el filtro *Intent* correspondiente dentro del fichero *AndroidManifest.xml* de nuestra aplicación para esta acción. Para informar de estos *Intents*, debemos declarar uno o más componentes a través de la etiqueta <intent-filter> dentro de este fichero.

Los filtros *Intent* que podemos declarar aceptarán tres tipos de etiquetas, las cuales corresponden con cada uno de los componentes que aceptará un *Intent*. Estos serían:

<action>	- Acepta el valor en forma de *String* que representa la acción que deseamos realizar. Por ejemplo, si queremos llamar a la acción de enviar algún archivo, llamaremos a la acción "android.intent.action.SEND", la cual responderá abriendo en el dispositivo las diferentes aplicaciones con esta capacidad.
<data>	- Sirve para declarar el tipo MIME del dato que se podrá procesar. Se usa también para especificar distintas configuraciones sobre el URI para establecer conexiones con la red.
<category>	- Se emplea para establecer la categoría que acepte nuestro *Intent*, siendo este un valor en forma de *String*. Si no declaramos la categoría CATEGORY_DEFAULT, no podremos realizar ningún *Intent* implícito dentro de nuestra actividad.

Cada filtro concretará qué tipo de *Intent* se acepta, y a qué datos y categorías podrá acceder este. Si miramos al código de serie que presentará nuestro archivo *AndroidManifest.xml,* podremos observar el siguiente código:

```
<activity android:name=".MainActivity">
  <intent-filter>
    <action android:name="android.intent.action.MAIN" />
    <category android:name="android.intent.category.
    LAUNCHER" />
  </intent-filter>
</activity>
```

Este fragmento de código que hemos seleccionado será el culpable de que nuestra actividad *MainActivity.java* sea la primera actividad que lanza la aplicación al iniciarse. El sistema *Android* buscará los filtros que estén definidos como MAIN y LAUNCHER. La acción MAIN está permitiendo a nuestro sistema interpretar que esta actividad será la principal, y LAUNCHER realizará el lanzamiento de esta cuando se abra nuestra aplicación por primera vez.

En el ejemplo que realizamos en el apartado anterior, pudimos modificar nuestro fichero de manifiesto para que este diera lugar a la ejecución del *Intent* necesario para abrir la información de nuestro objeto *Intent* en un navegador externo. Para ello, tuvimos que agregar el siguiente código a la etiqueta <activity/>.

```
<activity android:name=".MainActivity">
  <intent-filter>
    <action android:name="android.intent.action.MAIN" />
    <category android:name="android.intent.category.
    LAUNCHER" />
    <category android:name="android.intent.category.
    BROWSABLE" />
    <data android:scheme="http" />
  </intent-filter>
</activity>
```

La etiqueta que le añadimos como category.BROWSABLE nos permitirá usar el navegador web, indicando a nuestra aplicación que no habrá peligro al usar un protocolo HTTP externo, indicado este como data a través de su correspondiente etiqueta.

 PARA SABER MÁS

Si deseásemos que nuestra aplicación solo accediese a una URL en concreto, con un *host* o un puerto determinado, deberíamos aprender el uso de cada uno de los atributos que acepta la etiqueta <data/> en nuestro fichero de manifiesto. Podemos encontrar más información sobre esto accediendo desde aquí:

https://redirectoronline.com/ifcd059po0610

12. Acciones nativas de *Android*

 HILO CONDUCTOR

En Digital Mushroom, S. L., le ha tocado la jornada de vacaciones a Ramón, por lo que su compañero y socio Juan trabajará junto a Laura para realizar los avances que faltan en nuestra aplicación deportiva, de la que se quiere lanzar una nueva versión. Para entender mejor cómo conectar nuestra aplicación con las aplicaciones externas que pueden realizar las funcionalidades que se piden, se disponen a realizar el desarrollo de diferentes *Intents* implícitos con sus respectivos filtros *Intents*.

Cuando trabajamos con *Intents* implícitos, hemos visto cómo el sistema *Android* trata de resolver este *Intent* interpretando la acción que este solicita y buscando en el sistema las aplicaciones que sean capaces de cumplir esa función, abriéndolas. En caso de que el sistema cuente con más de una aplicación capacitada para esto, el sistema nos ofrecerá una advertencia, permitiéndonos elegir en qué aplicación deseamos realizar esta apertura.

Nuestros Intents implícitos realizan la búsqueda por el sistema de aplicaciones capaces de realizar la acción que les hemos designado.

Podemos conocer las distintas acciones nativas de *Intent* que *Android* nos proporciona para poder realizar acciones comunes, como abrir la cámara fotográfica o realizar la apertura de un tipo de archivo concreto.

 **NOTA**

Si no encontramos ninguna aplicación en el sistema que sirva para realizar la acción que hemos definido, nuestra aplicación fallará a menos que hayamos llamado antes el método *resolveActivity()* en nuestro *Intent,* que devolverá *null* si este es el caso, pudiendo no realizar la acción bajo esta premisa.

12.1. Acciones comunes

Los *Intents* nativos más comunes de *Android* son bastante extensos, pero podemos realizar un recorrido por ellos agrupándolas en las app que las maneja:

Alarma:

- Crear una alarma: ACTION_SET_ALARM
- Crear un temporizador: ACTION_SET_TIMER
- Mostrar todas las alarmas: ACTION_SHOW_ALARMS

Calendario:

- Agregar evento al calendario: ACTION_INSERT

Multimedia:

- Tomar foto: ACTION_IMAGE_CAPTURE
- Capturar vídeo: ACTION_VIDEO_CAPTURE
- Reproducir multimedia: ACTION_VIEW

Teléfono:

- Iniciar una llamada: ACTION_CALL
- Seleccionar un contacto: ACTION_PICK
- Recuperar el tipo de un archivo: ACTION_GET_CONTENT
- Abrir un documento: ACTION_OPEN_DOCUMENT
- Crear un documento: ACTION_CREATE_DOCUMENT
- Editar un contacto: ACTION_EDIT

Correo:

- Enviar mensaje sin adjuntos: ACTION_SENDTO
- Enviar mensaje con adjuntos: ACTION_SEND

Configuración:

- Abrir la configuración: ACTION_SETTINGS
- Muestra la configuración de wifi: ACTION_WIFI_SETTINGS
- Abre la configuración de bluetooth: ACTION_BLUETOOTH_SET-TINGS
- Va a la configuración de localización: ACTION_LOCALE_SETTINGS

Con esto hemos visto cómo podemos conectar nuestra aplicación con otras, realizando la petición de realización de acciones específicas por parte de nuestra aplicación.

13. SubActivities

☞ HILO CONDUCTOR

En Digital Mushroom, S. L., en una extensión que realizaron de la aplicación, necesitaban que se configurase una actividad que estaría preparada únicamente para modificar datos y mostrar una respuesta. En nuestro caso, se debía introducir la categoría a la cual pertenecería el deportista, para poder asignarle las diferentes competiciones en las que podría participar. Para realizar esto, Juan observó en la documentación *Android* un método de Actividad llamado *startActivityForResult()*, que parecía idóneo para terminar la nueva batería de mejoras y poder lanzar al mercado su nueva aplicación mejorada.

Hemos visto cómo para realizar el lanzamiento de una segunda actividad desde una primera, debemos llamar al método de *Activity startActivity()*, que recibirá el objeto *Intent* con la información necesaria. Aunque esto no es terminología oficial de *Google,* se sobrentiende como *SubActivity* a la actividad secundaria cuando esta es abierta a través del método *startActivityForResult(),* que añadirá la funcionalidad extra de recibir información de la nueva actividad que vamos a lanzar.

Es importante tener en cuenta que la actividad que ha de respondernos debe estar creada para devolver alguna información en forma de instancia de *Intent* en el *callback* de la llamada *onActivityResult().* Cuando llamas a tus propias actividades con esta clase, debes hacerlo siempre de manera explícita, a través del nombre de la clase a invocar.

En realidad la llamada a *startActivityForResult()* no afectará a nuestro *Intent;* lo único que nos pide es que le pasemos un parámetro extra de tipo *int.* Este representará un código que diferenciará la petición para poder distinguir el resultado cuando la información regrese.

Para ver todo esto, vamos a crear una simple aplicación de ejemplo que tenga dos actividades e interactúen entre ellas esperando un resultado. Crearemos un nuevo proyecto vacío, sobre el cual nuestra clase principal o *MainActivity.java* presentará el siguiente código:

```java
import android.app.Activity;
import android.content.Intent;
import android.os.Bundle;
import android.view.View;
import android.view.View.OnClickListener;
import android.widget.Button;
import android.widget.TextView;

public class MainActivity extends Activity {
  private TextView textoResultado;
  private Button btnEnviar;

  @Override
  protected void onCreate(Bundle savedInstanceState) {
    super.onCreate(savedInstanceState);
    setContentView(R.layout.activity_main);
    textoResultado = findViewById(R.id.resultado);
    btnEnviar = findViewById(R.id.btn_enviar);
    btnEnviar.setOnClickListener(new OnClickListener() {
      @Override
      public void onClick(View arg0) {
        Intent intent = new Intent(MainActivity.this,
        SubActividad.class);
        startActivityForResult(intent, 2);
      }
    });
  }

  @Override
  protected void onActivityResult(int requestCode, int
  resultCode, Intent data) {
    super.onActivityResult(requestCode, resultCode,
    data);
    if (requestCode == 2) {
    textoResultado.setText(data.
    getStringExtra("mensaje"));
      }
  }
}
```

En esta clase principal instanciamos los elementos de la interfaz a través de la búsqueda de los ID de estos y, posteriormente, realizando la llamada al método *findViewById()*. Asignaremos el evento *onClick* adecuado a nuestro botón para que realice el lanzamiento de la actividad secundaria a través de *startActivityForResult()*. La definición de este botón se encontrará en la interfaz de la clase principal, el recurso *activity_main.xml*.

```xml
<?xml version="1.0" encoding="utf-8"?>
<RelativeLayout xmlns:android="http://schemas.android.
com/apk/res/android"
 xmlns:tools="http://schemas.android.com/tools"
 android:layout_width="match_parent"
 android:layout_height="match_parent"
 tools:context=".MainActivity"
 android:layout_margin="15dp">
 <TextView
    android:layout_width="wrap_content"
    android:layout_height="wrap_content"
    android:text="MainActivity"
    android:textStyle="bold"
    android:textSize="30dp"
    android:layout_centerHorizontal="true"/>
 <TextView
    android:id="@+id/resultado"
    android:layout_width="wrap_content"
    android:layout_height="wrap_content"
    android:layout_centerHorizontal="true"
    android:layout_alignParentTop="true"
    android:layout_marginTop="70dp"
    android:text="Aquí mostraremos nuestro resultado..."
    />
 <Button
    android:id="@+id/btn_enviar"
    android:layout_width="wrap_content"
    android:layout_height="wrap_content"
    android:layout_below="@+id/resultado"
    android:layout_centerHorizontal="true"
    android:layout_marginTop="45dp"
    android:text="SubActivity" />
</RelativeLayout>
```

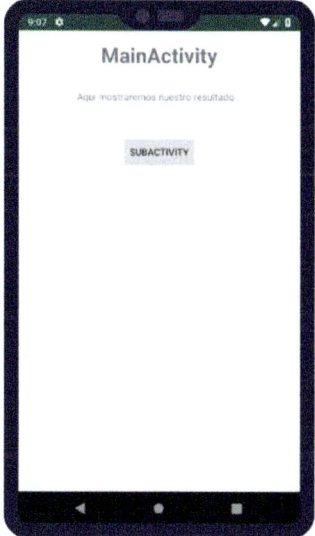

Podemos realizar el lanzamiento de una actividad secundaria a la espera de resultados a través del método startActivityForResult() de Activity.

Cuando se pulse el botón con identificador *btn_enviar,* podremos acceder a la llamada *startActivityForResult(),* a la que le pasaremos un objeto *Intent* y un código de solicitud, que nos servirá para identificarlo cuando la actividad secundaria regrese con información y el mismo código. En el *Intent* lanzamos una nueva actividad, que definiremos como una nueva subclase de *Activity* llamada *SubActividad.java.*

```java
import android.app.Activity;
import android.content.Intent;
import android.os.Bundle;
import android.view.View;
import android.widget.Button;
import android.widget.EditText;

public class SubActividad extends Activity {
  EditText mensaje;
  Button botonRegreso;

  @Override
  protected void onCreate(Bundle savedInstanceState) {
    super.onCreate(savedInstanceState);
    setContentView(R.layout.sub_activity);
```

Continúa en página siguiente >>

<< Viene de página anterior

```
mensaje = findViewById(R.id.sub_texto);
botonRegreso = findViewById(R.id.btn_enviar);
botonRegreso.setOnClickListener(new View.
OnClickListener() {
   @Override
   public void onClick(View arg0) {
      String textMensaje = mensaje.getText().toString();
      Intent intent = new Intent();
      intent.putExtra("mensaje", textMensaje);
      setResult(2, intent);
      finish();
   }
});
}}
```

En esta clase realizaremos la asociación de un recurso de tipo *layout* que inflaremos asociándolo a nuestra actividad.

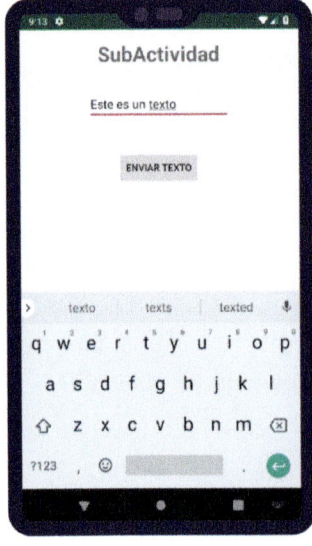

Si realizamos el lanzamiento de una actividad a la espera de resultados, esta podrá devolver un resultado a través del método setResult() de la clase Activity.

Este código podemos encontrarlo dentro del recurso de diseño nuevo que tendremos que crear, nombrándolo como *sub_activity.xml.*

```xml
<?xml version="1.0" encoding="utf-8"?>
<RelativeLayout xmlns:android="http://schemas.
android.com/apk/res/android"
  xmlns:tools="http://schemas.android.com/tools"
  android:layout_width="match_parent"
  android:layout_height="match_parent"
  tools:context=".SubActividad"
  android:layout_margin="15dp">
  <TextView
     android:layout_width="wrap_content"
     android:layout_height="wrap_content"
     android:text="SubActividad"
     android:textStyle="bold"
     android:textSize="30dp"
     android:layout_centerHorizontal="true"/>
  <EditText
     android:id="@+id/sub_texto"
     android:layout_width="wrap_content"
     android:layout_height="wrap_content"
     android:layout_alignParentTop="true"
     android:layout_marginTop="70dp"
     android:layout_centerHorizontal="true"
     android:hint="Introduce un texto"
     android:ems="10" />
  <Button
     android:id="@+id/btn_enviar"
     android:layout_width="wrap_content"
     android:layout_height="wrap_content"
     android:layout_below="@+id/sub_texto"
     android:layout_centerHorizontal="true"
     android:layout_marginTop="45dp"
     android:text="Enviar texto" />
</RelativeLayout>
```

Ya solo sería necesaria la declaración de esta segunda actividad dentro de nuestro fichero de manifiesto, donde deberíamos implementar esto como una nueva etiqueta *Activity,* dentro de la etiqueta de *Aplication,* de la siguiente manera:

```xml
<activity android:name=".SubActividad"></activity>
```

En este código encontraremos los elementos de interfaz que mostrará la segunda actividad o *subactivity*. Esta realizará la captura del texto que introduzcamos por el campo editable que contiene, guardando esa información como datos de resultado que devolverá a nuestra actividad principal. Realizamos la devolución de nuestros datos a través de *setResult()*, que recibirá como parámetro el código identificativo de nuestro resultado, en este caso el 2, y un nuevo *Intent* al que añadiremos a través del método *putExtra()* los datos necesarios para poder ser mostrados por nuestra actividad principal.

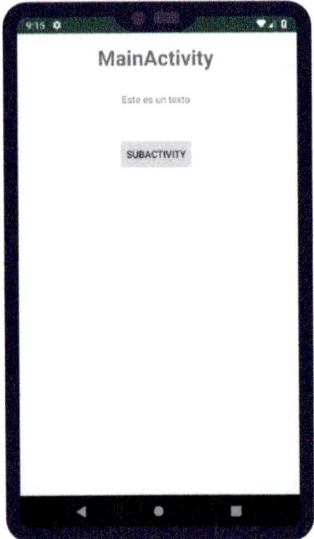

Cuando nuestra actividad principal recibe un resultado, puede capturar la información de este a través del método onActivityResult().

Hemos visto cómo podemos recibir datos de una subactividad, que es llamada por una actividad principal a la espera de resultados, convirtiendo *Android* en un sistema completo de herramientas con las cuales crear interacciones de elementos tanto de diseño como de datos, y con ellos crear nuestras aplicaciones de manera sencilla.

 ACTIVIDAD COMPLEMENTARIA

30. Realiza la interacción entre dos actividades. La primera actividad contendrá un campo de texto en el cual introduciremos nuestra edad, y será lanzada a una actividad secundaria. Esta actividad secundaria recibirá la información

Continúa en página siguiente >>

<< *Viene de página anterior*

de la edad y responderá con un mensaje en el cual sea válido o inválido dependiendo de si la edad introducida es menor o mayor de 18 años.

---

14. Resumen

Las clases de vistas con las que contamos en *Android* heredan de la clase *View*, dentro de la cual encontraremos elementos de tipo *widget* como *TextViews* o *Button*, y elementos de tipo *ViewGroup* o de tipo vista contenedor. Estos elementos de tipo contenedor son los que se encargan de ordenar y establecer el orden del resto de elementos que encontramos en su interior. Estos elementos se definirán dentro de un fichero de tipo recurso XML, y lo asociaremos a una actividad a través del método *setContentView()* que encontramos en su método *onCreate()*. Estos recursos serán identificados a través de un atributo ID que estableceremos y se guardará como constante en la clase *R* de *Android*. Todos estos elementos debemos definirlos en archivos XML de tipo recurso, pero también podremos añadirlos sobre la marcha de manera programática.

Los elementos *ListView* son los encargados de ofrecer elementos de tipo lista dentro de los diseños de nuestras aplicaciones a través de la carga de elementos de manera dinámica. La carga de estos se hará a través de un adaptador, que puede ser personalizado, o usarse uno de los que nos ofrece *Android*. La manera de implementar este tipo de elementos puede ser a través de la creación de una clase que extienda de la clase *ListActivity* o como un elemento de la IU separado, a través de la captura de su ID.

La clase *Intent* es uno de los pilares fundamentales de la programación en sistemas *Android*, ya que esta es la encargada de realizar la conexión entre distintos componentes, que se hayan aislado de manera predefinida. Estos *Intents* realizarán el lanzamiento de nuevas actividades a través del llamamiento al método *startActivity()* o *startActivityForResult()*. En caso de ser lanzada la segunda, la aplicación que la lanza quedará a la espera de que la actividad lanzada retorne con algún resultado en forma de dato primitivo.

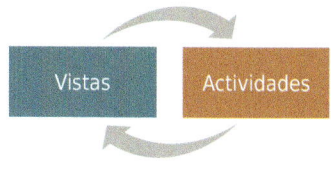

Ejercicios de autoevaluación
Unidad de Aprendizaje 6

1. Cuando queremos realizar el registro de una vista, debemos dirigirnos a la carpeta del sistema:

   a. /java
   b. /res
   c. test/
   d. androidTest/

2. El ID que encontramos dentro de nuestra vista, al ser declarado, queda inmediatamente registrado dentro de la clase de *Android* siguiente:

   a. *Activity*
   b. *View*
   c. *ViewGroup*
   d. *R*

3. Determina si la siguiente oración es verdadera o falsa: "La clase *ListActivity* servirá para mostrar un conjunto de datos en forma de cuadrícula".

   ■ Verdadero
   ■ Falso

4. Elige entre las siguientes opciones cuál es la más adecuada para definir un elemento *ListView:*

   a. Mostrará un listado de imágenes.
   b. Mostrará un elemento de listado de cadenas de texto.
   c. Mostrará un elemento de tipo listado de valores enteros.
   d. Mostrará una lista de vistas.

5. **¿Cuál de las siguientes descripciones explicaría mejor qué es una clase de tipo Adaptador?**

   a. Esta sería una subclase de *BaseAdapter.*
   b. Es la clase encargada de mostrar las distintas vistas de un elemento de tipo listado.
   c. Es el conector entre un contenedor de datos y un listado.
   d. Todas las opciones son correctas.

6. **Determina si la siguiente oración es verdadera o falsa: "Cuando un evento es llamado por el sistema, el *framework Android* lo capturará través de los diferentes gestores de eventos".**

   ■ Verdadero
   ■ Falso

7. **Para hacer el lanzamiento de una actividad, lo haremos a través de la llamada a:**

   a. starActivity()
   b. <intent-filter>
   c. new()
   d. AndroidManifest.xml

8. **Dentro de los *Intents* contamos con una función que nos permitirá, desde una actividad dada, mandar información a una segunda actividad. Esta función es:**

   a. starActivity()
   b. putExtra
   c. startActivityForResult()
   d. onActivityResult()

9. **Cuando una actividad llama a startActivityForResult invocando el lanzamiento de una segunda actividad, esta podrá enviar el resultado a la primera a través de:**

   a. onActivityResult()
   b. startActivityForResult()
   c. delete()
   d. query()

10. Determina si la siguiente oración es verdadera o falsa: "Para poder realizar el lanzamiento de un *Intent* de tipo implícito, no debemos nunca olvidar registrar el filtro adecuado dentro de nuestro fichero *AndroidManifest.xml*".

- ■ Verdadero
- ■ Falso

Unidad de aprendizaje 7

Vistas personalizadas

Contenido

Objetivos

El objetivo general de esta Unidad de Aprendizaje es:

→ Utilizar las distintas herramientas que *Android* pone a nuestra disposición para crear los diseños de nuestras aplicaciones.

Los objetivos específicos de esta Unidad de Aprendizaje son:

→ Conocer la importancia que tienen los diseños de las aplicaciones para que los usuarios tengan una buena experiencia usándolas.

→ Modificar adecuadamente los parámetros de los distintos componentes que podemos usar en nuestras vistas.

1. Introducción

Como hemos visto anteriormente, las vistas en *Android* son los elementos con los que presentamos a los usuarios nuestras aplicaciones. A través de ellos el usuario recordará nuestra aplicación. Mediante los colores, estilos e iconos, entre otros, que usemos en nuestra aplicación, la persona que la descargue podrá interactuar. Dependiendo de los diseños que hayamos desarrollado, la experiencia que tenga el usuario con la aplicación puede ser mejor o peor.

Por todo esto, el diseño de la interfaz de usuario cada día cobra más relevancia a la hora de desarrollar nuestras aplicaciones. La calidad que tenga nuestra interfaz de usuario es posible que sea uno de los factores fundamentales que lleve a nuestra aplicación a tener una buena acogida entre el público o, por el contrario, que la gente dé un *feedback* negativo.

Si ya conoces otros tipos de programación para aplicaciones móviles, habrás advertido que el diseño de las interfaces desarrolladas con *Android* tiene una filosofía distinta. Estas interfaces se diseñan usando un código XML, de manera similar a lo que se hace con el código HTML en la creación de páginas web. A lo largo de esta unidad mostraremos algunos ejemplos que te permitirán entender cómo se crea un interfaz de usuario, cómo se asocia a una actividad y cómo podemos modificarla a continuación.

Para explicar todas estas funcionalidades del *framework Android* para la creación de vistas, nos basaremos en el caso de la ya conocida *startup* tecnológica llamada Digital Mushroom, S. L., sobre la cual se ha pedido la realización de una aplicación para dispositivos que soporte el sistema operativo *Android*. En la fase de análisis, establecieron una serie de diseños con el cliente para aportar usabilidad a las aplicaciones dentro del estilo que proporciona *Android,* adaptando estas vistas a los requisitos visuales que requería el cliente.

2. Vistas y diseños

 HILO CONDUCTOR

En Digital Mushroom, S. L., están realizando el análisis de las diferentes vistas y diseños que necesitan desarrollar para sus clientes. La nueva empleada Laura,

Continúa en página siguiente >>

<< Viene de página anterior

especialista en el desarrollo de la parte visual o frontal de la aplicación, comienza a realizar un análisis sobre estas vistas y llama al cliente, ya que quiere proponer un diseño más fácil de usar por el usuario. El cliente estudia el cambio y lo valora como positivo, por tanto, se comienza la realización de estas vistas. Laura comienza a pensar y a descomponer los diseños en diferentes *widgets*, agrupándolos en estilos y asignándolos como tema para poder aplicarlos de manera ordenada y coherente a la nueva aplicación.

Las vistas en *Android,* como hemos repasado a lo largo de la unidad anterior, se construyen como objetos que se utilizarán para dibujar diferentes contenidos en la pantalla de los dispositivos *Android* donde se vaya a ejecutar nuestra aplicación. Por defecto, *Android* nos proporciona unas vistas predefinidas. Estas las podemos seleccionar durante la creación de nuestra aplicación y traerán definidos tanto los componentes visuales como las funcionalidades necesarias para ejecutar una pantalla que seguirá un diseño ya creado por el sistema. Estos tipos de actividades son las siguientes:

- ➲ **Actividad básica:** es la plantilla de una aplicación simple, como su propio nombre indica. Esta se compone de una barra de aplicación y un botón flotante. Consta de una *AppBar,* un *FloatingActionButton* y dos archivos de diseño diferentes, uno para la actividad y otro para el contenido de texto de la aplicación.

○ **Actividad vacía:** es la actividad que te permite partir de cero, ya que creará una actividad vacía en la cual solo habrá un fichero de diseño con un texto en su interior de ejemplo.

○ **Actividad de pantalla completa:** creará una APP sencilla en la cual podremos alternar la vista entre pantallas. Las pantallas que encontraremos serán una actividad primaria con una vista estándar y otra que contendrá los controles de IU para poder visualizarse a pantalla completa, entre las que podremos navegar. Esta incluirá también un *AppBar* y un botón sobre la vista estándar.

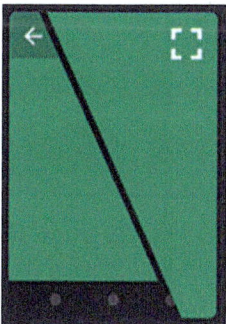

● **Actividad con panel lateral:** esta actividad tendrá su vista compuesta por una actividad sencilla, con los mismos elementos pero con el añadido de la implementación de una barra de navegación o elemento *DrawerLayout.* Este tendrá sus controladores de eventos correspondientes y diferentes opciones de ejemplo.

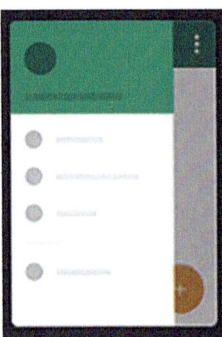

● **Actividad de *Scroll:*** este tipo de actividad trae una vista con una barra de herramientas que se contrae con una animación y una vista de desplazamiento vertical del contenido de nuestra aplicación. Trae también un botón flotante *FloatingActionButton,* que desaparece automáticamente cuando contraemos nuestra aplicación al hacer *Scroll.* El contenido de la aplicación vendrá separado en una *NestedScrollView.*

● **Actividad con pestañas:** es la encargada de crear una aplicación con diferentes secciones, entre las que podremos navegar gracias al movimiento horizontal. Estos serán Fragmentos entre los que nos moveremos, e incluirá una *AppBar,* un adaptador que extiende *FragmentPagerAdapter* y diferentes fragmentos para cada sección. Traerá dos archivos de diseño, uno para la actividad principal y otro para los distintos fragmentos individuales.

Estas actividades se pueden instanciar a través de la clase *View* o crear a partir de un archivo de diseño XML. Estos elementos creados tendrán un atributo llamado *ID,* que permitirá a través de código Java acceder a dicho componente, y esto nos permitirá instanciarlo para poder modificarlo a través de los métodos de la clase que tenga asociado.

2.1. Diseño y usabilidad

El diseño es olvidado en incontables ocasiones y esto no debería ser así, ya que es una parte fundamental dentro de la experiencia de usuario, lo que definiremos como la **usabilidad** que va a tener nuestra aplicación o no.

 **DEFINICIÓN**

Usabilidad
Calidad de la experiencia que tenga el usuario a la hora de utilizar un sistema. Se trabaja antes de crear una aplicación informática para poder determinar si el uso de los diferentes elementos del diseño de la aplicación se realiza eficientemente, de manera cómoda e intuitiva.

Android define una serie de principios del diseño, que espera que todo desarrollador y diseñador de aplicaciones utilice como punto de partida para la realización de sus diseños. Serían los siguientes:

- **Cautívame:** se basa en la idea de que las formas introducidas en el momento preciso crean experiencias placenteras, al igual que la interacción genera sensación de control. Esto te permitirá conocer mejor las cualidades que tiene tu usuario sin tener que preguntarle, solo registrando las opciones que eligieron con anterioridad.
- **Simplifica mi vida:** siempre tenemos que tratar que nuestras aplicaciones sean simples. Esto quiere decir que debemos ser breves, utilizar una imagen siempre antes que una palabra y solo mostrar la información necesaria, sin perder de vista la ubicación en la que nos encontraremos dentro de la aplicación.
- **Sé sorprendente:** ofrece la posibilidad a tus usuarios de poder descubrir las funcionalidades por sí mismos. Mantén siempre un discurso que no criminalice al usuario en sus equivocaciones e intenta llevar un ritmo en el manejo de tus aplicaciones que no sea demasiado lento.

Hemos trabajado ejemplos y ejercicios anteriormente donde hemos creado varios de estos componentes siempre viendo la apariencia que traen por defecto, la cual es bastante simple. En este apartado vamos a profundizar más en las posibilidades que nos ofrece *Android* para poder crear apariencias y diseños personalizados.

La ventaja de diseñar tus ventanas en XML es que realiza mejor la separación de los diferentes comportamientos de los elementos del propio diseño que estos componentes tienen. Esto nos permite poder cambiar las apariencias de nuestros componentes visuales sin necesidad de alterar el código de estos, ya que su apariencia se haya aislada en el archivo XML.

El diseño y apariencia que le demos a nuestras aplicaciones será fundamental para que el usuario pueda entender el manejo de nuestra aplicación.

Esta separación significa que puedes realizar cambios visuales sin tener que modificar ningún código fuente que posteriormente tendríamos que compilar. Esta cualidad es la que nos permite poder realizar diferentes diseños de pantalla para distintos estados de la aplicación y que estos carguen instantáneamente en el momento. Por ejemplo, podemos crear variados diseños para diferentes tamaños de pantalla, para distintas orientaciones del dispositivo o, en el caso de las cadenas de *Strings,* para poder cambiar todos los elementos de texto de nuestra aplicación a otro idioma.

NOTA

Si declaras el diseño de tu aplicación a través del XML, también tienes una ventaja importante debido al hecho de que al poder ver de manera visual la aplicación se facilita la visualización de la estructura de tus diseños, haciendo más sencillo el trabajo de depurar los diferentes problemas que puedan surgir.

Cuando declaramos nuestros elementos de la interfaz de usuario o IU, debemos observar el paralelismo que hay entre estas declaraciones en XML y las clases y los métodos en código Java de los que toman sus atributos. Es decir, los nombres de los elementos coincidirían con los nombres de los diferentes componentes *View* que encontramos, y los nombres de sus atributos en XML harían referencia el de los métodos de las clases a las que pertenecen. Aun así, hay que tener en cuenta que el vocabulario no es exacto y puede haber diferencias de escritura como en el caso del elemento *EditText,* donde el atributo del elemento en código XML es *text,* pero coincidiría con el método *setText.*

Hay diseños comunes a la hora de desarrollar aplicaciones *Android,* que podemos ver a través del siguiente listado:

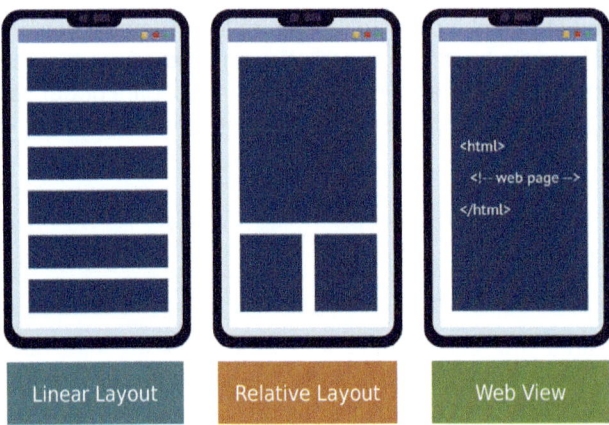

Cuando estamos analizando los diseños de nuestras aplicaciones *Android,* debemos tener en cuenta las subclases *ViewGroup,* ya que proporcionan una manera única de mostrar las vistas que estas tengan anidadas, dando así una colocación predefinida de nuestros diseños. Si bien es cierto que puedes anidar uno o más diseños de vistas dentro de otros, lo más aconsejable siempre es crear una jerarquía de diseño lo más simple posible, ya que así la IU de nuestra aplicación se dibujará más rápido.

 TAREA 16

José Antonio está trabajando en abrir un proyecto propio. Quiere realizar una aplicación de recetas de cocina, en la cual los usuarios pueden navegar entre las diferentes recetas. En este momento tiene que realizar la búsqueda y análisis de dos aplicaciones que actualmente estén en el mercado y destacar el tipo de diseño que estas tienen, para poder realizar un análisis *benchmark*.

Ayuda a tu compañero emprendedor y reflexiona con él por qué destacan sobre las demás estos diseños, si estos son complejos o simples y qué clase de elementos de diseño tienen. Comenta también qué tipo de elementos de los que aparecen en estas dos aplicaciones que has elegido no te parece que ofrecen una buena usabilidad o, con tu propia experiencia de usuario, piensas que se podrían mejorar.

2.2. Estilos y temas

El material *design* son una serie de recursos visuales que sintetizan elementos básicos de diseño y animaciones ya predefinidas para el desarrollo en diferentes dispositivos móviles y vistas web. Es una guía completa para todos los elementos visuales de diseño a lo largo de las diferentes plataformas y dispositivos.

Para crear nuestros diferentes diseños podemos optar a definir un tema o estilo de *Android,* el cual permite separar el comportamiento de manera similar a las hojas de estilo web. Un estilo podría definirse como una colección de atributos que especifican la apariencia de una *View.* Estos se establecerán a través del tema especificando los atributos de cada componente visual, como color de fuente, del fondo de pantalla, etc.

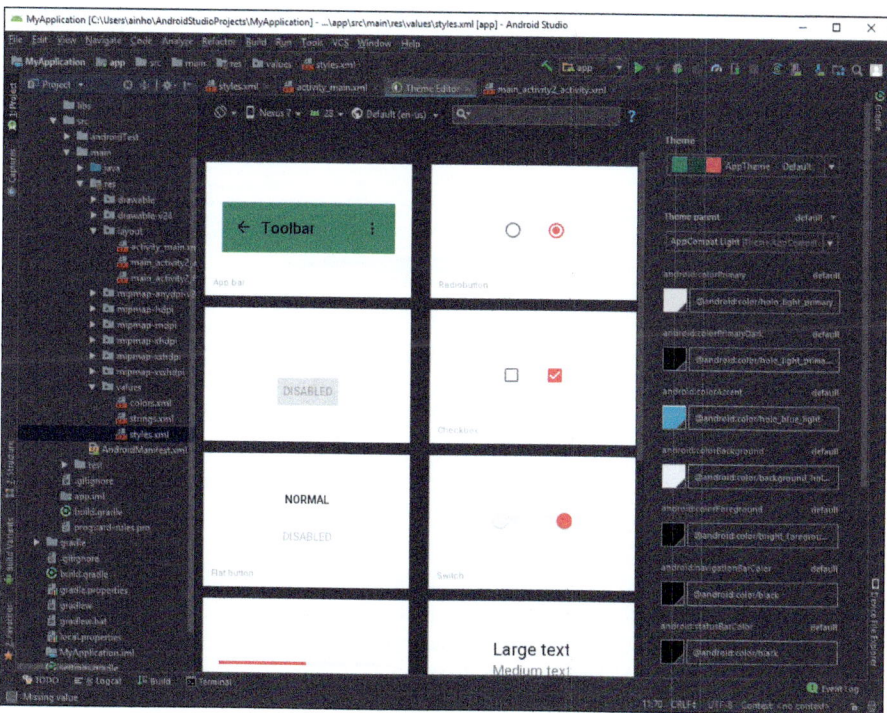

La vista de Theme Editor está creada para poder modificar de manera más fácil y visual los diferentes componentes de nuestros temas.

Una ventaja de los temas es su reutilización. Estos pueden ser aplicados a una única vista de una actividad, a diferentes jerarquías de vistas o a la aplicación completa. También podemos usar los temas para aplicar estilos a diferentes elementos que no se ven, como la barra de estado.

Estos estilos y temas se guardan en el directorio de recursos de archivo que vimos durante la unidad anterior *res/values/* y normalmente están en el fichero *styles.xml*. Para crear y aplicar un estilo, debemos dirigirnos a este archivo e incluir las etiquetas <style> y una <item> por cada elemento visual de diseño que queramos que tenga nuestra aplicación.

```xml
<?xml version="1.0" encoding="utf-8"?>
<resources>
  <style name="MyStyle" parent="TextAppearance.AppCompat">
    <item name="android:textColor">#00FF00</item>
  </style>
</resources>
```

El elemento *name* hace referencia al elemento en XML que pondríamos en el diseño, y podemos englobar estos atributos de diseño de manera más correcta a través de los temas, sin tener que repetir los mismos valores dentro de nuestros ficheros XML.

```xml
<TextView style="@style/MyStyle"/>
```

Cuando cargamos un estilo dentro de una vista, esta aplica todos los elementos de estilo que trae consigo, y si alguno no lo acepta, dicha vista simplemente lo ignorará. Si se asignan los estilos de esta forma a los atributos, estos estilos no serán heredados por vistas secundarias, aunque lo normal es aplicar estilos a toda la actividad o aplicación, no a elementos individuales.

Es posible crear temas de manera similar a como creamos estilos. La diferencia se encuentra en cómo se aplican, ya que estos deben enlazarse a través del atributo *android:theme* de las etiquetas *<application>* y *<activity>* dentro del *AndroidManifest.xml* de nuestra aplicación.

Al seleccionar estos temas para nuestras aplicaciones, debemos tener en cuenta el hecho de que los temas siguen una jerarquía de estilos, que seguirá una lógica entre el orden de los elementos que tiene que seguir a la hora de mostrar unos y ocultar otros.

NOTA

Si estás tratando de aplicar un tema a tu aplicación y no estás viendo los resultados de los estilos que este contiene, es muy posible que otros estilos paralelos estén anulando el primer tema. Aun así, todos los elementos del tema que se anulen con el estilo que sobrescribe seguirán visualizándose.

2.3. Las vistas de *Android*

Android pone a nuestra disposición gran cantidad de vistas básicas con las que podremos diseñar diferentes interfaces de usuario de manera fácil. Estas traen ya definido un estilo que hace los componentes persistentes visualmente con los elementos del resto del sistema *Android*. Estas funcionalidades y apariencias de base pueden, a su vez, ser modificados por los desarrolladores para darles una experiencia totalmente personalizada. Podemos conocer los elementos de vista más usados en nuestras aplicaciones:

⮞ *TextView:* es un elemento de la interfaz de usuario que muestra un texto al usuario. El diseño típico de este elemento:

```
<TextView
  android:id="@+id/text_view_id"
  android:layout_height="wrap_content"
  android:layout_width="wrap_content"
  android:text="@string/hello" />
```

Para su captura y modificación usaremos un código para instanciarlo similar al siguiente:

```
final TextView helloTextView = (TextView)
findViewById(R.id.text_view_id);
helloTextView.setText(R.string.user_hello);
```

⊃ **EditText:** este elemento también se basa en el texto, pero en este caso nos permite introducir por la pantalla un texto propio. Debes definir el atributo *R.styleable.TextView_inputType,* el cual establecerá un valor dependiendo del tipo de información que entre.

```
<EditText
  android:id="@+id/plain_text_input"
  android:layout_height="wrap_content"
  android:layout_width="match_parent"
  android:inputType="text"/>
```

En este caso le estamos diciendo que la información de entrada tiene que ser entendida como un texto.

⊃ **ListView:** este componente muestra un grupo de vistas con una lista dinámica de elementos desplazables. Como vimos en la unidad anterior, utiliza un *Adapter* de donde se tomará el contenido de un contenedor de datos, como podría ser una base de datos, y convierte cada resultado en una vista dinámica de la lista. Para cargar el listado creamos un *ArrayAdapter.*

```
ArrayAdapter<String> adapter = new
ArrayAdapter<String>(this,
  android.R.layout.simple_list_item, myStringArray);

ListView listView = (ListView) findViewById(R.
id.listview);
listView.setAdapter(adapter);
```

Este código consideraría elementos cada uno de los componentes del *Array.*

⊃ **Spinner:** el elemento *spinner* ofrece una manera rápida de seleccionar un valor de un conjunto. Cuando el estado del *spinner* es el predeterminado, se muestra el valor seleccionado con un listado de los demás valores oculto. Al pulsar sobre él, se desplegarán el resto de los valores posibles para nuestro elemento.

```
<Spinner
  android:id="@+id/planetas_spinner"
  android:layout_width="fill_parent"
  android:layout_height="wrap_content" />
```

Para rellenar la información debes especificar una *SpinnerAdapter* en la actividad o fragmento al que este corresponda.

➲ **Button:** es un elemento de la interfaz de usuario que produce una acción al ser clicado. Se declarará y capturará su evento creando un código XML y la pulsación de este a través de un *Listener* que capturará el evento.

```
<Button
  android:id="@+id/my_button_id"
  android:layout_height="wrap_content"
  android:layout_width="wrap_content"
  android:text="@string/hello" />
```

```
final Button button = findViewById(R.id.my_button_id);
button.setOnClickListener(new View.OnClickListener() {
  public void onClick(View v) {
    // Código que realice alguna opción
  }
});
```

➲ **CheckBox:** los elementos *checkbox* permiten al usuario seleccionar una o más opciones dentro de un conjunto. Normalmente, debe presentar cada opción de casilla de verificación en una lista vertical, en la cual se pueden seleccionar varios elementos al mismo tiempo. Cada una de las diferentes opciones es administrada por separado y se debe registrar un evento particular por cada una.

```
<CheckBox android:id="@+id/checkbox_carne"
    android:layout_width="wrap_content"
    android:layout_height="wrap_content"
    android:text="@string/meat"
    android:onClick="onCheckboxClicked"/>
 <CheckBox android:id="@+id/checkbox_queso"
    android:layout_width="wrap_content"
    android:layout_height="wrap_content"
    android:text="@string/cheese"
    android:onClick="onCheckboxClicked"/>

public void onCheckboxClicked(View view) {
  boolean checked = ((CheckBox) view).isChecked();
  switch(view.getId()) {
    case R.id.checkbox_meat:
       if (checked)
        // ponemos carne al sandwich
       else
        // quitamos la carne
       break;
    case R.id.checkbox_cheese:
       if (checked)
        // ponemos queso al sandwich
       else
        // Soy intolerante a la lactosa!
       break;
  }}
```

➲ **RadioButton:** proporciona al usuario la posibilidad de seleccionar una entra varias opciones a través de un botón redondo clicable. Se caracteriza por que la opción seleccionada tiene exclusividad. Se muestran todas las opciones posibles a la vista. En caso de necesitar no mostrar las opciones, es más aconsejable usar un elemento *spinner*. Se agrupan a través de la etiqueta *RadioGroup,* que es una subclase del *LinearLayout*.

```xml
<RadioGroup xmlns:android="http://schemas.android.
com/apk/res/android"
  android:layout_width="match_parent"
  android:layout_height="wrap_content"
  android:orientation="vertical">
  <RadioButton android:id="@+id/radio_piratas"
     android:layout_width="wrap_content"
     android:layout_height="wrap_content"
     android:text="@string/piratas"
     android:onClick="onRadioButtonClicked"/>
  <RadioButton android:id="@+id/radio_ninjas"
     android:layout_width="wrap_content"
     android:layout_height="wrap_content"
     android:text="@string/ninjas"
     android:onClick="onRadioButtonClicked"/>
</RadioGroup>
```

```java
public void onRadioButtonClicked(View view) {
  boolean checked = ((RadioButton) view).isChecked();
  switch(view.getId()) {
    case R.id.radio_piratas:
      if (checked)
        // los piratas mandan!
      break;
    case R.id.radio_ninjas:
      if (checked)
        // los ninjas son los que mandan!
      break;
  }
}
```

Estos son algunos ejemplos de vistas, pero *Android* pone a nuestra disposición muchos más *widgets,* aparte de vistas más avanzadas con las que poder trabajar diseños más personalizados.

PARA SABER MÁS

Si quieres obtener más información sobre los diferentes tipos de texFields, puedes hacerlo accediendo desde aquí:

https://redirectoronline.com/ifcd059po0701

3. Parámetros de diseño

HILO CONDUCTOR

Durante el trabajo de Laura, nuestra nueva compañera en Digital Mushroom, S. L., se enfrenta a la creación de las diferentes vistas de la aplicación a través de los diferentes componentes XML y configuración de parámetros de diseño que debe establecer. Para ello, se dispone a profundizar más en los diseños, viendo sobre todo los elementos que tengan estos entre sí para poder establecer dichos parámetros dentro del tema que quiere aplicar a la aplicación de manera global.

Cuando vimos el árbol de herencia de las vistas en la unidad anterior, pudimos comprobar que la mayoría de los *widgets* heredan de la clase View, pero, en este caso, los diseños heredan de *ViewGroup,* que a su vez hereda también de *View.* Esto proporciona a los diseños las propiedades de las vistas mientras que también disfrutan de todo lo que hereden del *ViewGroup.*

Podríamos definir los diseños como la clase de vistas que puede contener otras vistas y cumplir la función de repartir estas vistas a lo largo de la aplicación. Los diseños son bastante más flexibles, ya que la forma en la que se reparten no es limitada ni fija, como en el caso de otras vistas como *ListView.*

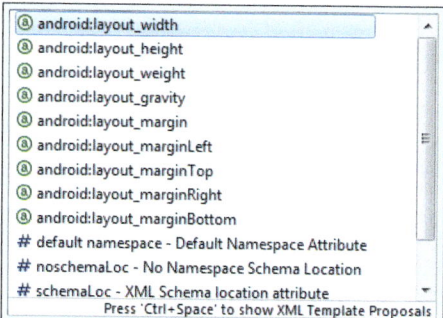

Los parámetros propios de las vistas son comunes y accesibles para el resto de las vistas y componentes de diseño.

Vamos a centrarnos en una clase de *ViewGroup* conocida como *LayoutParams.* Esta es la encargada de establecer las propiedades que usaremos como los atributos dentro del código XML de nuestras vistas. Cuando la aplicación es compilada, el compilador guarda todos estos valores en un objeto de la clase *LayoutParams* y lo asigna a la vista a través del método *setLayoutParams,* que está heredado para todas las vistas desde la clase *View.* Esto nos permite de una manera sencilla tener asociada la información que sea necesaria para trabajar con la vista.

A través de la clase *LayoutParams,* podemos tener los parámetros particulares de un diseño disponible para el resto de las vistas de nuestra aplicación.

NOTA

Cuando encontramos un parámetro con el prefijo *layout,* hay que saber que este es propio de las vistas y no de los diseños. Podemos ver los atributos propios de las vistas disponibles pulsando [Ctrl] y espacio después de escribir *layout_.*

3.1. Dimensiones de una vista

Hemos estado comentando que los parámetros que se definen en *ViewGroup.LayoutParams* formarán parte de los parámetros del resto de diseños. Estos son los dos parámetros:

> **android:layout_width**
> - Este parámetro especifica el valor que va a tener la vista de ancho. Es un atributo obligatorio de cualquier contenedor. Debería ser un valor de tipo dimensión, como píxeles o milímetros, y puede contener los valores *match_parent o wrap_content*.

> **android:layout_height**
> - Es el atributo que sirve para establecer la dimensión de altitud que tendrá un elemento. Este se establecerá a su vez como un valor dimensión, siempre siendo recomendable tanto para el atributo de diseño *width* como a *height* poder establecer estos como valores relativos a través de *match_parent o wrap_content*.

Ambos están obligados a ser definidos en todas las vistas e indican cuáles son las dimensiones con respecto a las vistas contenedoras. A los dos atributos se les puede asignar una constante ya establecida o un tipo dimensión como valor.

 **DEFINICIÓN**

Valor dimensión

Es un valor numérico acompañado de una cadena de texto que configura el tipo de valor en el que se va a expresar la información. Un ejemplo "210px" representaría 10 píxeles, o "25mm" vendría a significar 25 milímetros.

Nunca deberíamos fijar el tamaño de nuestras diferentes vistas, ya que nos costará mucho más que la aplicación sea *responsive* para diferentes tipos de pantallas. Para esto tenemos dos valores que podemos establecer tanto para *width* como para *height,* sin decir ningún valor fijo ni valores exactos:

match_parent
- Establece que el ancho o alto de la vista debe ajustarse al tamaño máximo del diseño, ocupando todo el espacio disponible. Si la vista contenedora tiene un elemento de espacio como *padding*, nuestro elemento con *match_parent* ocupará hasta donde este *padding* le permita.

wrap_content
- Se usa para establecer la altura o anchura justa y necesaria para mostrar el contenido del elemento de diseño, ya que calcula el espacio necesario para mostrarlo. En el caso de un *TextView*, se usará un cálculo teniendo en cuenta la fuente que se va a emplear para poder establecer este tamaño.

SABÍAS QUE...

Si trabajamos con versiones anteriores a *API Android 8*, la constante *match_parent* no existirá con este nombre, sino que será llamada *fill_parent*. Este es simplemente un cambio de nombre, ya que ambos valores corresponden a la misma funcionalidad si los establecemos dentro de los componentes de dimensión.

Estos no son los únicos parámetros de diseño que afectan a las dimensiones de una vista. También tenemos parámetros como *minHeight* o *minWidth,* que afectan al resultado de las dimensiones de nuestros diseños.

PARA SABER MÁS

Si quieres obtener una lista de los recursos de diseño de los que podemos hacer uso en nuestra aplicación, puedes hacerlo accediendo desde aquí:

Continúa en página siguiente >>

<< Viene de página anterior

https://redirectoronline.com/ifcd059po0702

Aparte de los parámetros de diseño, también hay muchos tipos de parámetros que usamos en nuestras vistas, como los que definen los recursos de color, de los diferentes menús o las fuentes que vayamos a utilizar a lo largo de nuestra aplicación.

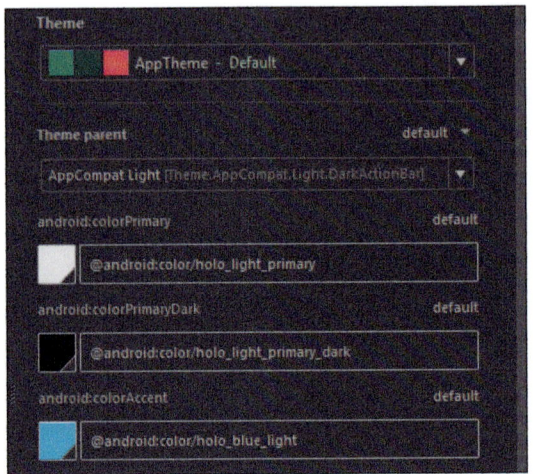

Los distintos parámetros de diseño de nuestras aplicaciones son guardados dentro de los diferentes recursos visuales que tendremos.

 ACTIVIDAD COMPLEMENTARIA

31. Realiza una nueva actividad vacía, dentro de la cual estableceremos un *EditText*. Este *EditText* deberá estar vacío y estableceremos como atributos

Continúa en página siguiente >>

<< Viene de página anterior

android:layout_width a la dimensión *wrap_content.* Verás en tu aplicación que la caja de texto se ve muy pequeña. Investiga entre el resto de los atributos cuál sería correcto establecer para hacer que nuestra caja de texto se viese de manera más ancha en combinación con el parámetro ancho ya establecido.

---

4. Vistas personalizadas

☞ **HILO CONDUCTOR**

Nuestra compañera Laura, empleada de Digital Mushroom, S. L., ya ha realizado unos cuantos diseños, pero los componentes que está usando tienen un estilo demasiado común propio de *Android* y el cliente pidió que se crease un diseño lo más afín posible a la imagen de marca de la empresa cliente. Para realizar esto plantea la creación de unos estilos que se carguen en los distintos *layouts* y crearlos de manera que tengan componentes propios y personalizados.

Dentro del editor de diseño del *IDE Android Studio,* podemos compilar diferentes diseños de manera sencilla y crear nuestras vistas con el simple movimiento de arrastrar distintos *widgets* en un editor de diseño visual. Esto se traducirá inmediatamente al código XML que tenemos como código.

Este editor que proporciona el *IDE* tiene la capacidad de hacer tu diseño *responsive* para diferentes dimensiones de pantallas cambiando este diseño de manera dinámica. Esto lo hace gracias a la clase *ConstrainstLayout,* una clase que se dedica a administrar el diseño.

4.1. Editor de diseño

El editor de diseño aparece en la pestaña de la vista que abre *Android Studio* cuando pulsamos sobre un archivo XML para abrirlo. Esta se compone de diferentes regiones:

- ○ ***Pallete:*** este apartado de la vista proporciona un listado de los distintos *widgets* y contenedores que puedes arrastrar al diseño de nuestra vista.
- ○ ***Component Tree:*** en este apartado se mostrará un árbol de jerarquía de vistas que estamos estableciendo para nuestro diseño. Haz clic sobre un elemento para ver cómo se selecciona y poder identificarlo en la vista.
- ○ **Barra de herramientas:** este es el lugar en el cual se nos proporcionarán los distintos botones de configuración de la apariencia de la vista del editor de diseño y poder modificar las diferentes propiedades del diseño.
- ○ **Ajuste de diseño:** muestra tu diseño dependiendo de las configuraciones de vista que hayas aplicado en la barra de herramientas y de los diferentes componentes que hayamos incluido a la vista.
- ○ ***Attributes:*** para cada elemento que seleccionemos, este apartado nos mostrará las diferentes propiedades de las que esta consta.

Este editor puede modificar la apariencia de tus diseños a través de los botones que tiene en la barra superior de herramientas.

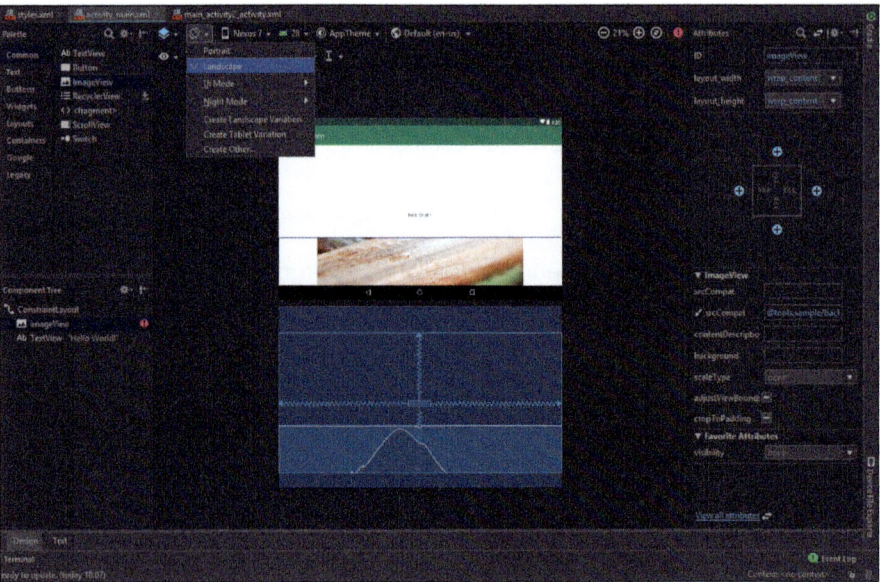

La barra de herramientas proporciona la capacidad de configurar las diferentes configuraciones en las que podremos previsualizar nuestra vista Android.

En esta configuración podrás optar a vistas más avanzadas de los diseños de tu aplicación, como cambiar la orientación de la pantalla, cambiar el tamaño y tipo de dispositivo de salida u opciones de diseño como ver el tema de la APP o acceder al diseño y plano técnico.

SABÍAS QUE...

También podemos editar los temas de una manera visual según la funcionalidad de la vista de diseño de nuestros diseños. Se puede acceder a él de dos maneras:

En el menú superior Tools, haciendo clic sobre **Android → Theme Editor.**

En un archivo XML, pinchando sobre **Open editor,** en la parte superior derecha de la ventana.

4.2. Crear un nuevo diseño

Cuando quieras crear un nuevo diseño para tu aplicación, comienza por crear un archivo nuevo dentro del directorio *layout* predeterminado para tu proyecto. Entonces debes posicionarte en la vista *Project* en el desplegable de la parte superior del árbol que contiene los directorios de tu proyecto.

En el menú principal, selecciona la opción **File → New → XML → Layout XML File.** Rellena la información del nombre del archivo, la etiqueta que vas a utilizar como diseño de raíz y el origen del diseño. Pulsa sobre **Finish** y aparecerá el nuevo elemento de diseño creado.

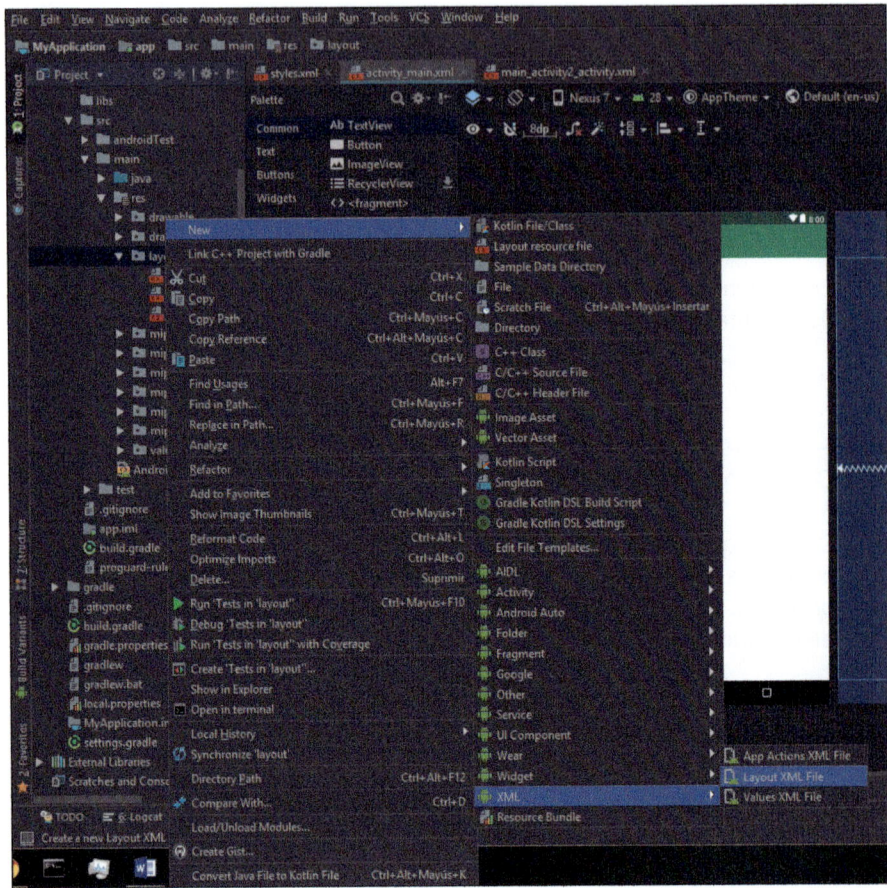

Dentro de las posibilidades que nos ofrece Android Studio está la de crear elementos visuales de diseño configurados en XML.

Tenemos que entender ante todo que un *layout* es un elemento que representa los diseños que van a tener las interfaces de usuario de los diferentes componentes visuales que tendrá nuestra aplicación, como las *Activities,* los *Fragments* o los diferentes *widgets* que encontremos.

Estos se encargan de hacer de contenedores del resto de elementos, y para poder controlar sus funcionalidades debemos acudir al estilo programático para asignar acciones a dichos elementos.

NOTA

Otra manera de iniciar un nuevo archivo de diseño es a través de la vista del proyecto en modo *Android.* Puedes dirigirte a la carpeta con el nombre *layout* y luego seleccionar **New → Layout resource file.**

APLICACIÓN PRÁCTICA

En su empresa, Noemí ocupa un puesto de desarrolladora *FrontEnd* especializado en aplicaciones *Android.* Dentro de un proyecto ya muy avanzado, le han pedido que haga una prueba de concepto sobre una nueva aplicación para probar un estilo que le han pasado. Tiene que abrir la vista de diseño de *Android Studio,* donde quiere identificar a qué apartado debería dirigirse para editar los valores de los diferentes componentes.

Ayúdala a decidir cuál es el tipo de proceder más adecuado para su situación.

Solución

En el apartado *Attributes* es donde puede dirigirse un desarrollador que opta por usar la vista de diseño de *Android Studio* para poder modificar los diferentes atributos de los elementos sobre los que se pulse.

---

5. Modificar vistas existentes

HILO CONDUCTOR

Laura, responsable del diseño de los distintos componentes visuales de las aplicaciones que se desarrollan dentro de la *startup* tecnológica Digital Mushroom, S. L.,

Continúa en página siguiente >>

<< Viene de página anterior

está trabajando en un proyecto en que necesita desarrollar vistas y estilos perso-nalizados. Para ello debe comenzar a modificar las vistas que ha ido creando para los distintos componentes visuales de la aplicación. Después de haber cogido práctica con las diferentes posibilidades de creación de vistas personalizadas, comienza a modificarlas para darles el diseño que se le ha pedido.

Hasta ahora hemos visto cómo crear un nuevo fichero de diseño para enri-quecer las interfaces de nuestras aplicaciones y dar vida y soporte visual a la lógica que soporten nuestras *Activities*. Para editarlas solo tenemos que dirigirnos a la carpeta *res/layout* y dentro encontraremos los diferentes re-cursos de pantallas para nuestra aplicación. Para cargar una vista en una *Activity* deberemos acudir al método *setContentView,* que nos provee de la funcionalidad de inflar la vista dentro de la actividad.

 **DEFINICIÓN**

Inflar vista

El concepto *inflar* en *Android* se ha acuñado debido al uso del método *inflate()*. Este término hace referencia al hecho de asociar a un componente de código de nuestra aplicación (como una *Fragment* o una *Activity)* una vista determinada. El método *inflate()* se utiliza para construir y añadir los diseños a los diferentes *Views* de nuestra aplicación.

5.1. Agregar una vista al diseño

Para poder realizar la compilación de un diseño, en caso de no tener un profundo conocimiento de los diferentes atributos y valores que estos pue-den adoptar, puedes usar la vista de diseño de *Android Studio* y no tener que trabajar de manera directa con los componentes en XML. Para empezar a realizar el diseño de tu aplicación simplemente has de arrastrar los dife-rentes componentes visuales del subpanel *Palette*. El editor te mostrará una relación con el resto de los componentes del diseño.

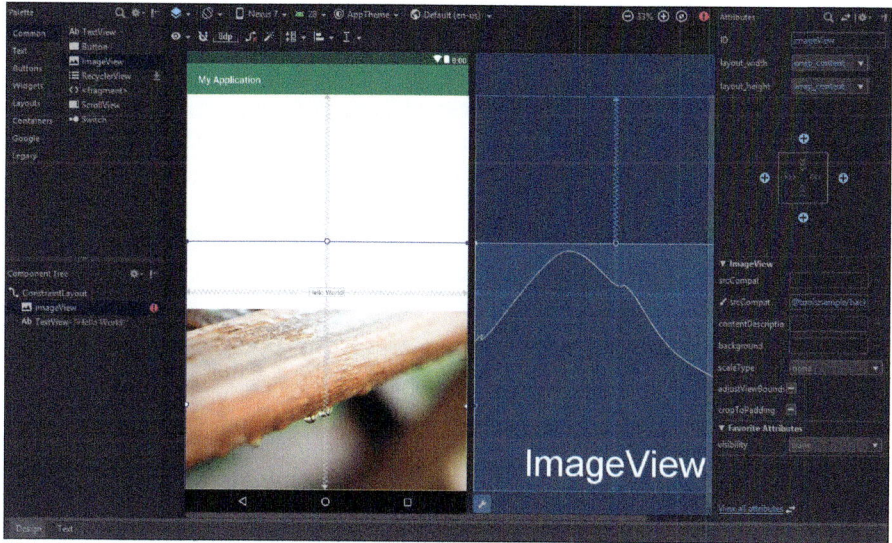

La vista de los diseños de aplicaciones dentro de Android Studio nos muestra indicaciones sobre los atributos de nuestros componentes visuales.

Para poder editar las propiedades que tienen los distintos elementos de tus vistas, puedes hacerlo a través de la pantalla *attributes* del visor de diseño, en la pestaña **Design** de la parte inferior de la ventana.

Como hemos visto en la unidad anterior de manera extensa, para capturar el diseño de los diferentes elementos podemos hacerlo instanciando el objeto *View* correspondiente y buscarlo a través de su *ID*.

 ## ACTIVIDAD COMPLEMENTARIA

32. Crea una nueva vista la cual llamaremos "MiVista" y que extienda de la clase *View*. Esta debe ser creada sin estar asociada a ninguna actividad, para poder ser usada desde cualquier sitio de nuestra aplicación. Fíjate en los métodos que te obligan a incluir la clase padre *View* y comenta su uso.

5.2. Modificar el diseño de una vista

Para modificar los diseños de las vistas que creemos, podemos hacerlo de varias maneras. Todas ellas son correctas, pero algunas nos ofrecen la modificación de forma dinámica, mientras que otras solo modifican los estilos de los elementos de manera fija.

A continuación, se describen las distintas maneras que tenemos para modificar el diseño de una vista en *Android:*

Sobre el XML
- En el *framework* de programación *Android* se nos brinda la posibilidad de editar los diferentes contenidos de diseño a través de los archivos XML que los forman. Estos ficheros se pueden abrir para su edición de dos formas. La primera es con la vista de diseño, en la cual podemos de manera visual mover y tocar los diferentes componentes; y la segunda es la apertura del código XML, donde se nos mostrará para su edición el código XML de nuestro proyecto.

De manera programática
- Podemos instanciar cualquier componente a través de algunos métodos muy útiles que usaremos en código Java. Es posible acceder a ellos a través de la referencia que tengan en la clase R y posteriormente realizar modificaciones. Esto lo haremos a través del método findViewById(R.id), dónde R.id será el nombre del id al que apunta la clase R.

5.3. Crear nuestros propios elementos

Podemos crear nuestros propios tipos de elementos visuales en caso de que los que traiga por defecto *Android* no nos sirvan para las acciones que queramos realizar. Para hacer esto solo tendremos que extender nuestra propia clase de la clase *View* o *ViewGroup* (dependiendo de si pretendemos crear un contenedor o un elemento *widget).*

```
public class MyView extends View {}
```

Para poder customizar esta vista, deberemos usar la referencia de los atributos que esta contenga en el XML. Esto se declarará desde la carpeta *res/values,* dando al botón secundario y creando un nuevo fichero .xml. Dentro de él deberemos declarar el esquema de atributos en código XML que necesite nuestra vista.

```xml
<declare-styleable name="myStyle">
  <attr name="myColor" format="color"></attr>
</declare-styleable>
```

El siguiente paso será añadir la vista al diseño, añadiendo así los atributos creados.

```xml
<your.package.name.MyStyle
  android:id="@+id/my_view"
  android:layout_width="fill_parent"
  android:layout_height="fill_parent"
  android:layout_margin="5dp"
  custom: myColor ="#ff0099"/>
```

Ahora volvamos a la clase de vista que hemos creado. Dentro de la declaración de esta clase, deberemos agregar algunas variables de instancia de la siguiente manera:

```java
private String myColor;
```

Usaremos este atributo para hacer un seguimiento de la configuración actual de color. Después, agregamos un método constructor para su clase.

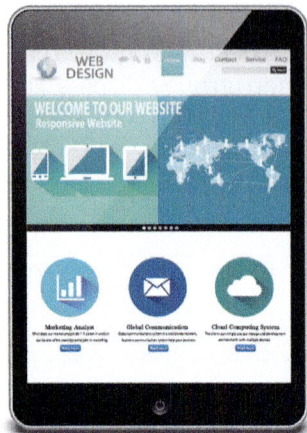

Los distintos diseños que queramos realizar los haremos a través de los distintos componentes de tipo View que el framework Android nos proporciona.

A medida que ampliamos la clase de vista, lo primero que hacemos es llamar al método de superclase. Después de la superllamada, extendemos el método para configurar la vista.

```
public MyView (Context context, AttributeSet attrs){
  super(context, attrs);
  TypedArray a = context.getTheme().
  obtainStyledAttributes(attrs,
  R.styleable.MyView, 0, 0);
}
```

Esta matriz nos proporcionará acceso a los valores de atributo. Debemos fijarnos en que usamos el nombre del recurso que especificamos en el archivo "attrs.xml". Ahora recuperaremos los valores del atributo, utilizando un bloque try en caso de que algo salga mal.

```
try {
  circleCol = a.getInteger(R.styleable. MyView
  _myColor, 0);
} finally {
  a.recycle();
}
```

Leemos los atributos en nuestras variables de instancia. Observa que usamos los nombres que enumeramos para cada uno en "attrs.xml" nuevamente. Los colores se recuperan como valores enteros y la etiqueta de texto como una cadena. Ese es el método constructor completo; para cuando este se haya ejecutado, la clase recuperará los atributos de Vista seleccionados que definimos en el archivo de recursos de atributos y los valores establecidos en el diseño XML.

 TAREA 17

Andrea está optando a una plaza para un puesto superior en su empresa. Ella es desarrolladora, y le ofrecen hacer las vistas de una pantalla de *login* de una aplicación *Android*. Como Andrea se atreve con todo, se dispone a leer los requisitos propuestos:

- Que el fondo de pantalla sea naranja.
- Dos *inputs* para nombre y contraseña.
- Que haya un botón que limpie el código dentro de los dos *inputs*.

Ayuda a Andrea a incluir el código que sería necesario para poder visualizar la pantalla que tiene que preparar para conseguir su deseado ascenso.

6. Resumen

En esta unidad se tratan los conceptos de las vistas de *Android,* que ya avanzamos en la unidad anterior. Dentro de los conocimientos que adquirimos, un tema muy importante para un desarrollador, pero que normalmente se deja de lado ya que se asocia innecesariamente a la idea de diseño, es el concepto de *usabilidad.*

La usabilidad constituye una gran parte de nuestras vistas, ya que la manera en la que las construyamos puede hacer que el diseño no se entienda y, por tanto, los usuarios no sepan realizar las acciones objetivo de nuestra aplicación, o que se construyan varias vistas con jerarquías demasiado complejas entre ellas, lo que puede ralentizar nuestras aplicaciones y que el usuario no vuelva a usar nuestro producto.

Android proporciona un amplio abanico de elementos de interfaz de usuario que suelen ser suficientes para las necesidades de la mayoría de las aplicaciones. Sin embargo, lo más normal es que en ocasiones tengamos la necesidad de implementar una interfaz de usuario personalizada para un proyecto en el que estás trabajando.

Las vistas pueden ser personalizadas, ya que casi siempre decidiremos darles un diseño propio, siendo los distintos colores y logos los que provean de identidad a nuestra aplicación. A la hora de traducir esto en código es importante conocer los diferentes componentes visuales que tiene *Android*. Estos componentes son los tipos de contenedores básicos *ViewGroup* que se usan con *Adapters,* como la clase *ListView,* o diferentes elementos de tipo *widgets* como los *TextViews.* Estos pueden heredar de *ViewGroup* cuando son contenedores para otras vistas o heredar de *View,* que normalmente serán definidos como *widgets.*

Extendiendo de estas dos clases, *View* y *ViewGroup,* podremos generar estilos propios en nuestras vistas. Es posible también realizar la creación de nuestros *widgets* y que estos tengan diseños únicos:

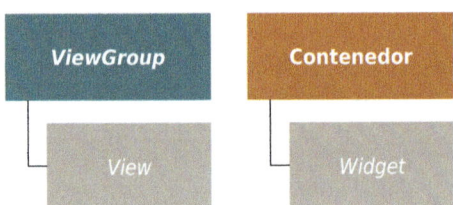

Ejercicios de autoevaluación
Unidad de Aprendizaje 7

1. ¿Qué nueva actividad predefinida de *Android* trae por defecto la posibilidad de realizar la navegación de manera horizontal?

    a. Actividad de *Scroll.*
    b. Actividad con pestañas.
    c. Actividad con panel lateral.
    d. Actividad básica.

2. El tipo de vista que, por defecto, nos añade una barra superior y un botón flotante sería:

    a. Actividad de pantalla completa.
    b. Actividad de *Scroll.*
    c. Actividad vacía.
    d. Actividad básica.

3. Determina si la siguiente oración es verdadera o falsa: "La usabilidad de nuestras aplicaciones a veces es dejada en segundo plano cuando es una valiosa cualidad para el futuro de nuestras aplicaciones".

    ■ Verdadero
    ■ Falso

4. Cuando queremos referirnos a la clase de la que heredan sus propiedades los distintos contenedores, hablamos de la clase:

    a. *ViewGroup*
    b. *Toolbar*
    c. *Widget*
    d. *View*

5. Para que la aplicación de un estilo surja efecto en los elementos hijos y estos atributos sean heredados, lo más recomendable es:

    a. Crear un estilo más reducido.
    b. Enlazar los estilos a través de código.
    c. Establecer los estilos en XML.

d. Colocar el estilo a nivel de toda la actividad o aplicación.

6. Determina si la siguiente oración es verdadera o falsa: "Cuando tratamos de cargar distintos estilos siempre son compatibles entre ellos y todo es visualizado de la manera esperada".

   ■ Verdadero
   ■ Falso

7. Los parámetros de diseño que se establecen de manera obligatoria son dos:

   a. layout_width y layout_height.
   b. layout_margin y layout_padding.
   c. layout_weight y layout_height.
   d. layout_padding y layout_height.

8. Cuando no sabemos mucho sobre código XML pero queremos editar las vistas de nuestras pantallas, ¿qué recurso pone a nuestra disposición *Android Studio?*

   a. El editor XML.
   b. La vista de diseño.
   c. Código Java.
   d. Creador de diseños.

9. Para realizar la modificación de las vistas, tenemos dos maneras:

   a. Por código Java o XML.
   b. Por código *Android* o código Java.
   c. A través de XML o HTML.
   d. Todas las opciones son incorrectas.

10. Determina si la siguiente oración es verdadera o falsa: "Los *layouts* son elementos que codifican la interfaz que van a tener nuestras aplicaciones".

   ■ Verdadero
   ■ Falso

Diálogos y mensajes

Contenido

Objetivos

El objetivo general de esta Unidad de Aprendizaje es:

→ Utilizar los mensajes de diálogo que *Android* pone a nuestra disposición.

Los objetivos específicos de esta Unidad de Aprendizaje son:

→ Usar las clases que hereden de la clase de *Android Dialog,* como realizar la personalización de estos diálogos.

→ Saber mostrar ventanas emergentes de tipo *Toast,* así como establecer un tiempo y una duración determinados.

1. Introducción

Durante el avance del contenido de las unidades anteriores, hemos visto cómo podíamos crear diferentes componentes de diseño que daban más o menos interacción a nuestras aplicaciones. Hemos visto cómo crear salidas de texto, pero a la hora de querer mostrar un mensaje con el cual poder interactuar con el usuario, o simplemente generar una advertencia, no hemos contemplado qué herramientas son de las que deberemos hacer uso.

En este caso contamos con dos clases a las que podremos recurrir en el desarrollo de nuestras aplicaciones: *Dialog* y *Toast*. En cuanto a la primera, cubre la necesidad de lanzar notificaciones en primer plano cambiando el foco del usuario para que tenga que realizar alguna acción con ellos, normalmente la inserción de información o pulsar una confirmación que cierra el diálogo guardando el estado pulsado.

Los diálogos son vitales para seleccionar una preferencia en un momento dado de nuestra aplicación, existiendo varios tipos de estos. Cada tipo de diálogo proporciona un mensaje para un tipo de propósito concreto y estudiaremos estos tipos a lo largo de esta unidad. Además, veremos otro tipo de mensaje que será muy útil a la hora de desarrollar que será la clase *Toast,* la cual muestra un mensaje sin interacción con el usuario, que se suele mostrar por unos segundos.

Para explicar todas estas funcionalidades del *framework Android* para la creación de distintos diálogos, nos basaremos en el caso de la ya conocida *startup* tecnológica llamada Digital Mushroom, S. L., sobre la cual se ha pedido la realización de una aplicación innovadora que será usada dentro del mundo deportivo. Parece que llegan nuevos requisitos para el establecimiento de un nuevo elemento visual dentro de la aplicación, los diálogos.

2. Subclases de diálogos

 **HILO CONDUCTOR**

En Digital Mushroom, S. L., están realizando la parte frontal de una aplicación deportiva. Dentro de estos diseños han llegado unas revisiones nuevas por parte del cliente en las que se pide que la edición del perfil de usuario de la aplicación

Continúa en página siguiente >>

<< Viene de página anterior

se realice a través del despliegue de una ventana emergente con un formulario y un par de botones. Laura, que es la empleada encargada de llevar a cabo esta labor, investiga las bases de la interfaz DialogInterface y las clases que la implementan para poder hallar la mejor manera de realizar esta vista nueva.

Los cuadros de diálogos son un componente de *Android* que se muestran en una ventana de tipo modal que se sobrepone a la actividad actual en la cual nos encontremos. Estos se crean a partir de la clase Dialog y sirven para distintos fines:

Aunque *Dialog* sea la clase en la que están basados los diálogos, debes intentar no crear nunca instancias de esta clase directamente, ya que se utiliza a través de otras subclases que extienden de ella y tienen, aparte de las funcionalidades heredadas, las propias del propósito que estén tratando de cubrir.

La clase *Dialog* implementa la interfaz *DialogInterface,* la cual es proporcionada de forma nativa por *Android.* Todas las clases que descienden de esta clase *Dialog* representan distintas ventanas encapsuladas a través de *Fragments* o *Activities,* siendo lo más correcto su uso con la clase *DialogFragment.*

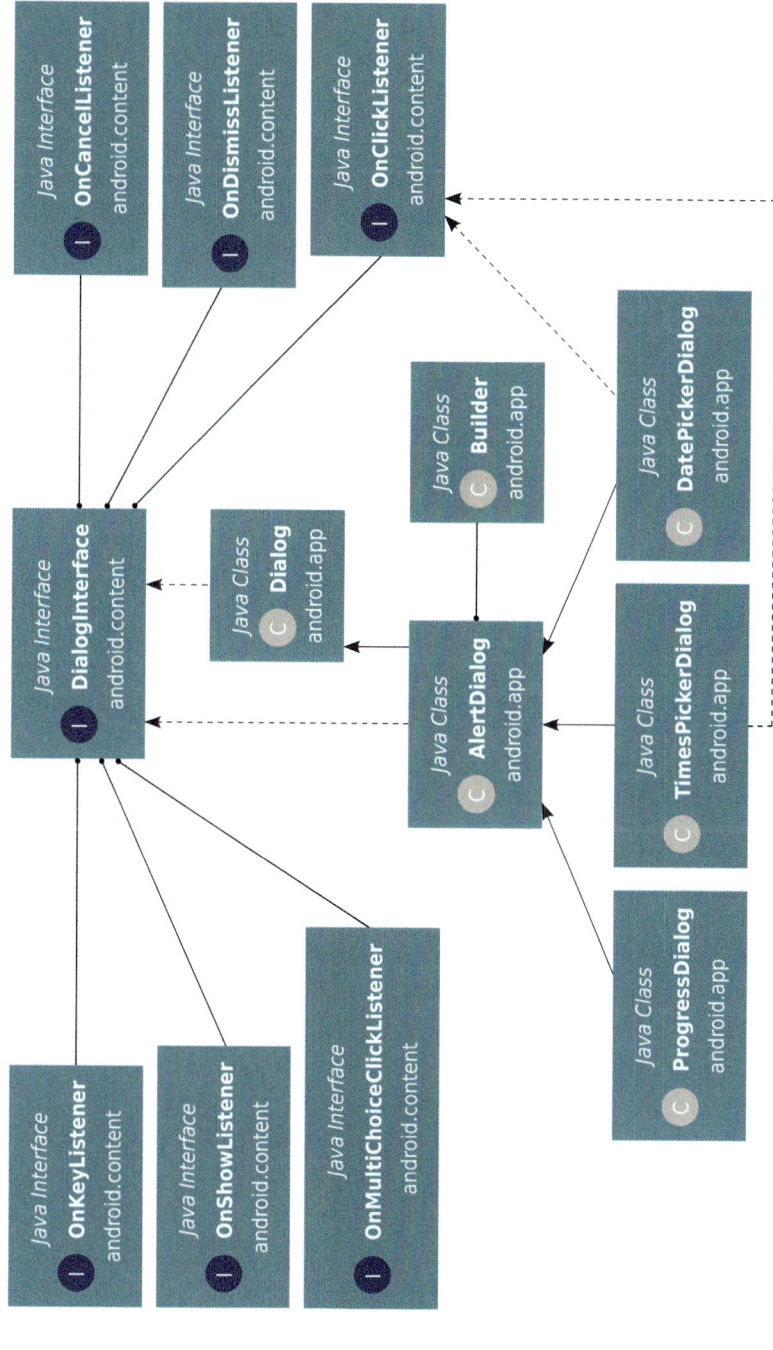

La interfaz DialogInterface recoge el funcionamiento básico del que constarán el distinto árbol de clases e interfaces que se relacionan con esta.

 **DEFINICIÓN**

DialogInterface

Es la interfaz que define las clases de tipo diálogo, contiene las funcionalidades para que estas puedan ser mostradas, ocultadas o canceladas, y tienen la posibilidad de contener elementos visuales como botones u otros elementos visuales, como cajas de texto para la introducción de información solicitada. Puedes encontrar la documentación sobre los valores y acciones accediendo desde aquí:

https://redirectoronline.com/ifcd059po0801

2.1. Tipos de diálogos

Aunque normalmente los diálogos son ventanas emergentes que presentan un aviso y requieren de una aceptación o cancelación de esta, podemos crear distintos tipos de diálogos en *Android,* dependiendo del objetivo que tengan y del contenido a mostrar en el interior de estos. La clase principal que usaremos para la realización de la mayoría de nuestros diálogos es la clase *AlertDialog.*

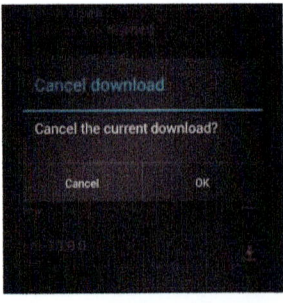

Por defecto los diálogos en Android se usan para mostrar una advertencia o la aceptación de alguna información por parte del usuario.

2.2. AlertDialog

Esta es la clase principal que usaremos para mostrar cualquier ventana con un título, hasta tres botones, un listado de elementos seleccionables o un diseño personalizado por nosotros mismos.

Para construir este tipo de componente, deberemos hacerlo a través de su subclase *AlertDialog.Builder,* la cual nos bastará con instanciar y establecer las diferentes propiedades del diálogo mediante los métodos que esta contiene.

Podemos ver un ejemplo de cómo implementaríamos una alerta sencilla a través de AlertDialog.Builder con un botón que mostrar:

```
package com.example.ainhoa.myapplication;

import android.os.Bundle;
import android.app.Activity;
import android.app.AlertDialog;
import android.content.DialogInterface;

public class MainActivity extends Activity {
  @Override
  protected void onCreate(Bundle savedInstanceState) {
    super.onCreate(savedInstanceState);
    setContentView(R.layout.activity_main);
```

Continúa en página siguiente >>

<< Viene de página anterior

```
      alertaSimpleBoton();
   }
   public void alertaSimpleBoton() {
      new AlertDialog.Builder(MainActivity.this)
         .setTitle("Dialog Simple de ejemplo")
         .setMessage("Mensaje para el cuerpo del dialogo")
         .setPositiveButton("OK", new DialogInterface.
         OnClickListener() {
            public void onClick(DialogInterface dialog, int
            id) {
               dialog.cancel();
            }
         }).show();
   }
}
```

Como vemos en este código de ejemplo, creamos un nuevo diálogo de alerta a través de su subclase Builder, y después de setear las características de este, construimos la ventana de alerta a través de la llamada al método en el evento *onCreate()*. El código se vería reflejado en su ejecución de la siguiente manera:

El código de un diálogo simple informativo con un botón de aceptación que cerrará este es muy sencillo de implementar.

También podemos crear un diálogo con los distintos botones, siendo el código también muy sencillo de escribir:

```
public class MainActivity extends Activity {
   @Override
   protected void onCreate(Bundle savedInstanceState) {
```

Continúa en página siguiente >>

<< Viene de página anterior

```
    super.onCreate(savedInstanceState);
    setContentView(R.layout.activity_main);
    alertaTresBotones();
  }

  public void alertaTresBotones() {
    new AlertDialog.Builder(MainActivity.this)
        .setTitle("3 botones")
        .setMessage("¿Qué botón vas a pulsar?")
        .setIcon(R.drawable.ic_launcher_background)
        .setPositiveButton("DERECHA",
          new DialogInterface.OnClickListener() {

            public void onClick(DialogInterface dialog,
int id) {
              showToast("Pulsas la opción DERECHA.");
              dialog.cancel();
            }
          })
        .setNeutralButton("CENTRO",
          new DialogInterface.OnClickListener() {

            public void onClick(DialogInterface dialog,
int id) {
              showToast("Pulsas la opción NEUTRA.");
              dialog.cancel();
            }
          })
        .setNegativeButton("IZQUIERDA",
          new DialogInterface.OnClickListener() {
            public void onClick(DialogInterface dialog,
int id) {
              showToast("Pulsas la opción IZQUIERDA.");
              dialog.cancel();
            }
          }).show();
  }

  public void showToast(String mnsj) {
```

Continúa en página siguiente >>

<< Viene de página anterior

```
    Toast toast = Toast.makeText(getApplicationContext(),
mnsj, Toast.LENGTH_SHORT);
    toast.show();
  }
}
```

También hemos visto cómo se crean distintos botones, de los que captura-remos su funcionalidad a través del método *onClick().* Este código se vería en la aplicación de prueba de la siguiente manera:

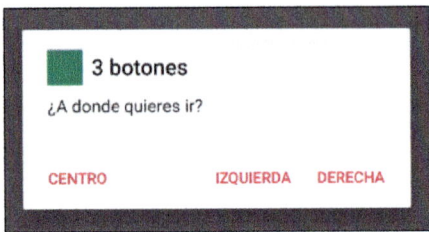

Hay tres opciones distintas que podemos agregar a un *alertDialog:*

⊃ **Positivo:** este es el tipo de elemento que confirma la aceptación del diá-logo. Se crea y establece a través de la llamada al método del construc-tor o *builder* setPositiveButton(), al cual pasaremos como parámetro el texto del botón, una instancia de la acción a realizar al pulsar el botón onClick().

```
builder.setPositiveButton(R.string.ok, new
DialogInterface.OnClickListener() {
  public void onClick(DialogInterface dialog, int id) {
  // User clicked OK button
  }
});
```

⊃ **Negativo:** es el botón que sirve para mandar un *feedback* negativo a la aceptación que se pide en el diálogo. En este caso al pulsarse se invoca el *onclick* que hayamos incluido como parámetro del método que lo crea a través del *builder,* setNegativeButton().

```
builder.setNegativeButton(R.string.cancel, new
DialogInterface.OnClickListener() {
  public void onClick(DialogInterface dialog,
  int id) {
  // User cancelled the dialog
  }
});
```

⮞ **Neutral:** se usa este botón cuando el usuario no desea dar su permiso, pero no es necesario rechazar la acción. Un claro ejemplo podría ser el botón de **Recordar más tarde** que encontramos en la mayoría de diálogos recordándonos que tenemos actualizaciones disponibles.

Mostrar un diálogo propio

La clase *AlertDialog* también nos permite crear un diálogo con un listado de elementos que sean personalizados para el usuario. Este listado puede ser de elementos como radios *buttons,* de checkeo múltiple o distintos elementos personalizados.

En el ejemplo anterior hemos visto que el diseño predefinido de los tipos de diálogos de *Android* puede ser diferente a lo que deseamos mostrar en pantalla. En estos casos, *Android* nos ofrece la posibilidad de crear distintos *layouts* e implementarlos a través de *FragmentDialog.* Para crear un diálogo personalizado usaremos esta clase:

```
package com.example.ainho.myapplication;

import androidx.fragment.app.DialogFragment;
import android.os.Bundle;
import android.view.LayoutInflater;
import android.view.View;
import android.view.ViewGroup;
import android.widget.Button;
```

Continúa en página siguiente >>

<< Viene de página anterior

```java
public class DialogoAlertaFragment extends DialogFragment {
  @Override
  public View onCreateView(LayoutInflater inflater, ViewGroup
  container, Bundle savedInstanceState) {
    View rootView = inflater.inflate(R.layout.fragmento_
    dialogo, container, false);
    getDialog().setTitle("Simple Dialog");

    Button dismiss = rootView.findViewById(R.id.button_
    dismiss);
    dismiss.setOnClickListener(new View.OnClickListener() {

      @Override
      public void onClick(View v) {
        dismiss();
      }
    });

    return rootView;
  }
}
```

En este ejemplo vemos cómo se crea una subclase de *DialogFragment,* en la cual inflaremos la vista del fragmento que mostraremos a continuación, el fichero *fragmento_dialogo.xml*.

```xml
<?xml version="1.0" encoding="utf-8"?>
<LinearLayout xmlns:android="http://schemas.android.
com/apk/res/android"
  android:layout_width="match_parent"
  android:layout_height="match_parent"
  android:gravity="center"
  android:padding="20dp"
  android:orientation="vertical">
  <ImageView
      android:id="@+id/imagen"
      android:layout_width="match_parent"
```

Continúa en página siguiente >>

<< Viene de página anterior

```
        android:layout_height="wrap_content"
        android:src="@mipmap/ic_launcher" />
    <TextView
        android:id="@+id/title"
        android:layout_width="wrap_content"
        android:layout_height="wrap_content"
        android:text="@string/app_name"
        android:textSize="25dp" />
    <Button
        android:id="@+id/button_dismiss"
        android:layout_width="match_parent"
        android:layout_height="wrap_content"
        android:text="Cerrar" />
</LinearLayout>
```

En este es donde podemos ver el diseño personalizado y los diferentes elementos que mostraremos en la pantalla de diálogo. Estos pueden ser todos los elementos que queramos añadir, aunque es recomendable, por lo menos, añadir un botón de descartar o aceptar el diálogo. Para hacer la carga de este fragmento, en nuestra clase *MainActivity* cargaremos este a través de un método de la siguiente manera:

```
package com.example.ainho.myapplication;

import android.app.FragmentManager;
import android.os.Bundle;
import android.app.Activity;

public class MainActivity extends Activity {
  @Override
  protected void onCreate(Bundle savedInstanceState) {
      super.onCreate(savedInstanceState);
      setContentView(R.layout.activity_main);
      alertaFragment();

  }
  public void alertaFragment() {
      FragmentManager fm = getFragmentManager();
```

Continúa en página siguiente >>

<< Viene de página anterior

```
    DialogoAlertaFragment dialogFragment = new
    DialogoAlertaFragment();
    dialogFragment.show(fm, "Sample Fragment");
  }
}
```

SABÍAS QUE...

Al pulsarse un botón en un cuadro de diálogo siempre se realizará el cierre de este. En caso de que se asocie una acción al evento onClick de un botón, primero se realizará la acción asignada y posteriormente se cerrará el diálogo.

2.3. Diálogo de confirmación

Es muy similar al de alerta, pero con la distinción de que lo usamos para solicitar permiso para una determinada acción, con las posibles respuestas de Sí/No. Es prácticamente igual a la anterior, pero en este caso añadimos un botón de afirmación y otro de negación.

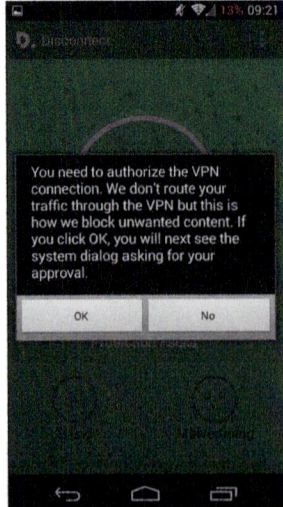

Los diálogos normalmente se usan para dar el consentimiento del usuario sobre alguna acción que vamos a realizar.

Cada uno de ellos será establecido a través de dos métodos diferentes, el botón de afirmación como *setPositiveButton()* y el de la respuesta de negación a través de *setNegativeButton().*

```java
import android.app.AlertDialog;
import android.app.Dialog;
import androidx.fragment.app.DialogFragment;
import android.content.DialogInterface;
import android.os.Bundle;
import android.util.Log;

public class DialogoAlertaFragment extends DialogFragment {
  public Dialog onCreateDialog(Bundle savedInstanceState) {
    AlertDialog.Builder builder =
        new AlertDialog.Builder(getActivity());
    builder.setMessage(R.string.app_name)
        .setTitle("Diálogo de confirmación")
        .setPositiveButton("Aceptar", new
DialogInterface.OnClickListener() {
          public void onClick(DialogInterface dialog,
          int id) {
            Log.i("Dialogos", "Diálogo de confirmacion
            aceptado.");
            dialog.cancel();
          }
        })
        .setNegativeButton("Cancelar", new
        DialogInterface.OnClickListener() {
          public void onClick(DialogInterface dialog,
          int id) {
            Log.i("Dialogos", "Diálogo de confirmacion
            cancelado.");
            dialog.cancel();
          }
        });
      return builder.create();
  }
}
```

Hemos creado dos mensajes en el log para que podamos ver a través de la consola de nuestro IDE si se realiza correctamente la captura del evento de clic de cada botón.

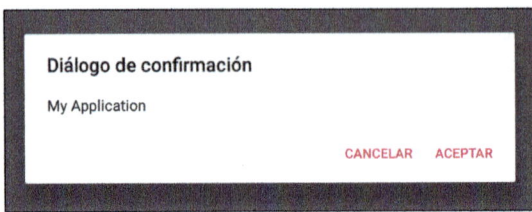

El diálogo es un componente de Android en el cual suele pedirse una confirmación por parte del usuario.

Para poder ver la ejecución en marcha de este *FragmentDialog* deberemos llamarlo desde la clase *Main* del ejemplo anterior de la misma manera, es decir, podemos sustituir simplemente el código de la clase *Fragment* y la ejecución sacará este nuevo diálogo en nuestro dispositivo.

 ACTIVIDAD COMPLEMENTARIA

33. Realiza una nueva actividad vacía, dentro de la cual establecerás un botón. Este abrirá una ventana de diálogo que contendrá un aviso que deberemos confirmar o denegar. En caso de que este se confirme, daremos un mensaje de aceptación, y un mensaje de cancelación en caso contrario, si se deniega.

2.4. Diálogo de selección

Como vimos anteriormente, para este tipo de diálogo también usaremos la clase *AlertDialog,* a la que en este caso no le referenciaremos ningún mensaje, sino que le vamos a indicar directamente un listado de diferentes opciones a mostrar. Esto lo haremos a través del método *setItems()* e implementaremos el evento *onClick()* sobre los elementos de la lista mediante un *listener* de tipo *DialogInterface.OnClickListener.* En este evento tendremos que filtrar las acciones que podemos realizar, que serán pasadas como un *array* tradicional.

```
package com.example.ainho.myapplication;

import android.app.Dialog;
import androidx.fragment.app.DialogFragment;
import android.content.DialogInterface;
import android.os.Bundle;
import androidx.appcompat.app.AlertDialog;
import android.util.Log;

public class DialogoSeleccion extends DialogFragment {
  @Override
  public Dialog onCreateDialog(Bundle savedInstanceState) {
    final String[] items = {"Casado", "Divorciado",
    "Soltero"};
    AlertDialog.Builder builder =
        new AlertDialog.Builder(getActivity());
    builder.setTitle("Selecciona tu situación
    sentimental")
        .setItems(items, new DialogInterface.
        OnClickListener() {
          public void onClick(DialogInterface dialog, int
          item) {
            Log.i("Dialogos", "Opción elegida: " +
            items[item]);
          }
        });
    return builder.create();
  }
}
```

En caso de que quisiéramos poder realizar una selección múltiple o poder recordar las opciones elegidas por el usuario, solo tenemos que usar los métodos *setMultiChoiceItems()* o *setSingleChoiceItems()* en lugar de *setItems()*. El resultado por pantalla mostrará el siguiente diálogo:

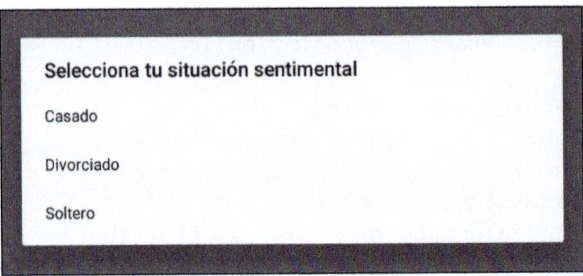

Podemos presentar a los usuarios de nuestra aplicación diálogos para poder elegir entre diferentes opciones.

Para recibir la selección que se haya realizado a través del código, recibimos no solo la opción seleccionada, sino también el parámetro *checked* de la opción, para así poder identificar las distintas opciones seleccionadas.

```
builder.setTitle("Selecciona tu situación sentimental ")
  .setMultiChoiceItems(items, null,
     new DialogInterface.OnMultiChoiceClickListener() {
     public void onClick(DialogInterface dialog, int item,
     boolean isChecked) {
        Log.i("Dialogos", "Opción elegida: " +
        items[item]);
     }
});
```

Este código del *dialogFragment* la mostraremos durante la ejecución a través del código main con el que cuenta nuestra aplicación. Este se implementaría de la siguiente manera:

```
package com.example.plataforma.myapplication;
import android.app.FragmentManager;
import android.os.Bundle;
import android.app.Activity;
public class MainActivity extends Activity {
@Override
  protected void onCreate(Bundle savedInstanceState) {
```

Continúa en página siguiente >>

<< Viene de página anterior

```
      super.onCreate(savedInstanceState);
      setContentView(R.layout.activity_main);
      alertaFragment();
  }
  public void alertaFragment() {
      FragmentManager fm = getFragmentManager();
      DialogoSeleccion dialogFragment = new
DialogoSeleccion();
      dialogFragment.show(fm, "Sample Fragment");
  }
}
```

SABÍAS QUE...

En caso de usar tanto la opción de selección simple como la de selección múltiple para crear un diálogo de selección, para poder salir de nuestro componente creado deberemos pulsar el botón de retroceso de nuestro teléfono.

DatePickerDialog y TimePickerDialog

Se trata de dos diálogos diferentes, en los cuales se crea un selector de fechas o de horas para que se puedan realizar distintas acciones con la información que ha seleccionado el usuario. El *Activity_main* de nuestra aplicación podría lucir de la siguiente manera:

Los diálogos de tipo TimePicker y DatePicker son una buena opción cuando queremos solicitar al usuario información sobre alguna hora o fecha.

Vamos a incluir el código necesario para poder mostrar este diseño en nuestras aplicaciones en *Android:*

```xml
<?xml version="1.0" encoding="utf-8"?>
<RelativeLayout xmlns:android="http://schemas.
android.com/apk/res/android"
  xmlns:tools="http://schemas.android.com/tools"
  tools:context=".MainActivity"
  android:layout_width="match_parent"
  android:layout_height="match_parent"
  android:paddingLeft="22dp"
  android:paddingRight="22dp"
  android:paddingTop="22dp">
  <Button
    android:layout_width="wrap_content"
    android:layout_height="wrap_content"
    android:text="Elegir fecha"
@Override
  protected void onCreate(Bundle
savedInstanceState) {
@Override
  protected void onCreate(Bundle
savedInstanceState) {
  <Button
    android:id="@+id/btn_hora"
```

Continúa en página siguiente >>

<< Viene de página anterior

```
        android:layout_width="wrap_content"
        android:layout_height="wrap_content"
        android:layout_below="@id/btn_fecha"
        android:text="Elegir hora" />
    <EditText
        android:layout_width="200dp"
        android:layout_height="wrap_content"
        android:id="@+id/fecha"
        android:layout_toRightOf="@id/btn_fecha"/>
    <EditText
        android:layout_width="200dp"
        android:layout_height="wrap_content"
        android:id="@+id/hora"
        android:layout_toRightOf="@+id/btn_hora"
        android:layout_below="@id/btn_fecha"/>
<RelativeLayout>
```

Ahora en cada opción de botón podremos desplegar una opción de diálogo con un *datepicker* o con un *timepicker*. Implementaremos para esto en nuestra actividad principal la siguiente clase *MainActivity*:

```
import androidx.appcompat.app.AppCompatActivity;
import android.os.Bundle;

import android.app.DatePickerDialog;
import android.app.TimePickerDialog;
import android.view.View;
import android.widget.Button;
import android.widget.DatePicker;
import android.widget.EditText;
import android.widget.TimePicker;
import java.util.Calendar;

public class MainActivity extends AppCompatActivity
implements
    View.OnClickListener {
  private Button botonFecha, botonHora;
```

Continúa en página siguiente >>

<< Viene de página anterior

```
private EditText textoFecha, textoHora;
private int anio, mes, dia, hora, minuto;

@Override
protected void onCreate(Bundle savedInstanceState) {
   super.onCreate(savedInstanceState);
   setContentView(R.layout.activity_main);

   botonFecha = findViewById(R.id.btn_fecha);
   botonHora = findViewById(R.id.btn_hora);
   textoFecha = findViewById(R.id.fecha);
   textoHora = findViewById(R.id.hora);
   botonFecha.setOnClickListener(this);
   botonHora.setOnClickListener(this);
}

@Override
public void onClick(View view) {
   if (view == botonFecha) {
      final Calendar c = Calendar.getInstance();
      anio = c.get(Calendar.YEAR);
      mes = c.get(Calendar.MONTH);
      dia = c.get(Calendar.DAY_OF_MONTH);

      DatePickerDialog datePickerDialog = new
      DatePickerDialog(this,
          new DatePickerDialog.OnDateSetListener() {
            @Override
            public void onDateSet(DatePicker view, int
            anio,
                      int mes, int dia) {
              textoFecha.setText(dia + "/" + (mes + 1) +
              "/" + anio);
            }
         }, anio, mes, dia);
       datePickerDialog.show();
   }
   else if (view == botonHora) {
      final Calendar c = Calendar.getInstance();
      hora = c.get(Calendar.HOUR_OF_DAY);
```

Continúa en página siguiente >>

<< Viene de página anterior

```
        minuto = c.get(Calendar.MINUTE);
        TimePickerDialog timePickerDialog = new
        TimePickerDialog(this,
            new TimePickerDialog.OnTimeSetListener() {
              @Override
              public void onTimeSet(TimePicker view, int
              hora,
                        int minuto) {
                textoHora.setText(hora + ":" + minuto);
              }
            }, hora, minuto, false);
        timePickerDialog.show();
    }
  }
}
```

 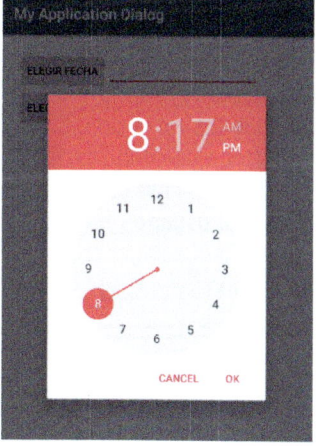

ACTIVIDAD COMPLEMENTARIA

34. Abre un nuevo proyecto y crea dos botones, uno para el *DatePickerDialog* y otro para el *TimePickerDialog*. Deberás capturar el evento *onClick()* para que, cuando se pulsen, desplieguen respectivamente cada tipo de diálogo. En cada uno, cuando se seleccione la información, se debe usar esta para completar el texto del cuadro de texto a través del *callback* que ofrecen los diálogos.

---

3. Crear un diálogo en el diseño definido por el usuario

 HILO CONDUCTOR

Nuestra compañera Laura ha terminado de repasar las diferentes clases que usan y extienden de la interfaz DialogInterface y la clase Dialog. Ha estado estudiando los tipos de diálogos que quiere implementar el cliente y, aparte de un diálogo de confirmación con las condiciones de uso de la aplicación y un par de diálogos que deben cumplir la funcionalidad de seleccionar una hora y una fecha al usuario para poder reservar cita con los especialistas de masaje, se dispone a investigar sobre algún tipo de diálogo que le permita llevar a cabo dicha función.

3.1. *DialogFragment*

El uso más habitual que haremos de los diálogos será a través de los *Fragments*. Para ello, nos basaremos en la subclase *DialogFragment,* la cual deberemos extender para crear una clase propia que sobrescribir su método *onCreateDialog()*. Este es el encargado de establecer las distintas opciones que necesitamos.

El ciclo de vida de un *DialogFragment* es similar al de una *Fragment* común.

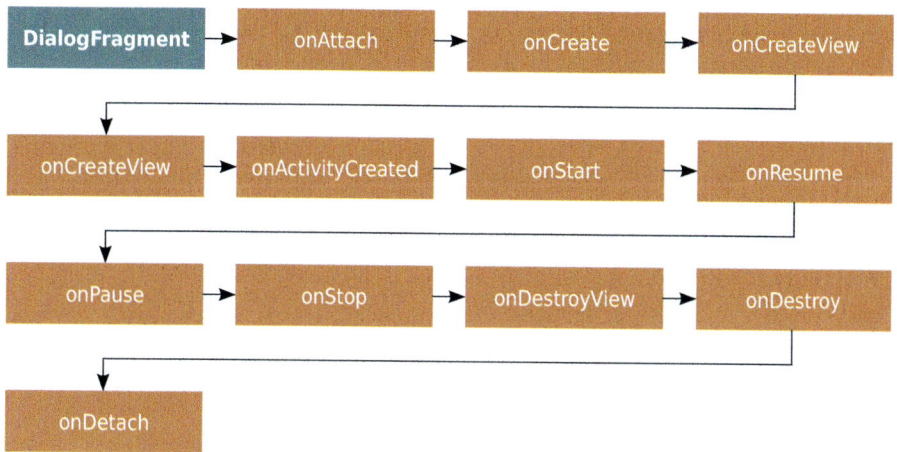

Como hemos visto en el apartado anterior, la creación de un diálogo se puede basar en distintos tipos de diálogos. Estos se pueden personalizar eligiendo los diferentes parámetros que estableceremos a través de la clase padre Dialog de la cual hereden.

 SABÍAS QUE...

Puedes personalizar tus diálogos con estilos únicos a través de las herramientas que incluye la librería de contenido material *design*, la cual es puedes consultar accediendo desde aquí:

https://redirectoronline.com/ifcd059po0802

El uso de *DialogFragment* nos asegura que se aborden correctamente eventos como la pulsación en el botón de atrás o realizar un giro de pantalla. Esta también nos asegura que podamos reutilizar este componente dentro de otra estructura de diseño distinta, al igual que la clase *Fragment* original.

Un ejemplo de una creación de un diálogo básico de alerta a través de la extensión de la clase *DialogFragment* sería la siguiente:

```
public class MiDialogoAlerta extends DialogFragment {
  @Override
  public Dialog onCreateDialog(Bundle savedInstanceState) {
    AlertDialog.Builder builder = new AlertDialog.
    Builder(getActivity());
    builder.setMessage(";Esto es mi mensaje de alerta!")
        .setTitle("Titulo de mi alerta")
        .setPositiveButton("OK", new DialogInterface.
    OnClickListener() {
        public void onClick(DialogInterface dialogo, int
        id) {
          dialogo.cancel();
        }
      });
    return builder.create();
  }
}
```

Como vemos, el método *setPositiveButton()* de la clase *AlertDialog.Builder* sirve para generar el botón de aceptar alerta. A este método le pasaremos dos parámetros de entrada, los cuales serán respectivamente el nombre del botón y la implementación del método *onClick()* a través de una instancia de *OnClickListener*. En el ejemplo únicamente usamos el método *cancel()* del objeto diálogo para cerrar este y destruirlo.

Este código de fragmento sería creado de manera efectiva en la clase *MainActivity* de nuestra actividad, en la cual podríamos instanciarlo y llamarlo de la siguiente manera:

```
package com.example.plataforma.myapplication;
import android.app.Activity;
import android.app.FragmentManager;
import android.os.Bundle;

public class MainActivity extends Activity {
```

Continúa en página siguiente >>

<< Viene de página anterior

```
@Override
protected void onCreate(Bundle savedInstanceState) {
    super.onCreate(savedInstanceState);
    setContentView(R.layout.activity_main);
    alertaFragment();
}

public void alertaFragment() {
    FragmentManager fm = getFragmentManager();
    DialogoAlertaFragment dialogFragment = new
    DialogoAlertaFragment();
    dialogFragment.show(fm, "Sample Fragment");
}
}
```

3.2. Diálogos personalizados

Es normal querer personalizar totalmente nuestros diálogos, y para esto debemos crear una nueva interfaz con un *layout* en XML. En este tendremos que incluir los elementos de diseño que queramos que tenga nuestro diálogo. Por ejemplo, podemos crear un código en el cual mostramos una línea de texto a la izquierda y dos imágenes a la derecha:

```
<?xml version="1.0" encoding="utf-8"?>
<LinearLayout xmlns:android="http://schemas.android.
com/apk/res/android"
  android:layout_width="match_parent"
  android:layout_height="match_parent"
  android:gravity="center"
  android:padding="20dp"
  android:orientation="vertical">
  <ImageView
    android:id="@+id/imagen"
    android:layout_width="match_parent"
    android:layout_height="wrap_content"
```

Continúa en página siguiente >>

<< Viene de página anterior

```
        android:src="@mipmap/ic_launcher" />
    <TextView
        android:id="@+id/title"
        android:layout_width="wrap_content"
        android:layout_height="wrap_content"
        android:text="@string/app_name"
        android:textSize="25dp" />
    <Button
        android:id="@+id/button_dismiss"
        android:layout_width="match_parent"
        android:layout_height="wrap_content"
        android:text="Cerrar" />
</LinearLayout>
```

Con este fichero, deberemos usar el *builder* para asociarle nuestro *layout* personalizado. Esto se hace a través del método *inflate(),* que ya hemos visto en anteriores unidades, y el método *setView()* dentro de *onCreateDialog().*

Este código se encontraría a través de su ejecución con la siguiente interfaz:

En los diálogos de Android podemos presentar una interfaz personalizada en la que podremos mostrar distintos elementos de diseño propios del framework Android.

Podríamos incluir este código para asociar la vista al diálogo:

```
builder.setView(inflater.inflate(R.layout.dialog_personal,
null))
  .setPositiveButton("Aceptar", new DialogInterface.
  OnClickListener() {
    public void onClick(DialogInterface dialog, int id) {
      dialog.cancel();
    }
  });
```

Al lanzar nuestra aplicación con el diálogo personalizado, podríamos ver un diseño totalmente propio usando las posibilidades de las herramientas del *framework Android.*

 TAREA 18

En una empresa de nueva creación trabaja Cristian, un programador que está aprendiendo todavía, ya que no lleva mucho tiempo desempeñando dicho puesto. En este caso está aprendiendo la creación de ventanas emergentes de diálogo dentro de una aplicación *Android.* Este diálogo que le solicitan es una ventana de registro, es decir, un formulario sobre la información básica del usuario. Esta será:

- Nombre y apellidos
- Dirección de correo
- Contraseña

Ayuda a Cristian a crear la pantalla de diálogo que se le pide. Como Cristian solo está aprendiendo, no le han pedido añadir funcionalidad a dicha pantalla, pero sí debe aparecer al pulsar un botón y desaparecer al pulsar sobre el *submit* del formulario.

4. Actividades dentro del diálogo

 HILO CONDUCTOR

Las diferentes ventanas de diálogo que ha presentado Laura al cliente en las revisiones que hacen cada par de semanas han recibido un *feedback* muy positivo, por lo que el cliente está pensando en crear un nuevo diálogo más elaborado, en el cual se realizará el establecimiento de información y tendrá componentes más elaborados y personalizados. Laura está nerviosa, ya que nunca ha tratado de comunicar *DialogFragment* con una actividad que ya contuviese *Fragment* a su vez.

Como hemos visto, para la creación de distintos diálogos partimos de la clase *DialogFragment*. Aunque la clase *Dialog* es la que generará la interfaz, la clase *DialogFragment* es la que controlará los diferentes eventos. La clase *AlertDialog* será la que generará el título, el cuerpo y los diferentes botones de acción que contendrá nuestro diálogo.

En los apartados anteriores hemos visto cómo se creaba una clase y cómo la extendíamos de *DialogFragment*. Luego sobrescribíamos su método *onCreateDialog()*. Cuando realizamos esto, para mostrar nuestra actividad desde el lugar que hayamos elegido, deberemos usar el método *show()*.

```
new MiDialogo().show(getSupportFragmentManager(),
"Mi propio diálogo");
```

4.1. Comunicación entre el diálogo y la actividad

Para poder comunicar los distintos datos de nuestro *Fragment* en una actividad, deberemos acudir a la creación de una interfaz de comunicación, en la cual puedas compartir las diferentes acciones.

Choose a line to go to

Line number

| Cancel | OK |

Los diálogos son componentes muy usados en diferentes tipos de aplicaciones, tanto web como en aplicaciones móviles.

Deberemos declarar una interfaz dentro del *DialogFragment,* que deberá tener definido un método por cada acción que pueda realizar el diálogo que estemos creando. Por ejemplo, si queremos procesar la información de dos botones, uno de confirmación y otro de cancelación, deberemos crear dos métodos distintos.

```
public interface InterfaceDialogListener {
  void onPossitiveButtonClick();
  void onNegativeButtonClick();
}
```

Después deberemos declarar un atributo de tipo interfaz que hayamos creado para conseguir una instancia directa de nuestra actividad.

```
InterfaceDialogListener listener;
```

Posteriormente podemos comprobar que la actividad ha implementado la interfaz usando el método *onAttach().* Este debe recibir como parámetro la instancia de una actividad que contenga este *Fragment.* Se captura el error de que este proceso no sea posible a través de una excepción del tipo *ClassCastException.*

```
@Override
public void onAttach(Activity activity) {
  super.onAttach(activity);
  try {
```

Continúa en página siguiente >>

[477]

<< Viene de página anterior

```
      listener = (InterfaceDialogListener) activity;
   } catch (ClassCastException e) {
     throw new ClassCastException(
       activity.toString() +
         " ¡Error al implementar
         InterfaceDialogListener!");
   }
 }
}
```

Los diálogos en Android son ventanas emergentes que normalmente solicitan una aceptación o la introducción de una información al usuario.

SABÍAS QUE...

En *Android* existen distintas maneras de interceptar los distintos eventos que tienen lugar entre los componentes que presentaremos y el usuario. Las clases *View* proporcionan las herramientas para hacer esto. Por ejemplo, se puede estar escuchando a la llamada de un evento de tipo clic sobre algún componente concreto a través del método *onClick()*. Este pertenece a la interfaz *View. OnClickListener.*

Continuando con el ejemplo, ya solo queda que invoquemos a los métodos de la interfaz en las distintas partes del código de nuestra actividad donde deseemos.

```
.setPositiveButton("OK",
    new InterfaceDialogListener.OnClickListener() {
      @Override
      public void onClick(InterfaceDialogListener
      dialog, int which) {
        listener.onPossitiveButtonClick();
      }
    })
.setNegativeButton("CANCELAR",
    new InterfaceDialogListener.OnClickListener() {
      @Override
      public void onClick(InterfaceDialogListener
      dialog, int which) {
        listener.onNegativeButtonClick();
      }
    });
```

En la actividad principal deberemos implementar la interfaz que hemos declarado dentro del *Fragment* sobre la actividad que la contiene, y sobrescribiremos los métodos que implementa la interfaz con las acciones requeridas.

```
public class MainActivity extends AppCompatActivity
implements InterfaceDialogListener {
  @Override
  public void onPossitiveButtonClick() {
    // Implementación de acciones para el botón
    afirmativo
  }
  @Override
  public void onNegativeButtonClick() {
    // Implementación de acciones para el botón
    negativo
  }
}
```

APLICACIÓN PRÁCTICA

En la empresa de Pablo, este ocupa un puesto de analista técnico dentro de un proyecto ya muy avanzado y le han pedido realizar el análisis para una funcionalidad nueva en esta aplicación. Tiene que crear una serie de acciones a realizar por un diálogo, el cual debe pasar información a una Activity con la que se está trabajando.

Ayuda a decidir cuál de estos tipos de componentes es el más adecuado para usar como puente de comunicación en la situación de Pablo: superclase, subclase, interfaz o método.

Solución

Pablo tiene que usar un interfaz, ya que dentro del *DialogFragment* que hayamos creado para nuestro diálogo, debemos implementar una nueva interfaz que definirá cada método por cada acción que queramos que tengan los elementos de nuestro diálogo.

- -

4.2. Comunicar *DialogFragment* con un *Fragment*

Una manera de comunicar un *DialogFragment* y un *Fragment* común es entender como punto en común entre ambos la actividad que los contiene. Es decir, enviar los eventos desde el *DialogFragment* hacia la actividad y luego desde la actividad hacia el *Fragment,* aunque esta vía de comunicación entre diferentes fragmentos no se debe hacer directamente, ya que la esperanza de vida de un fragmento puede variar, así que es mejor asegurar su independencia del resto de componentes.

RECUERDA

Un *Fragment* o fragmento representa una parte de la interfaz de usuario en una *Activity.* Esta encapsula tanto el comportamiento como el diseño, para poder ser usados en diferentes componentes de nuestra aplicación. La clase *DialogFragment* muestra una ventana de diálogo predefinida flotante en el diseño de nuestra actividad.

- -

Veamos esto en un ejemplo donde creamos la comunicación entre este tipo de elementos. Crearemos un *Fragment* sencillo con un *textview* y un botón de acción. El objetivo será que, al presionar el botón, se despliegue un diálogo que hayamos creado con anterioridad, donde tengamos que pedir la introducción de alguna información que, posteriormente, se actualizará en la caja de texto que hemos creado en nuestra actividad.

Lo primero que crearemos será un *DialogFragment* que tenga tres opciones. Para este ejemplo usaremos el mensaje "¿Qué color te gusta más?" y añadiremos tres opciones: "Rojo", "Azul" y "Amarillo":

```
public class DialogoListaSimple extends DialogFragment {
  public interface SetTitleListener {
     void setTitle(String title);
  }
  SetTitleListener listener;
  public DialogoListaSimple () {
  }
  @Override
  public Dialog onCreateDialog(Bundle savedInstanceState) {
     return createSingleListDialog();
  }
  public AlertDialog createSingleListDialog() {
     AlertDialog.Builder builder = new AlertDialog.
     Builder(getActivity());
     final CharSequence[] items = new CharSequence[3];
     items[0] = "Rojo";
     items[1] = "Azul";
     items[2] = "Amarillo";

     builder.setTitle("¿Qué color te gusta más?")
        .setItems(items, new DialogInterface.
        OnClickListener() {
          @Override
          public void onClick(DialogInterface dialog, int
          which) {
             listener.setTitle((String) items[which]);
          }
        });
     return builder.create();
  }
```

Continúa en página siguiente >>

<< Viene de página anterior

```
@Override
public void onAttach(Activity activity) {
   super.onAttach(activity);
   try {
      listener = (SetTitleListener) activity;
   } catch (ClassCastException e) {
      throw new ClassCastException(
         activity.toString() +
            " no implementó SetTitleListener");
   }
  }
 }
```

Como vemos en el código, la escucha de comunicación *SetTitleListener* provee un método llamado *setTitle()* que usaremos para gestionar la elección del usuario. Justo en el momento que el usuario presiona (método *onClick()*), se envía hacia la actividad la cadena contenida en el *array* items.

Ahora, en la actividad principal, se implementará la interfaz y se sobrescribirá el método que esta nos oblige a instanciar:

```
import android.app.Activity;
import android.app.FragmentManager;
import android.os.Bundle;
import android.widget.TextView;

public class MainActivity extends Activity implements
    DialogoAlertaFragment.SetTitleListener {
  @Override
  public void setTitle(String title) {
     TextView text = findViewById(R.id.texto);
     text.setText(title);
  }
  @Override
  protected void onCreate(Bundle savedInstanceState)
 {
     super.onCreate(savedInstanceState);
```

Continúa en página siguiente >>

<< Viene de página anterior

```
        setContentView(R.layout.activity_main);
        alertaFragment();
    }

    public void alertaFragment() {
        FragmentManager fm = getFragmentManager();
        DialogoAlertaFragment dialogFragment = new
    DialogoAlertaFragment();
        dialogFragment.show(fm, "Fragment");
    }
}
```

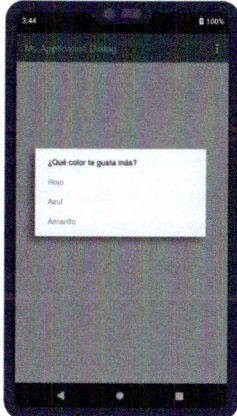

Cuando queremos realizar la comunicación de un fragmento de diálogo con la actividad que lo contiene, debemos hacer uso de un elemento de interfaz personalizado.

Lo siguiente que haremos cuando recibamos el evento es llamar a la instancia del fragmento al que es necesario pasar los datos que se han introducido. Para esto instanciamos al *FragmentManager* o administrador de fragmentos y usaremos el método *findFragmentById()*, que obtiene la instancia del fragmento con el id pasado como parámetro o *findFragmentByTag()* que sirve también para obtener el fragmento que contiene la etiqueta especificada.

Con eso ya puedes llamar el método *setTitle()* del fragmento y comunicar el color preferido del usuario en el *textview*.

ACTIVIDAD COMPLEMENTARIA

35. Realiza una nueva actividad vacía, dentro de la cual tendrás que definir tres opciones de comidas. El usuario debe seleccionar una de estas comidas a través de un diálogo que tiene un diseño libre a tu elección. En caso de haber elegido una opción, debemos mostrarla en la pantalla de la actividad principal, que debe estar creada con un fragmento.

---

5. Mensajes *(Toasts)*

☞ HILO CONDUCTOR

En Digital Mushroom, S. L., están elaborando la parte de lógicas detrás de los datos que suministra la parte frontal que ha estado preparando Laura. Necesita conocer cada uno de los eventos que puede llamar una actividad a lo largo de su ciclo de vida, y busca una manera simple y visual de poder mostrar esto. En su búsqueda recuerda un componente de mensaje de *Android* rápido en el cual podrá ver estas opciones.

Un *Toast* es un tipo de componente que muestra un mensaje al usuario. Este proporciona una información simple sobre una pequeña ventana emergente que se muestra durante unos segundos, normalmente. Solo ocupa el espacio requerido para mostrar el mensaje.

Los Toast son mensajes emergentes que muestran una información simple al usuario durante unos segundos.

Para crear uno debemos instanciar la clase *Toast* y llamaremos a su método *makeText(),* pasándole tres parámetros, el context, el texto que contendrá y la duración que tendrá. Después podremos mostrarlo con la llamada al método *show().*

```
Context context = getApplicationContext();
CharSequence text = "Hello toast!";
int duration = Toast.LENGTH_SHORT;
Toast toast = Toast.makeText(context, text, duration);
toast.show();
```

Por defecto, los *Toast* aparecen en la parte inferior de la pantalla de manera centrada. Esta posición puede ser editada y modificada a través del método *setGravity(),* al que pasaremos como parámetros una constante del tipo *Gravity,* una distancia en el eje x y uno en el eje y.

 DEFINICIÓN

Gravity
Es un atributo que establece las posiciones dentro de contenedores relativos en *Android.* Establece también la dirección en la que debe alinearse su contenido y permite controlar la vista.

- -

Normalmente esto es todo lo que necesitaremos saber de los *Toast*. Lo utilizan también los programadores para mostrar avisos y depurar manualmente nuestro código. De todas maneras, en caso de que este diseño no sea suficiente y deseemos personalizar al completo el aspecto de nuestros *Toast, Android* nos ofrece la posibilidad de crear nuestros propios elementos para adaptar la notificación a nuestras necesidades.

5.1. Creando una vista *Toast* personalizada

Para realizer un *Toast* personalizado deberemos crear un nuevo recurso XML de tipo *layout*, que guardaremos dentro de su carpeta *res/layout*, donde podemos guardarlo con el nombre que elijamos.

```
package com.example.rawan.myapplication;

import android.os.Bundle;
import android.support.v7.app.AppCompatActivity;
import android.widget.Toast;

public class MainActivity extends AppCompatActivity {
double x,y,majmo3;

    @Override
    protected void onCreate(Bundle savedInstanceState) {
        super.onCreate(savedInstanceState);
        setContentView(R.layout.activity_main);
        x=5;
        y=7;
        majmo3=x+y;
        Toast.makeText(MainActivity.this, String.valueOf(majmo3), Toast.LENGTH_SHORT).show();
    }

}
```

Los mensajes emergentes de tipo Toast son un componente de tipo widget que podemos ver comúnmente en un gran número de aplicaciones.

El proceso es un poco diferente al establecimiento de una vista normal. En este caso deberemos inflar nuestro *my_toast_layout.xml* a través de un objeto *LayoutInflater*. Una vez que hayamos hecho esto, estableceremos los valores de los distintos componentes, como la duración de la notificación a través del método *setDuration()*. Ahora ya solo tendremos que asignar el *layout* personalizado al *Toast* mediante el método *setView()*.

```
btnLayout.setOnClickListener(new OnClickListener() {
  @Override
  public void onClick(View arg0) {
    Toast miToast = new
Toast(getApplicationContext());
    LayoutInflater inflater = getLayoutInflater();
    View layout = inflater.inflate(R.layout.toast_
layout,
      (ViewGroup) findViewById(R.id.lytLayout));
    TextView txtMsg = (TextView)layout.findViewById(R.
id.txtMensaje);
    txtMsg.setText("Toast Personalizado");
    miToast.setDuration(Toast.LENGTH_SHORT);
    miToast.setView(layout);
    miToast.show();
  }
});
```

Este XML que cargamos puede estar compuesto de imágenes y texto, pero no se podrá interactuar con el usuario en este tipo de mensajes emergentes, ya que su función recomendada es simplemente informativa. Mostrar este tipo de notificaciones en nuestras aplicaciones es de lo más sencillo y puede resultar un elemento muy interesante para enviar notificaciones al usuario.

 DEFINICIÓN

Usabilidad

Podemos entender la usabilidad como la calidad de la experiencia que tenga el usuario a la hora de utilizar un sistema. Esta se trabaja antes de crear una aplicación informática para poder determinar si el uso de los diferentes elementos del diseño de la aplicación se realiza eficientemente, de manera cómoda e intuitiva.

TAREA 19

José Antonio está estudiando en la universidad, y se le pide crear un ejercicio en el cual tiene que repasar el ciclo de vida de un *DialogFragment.* Para hacer esto, debe mostrar cada cambio de estado del fragmento a través de avisos *Toast,* en los cuales imprimirá el estado en el que se haya la aplicación.

Ayuda a José Antonio a realizar esta tarea teniendo en cuenta que no hace falta personalizar los diferentes *Toast* nada más que en el mensaje que debemos mostrar.

---

6. Resumen

Android SDK nos ofrece la opción de poder crear distintas opciones de mensajes, como los diálogos, lo cuales hacen la función de mensaje emergente con un estilo similar a un modal. Estos pueden ser de distintos tipos, pudiendo ser diálogos simples informativos, que crearemos a partir de la clase *AlertDialog* que *Android* proporciona, o tipos de diálogos de selección en forma de listado, donde seleccionaremos una opción o distintos diálogos de tipo *DatePicker* y *TimePicker* para poder personalizar cada uno de estos a través del uso de interfaces propias y el uso de *FragmentDialog.*

Para la creación de estos extenderemos la clase *FragmentDialog* y sobrescribiremos el método *onCreateDialog.* Una instancia de la clase *AlertDialog. Builder* será la encargada de construir los diálogos que presentemos, tanto a través de fragmentos como de manera normal.

Cuando queremos construir un diálogo a través de *Fragment,* se puede dar el caso de que estos tengan que realizar la comunicación con otros fragmentos de nuestra aplicación. En tal caso usaremos una interfaz que ayude a pasar la información entre ellos usando como puente la actividad en la cual se instancien ambos.

Otro tipo de mecanismo para mostrar un mensaje rápido es recurrir a la clase *Toast,* que se usa de manera muy simple dentro de *Android* y suele ser utilizada para mostrar un mensaje por pantalla que no aceptaremos y solo aparecerá con intención informativa para el usuario.

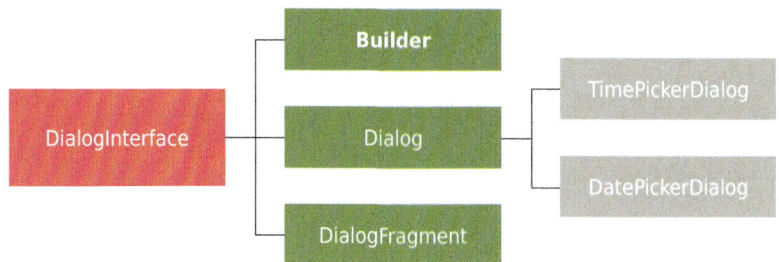

Ejercicios de autoevaluación
Unidad de Aprendizaje 8

1. Si necesitamos presentar al usuario una información concreta que debe aceptar o una cuestión sobre la que debe tomar una decisión usamos la clase...

   a. ... *Activity.*
   b. ... *Dialog.*
   c. ... *Toast.*
   d. ... *Modal.*

2. Dentro de los distintos objetivos que mencionamos a continuación sobre el componente *Dialog* dentro de nuestras aplicaciones, hay uno que no es cierto. ¿Cuál es?

   a. Solicitar confirmación del usuario.
   b. Elegir una opción sobre una información.
   c. Mostrar una información al consumidor de la aplicación.
   d. Mostrar un mensaje al usuario sin necesidad de interacción.

3. Determina si la siguiente oración es verdadera o falsa: "Para realizar la captura de la confirmación de un diálogo debemos hacer uso del método *setNegativeButton*".

   ■ Verdadero
   ■ Falso

4. Si queremos mostrar un diálogo que cuente con hasta tres botones, ¿de qué clase debemos hacer uso?

   a. *AlertDialog.Builder*
   b. *DialogInterface*
   c. *DialogFragment*
   d. *TimePickerDialog*

5. Si deseamos personalizar un dialogo con el que nos encontremos, deberemos personalizar este a través del uso del tipo de elemento:

    a. *AlertDialog*
    b. *Fragment*
    c. *LayoutInflater*
    d. *DialogFragment*

6. Determina si la siguiente oración es verdadera o falsa: "El ciclo de vida de un *DialogFragment* es parecido al de un *Fragment* común, aun teniendo eventos propios como *onCreateDialog()*".

    ■ Verdadero
    ■ Falso

7. El método *setPositiveButton*, del que hacemos uso para confirmar un diálogo, es el encargado de:

    a. Establecer el nombre del botón y un *listener*.
    b. Establecer el evento que este desatará.
    c. Establecer la extensión de la clase *DialogFragment*.
    d. Establecer el título que va a tener mi alerta.

8. Cuando queremos realizar la comunicación entre una actividad y un diálogo, ¿qué recurso pone a nuestra disposición el lenguaje de programación Java?

    a. Las actividades.
    b. Las interfaces.
    c. Las enumeraciones.
    d. La polimorfia.

9. Para realizar el lanzamiento de un *Toast*, se llamará a su método *makeText*, que no aceptará como parámetro de entrada alguno de los siguientes:

    a. El tamaño del aviso.
    b. El contexto en el cual nos encontremos.
    c. La duración que ha de tener este.
    d. El texto que mostrará.

10. Determina si la siguiente oración es verdadera o falsa: "La clase *Toast* en *Android* sirve para mostrar un mensaje breve al usuario con el cual no tiene que interactuar".

- Verdadero
- Falso

Interfaz de usuario

Contenido

Objetivos

El objetivo general de esta Unidad de Aprendizaje es:

→ Conocer y poder implementar los diferentes tipos de menús contextuales que hay en *Android* y su implementación, así como el componente *WebView.*

Los objetivos específicos de esta Unidad de Aprendizaje son:

→ Ser capaces de usar e identificar los distintos componentes de menú de *Android,* así como saber realizar su personalización.

→ Poder mostrar ventanas *WebView* dentro de nuestra aplicación mostrando el contenido de páginas externas a nuestra aplicación.

1. Introducción

Durante la creación de nuestra aplicación es muy posible que nos encontremos en la situación en la que necesitemos algún componente que represente un contenedor para diferentes opciones a las cuales el usuario pueda acceder o configurar. Para esto tenemos los menús de nuestras aplicaciones.

Integrar el componente menú dentro de nuestros proyectos es relativamente sencillo dependiendo del tipo de menú que necesitemos implementar. Estos son un componente común de la interfaz de usuario en muchas aplicaciones. Aportarán una funcionalidad uniforme para el usuario.

Aunque a lo largo de las diferentes versiones de *Android,* el comportamiento de los menús ha cambiado de manera sutil, aun así, la semántica para su implementación se basa en la API y, en cuanto a los menús, no ha sufrido cambios importantes. A lo largo de esta unidad veremos cómo se realiza la creación de tres distintos tipos de menú.

Otro componente muy usado es la ventana de *WebView,* un tipo de aplicación interna de *Android* con la que nos hemos topado todos en algún momento. Se trata de una clase de navegador interno que nos abre una ventana de navegador web interna de la aplicación.

Nos basaremos en el caso de la ya conocida *startup* tecnológica llamada Digital Mushroom, S. L., la cual está realizando una aplicación innovadora que le ha contratado un cliente perteneciente al mundo deportivo. Parece que llegan nuevos requisitos para el establecimiento de componentes dentro de la aplicación, los menús. Además, la aplicación parece que contará con diferentes tipos de este componente, dependiendo de diferentes objetivos que deben cumplir estos.

2. Menús

 **HILO CONDUCTOR**

Laura, la especialista en la parte visual de la empresa tecnológica emergente Digital Mushroom, S. L., tiene que crear los distintos menús de la aplicación. Para

Continúa en página siguiente >>

<< Viene de página anterior

ello, hace una propuesta con los diferentes tipos de menú que *Android* puede presentar en la aplicación. El cliente tendrá que decidir qué tipos de menús quiere implementar y qué diseños han de tener, para que así la especialista de Digital Mushroom, S. L., pueda crear este tipo de componente dentro de la aplicación que están realizando.

Los menús de *Android* son componentes comunes de la IU en muchos tipos de aplicaciones. Se utiliza para proporcionar una experiencia de usuario conocida y uniforme; debes usar las clases de menús de *Android* para presentar al usuario acciones y otras opciones en las actividades que crearemos.

 SABÍAS QUE...

Antes de *Android 3.0* (nivel de API 11), los dispositivos tenían que proporcionar un botón para convocar el menú. A partir de esta versión ya se proporciona este por defecto. Con este cambio, las aplicaciones comenzaron a proporcionar la nueva tendencia de la barra de menú con botón incluido que conocemos en las aplicaciones que desarrollamos actualmente.

Existen tres tipos diferentes dentro de los menús de *Android:*

➲ **Menús de opciones:** el menú de opciones dentro de una aplicación *Android* es una colección principal de diferentes elementos de menú que se usan dentro de una misma actividad. En este sitio debemos colocar las distintas acciones que tienen un contexto o un significado o marco global en la aplicación. Serían el caso de las distintas opciones como ajustes, enviar correos o realizar una búsqueda general.

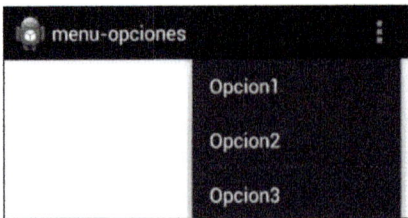

- **Menús emergentes:** los menús emergentes son los que muestran un listado de distintos elementos en listado vertical, estando este anclado a la vista que lo convocó. Está ligado al contenido específico de la vista, por lo que amplía las funcionalidades concretas de esta. Una cualidad que lo diferencia es que los menús emergentes no deben afectar directamente al contenido, a diferencia de los menús contextuales.

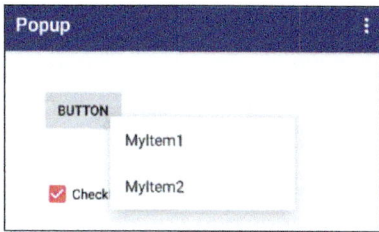

- **Menús contextuales:** es el tipo de menú flotante que aparece cuando el usuario hace un clic largo sobre alguno o varios elementos de la vista. Lo normal es que se muestren las opciones que se pueden realizar sobre los contenidos seleccionados en la barra superior de la aplicación. En este tipo de menú las opciones afectarán de manera directa a los componentes que haya en la vista.

Aunque el diseño de la experiencia de usuario para algunos elementos del menú haya cambiado a partir de ciertas versiones, la semántica para definirlos sigue basándose en las mismas clases. Este apartado muestra cómo crear tres tipos fundamentales de presentaciones de menús o acciones en las diferentes versiones de *Android*.

2.1. Definición de un menú en XML

Cualquiera de los tipos de menús que hemos visto comparten la necesidad de tener un XML, en el cual se definirán los distintos elementos de los que conste. Es recomendable siempre el uso de recursos de menú, es decir, su creación a partir de recursos en formato XML, que su creación a través de código de aplicación.

Algunas de las ventajas del uso de los menús serían que permite visualizar de un repaso la estructura de diseño de la cual esté formada, que mantiene encapsulado el diseño en un sitio y la lógica en otro, y la posibilidad de crear otros ficheros de diseño para distintos tipos de pantalla.

Para crear un nuevo menú, crea un archivo XML en el directorio *res/menu/* y guárdalo. En su contenido es donde debes desarrollar los siguientes elementos:

- **<menu>:** esta etiqueta establece un componente menú, que funcionará como un contenedor de otro tipo de elementos. Este debe ser el nodo raíz y en su interior solo puede contener las etiquetas <item> y <group>, así como otras etiquetas <menu> para la creación de submenús.
- **<item>:** esta se dedica a crear un *MenuItem,* que representará un único elemento del menú. Puede contener dentro la etiqueta <menu> de manera anidada, con la que se realizará la creación de submenús.
- **<group>:** este elemento se usa para la creación de contenedores opcionales de elementos <item>. Sirve para ordenar y categorizar los diferentes elementos del menú que comparten las mismas propiedades, como diferentes opciones de visibilidad.

Vamos a desarrollar un código para la creación de un menú de ejemplo:

```xml
<?xml version="1.0" encoding="utf-8"?>
<menu xmlns:android="http://schemas.android.com/
apk/res/android">
  <item android:id="@+id/new_game"
     android:icon="@drawable/ic_new_game"
     android:title="@string/new_game"
     android:showAsAction="ifRoom"/>
  <item android:id="@+id/help"
     android:icon="@drawable/ic_help"
     android:title="@string/help" />
</menu>
```

El elemento ítem tiene varios atributos diferentes para poder modificar y personalizar su apariencia. Repasemos algunos de los atributos más usados que admiten los elementos del menú:

android:id
- El atributo ID de un recurso es exclusivo del elemento y nos permitirá reconocer un elemento de la aplicación cuando el usuario lo selecciona.

android:icon
- Hace referencia a un componente de diseño para usar como el ícono del elemento el cual establezca esta propiedad.

android:title
- Referencia a una cadena de texto para usarla como el título del elemento.

android:showAsAction
- Cambia el aspecto del elemento especificando cuándo y cómo este debe aparecer como un elemento de acción en la barra de la aplicación

Aunque estos son los más comunes e importantes dentro de los atributos que pueden asignarse a un elemento, hay muchos más disponibles para su uso.

El menú dentro de una aplicación Android aporta mayor usabilidad y accesibilidad a las funciones que esta realiza.

Para casos en los que el menú de nuestra aplicación tenga muchas funciones, las cuales se puedan agrupar por temáticas, podemos incluir un submenú a los menús de nuestras aplicaciones. En este caso deberemos agregar un elemento *<menu>* dentro de un *<item>*. Para poder usar este recurso debe ser inflado a través de *MenuInflater.inflate()*.

APLICACIÓN PRÁCTICA

Nuestra compañera Miriam trabaja como desarrolladora freelance de aplicaciones *Android*. En la actualidad está realizando una aplicación de recetas y dentro de esta cuenta con un menú. Está definiendo el recurso XML que establecerá sus opciones, y quiere dejar una opción fija en la barra superior de la aplicación. Entre los distintos atributos que aceptan las etiquetas XML no recuerda bien si había alguno que realizase la función que quiere llevar a cabo.

Ayuda a decidir cuál de estos tipos de componentes es el más adecuado para usar en la situación de Miriam:

a. *icon.*
b. *id.*
c. *showAsAction.*
d. *title.*

Solución

La cualidad del elemento *showAsAction* es usado para establecer las opciones que necesitemos como un elemento de acción en la barra de la aplicación que debe realizar.

2.2. Menú de opciones

Los elementos del menú de opciones pueden declararse a través de la clase *Activity* y de los fragmentos. La propiedad de la etiqueta <item> llamada *android:orderInCategory* sirve para ordenar los diferentes elementos que la IU tendrá que combinar en caso de que declaremos parámetros tanto en actividades como en fragmentos.

Para establecer las opciones de menú para una actividad, usaremos el método *onCreateOptionsMenu()*, donde podremos inflar el recurso XML que deseemos.

```
@Override
public boolean onCreateOptionsMenu(Menu menu) {
  MenuInflater inflador = getMenuInflater();
  inflador.inflate(R.menu.mi_menu, menu);
  return true;
}
```

Las funciones *add()* y *findItem()* también son muy útiles para añadir propiedades al menú en tiempo de ejecución o para revisar las distintas propiedades que tenga un ítem.

Es el tipo de menú de *Android* que conocemos, el cual suele contener las opciones que afecten de manera global en la aplicación. La manera de mostrar los elementos depende de la versión en la cual estemos desarrollando nuestra aplicación.

ANDROID PLATFORM VERSION	API LEVEL	CUMULATIVE DISTRIBUTION
4.0 Ice Cream Sandwich	15	
4.1 Jelly Bean	16	99.6%
4.2 Jelly Bean	17	98.1%
4.3 Jelly Bean	18	95.9%
4.4 KitKat	19	95.3%
5.0 Lollipop	21	85.0%
5.1 Lollipop	22	80.2%
6.0 Marshmallow	23	62.6%
7.0 Nougat	24	37.1%
7.1 Nougat	25	14.2%
8.0 Oreo	26	6.0%
8.1 Oreo	27	1.1%

El Android SDK nos ofrece diferentes versiones y actualizaciones, según las cuales van mejorando e incluyendo nuevas funcionalidades y eliminando otras ya obsoletas.

Si desarrollaste para versiones anteriores a 2.3 (API 10) o para esta misma, el menú se despliega en la parte inferior cuando se presiona el botón. Pero esto es raro de encontrar hoy en día, por lo cual nos centraremos en la creación de los menús siguiendo los estándares que se usan a partir de esta versión en adelante.

Este manejo lo realizaremos a través de los id de cada opción, que se proporcionaban a través de la clase R. Para saber el id de la opción que hemos pulsado, deberemos llamar al método *onOptionsItemSelected()*, en el que se nos comunica el ítem que se selecciona y así podemos descubrir su id a través del método *getItemId()*, a través del cual ya podremos usar dentro de un *if* o un *switch* y asignar las acciones diferentes para cada opción.

```
@Override
public boolean onOptionsItemSelected(MenuItem
itemPulsado) {
  switch (itemPulsado.getItemId()) {
    case R.id.boton_1:
      Boton1Accion();
      return true;
    case R.id. boton_2:
      Boton2Accion ();
      return true;
    default:
      return super.onOptionsItemSelected(itemPulsado);
  }
}
```

No debemos usar la función *onCreateOptionsMenu()* para realizar el cambio de un elemento del menú en tiempo de ejecución, sino que está diseñada para ser usada una vez, a la hora de inicializar una instancia de un menú que esta usará para crear este elemento.

Debemos recordar también extender de la clase AppCompactActivity para poder disfrutar de las funcionalidades que nos dan estos tipos de menús. Esta es la clase base que utilizarán todas las actividades que utilicen las funciones de la barra de acciones:

```
import androidx.appcompat.app.AppCompatActivity;
public class MainActivity extends AppCompatActivity {
  (contenido)
}
```

En caso de que deseemos modificar el menú a lo largo de la vida de la actividad en la que se encuentre, podemos hacer uso del método *onPrepareOptionsMenu()*. Este es llamado por la actividad en el momento que se muestre el menú, y pasa un objeto *Menu* a través del cual podemos habilitar o deshabilitar elementos de este componente. Este método devuelve un parámetro booleano, que tendrá el valor *true* o verdadero en caso de que se muestre el menú, y un *false* en caso de que no sea mostrado.

SABÍAS QUE...

Aunque es raro de encontrar actualmente, en la versión de *Android 2.3* y anteriores, la actividad llamará a el método *onPrepareOptionsMenu()* cada vez que se abra el menú de opciones. En *Android 3.0* y posteriormente, los elementos del menú se presentan en la barra de la app y se considera que el menú está siempre abierto. En estos casos debes convocar primero la opción *invalidateOptionsMenu()* para poder decirle al sistema que llame al método *onPrepareOptionsMenu()*.

El método *onPrepareOptionsMenu()* establece el estado en el cual está el menú en el mismo momento, para así poder modificarlo en tiempo de ejecución agregando, eliminando o modificando los diferentes componentes que lo forman. No solo las actividades cuentan con la llamada a este método, sino que los *Fragments* también devuelve un *callback* del mismo y pueden realizar la modificación de los distintos elementos a través de este.

ACTIVIDAD COMPLEMENTARIA

36. Crea un nuevo proyecto de aplicación *Android*, el cual realice la función de un interruptor. Crea un XML que contenga un componente de texto en el

Continúa en página siguiente >>

<< Viene de página anterior

que se diga el estado del interruptor, si encendido o apagado. La aplicación constará también de un botón que desplegará el menú, dando opción de encender la luz del aparato o apagarla.

2.3. Menús emergentes

Este tipo de menús se denominan también como *PopupMenu* y están formados por un modal enlazado a una vista o *View*. Este se muestra debajo dependiendo de si hay espacio o no en la vista asignada, en caso contrario, se mostrará sobre esta.

 **DEFINICIÓN**

Ventana modal
Es un tipo de componente común en las interfaces gráficas que encontramos dentro de los programas informáticos. Esta se caracteriza por ser una ventana que se antepone a las demás ventanas de las que disponga nuestra aplicación, cambiando el foco del usuario a esta.

Si tuviésemos el siguiente código XML en un nuevo recurso, deberíamos seguir los siguientes pasos para poder mostrarlo y asociar una acción de mostrar el menú. Crearemos un botón con un atributo que capture el pulsado de este para asignarle la acción.

```
<ImageButton
  android:layout_width="wrap_content"
  android:layout_height="wrap_content"
  android:src="@drawable/ic_overflow_holo_dark"
  android:contentDescription="@string/descr_overflow_
  button"
  android:onClick="showPopup" />
```

A continuación, para poder mostrar un menú emergente en nuestra aplicación debemos crear una instancia de *PopupMenu,* el cual toma a través de su constructor en la llamada *new()* dos parámetros, el *Context* de la aplicación y la *View* en la cual estará el menú emergente.

```
public void showPopup(View v) {
  PopupMenu miPopup = new PopupMenu(this, v);
  MenuInflater inflador = miPopup.getMenuInflater();
  inflador.inflate(R.menu.actions, miPopup.getMenu());
  miPopup.show();
}
```

Usaremos la clase *MenuInflater* para poder asociar el recurso del menú a la *View* y después deberemos llamar al método *PopupMenu.show()* para mostrarlo.

SABÍAS QUE...

A partir del nivel de la API 14 de *Android,* para ahorrar en código y mejorar la sintaxis se puede convocar este método a través de la llamada a la clase de manera directa. Es decir, podemos escribir lo siguiente basándonos en el ejemplo anterior:

PopupMenu.inflate();

Cuando queremos realizar alguna acción en el evento de clic del usuario, debemos poder manejar estos eventos. Para hacer esto hemos de implementar la interfaz de *Android PopupMenu.OnMenuItemClickListener(),* el cual establece el *callback* al que llamará el sistema cada vez que el usuario seleccione un elemento de la actividad.

```
public void showMenu(View v) {
  PopupMenu popup = new PopupMenu(this, v);
  popup.setOnMenuItemClickListener(this);
  popup.inflate(R.menu.actions);
  popup.show();
}
```

Al seleccionar un elemento de la actividad, el sistema llama al método, que deberemos sobrescribir dándole la funcionalidad oportuna, *onMenuItem-Click()*, el cual está declarado en la interfaz.

```
@Override
public boolean onMenuItemClick(MenuItem item) {
  switch (item.getItemId()) {
    case R.id.mi_id:
      archive(item);
      return true;
    case R.id.delete:
      delete(item);
      return true;
    default:
      return false;
  }
}
```

NOTA

Este menú puede confundirse con un menú contextual, que se suele usar para realizar acciones que afectan al contenido específico que hayamos seleccionado. En el caso de los menús emergentes, estos solo relacionarán las acciones con el contenido general de nuestra aplicación, teniendo estas aplicaciones un contexto más amplio.

ACTIVIDAD COMPLEMENTARIA

37. Crea una actividad que contenga dos menús emergentes o *popup* menú, en los cuales tenemos libertad para realizar tanto el diseño como las opciones a realizar, pero uno de los dos debe tener por lo menos tres opciones diferentes.

---

3. Menús contextuales

☞ HILO CONDUCTOR

Durante la creación de los distintos menús de usuario que están creando en la *startup* tecnológica Digital Mushroom, S. L., se topan con la necesidad de crear un tipo de menú que ha de ofrecer distintas acciones, pero todas estas afectarán al marco contextual concreto de la interfaz de usuario, y no le encaja en los menú que ha conocido hasta ahora, que son el menú de opciones y el menú emergente. Laura recuerda que había otro tipo de menú que sí se adecuaría a sus necesidades.

Los menús contextuales son los elementos de la IU capaces de ofrecer acciones que afectarán a un elemento o elementos de la IU, dentro de un marco contextual. Se puede establecer un menú contextual para cualquiera de las vistas de nuestra aplicación, aunque las más usadas son *ListView* y *GridView,* ya que son colecciones de vistas donde se pueden realizar acciones directas sobre cada elemento.

Existen dos maneras diferentes de proporcionar este tipo de acciones contextuales. El tipo que vamos a usar será el que se estableció tras la versión *Android 3.0.* En caso de que la versión fuese anterior, tendríamos que realizar la implementación de un menú contextual flotante, mientras que si ya trabajamos bajo *Android 3.0* (API 11), deberemos implementar un menú a través del *ActionMode* o el modo de acción contextual:

Menú contextual
- Es un menú que se presenta al usuario como un listado de opciones en una ventana de tipo modal flotante (similar a un cuadro de diálogo) cuando el usuario mantiene presionado uno de los elementos de la vista principal.

Modo de acción contextual
- Este es el que se implementa a través del *ActionMode,* que es la encargada de mostrar la barra superior de la actividad en la cual nos encontremos. Se activará cuando el usuario pulse uno o varios de los elementos que tenga la vista, activándose las opciones en la barra de acciones contextuales de la aplicación.

3.1. Creación de un menú contextual flotante

Estos son muy difíciles de encontrar a día de hoy, ya que se usarán en versiones anteriores a la API 11 de *Android,* pero podríamos tener que mantener algún desarrollo antiguo por alguna causa. En este caso, para llevar a cabo la implementación de este tipo de menú deberemos registrar una *View* a la cual querremos asociar el menú contextual llamando a *registerForContextMenu(),* que es un método que se encarga de realizar esta función. En el caso de que estemos usando un grupo de vistas *ListView* o *GridView* y queremos que cada uno de estos elementos tenga el mismo menú, debemos pasar el *ListView* o *GridView* oportuno a *registerForContextMenu().*

Debemos posteriormente llevar a cabo la implementación del método *onCreateContextMenu(),* donde se definirán los distintos elementos del menú.

```
@Override
public void onCreateContextMenu(ContextMenu menu,
View v, ContextMenuInfo menuInfo) {
  super.onCreateContextMenu(menu, v, menuInfo);
  MenuInflater inflater = getMenuInflater();
  inflater.inflate(R.menu.context_menu, menu);
}
```

La clase *MenuInflater* ya la hemos visto con anterioridad, y sirve para asociar un recurso de menú a la actividad. En los parámetros de este método encontramos el objeto *ContextMenu* que, a través de *ContextMenuInfo,* nos proporcionaría la información sobre el elemento seleccionado. En caso de querer cargar diferentes menús podríamos usar la información que nos da para decidir qué menú se inflará dentro de cada vista. También encontraremos la *View* que el usuario seleccionase.

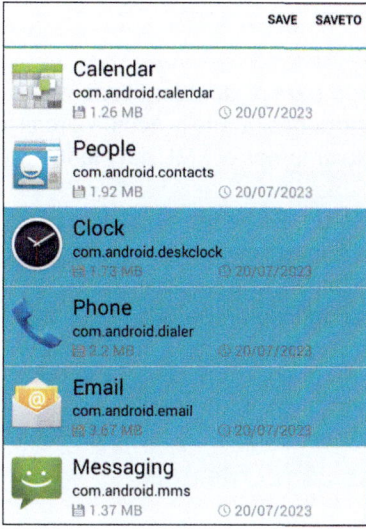

En el caso de los menús contextuales, podemos ver que presentaban un diseño similar a un listado de elementos seleccionables.

Posteriormente, debemos implementar *onContextItemSelected()*, método al que llamará el sistema cada vez que el usuario seleccione un elemento del menú, y tendremos que establecer la implementación de la acción que realizará cada opción del menú.

```
@Override
public boolean onContextItemSelected(MenuItem item) {
  AdapterContextMenuInfo info =
(AdapterContextMenuInfo) item.getMenuInfo();
  switch (item.getItemId()) {
    case R.id.edit:
       editNote(info.id);
       return true;
    case R.id.delete:
       deleteNote(info.id);
       return true;
    default:
```

Continúa en página siguiente >>

<< Viene de página anterior

```
        return super.onContextItemSelected(item);
    }
}
```

Usamos el método *getItemId()* para poder identificar el elemento que se ha seleccionado en el menú y poder asignarle la acción a realizar. Recordemos que este ID se define cuando creamos el XML del menú.

Cuando tenemos controlado un elemento del menú, este tendrá un valor *true*. Deberemos llamar a la superclase, ya que el elemento no se maneja, es decir, no muestra *true*. Llamando a la superclase cuando el elemento no esté siendo manejado, la aplicación pasará el evento correspondiente a cada fragmento, uno cada vez, hasta que se muestre el valor *true* o *false*.

3.2. Creación del modo de acción contextual

Este modo se basa en la interacción del usuario de diferentes acciones contextuales a través de la implementación del sistema *ActionMode* del sistema *Android* a partir de la API 11. Se usa seleccionando uno o varios elementos sobre los que queramos realizar la acción. Entonces, aparecerá la barra de acciones contextuales en la parte superior presentando las diferentes acciones que podemos realizar en cada momento. Este tipo de menú permite la posibilidad de seleccionar varios elementos, anular una selección y poder seguir navegando por la actividad. Para salir del modo de acciones contextuales el usuario deberá anular la selección de elementos, presionar el botón de retroceso o usar la acción **Listo,** a la izquierda de la barra de acciones.

 **NOTA**

Aunque la barra de acciones contextuales ocupa una parte visual de la parte superior de la aplicación, esta no está necesariamente con la barra de la aplicación. Estas funcionan de manera totalmente independiente.

Para activar el modo de acciones contextuales, se puede invocar de dos maneras: realizando un clic largo sobre la vista o seleccionando una casilla de verificación o un elemento visual de la IU. Si deseamos aplicar la invocación del modo de acción contextual, tenemos dos diseños diferentes también, a través de vistas individuales arbitrarias o a través de grupos de elementos dentro de una *ListView* o *GridView,* que permitirá realizar la selección múltiple de objetos.

Modo de acción contextual para vistas individuales

Si queremos invocar el modo de acción contextual solo cuando el usuario seleccione alguna vista específica, deberemos seguir las siguientes acciones de desarrollo. El primer paso será añadir las distintas vistas de los menús que vayamos a utilizar para cada vista concreta. En este caso vamos a crear dos menús diferentes dentro de la carpeta *res/menu.* El primero será nombrado como *menu_texto.xml.*

```xml
<menu xmlns:android="http://schemas.android.com/apk/res/
android"
  xmlns:compat="http://schemas.android.com/apk/res-auto">
  <item
    android:id="@+id/opcion_1"
    android:orderInCategory="100"
    compat:showAsAction="never"
    android:title="Opción 1"/>
</menu>
```

El siguiente menú que coprotagonizará el ejemplo será el recurso de menú *menu_lista.xml.*

```xml
<?xml version="1.0" encoding="utf-8"?>
<menu xmlns:android="http://schemas.android.com/
apk/res/android">
  <item android:id="@+id/listado_opcion1"
  android:title="OpcListado1"></item>
  <item android:id="@+id/listado_opcion2"
  android:title="OpcListado2"></item>
</menu>
```

Para poder enlazar estos menús a distintos elementos de nuestra interfaz principal, necesitaremos que esta cuente con las diferentes opciones que activarán el evento de mostrado de menú.

Este texto cambiará con la acción pulsada!

Elemento 1

Elemento 2

Elemento 3

Elemento 4

Elemento 5

Así se mostrará nuestra activity_main.xml cuando realice la ejecución de su actividad principal.

Estas se encontrarán en un listado que rellenaremos con un adaptador más tarde y un texto que encabezará el *layout*. Cada uno de estos elementos desplegará un tipo de menú concreto. El código de nuestro *activity_main. xml* contará con la siguiente forma:

```xml
<?xml version="1.0" encoding="utf-8"?>
<LinearLayout xmlns:android="http://schemas.android.com/apk/res/android"
  xmlns:tools="http://schemas.android.com/tools"
  android:layout_width="match_parent"
  android:layout_height="match_parent"
  tools:context=".MainActivity"
  android:orientation="vertical"
  android:padding="15dp">
  <TextView android:id="@+id/texto"
    android:layout_width="match_parent"
    android:layout_height="wrap_content"
    android:textSize="20dp"
    android:text="Este texto cambiará con la opción
    pulsada!" />
  <ListView android:id="@+id/listado"
    android:layout_height="wrap_content"
    android:layout_width="match_parent"
    android:layout_margin="8dp"/>
</LinearLayout>
```

 **RECUERDA**

Un *adapter* es un tipo de recurso que gestionará los datos para adaptar estos a las diferentes entradas individuales que tenga un *widget* de tipo *ListView* u otro tipo de elementos como *Spinner*, *StackView* o *GridView*. Este adaptador se utiliza para inflar el diseño de cada fila a través del método *setAdapter*.

Como podemos ver, en el *layout* contamos con un texto, que encabezará la actividad y un listado de elementos pulsables. Con el pulsado prolongado del texto se podrá activar un menú concreto, mientras que con el pulsado de cualquiera de los demás elementos del listado que aparecerá a continuación se desplegará un menú diferente.

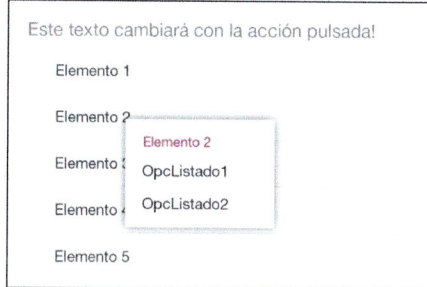

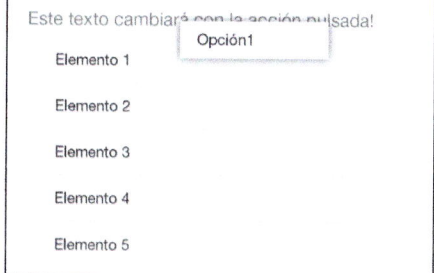

Para llevar a cabo esta funcionalidad, deberemos asociar cada elemento con su acción en nuestra clase MainActivity.java:

```java
import android.app.Activity;
import android.os.Bundle;
import android.view.ContextMenu;
import android.view.Menu;
import android.view.MenuInflater;
import android.view.MenuItem;
import android.view.View;
import android.widget.AdapterView;
import android.widget.ArrayAdapter;
```

Continúa en página siguiente >>

<< Viene de página anterior

```
import android.widget.ListView;
import android.widget.TextView;

public class MainActivity extends Activity {
  private TextView texto;
  private ListView listado;
  @Override
  protected void onCreate(Bundle savedInstanceState) {
    super.onCreate(savedInstanceState);
    setContentView(R.layout.activity_main);
    texto = findViewById(R.id.texto);
    listado = findViewById(R.id.listado);
    //Rellenamos la lista con un adapter
    String lista[] =
      new String[]{"Elemento 1", "Elemento 2", "Elemento
      3", "Elemento 4", "Elemento 5"};
    ArrayAdapter<String> adaptador =
      new ArrayAdapter(this,
        android.R.layout.simple_list_item_1, lista);
    listado.setAdapter(adaptador);
    //Asociamos los diferentes componentes con su
    contexto para el menú
    registerForContextMenu(texto);
    registerForContextMenu(listado);
  }
  @Override
  public boolean onCreateOptionsMenu(Menu menu) {
    getMenuInflater().inflate(R.menu.menu_texto, menu);
    return super.onCreateOptionsMenu(menu);
  }
  @Override
  public void onCreateContextMenu(ContextMenu menu, View v,
            ContextMenu.ContextMenuInfo menuInfo) {
    MenuInflater inflater = getMenuInflater();
    if (v.getId() == R.id.texto)
      inflater.inflate(R.menu.menu_texto, menu);
    else if (v.getId() == R.id.listado) {
      AdapterView.AdapterContextMenuInfo info =
        (AdapterView.AdapterContextMenuInfo) menuInfo;
      menu.setHeaderTitle(
```

Continúa en página siguiente >>

<< Viene de página anterior

```
        listado.getAdapter().getItem(info.position).
        toString());

        inflater.inflate(R.menu.menu_lista, menu);
    }
  }
  @Override
  public boolean onContextItemSelected(MenuItem item) {
    texto.setText("Has pulsado la opción " + item.
toString());
    return super.onContextItemSelected(item);
  }
}
```

En este código hemos inicializado los diferentes elementos gráficos necesarios para utilizar nuestra aplicación. A continuación, establecemos a través de un *ArrayAdapter,* usando un *array* de elementos que formarán el listado.

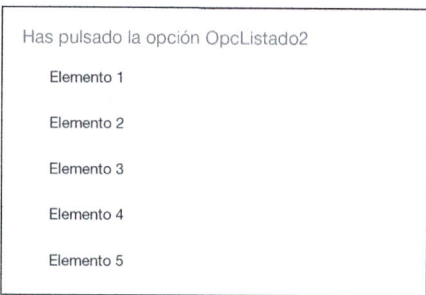

En el encabezado de la aplicación podremos ver cómo cambiará el texto cada vez que pulsamos una opción de alguno de los dos menús.

Usaremos el método *registerForContextMenu* para establecer que los componentes se hallan en un contexto en el cual se va a establecer una acción de menú. El método *onCreateContextMenu* que sobrescribiremos será el encargado de asociar cada pulsado de elementos con el diferente menú que estos deberán mostrar. Para finalizar, el evento *onContextItemSelected* será usado para registrar la acción que deberá realizar cada opción del menú que sea pulsada, que en nuestro caso establecerá un texto en el encabezado de la aplicación diciendo la opción que hemos seleccionado.

Modo de acción contextual para vistas en lote con ListView y Gridview

Si quieres poder realizar la acción que te proporcione el modo de acción contextual en un lote de elementos de manera conjunta, se debe implementar la interfaz *AbsListView.MultiChoiceModeListener*.

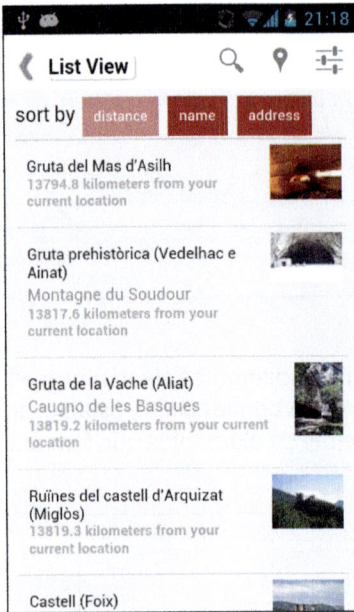

Las Listview son vistas de Android que se usan para mostrar largos listados de elementos, normalmente fichas con información u opciones seleccionables.

En esta podremos especificar a través de los métodos de *callback* heredados de *ActionMode.Callback*. Después procederemos a llamar al método *setChoiceMode()*, pasándole el argumento *CHOICE_MODE_MULTIPLE_MODAL*.

```
ListView miListView = getListView();
miListView.setChoiceMode(ListView.CHOICE_MODE_MULTIPLE_
MODAL);
miListView.setMultiChoiceModeListener(new
MultiChoiceModeListener() {
  @Override
  public void onItemCheckedStateChanged(ActionMode mode,
  int position, long id, boolean checked) {
```

Continúa en página siguiente >>

<< Viene de página anterior

```
      //las acciones a realizar cuando el ítem se
      seleccione
   }
   @Override
   public boolean onActionItemClicked(ActionMode mode,
   MenuItem item) {
      switch (item.getItemId()) {
         case R.id.menu_delete:
            //acción a realizar
            mode.finish();
            return true;
         default:
            return false;
      }
   }
   @Override
   public boolean onCreateActionMode(ActionMode mode, Menu
   menu) {
      MenuInflater inflador = mode.getMenuInflater();
      inflador.inflate(R.menu.context, menu);
      return true;
   }
   @Override
   public void onDestroyActionMode(ActionMode mode) {
      // Acciones cuando se destruya las opciones
   }
   @Override
   public boolean onPrepareActionMode(ActionMode mode, Menu
   menu) {
      return false;
   }
});
```

Tras implementar este código, podremos como usuarios realizar un clic largo sobre un elemento, y el sistema llamará al método *onCreateAction-Mode()* para mostrar la barra de acciones contextuales con las diferentes opciones que podemos realizar. Cuando esta barra se active, el usuario también podrá seleccionar diferentes elementos adicionales para realizar la acción elegida por lotes.

APLICACIÓN PRÁCTICA

Para el último proyecto que está desarrollando Fabio como programador *Android*, ha necesitado implementar un menú en una aplicación que se basa en esta tecnología. En la documentación que ha recibido para la implementación de esta, se explica la mayor parte del proceso de realización de elementos de recursos de menú en XML. A la hora de extender la clase *Callback* de *ActionMode*, se pide sobrescribir cuatro métodos diferentes. Fabio lo que necesita es encontrar el lugar en el que reconocer qué elemento se ha pulsado para asociar una función a cada elección.

Ayuda a Fabio a entender cuál de los siguientes métodos es el que puede utilizar para realizar la funcionalidad que trata de implementar:

a. *onCreateActionMode.*
b. *onPrepareActionMode.*
c. *onActionItemClicked.*
d. *onDestroyActionMode.*

Solución

Fabio debe usar el método *onActionItemClicked,* pues este método de la clase ActionMode.Callback es el encargado de recibir como parámetro el ítem al que hayamos presionado del menú para poder filtrar adecuadamente la opción elegida y asignarle su correspondiente acción a realizar.

TAREA 20

Nicolás está trabajando para ganar un premio de un concurso de aplicaciones con un proyecto propio. Quiere realizar una aplicación de ayuda animal, con la que dar auxilio a animales abandonados y poder avisar a las protectoras de manera directa y establecer la ubicación de estos. Para realizar las diferentes alertas a las asociaciones animales de rescate, al usuario se le presentará una actividad que mostrará un listado de todos estos grupos de rescate para seleccionar de manera múltiple varios de ellos. Cuando se realice esta acción, se activarán unas opciones de llamada en la barra superior de nuestra aplicación.

Continúa en página siguiente >>

<< Viene de página anterior

Ayuda a tu compañero a ganar la financiación que será el premio del concurso para poder desarrollar de manera amplia y completa el resto de la aplicación. Replica la actividad de tipo listado que hemos mencionado y las opciones superiores con opción de llamada.

4. *WebView*

☞ HILO CONDUCTOR

En Digital Mushroom, S. L., han realizado la integración y desarrollo de los diferentes menús que el usuario les ha propuesto, y han quedado muy contentos. Después de la revisión del cliente, este llama a Laura preocupado, ya que deseaban poder contar con una última opción en el menú de la aplicación que llevase a poder leer las condiciones de la asociación deportiva. El cliente no quiere realizar una pantalla nueva en la aplicación, y estas condiciones de uso solo están disponibles desde su página web. Para poder mostrarlas a través de la aplicación, Laura les propone la realización de un *WebView* que muestre el contenido externo sin salir de la aplicación.

Este componente que nos ofrece el sistema *Android* consta de una aplicación interna que hace de visor de diferentes páginas web de manera nativa. Es el componente que más ataques maliciosos externos puede recibir para el sistema operativo, ya que carga distintas páginas externas.

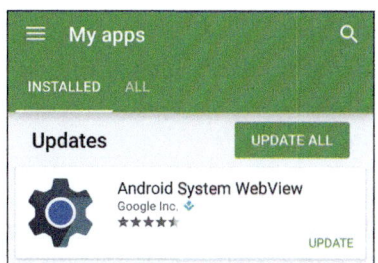

La aplicación WebView es una aplicación preinstalada de manera nativa en los dispositivos que tienen este sistema operativo.

Hace no mucho tiempo, para navegar por diferentes páginas web debías hacerlo a través del navegador, pero hoy en día podemos entrar en navegadores en una gran cantidad de aplicaciones. Cuando estamos en una aplicación y debemos realizar un pago, desde esa misma aplicación podremos acceder a la web de pago sin salir de la aplicación, lo que proporciona un control sobre el componente web y una mejor sensación y usabilidad para el usuario.

4.1. La importancia de las actualizaciones

La aplicación de *WebView* viene preinstalada por defecto en cualquier versión del sistema operativo *Android,* por lo que esta deberá actualizarse para recibir las mejoras que se hayan desarrollado a través de la *Play Store.* Hay mucha gente que, al no saber para qué sirve, desactiva las actualizaciones cuando falta espacio en el dispositivo, lo que sería un gran error.

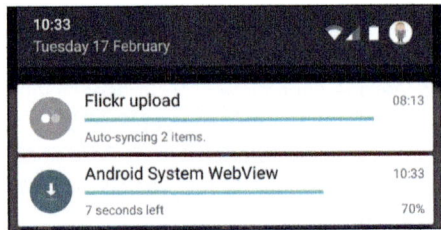

Desde la Play Store de Android deberemos actualizar, siempre que tengamos nuevas versiones disponibles, la aplicación System WebView de nuestro dispositivo.

Podemos entender la aplicación *WebView* como el *firewall* de nuestro sistema operativo *Android,* por lo que las actualizaciones nos van a aportar mejoras de seguridad para que nuestro dispositivo no caiga en programas *malwares* por estar desactualizada.

 **DEFINICIÓN**

Firewall
El *firewall* o cortafuegos de un sistema informático es el componente que controlará el acceso de este a la red y de los distintos elementos de la red a nuestro sistema. Se caracteriza por estar diseñado para bloquear el acceso no autorizado, permitiendo al mismo tiempo las comunicaciones que sí estén autorizadas.

4.2. Implementación de un *WebView*

A la hora de desarrollar nuestras aplicaciones *Android* podemos inclinarnos por hacerlo en HTML y *JavaScript* buscando la compatibilidad multiplataforma, o simplemente dentro de las aplicaciones donde queremos mostrar algún contenido web sin que la experiencia de usuario se vea decrementada al notar que salimos de la app.

Una vez creado nuestro proyecto *Android*, incluiremos en nuestro *layout* una vista del tipo *WebView* y le añadiremos una etiqueta que la identifique:

```xml
<?xml version="1.0" encoding="utf-8"?>
<WebView xmlns:android="http://schemas.android.com/
apk/res/android"
  android:layout_width="fill_parent"
  android:layout_height="fill_parent"
  android:id="@+id/webview" />
```

Posteriormente, desde el código de nuestra *Activity*, cambiaremos las configuraciones del *WebView* si nos parece conveniente e indicaremos la URL para cargar en el mismo:

```java
public class MainActivity extends Activity {
  private WebView mWebView;
  @Override
  public void onCreate(Bundle savedInstanceState) {
    super.onCreate(savedInstanceState);
    setContentView(R.layout.main);
    mWebView = (WebView) findViewById(R.id.webview);
    // Activo JavaScript
    mWebView.getSettings().setJavaScriptEnabled(true);
    // Cargamos la url que necesitamos
    mWebView.loadUrl("http://www.google.com/");
  }
}
```

Como se aprecia en el código, es muy sencillo; tan solo hay que tener en cuenta que para conectarnos a internet necesitamos no olvidar indicar el permiso correspondiente en el archivo de manifiesto de nuestra aplicación:

```
<uses-permission android:name="android.permission.
INTERNET" />
```

Otro detalle a tener en cuenta es que, si dentro de la aplicación pulsáramos un enlace, se nos abrirá el navegador; si queremos evitar esto, bastará con crear la siguiente clase:

```
private class verMiWeb extends WebViewClient {
@Override
  public boolean shouldOverrideUrlLoading(WebView
  view, String url) {
    view.loadUrl(url);
    return true;
  }
}
```

 TAREA 21

Juanjo es el nuevo empleado novato en una gran multinacional, donde deberá empezar a desarrollar aplicaciones de manera rápida y efectiva. Su jefe técnico le está formando en sus ratos libres, y le ha preparado unos ejercicios de programación para realizar. En el primero que se encuentra, se presenta la realización de una aplicación para la plataforma *Android* que contenga un enlace externo que debe visualizarse de manera interna sin salir de dicha aplicación. Juanjo no recuerda cómo se implementaba ese tipo de componente, por lo que requiere de ayuda para realizarlo.

Ayuda a Juanjo e idea con él qué tipo de componente debe llevar a cabo y cuál sería la implementación correcta.

4.3. Funciones avanzadas de *WebView*

Aunque nuestra aplicación con un *WebView* funcione, podemos hacer que lo haga aún mucho mejor habilitando al navegador ciertas funciones agregadas y añadiendo unos elementos extra para facilitar la navegación.

Por ejemplo, una función que no debemos olvidar incluir a nuestro *WebView* es la que nos permite habilitar las herramientas del lenguaje web *JavaScript,* ya que, de lo contrario, muchas webs cargarán mal. Para ello, añadiremos en la actividad principal la siguiente configuración:

```
browser.getSettings().setJavaScriptEnabled(true);
```

También podemos habilitar la opción de Zoom mediante la llamada, muy útil si la web que abrimos no es de diseño móvil:

```
browser.getSettings().setBuiltInZoomControls(true);
// Habilita el Zoom
browser.getSettings().setDisplayZoomControls(false);
// Oculta el zoom
```

5. Resumen

Dentro de los diferentes recursos que la *Android SDK* pone a nuestra disposición, está la creación de los distintos tipos de menú que encontramos para nuestras aplicaciones. Estos se dividen en tres grupos generales: los menús de opciones, los menús contextuales y los menús emergentes. Aun así, la mayoría de los menús se basan en su creación a través de un fichero de recurso XML, en el que se definirán sus diferentes opciones y su aspecto.

Los **menús de opciones** son las colecciones de menú principales. Se trata del menú básico que aparece al pulsar sobre un elemento de la actividad que lleva asociada esta acción. Para establecer las opciones de menú para una actividad, usaremos el método *onCreateOptionsMenu()*, donde podremos inflar el recurso XML que deseemos. Dependiendo de la versión de *Android* en la que estemos trabajando, este menú puede tomar un aspecto u otro.

Para la creación de un **menú emergente** seguimos un proceso similar al anterior. Este tipo de menús se denominan también *PopupMenu* y se forman por un modal asociado a una vista o *View*. Este se muestra debajo o sobre la vista dependiendo de si hay espacio o no sobre esta. Su contexto es más amplio que el de los menús contextuales.

A partir del nivel de API 11 de *Android* y sus niveles superiores podremos hacer uso del **menú contextual,** que afectará solo a los elementos de la IU que hayamos seleccionado previamente. Puede configurarse para listados y *Views* de tipo *ListView* o *GridView.* Dependiendo de la versión de *Android* con la que trabajemos, podemos implementarlo como un **menú contextual** o como el modo de acción contextual, que muestra las opciones en la barra de la app.

Otro componente de gran importancia y de uso básico dentro de las aplicaciones es la creación de pantallas WebView, que sirven para mostrar contenido externo a través de nuestra aplicación de forma nativa, tenido en cuenta los posibles agujeros de seguridad que esto produzca en nuestra aplicación.

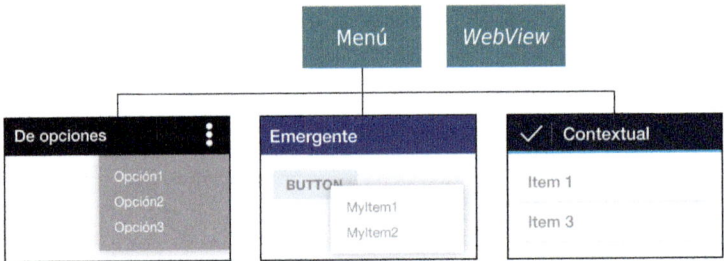

Ejercicios de autoevaluación
Unidad de Aprendizaje 9

1. Los tipos de menús de *Android* coinciden en la creación de un fichero de tipo:

   a. HTML
   b. XML
   c. JAVA
   d. VIEW

2. El SDK de *Android* comenzó a ofrecer un botón por defecto con la única función de convocar el menú a partir de que versión:

   a. *Android 2.0*
   b. *Android 4.3*
   c. *Android 8.0*
   d. *Android 3.0*

3. Determina si la siguiente oración es verdadera o falsa: "Los menús en *Android* no solo tienen una funcionalidad necesaria, sino que también sirven para proporcionar una experiencia de usuario reconocida y uniforme".

   ■ Verdadero
   ■ Falso

4. Cuando queremos organizar los diferentes menús en conjuntos con características comunes, usamos la etiqueta:

   a. <group>
   b. <item>
   c. < showAsAction >
   d. < menu >

5. Si necesitamos crear un menú que abarque al marco contextual global de nuestra aplicación, lo más correcto sería crear un menú:

   a. Emergente.
   b. Contextual.

c. Personalizado.
d. De opciones.

6. Determina si la siguiente oración es verdadera o falsa: "En cada versión de *Android* cambia el diseño de los menús y, por tanto, cambia también la semántica para definirlos".

   ■ Verdadero
   ■ Falso

7. Cuando queramos realizar un menú de opciones, deberemos mostrar la barra superior de la aplicación. Para que esto suceda, no debemos olvidar:

   a. Extender la actividad principal de *AppCompactActivity.*
   b. La creación de un menú contextual.
   c. La creación de un modo de acción contextual.
   d. Guardar los recursos XML que creemos.

8. Si queremos llevar a cabo la realización de un modo de acción contextual, deberemos hacerlo en versiones la API de *Android:*

   a. Anteriores al API 14.
   b. Posteriores a la API 11.
   c. Anteriores a la API 11.
   d. Anteriores a la API 5.

9. Los componentes WebView que nos ofrece *Android* se utilizarán para:

   a. Mostrar contenido web dentro de la aplicación.
   b. Saltar del contenido de la aplicación a contenido web.
   c. La adquisición de elementos de origen web para nuestra aplicación.
   d. Todas las opciones son incorrectas.

10. Determina si la siguiente oración es verdadera o falsa: "Los *Web-Views* puede ser considerados como los *firewall* de nuestras aplicaciones".

- ■ Verdadero
- ■ Falso

Almacenamiento Android: red, I/O y Shared

Contenido

Objetivos

El objetivo general de esta Unidad de Aprendizaje es:

→ Conocer e implementar los tipos de mecanismos que hay en *Android* para realizar el guardado de datos de nuestras aplicaciones de manera persistente.

Los objetivos específicos de esta Unidad de Aprendizaje son:

→ Poder identificar dependiendo de las necesidades específicas que tengamos, la opción de almacenamiento que deberemos usar para nuestras aplicaciones.

→ Ser capaces de guardar el estado en el cual se encuentran nuestras actividades salvaguardando el estado y haciendo posible la recuperación de esta.

1. Introducción

Es importante, siempre dentro del marco de la informática en general, los medios de persistencia de datos con los que contamos. La persistencia de los datos quiere decir que la información que use la propia aplicación tanto de entrada como de salida perduren en el tiempo en otro medio que sea no volátil, es decir, que no desaparezca después de la ejecución del programa.

Cuando se trata de persistir los datos de las aplicaciones *Android,* los desarrolladores de *Android* tienen varias opciones para elegir. Además del acceso directo a las áreas de almacenamiento interno y externo de un dispositivo, la plataforma *Android* ofrece bases de datos *SQLite* para almacenar datos relacionales y archivos especiales para almacenar pares de clave-valor. Además, las aplicaciones de *Android* también pueden usar bases de datos de terceros que ofrecen compatibilidad con *NoSQL.*

Ahora que realizaremos más operaciones con diferentes medios externos a través de redes de internet, tenemos que tener en cuenta el consumo de recursos que hacemos, ya que las operaciones online consumen siempre mayor volumen de memoria. Para gestionar estas conexiones y hacerlo de manera correcta, tenemos que hacer uso de la clase *ConnectivityManager,* que brinda un marco en el que se nos proporcionará información y acciones a realizar sobre las distintas conexiones con las que contemos.

También repasaremos conceptos ya tratados en unidades anteriores, como es el caso de la inclusión de recursos y su uso en *Android* dentro de nuestras aplicaciones. Dentro de este nos adentraremos en un concepto nuevo: los calificadores, y cómo podemos crear nuevos tipos de recursos desde cero.

Seguiremos con el caso de la ya conocida empresa tecnológica emergente Digital Mushroom, S. L., a la que se le ha pedido la realización de una aplicación innovadora que será usada dentro del mundo deportivo. Parece que en las demostraciones que han ido enseñando al cliente a lo largo del desarrollo, estas aplicaciones beta de prueba mostraban una información establecida de manera volátil, únicamente para mostrarse durante las pruebas. Ahora se proponen conseguir la persistencia de los datos que la aplicación necesite a través de las posibilidades que ofrece el *Android SDK.*

2. Opciones de almacenamiento

👉 **HILO CONDUCTOR**

Cuando deciden comenzar con la persistencia de los datos de la aplicación deportiva que desde Digital Mushroom, S. L, están desarrollando, se dan cuenta de que existen múltiples herramientas y clases que desde el *framework Android* se usan para persistir información. Leyendo e informándose sobre estas distintas opciones, comienzan a realizar un análisis de las opciones con las que contarán a lo largo de la aplicación.

Dentro del almacenamiento interno que nos ofrece *Android,* contamos con distintos espacios en los cuales se guardará información sobre el sistema. Dentro de este espacio existe un apartado que está reservado para el uso de los datos de las aplicaciones o *app data,* en el cual se gestionarán los datos que queremos guardar de manera interna en el dispositivo.

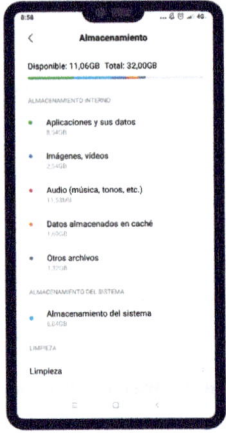

Si nos dirigimos al apartado de un sistema Android sobre el almacenamiento, podremos ver un desglose del uso que se da en la memoria interna del dispositivo.

Android SDK ofrece distintas opciones con las cuales podremos guardar la información que queramos que persista de nuestras aplicaciones. Dependiendo de las necesidades que tengamos en nuestra aplicación, esta vía que elijamos será una u otra, es decir, condiciones como que los datos de nuestra aplicación sean privados o si deben estar disponibles, o por ejemplo la cantidad de espacio que ocupen estos en el dispositivo, pueden determinar de qué manera queremos conservarlos.

Existen diferentes opciones de almacenamiento que nos proporciona *Android SDK* en las aplicaciones que crearemos. A continuación, te presentamos un esquema sobre las distintas opciones de almacenamiento que nos ofrece el *framework Android.*

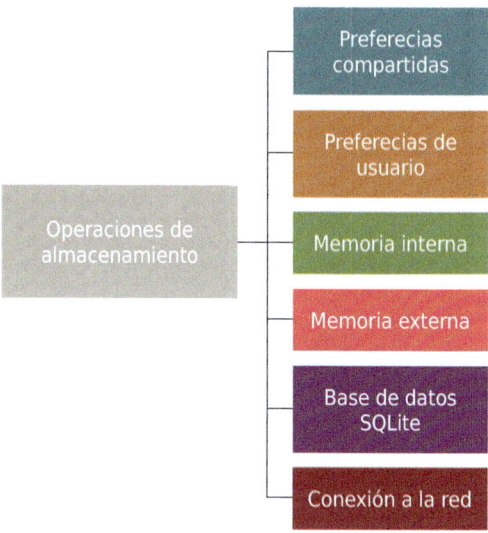

2.1. Preferencias compartidas y preferencias de usuario

El almacenamiento de las preferencias compartidas se basa en el uso de la clase *SharedPreferences,* la cual sirve para guardar información sobre nuestra aplicación en forma de pares de clave-valor. En estas solo podremos guardar datos primitivos, es decir, *boolean, float, int, long* y *string,* pero estos persistirán incluso cuando finalice la ejecución de nuestras aplicaciones.

En las preferencias de usuario es donde configuraremos opciones que el consumidor de la aplicación puede establecer, como el tipo de notificaciones que quiere recibir de la aplicación.

No debemos confundir las preferencias compartidas con las preferencias de usuario, que se guardarán a través del uso que nos da la clase *PreferenceFragmentCompat* de la biblioteca de AndroidX, donde se ofrecen distintas funcionalidades con las que poder guardar la información de preferencia que elija el usuario. Esta información es muy común en la mayoría de las aplicaciones, ya que ofrece la customización de ciertos parámetros para el consumidor de la aplicación.

Veremos de manera práctica y más extensa el uso de ambas clases en apartados posteriores de esta unidad.

2.2. Memoria interna

Hay ocasiones en las cuales necesitamos hacer uso del almacenamiento interno de nuestro dispositivo. Para ello, tenemos que tener en cuenta que los archivos que guardemos de manera interna en el dispositivo, por defecto, serán privados y otras aplicaciones no podrán tener acceso a ellos.

Para guardar archivos directamente en el almacenamiento interno de nuestro dispositivo, el *SDK* de *Android* pone a nuestra disposición una clase de salida de datos llamada *OutputStreamWriter,* ya que la información que guardemos de esta manera se realiza en un archivo interno del dispositivo. Por ejemplo, si queremos guardar un archivo en el que hayamos guardado una información en un *String,* podemos hacerlo de la siguiente manera:

```
@Override
  protected void onCreate(Bundle savedInstanceState) {
    super.onCreate(savedInstanceState);
    setContentView(R.layout.activity_main);
    crearFicheroInterno();
  }
  public void crearFicheroInterno() {
    try {
      OutputStreamWriter escritor = new
      OutputStreamWriter(
        openFileOutput("archivo_prueba.txt",
          Context.MODE_PRIVATE));
      escritor.write("Este es el texto que escribiré
      en el fichero");
      escritor.close();
    } catch (FileNotFoundException ex) {
      Log.e("Escritor", "Error al crear el archivo");
    } catch (IOException ex) {
      Log.e("Escritor", "Error al escribir el
      archivo");
    }
  }
}
```

Con este código lo que realizaremos será una nueva creación de archivo, en el cual guardaremos la información que deseemos. En este código llamamos a *openFileOutput(),* que muestra un *FileOutputStream.* Este es el objeto que realizará las diferentes operaciones de escritura en el archivo que hemos creado. El parámetro de entrada *MODE_PRIVATE* que pertenece a la clase *Context* es el encargado de crear o, en caso de existir ya, sustituir el archivo haciendo este privado para la aplicación actual.

 PARA SABER MÁS

Aparte de existir un modo privado que se establece a través de la variable MODE_PRIVATE, en la clase Context hay más modos en los que podemos establecer este parámetro, como MODE_APPEND o NETWORK_STATS_SERVICE.

Continúa en página siguiente >>

<< Viene de página anterior

Si quieres conocer todos estos, puedes dirigirte a la documentación oficial, accediendo desde aquí:

https://redirectoronline.com/ifcd059po1001

Para llevar a cabo esta acción se usará el método *write()*, al cual pasaremos como parámetro la información que deseemos guardar en un *String* que transformaremos en una secuencia de *bytes*. Al finalizar las distintas acciones con *OutputStreamWriter*, no debemos olvidarnos de cerrar el flujo de datos con *close()*.

Como podemos observar, no hemos especificado en qué ruta se creará este nuevo fichero, por lo tanto, este se guardará en una ruta predeterminada que sigue la siguiente forma:

```
/data/data/nombre_paquete/files/nombre_archivo
```

Es decir, para el fichero que guardamos durante el ejercicio anterior la ruta por defecto sería:

```
/data/data/com.example.myapplication/files/archivo_prueba.txt
```

Para realizar la lectura del archivo, se llamará al método *openFIleInput()* y usaremos el nombre del archivo que queramos leer como *String* dentro del parámetro de entrada. Para leerlo usaremos el método *read()* y, a continuación, no debemos olvidarnos de cerrar el flujo de datos con *close()*. Veamos un código que realizaría la lectura del archivo anteriormente creado:

```
public void leerFicheroInterno() {
    try {
        BufferedReader lector = new BufferedReader(
          new InputStreamReader(openFileInput("prueba_
          int.txt")));
        String texto = lector.readLine();
        lector.close();
        Log.d("Escritor", texto);
    } catch (FileNotFoundException ex) {
        Log.e("Escritor", "Error al buscar el archivo");
    } catch (IOException ex) {
        Log.e("Escritor", "Error al leer el archivo");
    }
}
```

Otra forma que tenemos de leer archivos en la memoria interna del teléfono es guardar estos en la propia aplicación que hayamos construido. Para esto guardaremos un fichero en la carpeta *res/raw* de nuestro proyecto, la cual no suele estar generada por defecto y posiblemente tengamos que crear a mano dentro del directorio/s.

Este tipo de acceso a ficheros está limitado, ya que nos permitirá acceso solo de lectura y no de escritura. Usaremos el método *getResources* y *openRawResources* para instanciar un objeto recurso del fichero guardado y abrirlo. Este método nos devolverá una instancia de *InputStream,* que podremos manipular a través de la clase *java.io.*

```
public void leerFicheroRaw() {
  try {
    InputStream fraw = getResources().openRawResource
    (R.raw.ejemplo_raw);
    BufferedReader brin = new BufferedReader(new
    InputStreamReader(fraw));
    String linea = brin.readLine();
    Log.d("Escritor", "La línea que leo es: " + linea);
    fraw.close();
  } catch (Exception ex) {
    Log.e("Escritor", "Error al leer fichero desde
    recurso raw");
  }
}
```

Este método deberá ser llamado desde la clase *onCreate* de nuestra actividad para ver el resultado en el log de *Android Studio* filtrando por la etiqueta "Escritor".

 ACTIVIDAD COMPLEMENTARIA

38. Crea una aplicación que cuente con tres botones, los cuales realizarán las siguientes acciones:

   · En el primero se realizará la opción de guardar un fichero en la carpeta interna predefinida por un objeto FileOutputStream.
   · El segundo usará la clase InputStreamReader para realizar la lectura de este fichero y mostrar el contenido guardado en este en un mensaje Toast que mostraremos.
   · El tercero deberá ser capaz de realizar la lectura de un archivo que guardemos en la carpeta de recurso apropiada dentro de la aplicación que estemos construyendo.

2.3. Memoria externa

En versiones anteriores de Android, las aplicaciones podían acceder libremente a la memoria externa del dispositivo (por ejemplo, tarjetas SD), usando permisos como *READ_EXTERNAL_STORAGE* y *WRITE_EXTERNAL_STORAGE*. Sin embargo, esto podía plantear problemas de privacidad y seguridad. A partir de Android 10 (API 29), se introdujo *Scoped Storage* para mejorar la privacidad de los usuarios y limitar el acceso indiscriminado a los archivos.

Scoped Storage organiza el almacenamiento externo en áreas específicas accesibles para cada aplicación, restringiendo el acceso a carpetas que no pertenecen a la aplicación en cuestión. Las aplicaciones ahora deben solicitar acceso a áreas específicas o usar la API de almacenamiento recomendado para acceder a archivos multimedia y documentos.

DEFINICIÓN

Scoped Storage
Es un sistema de almacenamiento introducido en *Android 10* para limitar el acceso de las aplicaciones al almacenamiento externo, mejorando la privacidad del usuario.

Configuración de permisos

Para poder realizar acciones de lectura y escritura en la memoria externa bajo *Scoped Storage,* es necesario modificar el archivo de manifiesto para incluir los permisos adecuados, aunque su comportamiento ha cambiado. Por ejemplo:

```
<manifest>
  <uses-permission android:name="android.permission.
  READ_EXTERNAL_STORAGE" />
  <uses-permission android:name="android.permission.
  WRITE_EXTERNAL_STORAGE" />
</manifest>
```

Estos permisos permiten que la aplicación acceda a sus propios archivos en el almacenamiento externo sin necesidad de permisos adicionales para otras áreas.

NOTA

Los archivos que deseemos añadir a esta memoria requerirán de los permisos READ_EXTERNAL_STORAGE o WRITE_EXTERNAL_STORAGE, dependiendo de lo que queramos realizar. En las versiones posteriores a *Android 4.4*, si hemos guardado estos datos como privados, no es necesario este permiso.

Uso de la API MediaStore

Para interactuar con archivos multimedia, utilizamos la *API MediaStore,* la cual proporciona una interfaz unificada para acceder y gestionar archivos de medios.

Ejemplo de cómo guardar una imagen:

```java
public void guardarImagen() {
  ContentValues values = new ContentValues();
  values.put(MediaStore.Images.Media.DISPLAY_NAME,
  "mi_imagen.jpg");
  values.put(MediaStore.Images.Media.MIME_TYPE,
  "image/jpeg");
  values.put(MediaStore.Images.Media.RELATIVE_PATH,
  Environment.DIRECTORY_PICTURES);

  Uri uri = getContentResolver().insert(MediaStore.
  Images.Media.EXTERNAL_CONTENT_URI, values);

  try {
    OutputStream outputStream = getContentResolver().
    openOutputStream(uri);
    Bitmap bitmap = ... // obtener el bitmap a
    guardar
    bitmap.compress(Bitmap.CompressFormat.JPEG, 100,
    outputStream);
    outputStream.close();
  } catch (Exception e) {
    e.printStackTrace();
  }
}
```

Verificación del estado de almacenamiento

Antes de realizar operaciones de lectura o escritura, es crucial verificar el estado del almacenamiento:

```
public boolean isExternalStorageReadable() {
  String state = Environment.getExternalStorageState();
  return Environment.MEDIA_MOUNTED.equals(state) ||
  Environment.MEDIA_MOUNTED_READ_ONLY.equals(state);
}
public boolean isExternalStorageWritable() {
  String state = Environment.getExternalStorageState();
  return Environment.MEDIA_MOUNTED.equals(state);
}
```

 ## ACTIVIDAD COMPLEMENTARIA

39. Realiza el guardado de un fichero en la memoria externa del teléfono a través del pulsado de un botón. Para hacer esto comprueba el acceso y existencia de la memoria externa, avisando de si es *true* o *false* con un aviso *Toast*, y captura las posibles excepciones que durante la escritura pudiesen suceder.

Scoped Storage simplifica el manejo de archivos y mejora la seguridad, aunque puede requerir adaptaciones significativas para aplicaciones que dependen del acceso directo al almacenamiento externo. Para más detalles y la lista completa de cambios, puedes consultar la documentación oficial de Android en el siguiente enlace.

https://redirectoronline.com/ifcd059po1008

RECUERDA

En caso de que tu aplicación use salvado de datos de caché, debes recordar que este ocupará un espacio y reducirá la memoria del dispositivo. Es recomendable analizar esto para poder ir quitando aquellos archivos que ya no se utilicen a lo largo de la vida de la aplicación.

- -

2.4. Bases de datos *SQLite*

Las bases de datos *SQLite* proporcionan una compatibilidad total con el *framework Android*. Este es un gestor de bases de datos relacionales embebidas escrito en C, muy compacto y de dominio público. A diferencia de las bases de datos tradicionales con modelo cliente-servidor, *SQLite* nos proporciona una herramienta que forma parte de la aplicación como cualquier componente más. Como las llamadas de código interno del programa son más eficientes que la comunicación entre distintos procesos, esta base de datos optimiza el rendimiento del sistema.

SQLite

SQLite es un proyecto de dominio público que consiste en un sistema gestor de bases de datos embebidas.

Cuando queremos comenzar a usar este cómodo gestor de bases de datos, la clase a la cual tenemos que atender sería *SQLiteOpenHelper*. El uso de este gestor de bases de datos será tratado con más profundidad en la siguiente unidad, por lo cual no nos detendremos en el funcionamiento y uso de bases de datos dentro de *Android*. Lo que sí mencionaremos es la clase *SQLiteOpenHelper*, ya que extendiendo esta podremos crear una nueva base de datos de manera sencilla:

```
public class AdministradorOpenHelper extends
SQLiteOpenHelper {
  private static final String EJEMPLO_TABLE_CREATE =
      "CREATE TABLE Ejemplo (campo_1 INTEGER,
      campo_2 INTEGER)";
  AdministradorOpenHelper(Context contexto, String
  nombre, CursorFactory factory, int version) {
    super(contexto, nombre, factory, version);
  }
  @Override
  public void onCreate(SQLiteDatabase db) {
    db.execSQL(EJEMPLO_TABLE_CREATE);
  }
}
```

Lo primero que hacemos es definir una variable constante donde guardamos la *query* que se ejecutará para la creación de la tabla ejemplo, donde guardaremos las columnas campo_1 y campo_2. El constructor será el encargado de establecer la información sobre la base de datos a través de la llamada del constructor del padre *SQLiteOpenHelper,* en la cual estableceremos como parámetros de entrada los valores del contexto en el cual nos encontremos, el nombre de la base de datos, el valor de versión de nuestra base de datos y el *CursorFactory,* que se suele establecer en *null* excepto en usos más avanzados de bases de datos en los cuales necesitemos optar al uso de cursores en nuestras tablas.

Para la actualización de nuestras bases de datos creadas a través de la extensión de *SQLiteOpenHelper,* debemos realizar la sobreescritura del método *onUpgrade(),* introduciendo las órdenes a ejecutar en su interior con *execSQL()* en lenguaje *SQL.*

2.5. Conexión de red

También podemos usar la red siempre que esta esté disponible en el dispositivo. Para esto haremos uso de distintos servicios propios que almacenen y obtengan nuestros datos de servicios propios. Para realizar operaciones de conexión a la red usaremos las clases de los paquetes *java.net* y *android.net.*

Dentro del mundo de la programación de aplicaciones, la conexión a la red será un factor muy importante, ya que nos servirá datos desde almacenamientos propios de esta.

Las clases del paquete java.net proveen una implementación para las aplicaciones que usen la red. Esta normalmente es dividida en dos secciones: una API de bajo nivel para tratar distintos identificadores de direcciones de red, como las redes IP, los mecanismos de comunicación de datos como los Sockets, y diferentes interfaces de red; y la otra parte una API de alto nivel, en la que se tratan diferentes abstracciones como identificadores de recursos URI, URL y conexiones a los recursos que estas apunten. El paquete android.net extiende de Java y provee una ayuda de clases, enumeraciones e interfaces que podremos utilizar en los casos concretos de conexión a recursos externos a través del acceso a la red.

 TAREA 22

En la empresa en que trabaja Sandra, realizan mejoras sobre diferentes aplicaciones que les envían sus clientes. Sobre la última aplicación que les envió un nuevo cliente deben realizar un estudio de mejora, se necesitó especificar en qué casos era necesaria la modificación sobre el tipo de almacenamiento de la aplicación. En esta tendrán que persistir un número de datos entre los cuales se encuentran los siguientes:

- Las preferencias para poder configurar correctamente el uso de distintos datos de uso de la aplicación.
- La información de los usuarios, como su nombre, su dirección, su DNI...
- Una serie de fotografías que podemos realizar a través de la aplicación y que tienen que poder ser compartidas con otras aplicaciones de RR. SS.

Continúa en página siguiente >>

<< Viene de página anterior

Ayuda a Sandra a realizar un análisis sobre los distintos tipos de almacenamiento que podemos realizar en *Android,* y prepara una justificación sobre qué tipo de sistema de persistencia de datos debe emplear para cada uno de los casos de datos que debe usar de *Android SDK.*

3. Conexión a internet

☞ HILO CONDUCTOR

Durante la creación de los distintos procesos de almacenamiento y obtención de datos de la aplicación, se han construido servicios propios basados en la web, por lo que la aplicación hace uso de la conexión a internet de manera casi continua. En la última batería de pruebas que realizaron, se detectó un importante aumento del consumo de recursos del dispositivo, dejando este en ocasiones bloqueado por falta de recursos. Estudiando sobre una posible solución, se topan con una clase que desconocían, con la cual parece ser que podrán optimizar el uso de la conexión a red minimizando la posibilidad de crear un bloqueo en la aplicación.

Cuando nuestra aplicación consume cierta cantidad de recursos de red, debemos comenzar a pensar que la gestión de estos es importante para el rendimiento que nos ofrezca el dispositivo y el buen funcionamiento de nuestra aplicación.

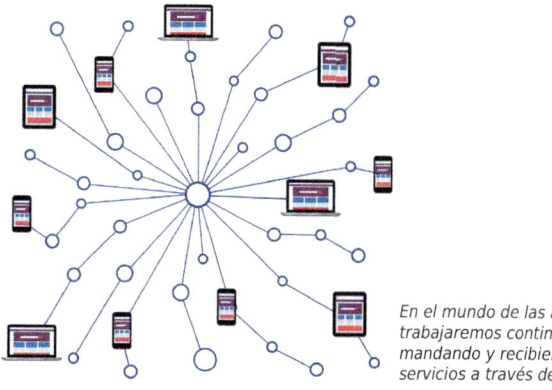

En el mundo de las aplicaciones trabajaremos continuamente mandando y recibiendo datos de otros servicios a través de la red de internet.

Cuando la conexión que tenemos de internet es lenta o no tenemos acceso a ninguna red, nuestra aplicación podría estar haciendo peticiones de información a algún servicio almacenado en internet, y en este caso, realizar acciones que no obtendrían respuesta y ralentizarían el dispositivo innecesariamente. En este caso deberíamos haber podido gestionar el estado de conectividad con el que cuenta el dispositivo.

3.1. Comprobar la conexión a la red

Un dispositivo podría contar con varios modos de conectarse a la red, pero la más común y en la que nos basaremos en este apartado es la conexión wifi o móvil. Para realizar comprobaciones sobre la conexión a este tipo de redes, debemos hacer uso de un par de clases que sirven para determinar el tipo de conexión que estemos usando. Conozcámoslas:

ConnectivityManager
- Esta clase se dedica a responder consultas sobre el estado de conectividad de la red y notificar a la aplicación cuando cambia la conectividad del dispositivo a la red.

NetworkCapabilities
- Describe el estado de una interfaz de red de un tipo determinado (actualmente, móvil o wifi).

 **PARA SABER MÁS**

Si quieres consultar los métodos que nos proporciona ConnectivityManager puedes hacerlo accediendo desde aquí:

https://redirectoronline.com/ifcd059po1003

3.2. Comprobar la conexión a la red

Podemos ver un ejemplo de código en el cual comprobamos la conectividad de la red wifi y móvil para determinar qué redes están disponibles y conectadas y mostrar estas con la clase *Toast* de *Android:*

```java
import android.content.Context;
import android.net.ConnectivityManager;
import android.net.Network;
import android.net.NetworkCapabilities;
import android.net.NetworkRequest;
import android.os.Bundle;
import android.widget.Toast;
import androidx.appcompat.app.AppCompatActivity;

public class MainActivity extends AppCompatActivity {
  @Override
  protected void onCreate(Bundle savedInstanceState) {
    super.onCreate(savedInstanceState);
    setContentView(R.layout.activity_main);
    ConnectivityManager miConectivityManager =
    (ConnectivityManager) getSystemService(Context.
    CONNECTIVITY_SERVICE);
    NetworkRequest.Builder builder = new NetworkRequest.
    Builder();

    connectivityManager.registerNetworkCallback(
       builder.build(),
       new ConnectivityManager.NetworkCallback() {
         @Override
         public void onCapabilitiesChanged(Network network,
         NetworkCapabilities networkCapabilities) {
           super.onCapabilitiesChanged(network,
           networkCapabilities);

           boolean hasWifi = networkCapabilities.
           hasTransport(NetworkCapabilities.TRANSPORT_
           WIFI);
           boolean hasMobileData = networkCapabilities.
           hasTransport(NetworkCapabilities.TRANSPORT_
           CELLULAR);
```

Continúa en página siguiente >>

<< Viene de página anterior

```java
            runOnUiThread(() -> {
              Toast toastWifi = Toast.makeText
              (getApplicationContext(), hasWifi ? "Wifi
              conectada" : "Wifi desconectada", Toast.
              LENGTH_LONG);
              Toast toastDatos = Toast.makeText
              (getApplicationContext(), hasMobileData ?
              "Datos conectados" : "Datos desconectados",
              Toast.LENGTH_LONG);

              toastWifi.setGravity(Gravity.CENTER |
              Gravity.LEFT, 0, 0);
              toastDatos.setGravity(Gravity.CENTER |
              Gravity.RIGHT, 0, 0);
              toastWifi.show();
              toastDatos.show();
            });
          }
        }
      );
    }
  }
```

 RECUERDA

El operador ||= es un operador binario del lenguaje de programación Java que se usa como representación del operador OR. En la expresión del ejemplo lo usamos para establecer las variables *booleanas* de conexión como *true* o *false*, dependiendo de la conexión de red encontrada. Puedes recordar el orden de prioridad de los distintos operadores accediendo desde aquí:

https://redirectoronline.com/ifcd059po1004

Un dispositivo puede tener varios modos de conectarse a la red, pero la más común y en la que nos basaremos en este apartado es la conexión wifi o móvil. Para realizar comprobaciones sobre la conexión a este tipo de redes, debemos hacer uso de las clases ConnectivityManager y NetworkCapabilities. Estas clases nos permiten determinar el tipo de conexión que estamos usando.

Para poder hacer uso de la clase ConnectivityManager debemos recordar siempre incluir el permiso correspondiente dentro de la etiqueta uses-permission en el archivo de manifiesto de nuestra aplicación. Si no lo ponemos, el propio IDE nos avisará.

Una manera de verificar si una interfaz de red está disponible es a través de la llamada al método getNetworkCapabilities(), la cual devuelve una instancia de NetworkCapabilities, proporcionando información sobre las capacidades de la red actual. Si no hay ninguna red disponible, devuelve null, evitando así que intentemos conectarnos a una red cuando esta no tenga acceso a internet. Su uso se implementa de la siguiente manera:

```
public boolean hayRed() {
  ConnectivityManager connectivityManager =
  (ConnectivityManager) getSystemService(Context.
  CONNECTIVITY_SERVICE);
  Network currentNetwork = connectivityManager.
  getActiveNetwork();
  NetworkCapabilities capabilities = connectivityManager.
  getNetworkCapabilities(currentNetwork);
  return capabilities != null &&
     (capabilities.hasTransport(NetworkCapabilities.
     TRANSPORT_WIFI) ||
     capabilities.hasTransport(NetworkCapabilities.
     TRANSPORT_CELLULAR));
}
```

 SABÍAS QUE...

En caso de querer ver de manera más detallada la información de una interfaz de red, podemos hacer uso de *NetworkCapabilities,* ya que con esta clase podemos evaluar la mayoría de las redes que tenemos disponibles.

3.3. Administrar el uso de la red

Estas clases que mostramos debemos usarlas dentro de algún sistema que controle la conexión a internet. Para realizar esto, deberemos implementar una actividad de preferencia que otorgue a los usuarios un control sobre los recursos de red de los que hará uso la aplicación.

 **NOTA**

Existen diferentes tipos de conexiones que puede realizar nuestro dispositivo. En la clase ConnectivityManager podemos ver una lista completa de cada uno de los tipos de los cuales podemos obtener información accediendo desde aquí:

https://redirectoronline.com/ifcd059po1005

Para realizar esta implementación de una clase que controle el acceso a la red y administre su uso, deberemos añadir los permisos adecuados dentro del archivo de manifiesto de nuestra aplicación:

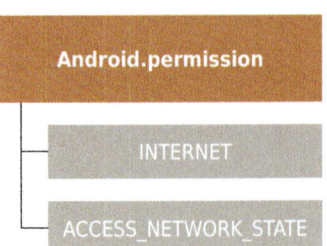

⊃ **INTERNET:** da permiso de abrir *socket* de red a nuestra aplicación. Este es necesario para abrir ciertos componentes que interactúan con la red, como los *WebView*.

[552]

➲ **ACCESS_NETWORK_STATE:** permite el acceso de nuestra aplicación a la diferente información sobre las redes disponibles con las que cuenta el dispositivo en ese momento. Se puede capturar el estado para, por ejemplo, lanzar una página web en el momento en el que contemos con red; se omite este paso en el caso contrario. De esta manera ahorraremos recursos del dispositivo.

También deberemos declarar el filtro intent para la acción ACTION_ MANAGE_NETWORK_USAGE, el cual mostrará una configuración que permitirá a los usuarios controlar el uso de la red. Veamos un ejemplo de fichero AndroidManifest.xml, que implementará estos permisos para poder establecer unas configuraciones establecidas por siguientes clases. Esta acción será controlada por BroadcastReceiver, que mostrará un aviso Toast mostrando el estado de la conexión:

```
package com.example.myapplication;
import android.app.Activity;
import android.content.BroadcastReceiver;
import android.content.Context;
import android.content.Intent;
import android.content.IntentFilter;
import android.net.ConnectivityManager;
import android.net.Network;
import android.net.NetworkCapabilities;
import android.os.Bundle;
import android.webkit.WebSettings;
import android.webkit.WebView;
import android.webkit.WebViewClient;
import android.widget.Toast;

public class MainActivity extends Activity {
  private ConexionBroadcast receiver = new
  ConexionBroadcast();
  private WebView browser;

  @Override
  public void onCreate(Bundle savedInstanceState) {
    super.onCreate(savedInstanceState);
    setContentView(R.layout.activity_main);
    receiver = new ConexionBroadcast();
```

Continúa en página siguiente >>

<< Viene de página anterior

```
        this.registerReceiver(receiver, new IntentFilter
        (ConnectivityManager.CONNECTIVITY_ACTION));

        browser = findViewById(R.id.web_view);
        WebSettings webSettings = browser.getSettings();
        webSettings.setJavaScriptEnabled(true);
        browser.setWebViewClient(new WebViewClient());
    }
}
    public class ConexionBroadcast extends
    BroadcastReceiver {
        @Override
        public void onReceive(Context context, Intent
        intent) {
            ConnectivityManager conn = (ConnectivityManager)
            context.getSystemService(Context.CONNECTIVITY_
            SERVICE);
            NetworkInfo networkInfo = conn.
            getActiveNetworkInfo();

            if (networkInfo != null) {
              NetworkCapabilities capabilities = conn.
              getNetworkCapabilities(network);
              if (capabilities != null) {
                if (capabilities.hasTransport
                (NetworkCapabilities.TRANSPORT_WIFI)) {
                   Toast.makeText(context, "Wifi conectado",
                   Toast.LENGTH_LONG).show();
                      ((MainActivity) context).loadUrl("https://
                      www.iceditorial.com/");
                } else if (capabilities.hasTransport
                (NetworkCapabilities.TRANSPORT_CELLULAR)) {
                  Toast.makeText(context, "Datos conectados",
                  Toast.LENGTH_LONG).show();
                  ((MainActivity) context).loadUrl("https://www.
                  iceditorial.com/");
                } else {
                  Toast.makeText(context, "No hay conexión", Toast.
                  LENGTH_LONG).show();
                }
```

Continúa en página siguiente >>

<< Viene de página anterior

```
    } else {
        Toast.makeText(context, "No hay conexión", Toast.
        LENGTH_LONG).show();
    }
  }
}
```

La clase *MainActivity* será la clase que controle la acción que desarrollará esta aplicación. Nuestra clase principal se basará en una *Activity* que contendrá un *WebView* que cargará una URL cuando detecte que el teléfono está conectado a internet. Veamos el código de la interfaz XML que definirá un sencillo *WebView,* que cargará la página que indiquemos:

```
<?xml version="1.0" encoding="utf-8"?>
<RelativeLayout xmlns:android="http://schemas.
android.com/apk/res/android"
  android:layout_width="match_parent"
  android:layout_height="match_parent"
  tools:context=".MainActivity">
  <WebView
      android:id="@+id/web_view"
      android:layout_width="match_parent"
      android:layout_height="match_parent" />
</RelativeLayout>
```

Para que esta clase MainActivity principal y el WebView puedan ser lanzados, debemos recordar añadir a nuestro archivo de manifiesto los permisos ACCESS_NETWORK_STATE e INTERNET:

```
<?xml version="1.0" encoding="utf-8"?>
<manifest xmlns:android="http://schemas.android.com/
apk/res/android"
  package="com.example.myapplication">
```

Continúa en página siguiente >>

<< Viene de página anterior

```
<uses-permission android:name="android.permission.
ACCESS_NETWORK_STATE" />
<uses-permission android:name="android.permission.
INTERNET" />

<application
   android:allowBackup="true"
   android:icon="@mipmap/ic_launcher"
   android:label="@string/app_name"
   android:roundIcon="@mipmap/ic_launcher_round"
   android:supportsRtl="true"
   android:theme="@style/AppTheme">
   <activity android:name=".MainActivity">
       <intent-filter>
       <action android:name="android.intent.action.
       MAIN" />
       <category android:name="android.intent.
       category.LAUNCHER" />
     </intent-filter>
   </activity>
 </application>
</manifest>
```

El último componente del puzzle será la subclase *ConexionBroadcast,* la cual hereda de la clase principal. *ConexionBroadcast* intercepta la acción CONNECTIVITY_ACTION, que determinará el estado de la conexión de red estableciendo los indicadores *wifiConectada* y *mobileConectada,* los cuales serán valores *booleanos* de verdadero o falso. La manera de actuar de la aplicación será que esta solo mostrará una carga de página web en el *WebView* si la conexión está establecida a true.

Cuando establecemos un *BroadcastReceiver,* debemos estar atentos a que este no sea llamado de manera innecesaria, ya que puede sobrecargar fácilmente los recursos del sistema. Si atendemos al código que hemos preparado, dentro del método *onCreate()* de nuestra actividad es donde registramos el *receiver.*

4. Clases de entrada/salida

☞ **HILO CONDUCTOR**

Cuando en Digital Mushroom, S. L., los masajistas deportivos pidieron un nuevo desarrollo para poder tener en un fichero de descarga los datos sobre las sesiones de masaje que habían realizado, nuestros especialistas programadores comenzaron a investigar sobre las alternativas que ofrecía el lenguaje de programación Java para poder realizar esta funcionalidad.

Para hacer uso de la funcionalidad de traspasar diferentes valores en flujos de datos, *Android* toma prestado el paquete java.io del lenguaje de programación Java. Este paquete contiene casi todas las clases que se necesitan para realizar estas operaciones. En la primera parte de este manual ya hablamos de ellas, pero a estas alturas lo veremos con más profundidad. La entrada y salida de flujos de datos admite el traspaso de muchos tipos diferentes, como datos primitivos, objetos, *Arrays*... Hay dos tipos de acciones de flujos de datos:

● **InputStream:** se utiliza para leer datos de alguna fuente. Veamos la jerarquía de clases para tratar con flujos de datos de entrada de esta clase.

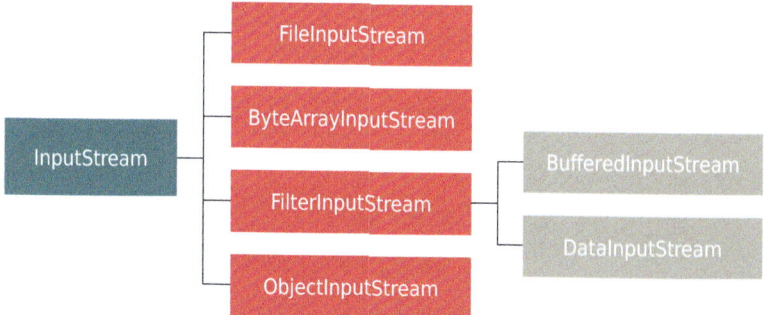

● **OutputStream:** es usada para escribir datos en algún destino. Mostremos también la jerarquía de herencia de clases que trabajan los flujos de datos de salida.

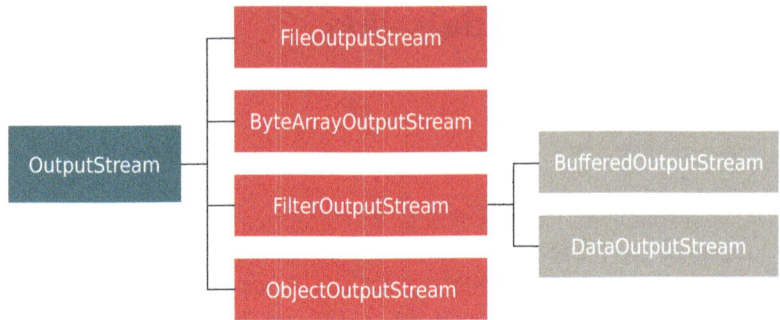

4.1. *FileInputStream*

Esta clase se utiliza para leer distintos datos de archivos guardados. Tiene varios tipos de constructores disponibles, a los cuales accederemos a través del uso de la palabra clave *new*. Tenemos uno que establece el nombre del archivo con un *String* que se introduce como parámetro. Lo podemos ver en el siguiente ejemplo:

```
InputStream file = new FileInputStream("C:/java/prueba");
```

Con este otro constructor se crea un objeto de flujo de datos de entrada para leer el archivo que primero crearemos con la clase *File*. Primero usaremos el método *File* para crear el archivo.

```
File file = new File("C:/java/prueba");
InputStream f = new FileInputStream(file);
```

A través del constructor que decidamos, si tenemos ya el objeto *InputStream* en mano, podemos acceder a un número relevante de métodos auxiliares que nos permitirán realizar acciones sobre la transmisión de datos:

‣ **public void close() throws IOException{}:** este es un método que se usa para cerrar la secuencia de salida del archivo. Libera todos los recursos del sistema asociados con el archivo y lanza una excepción IO, la cual deberemos implementar para poder utilizarla.

- ⊃ **public int read(int r)throws IOException{}:** cuando queramos leer el *byte* especificado en los datos de *InputStream* usaremos este método, que devolverá un valor de tipo int, siendo este el siguiente *byte* de datos, y se devolverá -1 si es el final del archivo.
- ⊃ **public int read(byte[] r) throws IOException{}:** se utiliza para leer la longitud que tendrá la secuencia de entrada en una matriz. Este método devuelve el número total de *bytes* leídos. Si es el final del archivo, se devolverá -1.
- ⊃ **public int available() throws IOException{}:** proporciona el número de *bytes* que se pueden leer desde esta secuencia de entrada de archivos, devolviendo un valor *int*.

 **RECUERDA**

Hay otras secuencias de datos de entrada importantes que tenemos disponibles. Para obtener más información sobre estas puedes acceder desde aquí:

ByteArrayInputStream	DataInputStream

https://redirectoronline.com/ifcd059po1006	*https://redirectoronline.com/ifcd059po1007*

4.2. *FileOutputStream*

Esta clase se utiliza para crear un archivo en el que escribir una información sobre él. Si el fichero en el que se quiere escribir la información no existiese, deberíamos crearlo y posteriormente abrirlo como fichero de salida.

Existen también dos constructores de los que podemos hacer uso al instanciar un objeto de la clase *FileOutputStream.* El primero recibirá como parámetro el nombre del archivo a través de una cadena de texto. Posteriormente creará un objeto de flujo de entrada para escribir en dicho archivo:

```
OutputStream salida = new FileOutputStream("C:/aino/
prueba");
```

El segundo constructor aceptará un objeto del archivo *File* para crear un flujo de salida de datos para escribir en el archivo. Este se establecerá de la siguiente manera:

```
File fichero = new File("C:/aino/prueba");
OutputStream salida = new FileOutputStream(fichero);
```

```
EntradaSalidaTest.java

    package com.example.ainho.myapplication;

    import java.io.FileInputStream;
    import java.io.FileOutputStream;
    import java.io.IOException;
    import java.io.InputStream;
    import java.io.OutputStream;

    public class EntradaSalidaTest {
        public static void main(String args[]) {
            try {
                byte byteDatos [] = {11,21,3,40,5};
                OutputStream salida = new FileOutputStream( name: "archivo_test.txt");
                for (int x = 0; x < byteDatos.length ; x++) {
                    salida.write( byteDatos[x] );    // writes the bytes
                }
                salida.close();
                InputStream entrada = new FileInputStream( name: "archivo_test.txt");
                int size = entrada.available();
                for(int i = 0; i < size; i++) {
                    System.out.println((char)entrada.read());
                }
                entrada.close();
            } catch (IOException e) {
                System.out.println(e);
            }
        }
    }

EntradaSalidaTest    main()
```

Las clases de entrada y escritura de datos en medios externos los hemos visto en la primera parte de este material durante el estudio del lenguaje de programación Java.

Esta clase, al ser paralela a la que hemos explicado anteriormente, nos permite acceder de manera directa a varios métodos auxiliares que podremos usar para realizar distintas operaciones sobre el flujo de datos. Estas son las mismas que las anteriores.

Vamos a ver un código de ejemplo en el cual usemos ambas clases, tanto *InputStream* y *OutputStream:*

```java
import java.io.FileInputStream;
import java.io.FileOutputStream;
import java.io.IOException;
import java.io.InputStream;
import java.io.OutputStream;

public class EntradaSalidaTest {
  public static void main(String args[]) {
    try {
        byte byteDatos [] = {2,3,5,7,11,13};
        OutputStream salida = new
        FileOutputStream("archivo_prueba.txt");
        for(int x = 0; x < byteDatos.length ; x++) {
          salida.write( byteDatos[x] );
        }
        salida.close();
        InputStream entrada = new
        FileInputStream("archivo_prueba.txt");
        int size = entrada.available();
        for(int i = 0; i < size; i++) {
          System.out.println((char)entrada.read());
        }
        entrada.close();
    } catch (IOException e) {
        System.out.println(e);
    }
  }
}
```

En este código crearemos el archivo *test.txt,* que escribiría los números que le hemos proporcionado en formato binario el archivo de salida que le especifiquemos. Con esto hemos podido recordar cómo usábamos las clases que Java nos proporciona para realizar la entrada y salida de información que contenga nuestro programa.

5. Inclusión de ficheros y recursos

☞ **HILO CONDUCTOR**

En Digital Mushroom, S. L., han realizado la creación de unos distintos menús de preferencias y, cuando han querido crear un fichero de preferencias para cargar como *layout* y aplicar la funcionalidad oportuna a cada componente, no han sabido dónde realizar su implementación. Después de consultar a la nueva empleada Laura, quien ha demostrado ser una gran desarrolladora especialista en Front, esta les ha indicado que tendrían que crear un nuevo directorio de recurso en la carpeta res con el nombre XML, donde deberán guardar el nuevo recurso de este tipo.

Ya tratamos anteriormente el tema de los recursos en *Android*. Vamos a repasarlo y a ampliar la información sobre este tema.

5.1. Recursos en *Android* y tipos de recursos

Los recursos son ficheros, archivos o diferentes datos externos a la aplicación que completan el funcionamiento de nuestra aplicación *Android*. Los más comunes son imágenes, cadenas de *Strings,* valores de colores, etc.

De serie estos distintos elementos se localizan en el directorio *src/main/res,* donde encontraremos distintos subdirectorios que se organizarán en grupos que representen los distintos tipos de recursos.

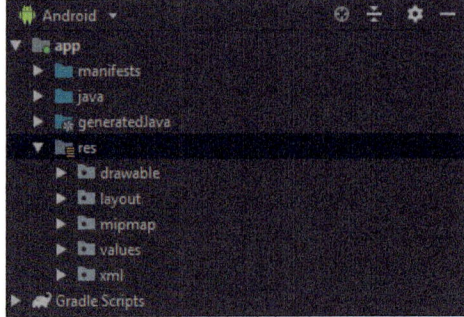

En la carpeta res es donde contendremos todos los ficheros y distintos directorios de recursos que utilizaremos a lo largo del desarrollo de nuestra aplicación.

El objetivo para tener los recursos así organizados es que el código de nuestra aplicación esté bien encapsulado y pueda mantener independencia, ya que, en caso de que tengamos que modificar algún tipo de recurso, podremos hacerlo fácilmente sin tener que modificar nada de nuestro código Java.

Cada subtipo de recurso se divide en distintos subdirectorios, los cuales toman el nombre del tipo de recurso que guardarán en su interior. Cada tipo cumplirá una función concreta dentro de nuestra aplicación, por lo que debemos respetar siempre que podamos la estructura de archivos que se nos propone en el propio *framework Android* para no tener problemas en la ejecución:

- **animator/:** este contiene los archivos XML con animaciones de propiedades para los distintos objetos de la aplicación.
- **anim/:** este directorio también contiene ficheros en XML relacionados con las animaciones, pero estos representan diferentes animaciones específicas para las distintas vistas.
- **color/:** aquí encontraremos archivos XML con implementaciones de listas de estados de color para *ColorStateList*. Estos elementos de listas determinan el color de un componente que dependerá del estado en que se encuentren estas.
- **drawable/:** es donde posicionaremos los distintos recursos gráficos que puedan ser mostrados en la pantalla. Normalmente encontraremos archivos de imagen como .png, .jpg o .gif; sin embargo, es posible usar otros como listas de estado, *drawables* con múltiples niveles, *drawables* con figuras 2D definidas en XML, y otros tipos de archivos de recurso.
- **mipmap/:** contendrá los iconos de la aplicación para poder identificar estos entre varias densidades diferentes de pantalla.
- **layout/:** archivos XML que contienen definiciones de las interfaces de usuario que se mostrarán en las aplicaciones que creemos.
- **menu/:** es el directorio encargado de guardar los XML que establecerán las diferentes opciones de los menús usados en la aplicación. Normalmente definen los ítems que se mostrarán en un menú de una actividad.

- **raw/:** aquí se almacenarán todos aquellos archivos que queramos leer directamente como un flujo de caracteres estándar de tipo *InputStream*.
- **values/:** archivos XML que contienen datos de tipo simple como enteros, *Strings, booleanos,* etc.
- **xml/:** es el directorio encargado de guardar los ficheros XML con valores especiales empleados en acciones con el propio *framework* de *Android*.

5.2. Recursos alternativos

Los recursos alternativos se crean para configuraciones específicas. Se puede añadir como recurso alternativo tanto las diferentes configuraciones de pantalla *(layout* vertical u horizontal) como las configuraciones para diferentes idiomas.

Los recursos alternativos serían nuevos tipos de recursos que representarán una variación de configuración del dispositivo con ciertas características, lográndose esto a través de una tabla de Google conocida como calificadores, que representa una estandarización de todas las configuraciones de dispositivo que se puedan presentar.

```
<nombre>-<calificador>
```

Para ver un ejemplo claro de esto podemos dirigirnos a las carpetas dentro del proyecto para hacer referencia al recurso mipmap de nuestra aplicación. Si nos fijamos, veremos que constan de varias carpetas distintas con el mismo nombre <mipmap> y, a continuación, comprobamos que la terminación del nombre es la que cambiará: hdpi, mdpi, xhdpi... Este sería el calificador, que en el caso de los mipmap hace referencia al recurso que se debe escoger dependiendo de la densidad de pantalla en la que se ejecute nuestra aplicación. En el caso del recurso que contendrá la carpeta mipmap-hdpi, esta será de tipo imagen y contendrá una densidad alta (240 dpi) de pantalla.

5.3. Crear recursos en *Android*

Cuando queramos crear un nuevo recurso para nuestra aplicación en *Android Studio,* debemos dirigirnos a la carpeta res y posteriormente añadir un subdirectorio nuevo o un nuevo archivo de recurso, dependiendo de la necesidad que podamos tener.

Nos dirigiremos a la carpeta /res y, presionando el clic derecho, seleccionaremos la opción *New*. Sobre esta se abrirá otro submenú que nos permitirá seleccionar la opción *Android resource directory*.

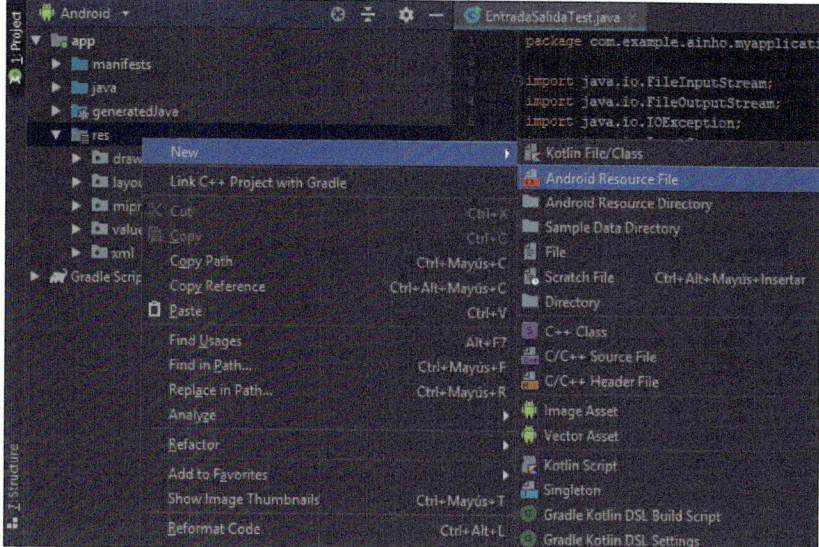

A continuación, se nos desplegará una ventana asistente que nos permitirá seleccionar qué tipo de recurso entre los disponibles y qué calificadores podemos incluirle.

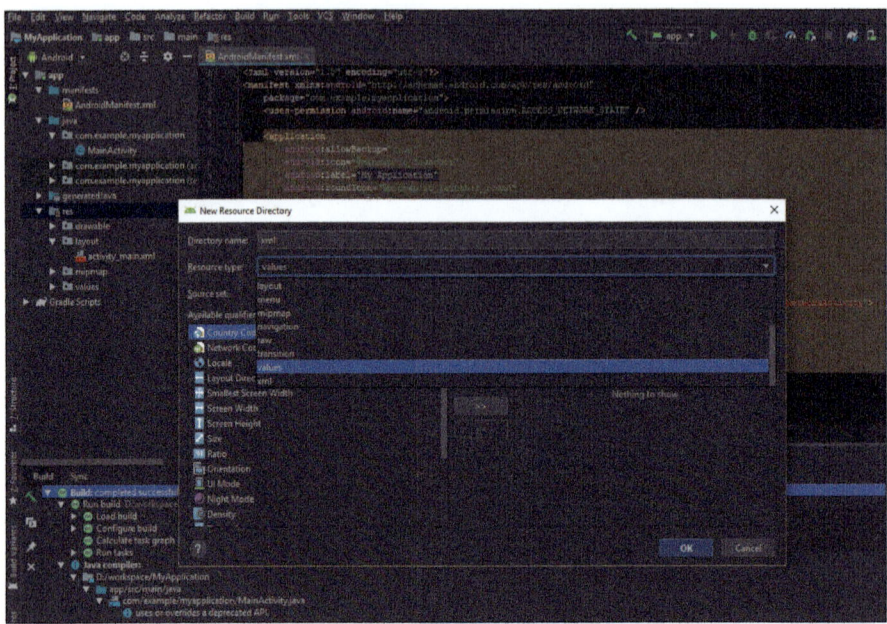

Para poder guardar recursos en Android de tipo PreferenceScreen, debemos crear un directorio de recursos con el nombre XML.

Cuando demos a **OK** ya tendremos creada nuestra nueva carpeta de recursos.

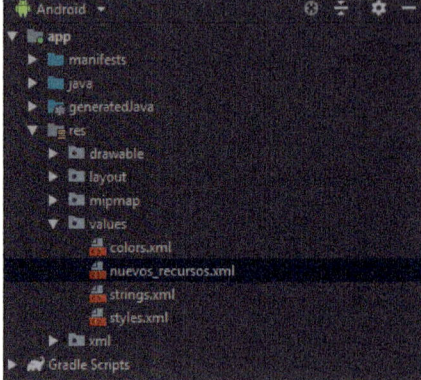

Cuando tenemos la carpeta, seguiremos un procedimiento similar para crear el nuevo recurso. Pulsaremos el clic derecho del ratón sobre el directorio deseado para desplegar un menú del IDE en el cual se desplegará la opción *New,* para posteriormente asignar la información que se nos vaya demandando sobre el recurso y poder crear este.

5.4. Acceder a los recursos creados

Hemos ido repasando la manera en la cual podemos definir y agrupar los diferentes recursos de los que iremos haciendo uso a lo largo de nuestra aplicación, pero todavía no hemos explicado cómo podemos acceder y hacer uso de estos dentro del proyecto. Podremos usarlos a través del código Java o del de otros recursos en XML, siempre haciendo uso de su referencia.

Para poder obtener esta referencia necesitaremos asignar un identificador que lo distinga de los demás y le diga al programador dónde encontrarlo. Cada uno de los identificadores que creamos para nuestros recursos se van guardando y ubicando en la clase *Android R*. Accederemos a ellos de la siguiente manera: por ejemplo, si queremos instanciar un recurso *TextView* de *Android,* debemos hacerlo de la siguiente manera:

```
TextView texto = findViewById(R.id.texto);
```

Esta clase es generada automáticamente por una herramienta conocida como appt perteneciente al *SDK* de *Android.* Al crearse y tratarse de esta manera automática, se recomienda no editar nunca la clase *R* de forma manual, ya que se perdería la consistencia entre los componentes y sus diferentes identificadores.

Cada uno de los distintos recursos que podamos encontrar dentro del directorio */res* es una clase anidada del archivo *R.java* cuando deseamos acceder a un identificador de un recurso concreto.

6. Preferencias de compartición

👉 HILO CONDUCTOR

Para los menús de preferencias que crearon nuestros protagonistas de Digital Mushroom, S. L., necesitaron hacer uso de la clase *SharedPreferences,* que ahora saben que es la clase en la que se basa el almacenamiento de pares de claves valor de datos primitivos persistentes. Laura les preguntó en qué caso debíamos usar este tipo de guardado, y ellos se dispusieron a informarse sobre de qué manera y en qué casos usamos este tipo de menú de preferencias.

La clase *SharedPreferences,* que ofrece un marco que permite guardar y recuperar esa información que queremos guardar, no debe usarse para el almacenamiento de una gran cantidad de datos, ya que en estos caso debemos pensar en usar la alternativa de una base de datos con *SQLiteDatabase,* que desarrollaremos a lo largo de la próxima unidad.

SharedPreferences nos permite guardar datos de tipos primitivos, es decir, *boolean, float, int, long* y *strings,* que se mantendrán almacenados cuando cambiemos entre sesiones de usuario, incluso en el caso de que la aplicación finalice.

NOTA

Las preferencias compartidas no hacen referencia a las preferencias de usuario, que ya hemos definido en puntos anteriores a esta unidad. Para la creación de preferencias de usuario haremos uso de la clase *PreferenceFragmentCompat,* que está ya preparada para ofrecer un contexto en el que se pueden crear y conservar automáticamente.

Este fichero se creará dentro de un archivo en el dispositivo. Este nuevo archivo debe permanecer privado, lo que se consigue con uso del parámetro Context.MODE_PRIVATE. En rara ocasión, y solo para establecer el uso de dichos ficheros por otras aplicaciones, permitiremos su acceso público. Para hacer esto usaremos los valores Context.MODE_WORLD_READABLE o Context.MODE_WORLD_WRITEABLE, pero se considera una práctica insegura, y a partir de la versión 17 de la *API* de *Android* fueron depreciados, ya que podrían generar un agujero de seguridad importante en nuestras aplicaciones.

6.1. Crear preferencias compartidas

Si queremos crear una aplicación de ejemplo en la cual tengamos dos campos de editables de texto, donde se escriba un nombre y apellido, y un botón de guardado, deberemos recurrir al siguiente código en nuestro *activity_main.xml:*

```xml
<?xml version="1.0" encoding="utf-8"?>
<RelativeLayout xmlns:android="http://schemas.
android.com/apk/res/android"
  xmlns:tools="http://schemas.android.com/tools"
  android:layout_width="match_parent"
  android:layout_height="match_parent"
  android:orientation="vertical"
  tools:context=".MainActivity"
  android:padding="15dp">
<EditText android:id="@+id/nombre"
    android:layout_width="match_parent"
    android:layout_height="wrap_content"
    android:textSize="20dp"
    android:hint="Nombre"/>
<EditText android:id="@+id/apellido"
    android:layout_width="match_parent"
    android:layout_height="wrap_content"
    android:layout_below="@id/nombre"
    android:textSize="20dp"
    android:hint="Apellido"/>
<Button
    android:id="@+id/guardar"
    android:layout_width="match_parent"
    android:layout_height="wrap_content"
    android:layout_below="@id/apellido"
    android:text="GUARDAR"/>
<TextView
    android:id="@+id/texto"
    android:layout_width="wrap_content"
    android:layout_height="wrap_content"
    android:layout_below="@id/guardar"
    android:text=""/>
</RelativeLayout>
```

Este código mostraría el siguiente resultado por pantalla:

En nuestra aplicación de ejemplo hemos decidido mostrar dos campos editables para que el usuario introduzca un nombre y un apellido que guardará a continuación.

Para poder recuperar el objeto de *SharedPreferences,* y con él su información, debemos hacer uso de alguno de los siguientes métodos:

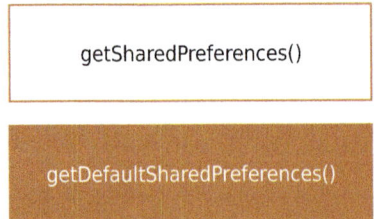

Podemos ver la implementación de una case *SharedPreferences* y el uso y correcta recuperación de un dato ya guardado a través de un código en el ejemplo siguiente. Este haría uso de un menú que veremos también a continuación:

```java
import android.content.Context;
import android.content.SharedPreferences;
import android.os.Bundle;
import androidx.appcompat.app.AppCompatActivity;
import android.view.Menu;
import android.view.MenuItem;
import android.view.View;
import android.widget.Button;
```

Continúa en página siguiente >>

[570]

<< Viene de página anterior

```
import android.widget.EditText;
import android.widget.TextView;
import android.widget.Toast;
import java.util.Map;

public class MainActivity extends AppCompatActivity {
  private EditText nombre;
  private EditText apellido;
  private Button guardar;
  private SharedPreferences preferencias;
  private TextView texto;
  private Context contexto;
  @Override
  protected void onCreate(Bundle savedInstanceState) {
    super.onCreate(savedInstanceState);
    setContentView(R.layout.activity_main);
    contexto = this.getApplicationContext();
    nombre = findViewById(R.id.nombre);
    apellido = findViewById(R.id.apellido);
    guardar = findViewById(R.id.guardar);
    guardar.setOnClickListener(new View.
    OnClickListener() {
      @Override
      public void onClick(View v) {
        guardarUsuario();
      }
    });
    preferencias = contexto.getSharedPreferences(
        getString(R.string.preferencias_key), Context.
        MODE_PRIVATE);
    establecerUsuario();
    texto = findViewById(R.id.texto);
  }

  private void guardarUsuario() {
    SharedPreferences.Editor editor = preferencias.
    edit();
    editor.putString(getString(R.string.nombre_key),
    this.nombre.getText().toString());
```

<< Viene de página anterior

```
      editor.putString(getString(R.string.apellido_key),
      this.apellido.getText().toString());
      editor.apply();
      Toast.makeText(getApplicationContext(), "Guardado!",
      Toast.LENGTH_SHORT).show();
      getUsuario();
   }
   private void establecerUsuario() {
      String nombre = preferencias.getString((getString(R.
      string.nombre_key)), "");
      String apellido = preferencias.
      getString((getString(R.string.apellido_key)), "");
      this.apellido.setText(apellido);
      this.nombre.setText(nombre);
   }
   private void getUsuario() {
      Map<String, ?> prefsMap = preferencias.getAll();
      for (Map.Entry<String, ?> entry : prefsMap.
      entrySet()) {
         texto.setText(" - " + texto.getText() + entry.
         getKey() + " : " +
            entry.getValue().toString() + " ");
      }
   }
   private void limpiarCampos() {
      SharedPreferences.Editor editor = preferencias.
      edit();
      editor.remove(getString(R.string.nombre_key));
      editor.remove(getString(R.string.apellido_key));
      editor.apply();
      nombre.setText("");
      apellido.setText("");
   }
   @Override
   public boolean onCreateOptionsMenu(Menu menu) {
      getMenuInflater().inflate(R.menu.menu_lista, menu);
      return true;

   }
   @Override
```

Continúa en página siguiente >>

<< Viene de página anterior

```
public boolean onOptionsItemSelected(MenuItem item) {
    limpiarCampos();
    return super.onOptionsItemSelected(item);
  }
}
```

Como vemos en el ejemplo, para poder escribir y guardar pares de información clave-valor debemos llamar al método *edit()*, con el cual obtendremos un objeto *SharedPreferences.Editor*. El recurso de menú al que hacemos referencia en el método onCreateOptionMenu correspondería al siguiente:

```
<?xml version="1.0" encoding="utf-8"?>
<menu xmlns:android="http://schemas.android.com/apk/
res/android">
  <item android:id="@+id/limpiar_campos"
     android:title="Vaciar campos"></item>
</menu>
```

 **RECUERDA**

Los menús en XML eran recursos que mostraban al usuario un listado de acciones que podía realizar sobre elementos concretos de la aplicación o sobre la aplicación en general. Para definir este recurso, *Android* pone a nuestra disposición un formato XML estándar, que podremos más tarde asociar con la actividad o el fragmento donde nos interese usarlo.

A continuación, deberemos establecer los valores que queramos guardar. Dependiendo del valor que guardemos, estos llamarán a unos métodos u otros, los cuales se establecen dependiendo del tipo del valor que vayamos a guardar. Es decir, si queremos guardar un valor *true* o *false,* deberemos usar *putBoolean(),* y si necesitamos guardar la información de una cadena de texto, guardaremos con *putString().* A esta función le pasaremos dos parámetros: el primero será la clave, en forma de cadena de texto; y el segundo, el valor a guardar. El archivo *String* que hemos usado para guardar los recursos de cadenas de texto sería el siguiente:

```
<resources>
  <string name="app_name">My Application
  SharedPreferences</string>
  <string name="hello_blank_fragment">hello_blank_
  fragment</string>
  <string name="preferencias_key">Preferencias</string>
  <string name="nombre_key">Nombre</string>
  <string name="apellido_key">Apellido</string>
<resources>
```

Para confirmar cualquier guardado de datos debemos hacer uso del método *apply()*.

En nuestra aplicación de ejemplo, cada vez que se guarde un valor se irá mostrando a través de un objeto de tipo Map.

Posteriormente podremos recuperar dichos valores con la función *get* y la clave que sea oportuna. Es decir, recuperaremos el valor *booleano* o *String* de antes con *getBoolean()* y *getString()*, introduciendo como parámetro la clave que hayamos querido usar para identificar ese valor.

APLICACIÓN PRÁCTICA

En una importante empresa tecnológica trabaja Abel, un programador júnior que acaba de entrar con una beca para aprender a programar aplicaciones *Android.* En su primer día le enviaron ejercicios y preguntas que resolver para ir aprendiendo. La cosa no va muy bien, ya que su superior le ha hecho una pregunta sobre el tema que está empezando a estudiar (el de la creación de preferencias de compartición), y no sabe identificar si un texto es erróneo entre varios.

Ayuda a decidir cuál de estas es la respuesta que debe escoger, es decir, cuál de los siguientes códigos que se le presentan es erróneo:

a. **Bundle.getBoolean(1);**
b. **Bundle.getInt("int");**
c. **Bundle.getLong("long");**
d. **Bundle.getFloat("float");**

Solución

La respuesta correcta sería Bundle.getBoolean(1);, pues si escribimos esta función de esta manera, al realizar la ejecución de la aplicación, esta se interrumpirá mostrando un error. El parámetro que acepta de entrada será un valor de tipo *String,* que representará la clave para acceder al valor *booleano.*

ACTIVIDAD COMPLEMENTARIA

40. Define una actividad principal, en la cual mostraremos dos botones y un texto. El primero de los botones definirá el comportamiento de abrir una nueva actividad de tipo *PreferencesActivity,* donde se mostrará una opción de tipo *CheckBoxPreference, EditTextPreference y ListPreference.* Esta cargará un recurso de tipo *PreferenceScreen* que contendrá las preferencias a editar y mostrar para el usuario (si lo deseamos, crearemos también alguna *PreferenceCategory* para organizar las preferencias). El segundo botón realizará la acción de consulta de las preferencias que están guardadas en ese momento para el usuario, las cuales serán cargadas a modo ilustrativo en el *TextView* de nuestro programa.

----

7. Grabar estado de la actividad

☞ **HILO CONDUCTOR**

En Digital Mushroom, S. L., comenzaron a corregir los errores o *bugs* que los usuarios de pruebas que usaban a modo de equipo de calidad les reportaron. Una de estas incidencias tenía desconcertado a Juan: este veía cómo el usuario, en las pantallas que contuviesen información cargada de manera dinámica, al realizar el giro de la pantalla, esta información se borraba, ya que la aplicación no guardaba su estado. Laura les comentó que la única manera de corregir este caso era usando los métodos que *Android* nos proporciona para poder guardar el estado en el cual se encuentra nuestra actividad, y que ella podía realizar esa implementación si así lo querían.

- -

Cuando estamos trabajando con una actividad y cambiamos a otra, con esta primera actividad pueden pasar dos cosas, o que se quede guardada en la memoria o que, en caso de escasear la memoria, esta sea destruida y haya que reconstruirla cuando queramos volver a hacer uso de ella. Si el caso es este último, al crearse de nuevo la actividad se habrá perdido el estado de la actividad, con toda la información que esta recogía y sus diferentes variables.

Para poder recuperar este estado de actividad deberemos recurrir a alguno de los mecanismos que nos proporciona *Android* para que esto no suceda o, lo que es lo mismo, deberemos hacer uso de alguno de los dos métodos que mostramos a continuación:

> **public void onSaveInstanceState(Bundle savedInstanceState)**
> - Es un método que es llamado por la actividad cuando esta es destruida y vuelta a crear, volviendo a arrancar su ciclo de vida con los datos de la actividad que deseemos restaurar. Este método se invoca cuando el sistema operativo requiere destruir la actividad por problemas de memoria o, por ejemplo, por realizar un giro de la pantalla del dispositivo. Nunca deberemos usar este método para realizar el guardado de información de un formulario enfocado a guardar la información en una base de datos, ya que este método puede no ser llamado en algunos casos.

Continúa en página siguiente >>

<< Viene de página anterior

> **public void onRestoreInstanceState(Bundle savedInstanceState)**
> - Este es el método encargado de convocarse en el evento en el que la actividad vuelve a construirse dentro de la aplicación. Nos devolverá el estado que ha guardado anteriormente *onSaveInstanceState* en forma de *Bundle.*

Ambos métodos reciben como parámetro de entrada un objeto de tipo *Bundle,* el cual servirá para guardar el estado, y que el método *onRestore-InstanceState* lo recuperará para poder extraer la información con el valor que le indiquemos.

7.1. Guardar y recuperar el estado de una actividad

Para ver mejor este comportamiento, veremos un ejemplo donde primero omitiremos los métodos de guardado y recuperación del estado de la actividad y podremos observar el comportamiento de la aplicación sin ellos. Nuestro programa estará formado por una clase principal *ActivityMain.java* donde mostraremos dos campos de texto editables por el usuario. El primero le pedirá a este la introducción del nombre, y el segundo, los apellidos. Esta información se mostrará a través de un botón en un *TextView* que mostraremos por defecto vacío:

```xml
<?xml version="1.0" encoding="utf-8"?>
<LinearLayout xmlns:android="http://schemas.android.com/apk/res/android"
  xmlns:tools="http://schemas.android.com/tools"
  android:layout_width="match_parent"
  android:layout_height="match_parent"
  android:paddingBottom="20dp"
  android:paddingLeft="20dp"
  android:paddingRight="20dp"
  android:paddingTop="20dp"
  android:orientation="vertical"
  tools:context=".MainActivity" >
<EditText
```

Continúa en página siguiente >>

<< Viene de página anterior

```
        android:id="@+id/texto_nombre"
        android:layout_width="wrap_content"
        android:layout_height="wrap_content"
        android:hint="Nombre"
        android:textSize="30dp"/>
    <EditText
        android:id="@+id/texto_apellidos"
        android:layout_width="wrap_content"
        android:layout_height="wrap_content"
        android:hint="Apellidos"
        android:textSize="30dp"/>
    <TextView
        android:id="@+id/seleccion"
        android:layout_width="wrap_content"
        android:layout_height="wrap_content"
        android:text=""
        android:textSize="35dp"/>
    <Button
        android:id="@+id/boton"
        android:layout_width="wrap_content"
        android:layout_height="wrap_content"
        android:text="Guardar estado"/>
</LinearLayout>
```

Este será el código que encontraremos en nuestro *activity_main.xml,* donde crearemos los distintos elementos que mostrará nuestra pantalla.

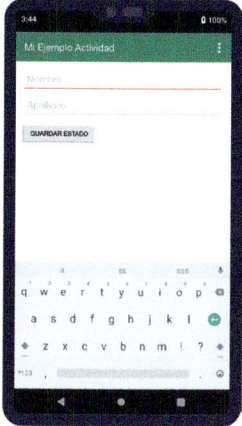

Para poder mostrar los diferentes elementos en nuestras actividades, deberemos crear interfaces gráficas a través de recursos de tipo layout.

El método principal *ActivityMain* que cargará y controlará los elementos que hemos creado en nuestro recurso *layout* será el siguiente:

```java
package com.example.example;
import android.os.Bundle;
import androidx.appcompat.app.AppCompatActivity;
import android.view.View;
import android.widget.Button;
import android.widget.EditText;
import android.widget.TextView;

public class MainActivity extends AppCompatActivity {
  private EditText nombre, apellidos;
  private TextView seleccion;
  private Button guardarEstado;

  @Override
  protected void onCreate(Bundle savedInstanceState) {
    super.onCreate(savedInstanceState);
    setContentView(R.layout.activity_main);
    nombre = findViewById(R.id.texto_nombre);
    apellidos = findViewById(R.id.texto_apellidos);
    seleccion = findViewById(R.id.seleccion);
    guardarEstado = findViewById(R.id.boton);
    guardarEstado.setOnClickListener(new View.
    OnClickListener() {
```

Continúa en página siguiente >>

<< Viene de página anterior

```
    @Override
    public void onClick(View v) {
      seleccion.setText(nombre.getText().toString() +
      " " + apellidos.getText().toString());
    }
  });
 }
}
```

En este código establecemos con el pulsado del botón el texto que se mostrará en nuestro *TextView*, pero si pulsamos el botón y giramos el dispositivo, vemos cómo perdemos el texto que se haya establecido. Este texto no podrá ser recuperado cuando la actividad para por el estado.

Cuando giramos la pantalla del dispositivo en el que estemos ejecutando la actividad, este no guardará el texto que hayamos establecido en el *TextView*, por lo que se perderá dicha información.

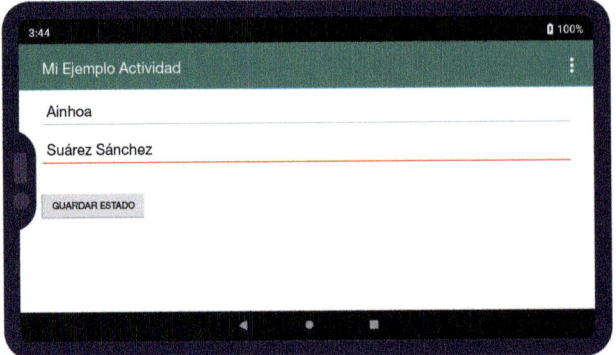

Cuando giramos la pantalla del dispositivo en el que estemos ejecutando la actividad, este no guardará el texto que hayamos establecido en el TextView, por lo que se perderá dicha información.

Para poder realizar el guardado y la recuperación de la información de la actividad que deseemos guardar, en este caso el contenido del *TextView*, debemos realizar la sobreescritura de los métodos de *Android onSaveInstanceState* y *onRestoreInstanceState*, estableciendo a través de los métodos *putString* y *getString* el guardado y la recuperación de dicho texto.

Incluiremos a continuación de nuestro método *onCreate* el siguiente código:

```java
@Override
protected void onSaveInstanceState(Bundle guardarEstado) {
  super.onSaveInstanceState(guardarEstado);
  guardarEstado.putString("nombre", nombre.getText().
  toString());
  guardarEstado.putString("apellidos", apellidos.
  getText().toString());
}
@Override
protected void onRestoreInstanceState(Bundle recEstado) {
  super.onRestoreInstanceState(recEstado);
  nombre.setText(recEstado.getString("nombre"));
  apellidos.setText(recEstado.getString("apellidos"));
  seleccion.setText(nombre.getText().toString() + " " +
  apellidos.getText().toString());
}
```

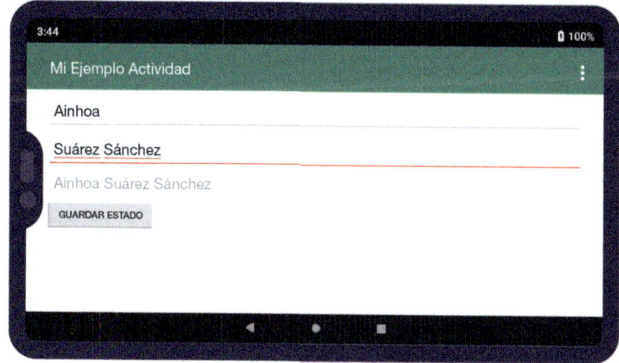

Cuando usamos los métodos onSaveInstanceState y onRestoreInstanceState para guardar la información de los EditText, ya podemos restablecer el estado anterior de nuestra actividad.

TAREA 23

En el proyecto que está llevando a cabo José Manuel, se realiza una pantalla en la cual el usuario debe realizar un par de selecciones en dos componentes *Spinner* que se mostrarán en la pantalla de la aplicación. Al girar el teléfono, esta selección del *Spinner* se perdía y nuestro compañero desea poder guardar su estado y recuperarlo posteriormente para establecer la selección en el *Spinner*.

Ayuda a tu compañero a realizar esta tarea teniendo en cuenta que no hace falta personalizar el recurso *layout* que deberemos mostrar.

8. Resumen

Dentro del *framework* de programación *Android,* tenemos diferentes opciones de almacenamiento por las que podremos optar. Cuando queremos realizar el guardado de preferencias de usuario, optaremos por usar la clase *PreferenceFragmentCompat,* donde mostraremos una pantalla en la cual se podrán seleccionar las preferencias del usuario. Por otro lado, para el guardado de preferencias de compartición usaremos la clase *SharedPreferences,* con la que podremos guardar datos primitivos *(int, long, boolean...)* con un código como identificador en forma de *String*.

Otras opciones de almacenamiento son tanto el guardado en la memoria interna como en la memoria externa que tenga el dispositivo a través del establecimiento de la clase *OutputStreamWriter* y los permisos correspondientes en nuestro fichero de manifiesto. En caso de que las opciones que queramos guardar en estos ficheros sean demasiado grandes, es recomendable usar la siguiente opción dentro de las que nos ofrece *Android* para el almacenamiento de datos, *SQLite*. Este es un gestor de bases de datos que se integra con la propia aplicación y resulta rápida y ligera.

La última opción con la cual contamos hace referencia a las conexiones de red, ya que muy frecuentemente nuestras aplicaciones guardarán datos en bases de datos externas o recibirán diferente información a través de las llamadas a *API* externas. En este caso deberemos controlar y administrar el acceso del que dispondrá nuestro dispositivo a la red de internet a través del wifi o de los datos de los que dispongamos.

Para poder guardar la información que tiene una actividad en el momento en el que esta se destruye y se vuelve a crear, deberemos usar los métodos *onSaveInstanceState* y *onRestoreInstanceState,* los cuales, a través de la entrada de un objeto de tipo *Bundle,* guardarán el estado de los datos que deseemos que no se pierdan y se restablecerán:

Ejercicios de autoevaluación
Unidad de Aprendizaje 10

1. Cuando queramos realizar el almacenamiento de información en la memoria interna del teléfono, deberemos añadir el tipo de seguridad que tendrá nuestro fichero. El más recomendado es:

    a. Context.MODE_WRITABLE
    b. Context.MODE_PRIVATE
    c. Context.MODE_READABLE
    d. Context.MODE_WORLD_READABLE

2. Si estamos usando la clase *PreferenceFragmentCompat,* estaremos haciendo referencia a la implementación de la opción de almacenamiento siguiente:

    a. Memoria externa.
    b. Preferencias de compartición.
    c. Conexión a la red.
    d. Preferencias de usuario.

3. Determina si la siguiente oración es verdadera o falsa: "Haremos uso del método *getExternalStorageStatus* cuando queramos guardar alguna información y deseemos comprobar si el flujo de información está disponible para escritura".

    ■ Verdadero
    ■ Falso

4. Para poder hacer uso de la clase ConnectivityManager, debemos siempre recordar añadir el permiso correspondiente en...

    a. ... el fichero de manifiesto de nuestra aplicación.
    b. ... la View de la cual extienda nuestra interfaz.
    c. ... la llamada al método onCreate.
    d. ... la configuración build.gradle de nuestra aplicación.

5. Si la clase en la cual nos encontremos quiere lanzar un WebView, debemos recordar añadir a nuestro archivo de manifiesto los permisos:

   a. READ_EXTERNAL_STORAGE y ACCESS_NETWORK_STATE.
   b. READ_EXTERNAL_STORAGE.
   c. ACCESS_NETWORK_STATE.
   d. INTERNET y ACCESS_NETWORK_STATE.

6. Determina si la siguiente oración es verdadera o falsa: "No tenemos manera, dentro de las clases de programación que *Android SDK* nos proporciona, de saber el estado en el cual se encuentra la conexión a la red del dispositivo".

   ■ Verdadero
   ■ Falso

7. Deseamos guardar una cantidad de datos de preferencias de nuestra aplicación. Al principio de desarrollar nuestra aplicación comenzamos a realizarla con la clase *SharedPreferences,* pero actualmente la cantidad de datos que deseamos guardar es demasiado amplia. Nos convendría cambiar al siguiente sistema de almacenamiento:

   a. Memoria externa.
   b. Conexión de red.
   c. Base de datos SQLite.
   d. Preferencias de usuario.

8. ¿En qué casos será más conveniente que realicemos la grabación del estado de una actividad?

   a. Si nuestra aplicación va a mostrarse a una disposición de pantalla.
   b. En caso de que sea destruida y posteriormente vuelta a crear.
   c. Creador de diseños.
   d. Todas las opciones son correctas.

9. Si disponemos de una aplicación en la cual tenemos distintos campos a rellenar y deseamos que nuestro formulario se guarde al destruirse la aplicación, lo haremos a través de:

    a. onCreate().
    b. onStop() u onPause().
    c. onSaveInstanceState().
    d. onDestroy().

10. Determina si la siguiente oración es verdadera o falsa: "Recogeremos la información sobre el estado en el que se encontraba la actividad a través de un objeto de tipo Bundle".

    ■ Verdadero
    ■ Falso

Almacenamiento Android: SQLite y Content Providers

Contenido

Objetivos

El objetivo general de esta Unidad de Aprendizaje es:

→ Conocer y poder implementar las bases de datos con el motor *SQLite* y la compartición de nuestra información a aplicaciones externas con *ContentProvider*.

Los objetivos específicos de esta Unidad de Aprendizaje son:

→ Poder realizar el almacenamiento de distinto tipo de información en *SQLite* y la recuperación de los datos almacenados.

→ Ser capaces de usar correctamente la clase *ContentProvider* para poder hacer uso de estos en los casos que requiramos la compartición de datos entre distintas aplicaciones.

1. Introducción

Como hemos visto en la unidad anterior, dentro del *framework Android* existen cantidad de posibilidades para acceder a los distintos datos que pueda contener una aplicación, ofreciendo siempre herramientas necesarias. Dentro de todas las posibilidades que encontramos, si la cantidad de datos que deseamos gestionar es amplia, debemos elegir *SQLite,* ya que este es capaz de crear y gestionar las distintas bases de datos que necesite nuestra aplicación.

Pero para poder utilizar adecuadamente las herramientas que nos ofrece, hay que conocer en profundidad el funcionamiento del motor que almacena y administra todos estos datos, así como la forma correcta de acceder a ellos. Conoceremos estos mediante un caso práctico, en el cual realizaremos una aplicación de ejemplo que guardará una información que pidamos al usuario a través de la interfaz.

Podemos elegir entre múltiples gestores de bases de datos, no solo *SQLite,* aunque *SQLite* se ha convertido en una referencia y se usa de manera estandarizada para la realización de aplicaciones *Android.*

Por otro lado, en muchas ocasiones las aplicaciones tienen que permitir el acceso a esos datos a otras aplicaciones propias o de terceros, como consultar los datos de otras aplicaciones. Para esto existe *Content Provider,* que facilitará dicha comunicación cuando queremos realizar el acceso a través del navegador, los *Settings* o el *Media Store* del dispositivo, que ofrecerá su disponibilidad a través de este, pudiendo extenderlo para hacer accesible, por ejemplo, la información de una base de datos.

En el caso de nuestra empresa de emprendedores, Digital Mushroom, S. L., podemos imaginar que, aparte de la implementación de algunos métodos de almacenamiento de datos persistentes, como el guardado de las preferencias de usuario, en la *starp-up* necesitaron de un sistema de almacenamiento de datos más persistente. En este se dedicaron a montar una arquitectura de clases, que se convertiría en distintas tablas, como la primera que realizaron, que fue la tabla de usuarios.

2. Introducción a *SQLite*

☞ HILO CONDUCTOR

En Digital Mushroom, S. L., están llevando a cabo la implementación de *SQLite* como motor de bases de datos, ya que quieren comenzar guardando la información que contiene la clase usuario. Para hacer esto no conocen la forma de crear una base de datos y posteriormente una tabla, así que se disponen a realizar la búsqueda de documentación para realizar esta tarea.

SQLite es un motor de base de datos escrito en lenguaje SQL de código abierto, que destaca por almacenar los datos con la propiedad de persistencia de una forma ágil y sencilla, utilizando para ello un archivo de texto que se almacena en el dispositivo, soportando todas las características de una base de datos relacional.

SQLite es un motor de bases de código abierto, que ocupa poco espacio y que no necesita servidor recomendado para nuestras aplicaciones Android.

📢 RECUERDA

La propiedad de persistencia de los datos se refiere a que los datos siempre se preservan de forma permanente, pudiendo leer y modificar dicha información en cualquier momento a lo largo del ciclo de vida de nuestra aplicación.

SQLite es distinto a los clásicos gestores de bases de datos cliente-servidor, ya que este no funciona como un componente independiente con el cual la aplicación se comunicará, sino que pasa a formar parte del programa que lo implemente. Se realizan las llamadas a la base de datos a través de métodos especiales para invocar esta.

DEFINICIÓN

SQL (Structured Query Language)
Lenguaje de consulta estructurada. Es un lenguaje declarativo estándar para almacenar, gestionar y recuperar datos en bases de datos específicas.

Dentro de las ventajas que tiene *SQLite* sobre otros gestores como *Oracle DB* o *MySQL* están las siguientes:

> No necesita un servidor para funcionar, ya que implementa un conjunto de librerías que se encargan de hacer la gestión de datos propia de un servidor.

> El esquema de la base de datos se realiza mediante un archivo que se guarda en el interior del dispositivo, por lo que se resuelven muchos problemas de seguridad al no poder acceder a los datos de la aplicación por medio de sistemas externos no autorizados.

> Es *Open Source*, por lo que existe una amplia documentación y no para de evolucionar gracias a su comunidad.

Por estos motivos, y por su simplicidad y ligereza a la hora de usarlo, es el sistema más utilizado para gestionar los datos de las aplicaciones *Android*.

2.1. Definición y creación de la base de datos

Cualquier esquema de una base de datos se suele guardar en un *Script* o archivo que esté siempre disponible para obtener las condiciones de la base de datos para su modificación o implementación en nuevos entornos, por lo que *SQLite* sigue este procedimiento, pero guardando como constantes cualquier característica de nuestra base de datos dentro de una clase.

Índice primario

Tabla base de datos

Clave primaria	Clave registro
1	1 · 200
4	2 · 100

Dirección	ID. Trab.	N. Trab.	Dpto.	
1 · 200	1	José	2	Bloque 1
1 · 201	2	Ramón	1	
1 · 202	3	Alicia	3	

Dirección	ID. Trab.	N. Trab.	Dpto.	
2 · 100	4	María	5	Bloque 2
2 · 201	5	Carla	4	
2 · 202	6	Juan	6	

SQLite es un gestor de bases de datos relacional, es decir, soporta la asociación de diferentes jerarquías de tablas mediante claves.

Para explicar todo el procedimiento de la definición y creación de una base de datos para una aplicación *Android,* se utilizará el ejemplo de una sencilla aplicación que administrará dicha base de datos. Esta podrá crear, consultar, borrar o modificar la información que guardemos. Para hacer esto debemos repasar los pasos que son necesarios para la creación de una base de datos *SQLite* en *Android.*

Los pasos para que se dé adecuadamente la creación de la base de datos es la siguiente:

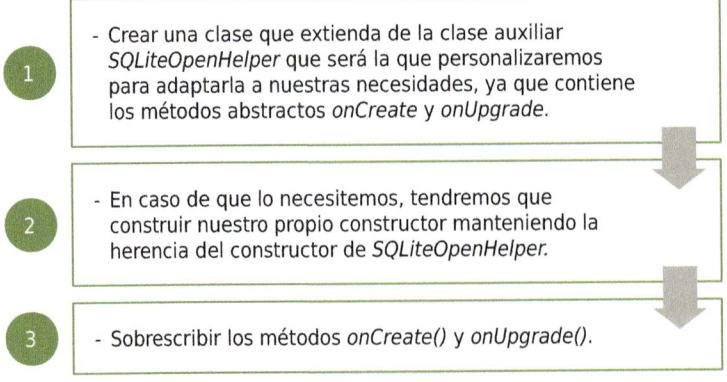

1 - Crear una clase que extienda de la clase auxiliar *SQLiteOpenHelper* que será la que personalizaremos para adaptarla a nuestras necesidades, ya que contiene los métodos abstractos *onCreate* y *onUpgrade.*

2 - En caso de que lo necesitemos, tendremos que construir nuestro propio constructor manteniendo la herencia del constructor de *SQLiteOpenHelper.*

3 - Sobrescribir los métodos *onCreate()* y *onUpgrade().*

Teniendo esto en cuenta, proseguiremos con la creación de nuestra aplicación de ejemplo, la cual consiste en la posibilidad de crear y modificar un listado de tareas con distintos detalles. Esta únicamente constará de una pantalla principal, que contará con un formulario para añadir nuevas tareas y a continuación un listado.

Para ello, en primer lugar, deberemos crear una clase denominada "Tarea", que utilizaremos para cada una de las tareas, con los siguientes atributos:

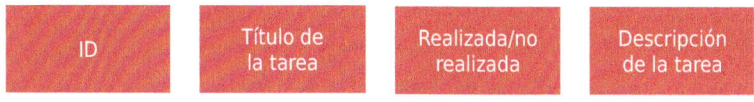

La clase podría crearse de la siguiente manera:

```java
public class Tarea {
  private int id;
  private String titulo;
  private boolean realizada;
  private String descripcion;

  public int getId() {
    return id;
  }
  public String getTitulo() {
    return titulo;
  }
  public boolean getRealizada() {
    return realizada;
  }
  public String getDescripcion() {
    return descripcion;
  }
  public void setId(int id) {
    this.id = id;
  }
  public void setTitulo(String titulo) {
    this.titulo = titulo;
  }
```

Continúa en página siguiente >>

<< Viene de página anterior

```
public void setRealizada(boolean doneornot) {
   this.realizada = doneornot;
}
public void setDescripcion(String descripcion) {
   this.descripcion = descripcion;
}
}
```

Una vez tengamos lista esta primera clase, podemos proceder a construir la clase *BaseColumns,* que contendrá el esquema que creará la base de datos. Usaremos esta como clase auxiliar en la cual guardaremos las constantes que contendrán los nombres a los que recurriremos constantemente durante la manipulación de nuestra tabla. En nuestro caso la nombraremos como *TareaAuxiliar.*

```
import android.provider.BaseColumns;
public class TareaAuxiliar implements BaseColumns {
  public static final String NOMBRE_TABLA ="Tareas";
  public static final String TITULO = "Titulo";
  public static final String REALIZADA = "Realizada";
  public static final String DESCRIPCION =
  "Descripcion";
}
```

La clase *TareaAuxiliar* es una clase pública que contendrá las definiciones de constantes para los URI, nombres de columna, tipos MIME y otros metadatos que utilicemos a lo largo del desarrollo de la aplicación. Esta clase es muy importante, ya que establecerá un "contrato" entre el proveedor de contenido (ContentProvider en caso de que queramos compartir la información de nuestra base de datos con otras aplicaciones). Asegurará que se pueda acceder a su proveedor de contenido correctamente incluso si hay cambios en los valores reales de los URI, nombres de columnas, etc.

DEFINICIÓN

URI (Uniform Resource Identifier; identificador de recursos uniforme)
Son cadenas de caracteres para identificar distintos recursos en internet, conteniendo un formato estándar definido y que permite la interacción entre distintos recursos (webs, servicios, aplicaciones, etc.) en la red.

Tipos MIME (Multipurpose Internet Mail Extension)
Son una estandarización de extensión de los archivos a través de servidor y navegador web, para poder traspasar e interpretar correctamente la información de estos y mostrarlos en cada caso.

- -

Hay que tener en cuenta que al implementar la interfaz *BaseColumns* de *Android* sobre nuestra clase interna abstracta, esta interfaz pública contiene dos constantes muy importantes en cualquier aplicación como:

> **_COUNT:** es un número entero que nos devuelve el recuento de filas en un directorio.

> **_ID:** es un número entero *(long)* que nos devuelve el ID único para una fila.

Dentro de nuestra clase abstracta *TareaAuxiliar* se define la estructura interna de las tablas, es decir, la tabla donde se almacenarán los datos, los campos que contiene esta tabla definiéndolos mediante variable estáticas, sin contar con el campo autoincremental *"_ID"*, que se añade automáticamente al implementar la interfaz *BaseColumns*. En este ejemplo únicamente necesitaremos una tabla en la base de datos, pero en el caso de necesitar más se podrán ir creando en este documento y cambiando la versión de la base de datos; al iniciar de nuevo la aplicación se creará la nueva estructura proporcionada.

```
package com.example.ejemplosqlitecontenprovider;

import android.provider.BaseColumns;

public class TareaAuxiliar implements BaseColumns {
    public static final String NOMBRE_TABLA ="Tareas";
    public static final String TITULO = "Titulo";
    public static final String REALIZADA = "Realizada";
    public static final String DESCRIPCION = "Descripcion";
}
```

La clase que extendamos de BaseColums se puede declarar también como una clase anidada dentro del SQLiteOpenHelper o como clase independiente, pero esta debe ser abstracta.

Una vez que hemos definido la estructura que necesitamos para que funcione nuestra aplicación, hay que proceder a crearla. Para nuestra clase principal usaremos una *MainActivity,* que mostrará el *layout activity_main. xml,* el cual presentará el siguiente aspecto:

```xml
<?xml version="1.0" encoding="utf-8"?>
<LinearLayout xmlns:android="http://schemas.android.
com/apk/res/android"
  xmlns:tools="http://schemas.android.com/tools"
  android:layout_width="match_parent"
  android:layout_height="match_parent"
  android:orientation="vertical"
  android:padding="20dp"
  tools:context=".MainActivity">
  <TextView
     android:layout_width="wrap_content"
     android:layout_height="wrap_content"
     android:text="Crear tarea"
     android:textSize="20dp" />
  <EditText
     android:id="@+id/edit_nombre"
     android:layout_width="wrap_content"
     android:layout_height="wrap_content"
     android:hint="Nombre de la tarea" />
  <EditText
     android:id="@+id/edit_descripcion"
     android:layout_width="match_parent"
     android:layout_height="150dp"
```

Continúa en página siguiente >>

<< Viene de página anterior

```
            android:gravity="top"
            android:hint="Descripción de la tarea"
            android:inputType="text|textMultiLine" />
        <CheckBox
            android:id="@+id/check_realizada"
            android:layout_width="wrap_content"
            android:layout_height="wrap_content"
            android:padding="15dp"
            android:text="Realizada" />
        <Button
            android:id="@+id/btn_guardar"
            android:layout_width="wrap_content"
            android:layout_height="wrap_content"
            android:layout_gravity="center"
            android:text="Guardar tarea" />
        <Button
            android:id="@+id/btn_consultar"
            android:layout_width="wrap_content"
            android:layout_height="wrap_content"
            android:layout_gravity="center"
            android:text="Consultar tareas" />
        <View
            android:layout_width="match_parent"
            android:layout_height="1dp"
            android:background="#606060" />
        <TextView
            android:id="@+id/txt_aviso"
            android:layout_width="wrap_content"
            android:layout_height="wrap_content"
            android:text=""
            android:textColor="#650000" />
        <ListView
            android:id="@+id/listado"
            android:layout_width="fill_parent"
            android:layout_height="fill_parent" />
    </LinearLayout>
```

Esta será la encargada de mostrar los elementos con los que interactuará el usuario. Contará con dos campos de texto, en los cuales insertaremos el nombre y descripción de la tarea que deseamos guardar. Aparecerá también un *Checkbox,* que podremos pulsar, dándonos la posibilidad de crear la tarea habiéndola realizado ya. Los dos botones que tendremos a continuación serán los encargados de guardar la información que hayamos establecido dentro de la base de datos y de recuperar y refrescar los datos mostrados.

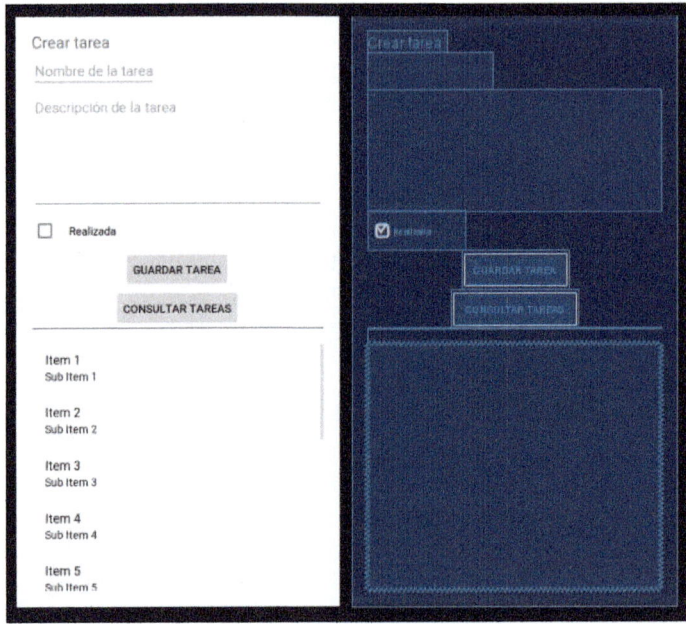

Podremos ver la interfaz de usuario que estemos construyendo en el visor de diseño de Android Studio.

La clase *MainActivity* será la encargada de mostrar esta interfaz; también será la clase principal de nuestra aplicación, y la que realizará la función de controlador entre las llamadas a nuestra base de datos y la interfaz con la que contará nuestra aplicación.

```
import android.app.Activity;
import android.os.Bundle;
import android.view.View;
import android.widget.Button;
import android.widget.CheckBox;
import android.widget.EditText;
import android.widget.ListView;
```

Continúa en página siguiente >>

<< Viene de página anterior

```java
import android.widget.TextView;
import java.util.ArrayList;

public class MainActivity extends Activity implements
View.OnClickListener {
  private EditText editNombre, editDescripcion;
  private CheckBox checkRealizada;
  private Button botonGuardar, botonConsultar;
  private ListView listado;
  private AyudanteDB ayudanteDB;
  private TextView txtAviso;

  @Override
  public void onCreate(Bundle savedInstanceState) {
     super.onCreate(savedInstanceState);
     setContentView(R.layout.activity_main);
     ayudanteDB = new AyudanteDB(getApplicationContext());
     editNombre = findViewById(R.id.edit_nombre);
     editDescripcion = findViewById(R.id.edit_descripcion);
     botonGuardar = findViewById(R.id.btn_guardar);
     botonConsultar = findViewById(R.id.btn_consultar);
     checkRealizada = findViewById(R.id.check_realizada);
     listado = findViewById(R.id.listado);
     txtAviso = findViewById(R.id.txt_aviso);
     botonGuardar.setOnClickListener(this);
     botonConsultar.setOnClickListener(this);
  }

  public void mostrarTareas() {
     ArrayList listadoTareas = ayudanteDB.
     devolverTareas();
     AdapterList adapter = new AdapterList(this,
     ayudanteDB.devolverTareas());
     listado.setAdapter(adapter);
     txtAviso.setText((listadoTareas != null &&
     listadoTareas.size() > 0) ? "" : "No hay tareas
     guardadas");
  }

  public void insertarTarea() {
```

Continúa en página siguiente >>

<< Viene de página anterior

```
      String parametros[] = {
          editNombre.getEditableText().toString(),
          Boolean.toString(this.checkRealizada.
          isChecked()),
          editDescripcion.getEditableText().toString()
      };

      ayudanteDB.insertarTarea(parametros);
      mostrarTareas();
  }

  public void actualizarTarea(String[] parametros) {
      ayudanteDB.editarTarea(parametros);
      mostrarTareas();
  }

  public void eliminarTarea(Tarea tarea) {
      ayudanteDB.borrarTarea(tarea.getId());
      mostrarTareas();
  }

  @Override
  public void onClick(View v) {
      switch (v.getId()) {
        case R.id.btn_guardar:
          insertarTarea();
          break;
        case R.id.btn_consultar:
          mostrarTareas();
          break;
        default:
          break;
      }
  }
}
```

Para mostrar cada una de las tareas que tenemos en la base de datos, contamos con un componente que hemos estudiado con anterioridad, un elemento *ListView,* que será el encargado de listar con respecto a un adaptador personalizado las tareas en la pantalla, dándonos la posibilidad de editarlas y borrarlas. Este adaptador se verá de la siguiente manera:

```java
import android.content.Context;
import android.view.LayoutInflater;
import android.view.View;
import android.view.ViewGroup;
import android.widget.BaseAdapter;
import android.widget.Button;
import android.widget.CheckBox;
import android.widget.EditText;
import android.widget.TextView;
import java.util.ArrayList;

public class AdapterList extends BaseAdapter {
  private MainActivity actividad;
  private ArrayList<Tarea> listaTareas;
  private Button btnActualizar, btnBorrar;
  private TextView id;

  public AdapterList(MainActivity actividad,
ArrayList<Tarea> items) {
    this.actividad = actividad;
    this.listaTareas = items;
  }

  @Override
  public int getCount() {
    return listaTareas.size();
  }

  @Override
  public Tarea getItem(int id) {
    return listaTareas.get(id);
  }

  @Override
  public long getItemId(int position) {
    return position;
  }

  @Override
  public View getView(final int position, View convertView,
  ViewGroup parent) {
    View v = convertView;
```

Continúa en página siguiente >>

<< Viene de página anterior

```
if (convertView == null) {
   LayoutInflater inflador = (LayoutInflater) actividad.
   getSystemService(Context.LAYOUT_INFLATER_SERVICE);
   v = inflador.inflate(R.layout.item, null);
}
final Tarea tareaActual = getItem(position);
final CheckBox checkRealizada = v.findViewById(R.
id.check_realizada);
final EditText editTitulo = v.findViewById(R.id.edit_
tarea);
final EditText editDescripcion = v.findViewById(R.
id.edit_descripcion);
btnActualizar = v.findViewById(R.id.btn_actualizar);
btnBorrar = v.findViewById(R.id.btn_borrar);
id = v.findViewById(R.id.txt_id);
id.setText(tareaActual.getId() + " - ");

editTitulo.setText(tareaActual.getTitulo());
editDescripcion.setText(tareaActual.
getDescripcion());
checkRealizada.setChecked(tareaActual.
getRealizada());

btnActualizar.setOnClickListener(new View.
OnClickListener() {
   @Override
   public void onClick(View v) {
      String[] parametros = {
         editTitulo.getEditableText().toString(),
         Boolean.toString(checkRealizada.isChecked()),
         editDescripcion.getEditableText().toString(),
         Integer.toString(tareaActual.getId()),
      };
      actividad.actualizarTarea(parametros);
   }
});

btnBorrar.setOnClickListener(new View.
OnClickListener() {
   @Override
```

Continúa en página siguiente >>

<< Viene de página anterior

```
    public void onClick(View v) {
      actividad.eliminarTarea(tareaActual);
    }
  });
  return v;
  }
}
```

La clase *Adapter* para rellenar el listado también implementará la funcionalidad que realizarán los dos botones que se mostrarán en cada ítem del listado. Estos borrarán o actualizarán la información de las entradas que mostremos.

Pero en nuestro adaptador todavía faltan algunas piezas para poder hacer funcionar nuestro listado. Como podemos ver, este carga un *layout* en el adaptador que nombraremos como *item.xml* y que presentará el siguiente código:

```xml
<?xml version="1.0" encoding="utf-8"?>
<RelativeLayout xmlns:android="http://schemas.android.
com/apk/res/android"
 android:layout_width="match_parent"
 android:layout_height="match_parent"
 android:background="@android:color/darker_gray"
 android:layout_margin="20px"
 android:orientation="vertical">
 <TextView
    android:id="@+id/txt_id"
    android:layout_width="wrap_content"
    android:layout_height="wrap_content"
    android:textAppearance="?android:attr/
    textAppearanceLarge"
    android:layout_alignParentTop="true"
    android:text="1"
    android:textSize="30dp"/>
 <EditText
    android:id="@+id/edit_tarea"
```

Continúa en página siguiente >>

<< Viene de página anterior

```
        android:layout_width="wrap_content"
        android:layout_height="wrap_content"
        android:layout_toRightOf="@id/txt_id"
        android:text="Titulo"
        android:textAppearance="?android:attr/
        textAppearanceLarge"
        android:textSize="20dp" />
    <EditText
        android:id="@+id/edit_descripcion"
        android:layout_width="wrap_content"
        android:layout_height="wrap_content"
        android:layout_below="@+id/edit_tarea"
        android:text="Descipción" />
    <CheckBox
        android:id="@+id/check_realizada"
        android:layout_width="wrap_content"
        android:layout_height="wrap_content"
        android:layout_below="@id/edit_descripcion"
        android:text="Realizada" />
    <LinearLayout
        android:layout_width="match_parent"
        android:layout_height="match_parent"
        android:layout_below="@id/check_realizada"
        android:orientation="horizontal">
        <Button
            android:id="@+id/btn_actualizar"
            android:layout_width="wrap_content"
            android:layout_height="wrap_content"
            android:text="Actualizar" />
        <Button
            android:id="@+id/btn_borrar"
            android:layout_width="wrap_content"
            android:layout_height="wrap_content"
            android:text="Borrar" />
    </LinearLayout>
</RelativeLayout>
```

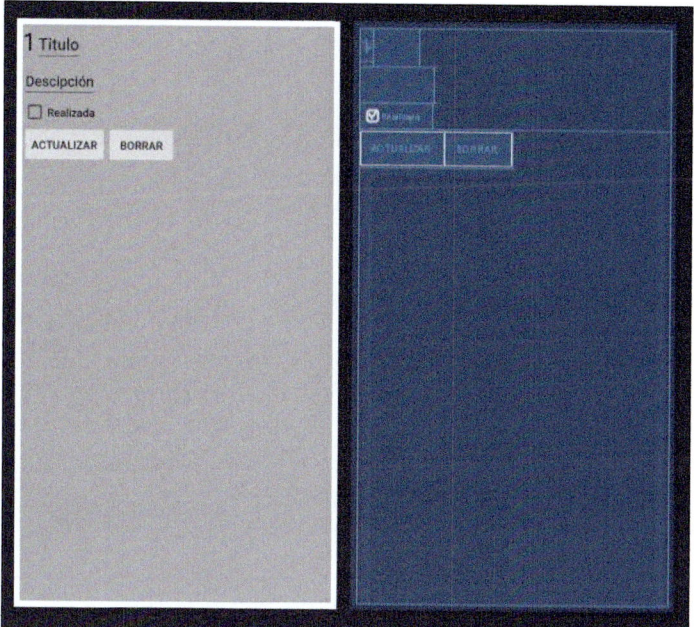

Podemos interpretar el elemento item de la aplicación como una tarjeta, que aparecerá repetida por cada registro que tengamos en BBDD, con la información adaptada para cada uno.

 **RECUERDA**

La interfaz deberá contar con los métodos suficientes para recoger los datos de las interacciones del usuario con la aplicación y que se encarguen de transformarlos en los parámetros necesarios para utilizar los métodos que se han definido previamente para el tratamiento de los datos.

- -

Podemos ver que todavía nos falta la clase que realizaría las diferentes consultas a la base de datos y devolvería los elementos que debemos mostrar o guardar. Para esto, necesitaremos implementar una clase de *SQLite* que nos permite la comunicación de la aplicación con nuestro archivo de base de datos, la clase *SQLiteOpenHelper*. Nombraremos nuestra clase como *AyudanteDB* y contendrá los métodos como *onCreate()* y *onUpgrade()*, que sobrescribirá de la clase que extiende, *SQLiteOpenHelper*.

```java
import android.content.ContentValues;
import android.content.Context;
import android.database.Cursor;
import android.database.sqlite.SQLiteDatabase;
import android.database.sqlite.SQLiteOpenHelper;
import android.database.sqlite.SQLiteStatement;
import android.util.Log;

import java.util.ArrayList;

public class AyudanteDB extends SQLiteOpenHelper {
  public static final int DB_VERSION = 1;
  public static final String DB_NOMBRE = "tareas.db";

  public AyudanteDB(Context context) {
    super(context, DB_NOMBRE, null, DB_VERSION);
  }

  @Override
  public void onCreate(SQLiteDatabase db) {
    String sql = "CREATE TABLE " + TareaAuxiliar.NOMBRE_
    TABLA + "  ("
        + TareaAuxiliar._ID + " INTEGER PRIMARY KEY
        AUTOINCREMENT,"
        + TareaAuxiliar.TITULO + " TEXT,"
        + TareaAuxiliar.REALIZADA + " TEXT,"
        + TareaAuxiliar.DESCRIPCION + " TEXT"
        + ");";
    db.execSQL(sql);
    ContentValues values = new ContentValues();
    values.put(TareaAuxiliar.TITULO, "Este es un título
    de ejemplo");
    values.put(TareaAuxiliar.REALIZADA, 0);
    values.put(TareaAuxiliar.DESCRIPCION, "Este es una
    descripción de ejemplo que puede ser tan " +
        "larga como permita nuestra base de datos");

    db.insert(TareaAuxiliar.NOMBRE_TABLA, null, values);
  }

public ArrayList devolverTareas() {
    ArrayList listaTareas = new ArrayList();
```

Continúa en página siguiente >>

<< Viene de página anterior

```
    SQLiteDatabase db = this.getReadableDatabase();
    Cursor cursor = db.query(
        TareaAuxiliar.NOMBRE_TABLA, null, null, null,
        null, null, TareaAuxiliar._ID + " DESC");
    while (cursor.moveToNext()) {
      Tarea tarea = new Tarea();
      tarea.setId(cursor.getInt(0));
      tarea.setTitulo(cursor.getString(1));
      tarea.setRealizada(cursor.getString(2).
      equals("true") ? true : false);
      tarea.setDescripcion(cursor.getString(3));
      listaTareas.add(tarea);
    }
    db.close();
    return listaTareas;
  }

public void insertarTarea(String[] params) {
    SQLiteDatabase db = this.getWritableDatabase();
    db.execSQL("INSERT INTO Tareas (Titulo, Realizada,
    Descripcion) " +
        "VALUES ( '" + params[0] + "', '" + params[1] +
        "', '" + params[2] + "');");
    Log.d("aino", params[1]);
    db.close();
  }

public void editarTarea(String[] params) {
    SQLiteDatabase db = this.getWritableDatabase();
    SQLiteStatement statement =
    db.compileStatement("UPDATE " + TareaAuxiliar.NOMBRE_
    TABLA +
        " SET " + TareaAuxiliar.TITULO + " =?," +
        TareaAuxiliar.REALIZADA + " =?," + TareaAuxiliar.
        DESCRIPCION + "=? " +
        "WHERE " + TareaAuxiliar._ID + " =?");

    statement.bindString(1, params[0]);
    statement.bindString(2, params[1]);
    statement.bindString(3, params[2]);
```

Continúa en página siguiente >>

<< Viene de página anterior

```
      statement.bindString(4, params[3]);
      statement.execute();
      statement.close();
      db.close();
  }

  public void borrarTarea(int taskid) {
      SQLiteDatabase db = this.getWritableDatabase();
      db.delete(
          TareaAuxiliar.NOMBRE_TABLA,
          TareaAuxiliar._ID + " =?",
          new String[]{Integer.toString(taskid)});
      db.close();
  }

  @Override
  public void onUpgrade(SQLiteDatabase db, int oldVersion,
  int newVersion) {
      if (newVersion > oldVersion) {
          Log.w("TAG", "Actualizando DB desde la versión " +
          oldVersion + " a "
              + newVersion + ", que destruirá todos los
              datos antiguos");
          db.execSQL("DROP TABLE IF EXISTS " +
          TareaAuxiliar.NOMBRE_TABLA);
          onCreate(db);
      }
  }
}
```

Al inicio de nuestra clase *AyudanteDB* se definen una serie de variables para que, cada vez que se inicie nuestra aplicación, se compruebe la versión de la base de datos instalada para permitir actualizarla con la nueva estructura proporcionada en caso de que sea necesario. Por este motivo, la variable *DB_NOMBRE* deberá estar definida con el nombre del archivo de nuestra base de datos, en nuestro caso *"tareas.db"*.

Cuando realicemos la ejecución de una aplicación, esta se mostrará a través de los emuladores que Android Studio nos permite configurar o descargar.

Acabamos de crear la clase que llevará implementado el funcionamiento de capa de consulta con la base de datos. Como hemos podido ver, esto se hace extendiendo y heredando el constructor de la clase *SQLiteOpenHelper.* En este constructor existen cuatro parámetros que hay que tener en cuenta:

Context context
- El contexto de acción para el *helper.*

String name
- Este será el nombre que le hayamos dado al archivo con la extensión .db, que contendrá todos los datos de nuestra aplicación. Es muy recomendable llamarlo con el mismo nombre que la base de datos para una mayor comprensión del código. Por este motivo se suele definir en una constante.

CursorFactory factory
- Se utiliza para permitir que se devuelvan subclases de *Cursor* al llamar a la consulta, y así poder realizar operaciones adicionales en los resultados de las consultas. Si se define como *null,* tendrá el comportamiento estándar de *SQLiteCursor.*

int version
- Es el número de la versión de la base de datos. Si pasamos un número menor que la base de datos actual, tendremos que tener preparado el método *onUpgrade();* para que se ajuste a las necesidades de nuestra aplicación.

NOTA

Por defecto, el método onCreate() creará el archivo de nuestra base de datos en "/data /data /<nuestro_paquete> /databases /<nombre_de_la_bd>.db".

El método *onUpgrade()* se ejecutará si se identifica que el usuario tiene instalada una versión inferior a la indicada en el código de la aplicación, por lo que dentro de este método tendremos que establecer las operaciones que nuestra aplicación necesita para la actualización. En este ejemplo hemos simplificado la operación al eliminar todo el esquema para que se vuelva a crear de nuevo, perdiendo todos los datos en el proceso, lo que no es adecuado en una aplicación real.

Como se puede apreciar en el código de ejemplo, el método *onUpgrade()* necesita tres parámetros para funcionar:

Con todo esto ya podríamos realizar la ejecución de la primera aplicación que crearemos a lo largo de esta unidad. Servirá para gestionar y administrar una base de datos móvil en la cual podemos ir guardando y modificando diferentes tareas. Esta misma base de datos la pondremos a disposición de otras aplicaciones posteriormente, cuando tratemos la clase *ContentProvider*.

TAREA 24

María está diseñando una aplicación de recetas de cocina, en la que se debe poder guardar la información sobre las recetas que introduzcan los usuarios. Ha decidido implementar una clase receta, y guardarla a través de la creación de un *SQLiteOpenHelper* personalizado. Dentro de los datos de la receta se guardarán los siguientes:

- Nombre de la receta.
- Ingredientes.
- Elaboración.

Ayuda a María a realizar una interfaz de tipo formulario, en la cual el diseño es libre, pero debe poderse introducir, guardar, consultar, eliminar y modificar la información introducida en esta base de datos.

2.2. Inserción de datos en nuestra base de datos

SQLite permite insertar y acceder a los datos de diversas formas, ya sea mediante clases públicas que invocan a métodos propios o mediante librerías de persistencia o capas de abstracción. El método a escoger dependerá de la complejidad de la aplicación y de la escalabilidad que vaya a tener, ya que hay sistemas que son más difíciles de mantener y son más propensos a errores. En este apartado se va a explicar brevemente la inserción y acceso de datos de forma sencilla.

 **DEFINICIÓN**

Escalabilidad
La escalabilidad, hablando de desarrollo informático, es la capacidad que tiene un programa de adaptarse y mejorarse con el tiempo. Se caracteriza por garantizar la fluidez y calidad a la hora de mantenerse, lo cual siempre es una característica deseable.

Para poder insertar información a nuestra base de datos, primero deberemos contar con una clase que almacene las distintas columnas que queremos insertar, por lo que tendremos que instanciar un objeto del tipo *ContentValues()* que nos permita almacenar nuestras columnas en pares clave-valor.

SQLite provee dos métodos muy utilizados para este propósito, que son *put()* e *insert()*, los cuales hay que invocar dentro de nuestro método *onCreate()* de la clase *AyudanteDB*, pasándole los siguientes parámetros:

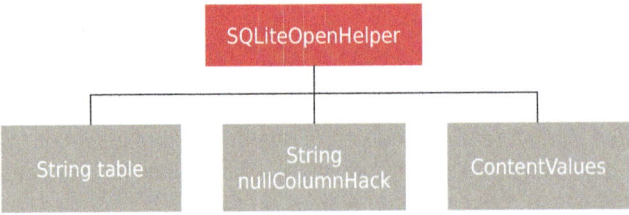

- ⊃ **String table:** el nombre de la tabla que contendrá la información que estamos definiendo.
- ⊃ **String nullColumnHack:** parámetro opcional; en caso de necesitarlo se utiliza para definir el nombre de una columna permitiendo valores *null* sin definir la clave-valor de los campos.
- ⊃ **ContentValues values:** el valor de los datos que vamos a definir dentro del método *put()*.

Para que se entienda el uso de estos métodos, se va a extender nuestro método onCreate() de *SQLiteOpenHelper* para insertar datos de ejemplo en nuestra aplicación de lista de tareas:

```
@Override
 public void onCreate(SQLiteDatabase db) {
    String sql = "CREATE TABLE " + TareaAuxiliar.NOMBRE_
    TABLA + " ("
        + TareaAuxiliar._ID + " INTEGER PRIMARY KEY
        AUTOINCREMENT,"
        + TareaAuxiliar.TITULO + " TEXT,"
        + TareaAuxiliar.REALIZADA + " TEXT,"
        + TareaAuxiliar.DESCRIPCION + " TEXT"
```

Continúa en página siguiente >>

<< Viene de página anterior

```
        + ");";
    db.execSQL(sql);
    ContentValues values = new ContentValues();
    values.put(TareaAuxiliar.TITULO, "Este es un título
    de ejemplo");
    values.put(TareaAuxiliar.REALIZADA, 0);
    values.put(TareaAuxiliar.DESCRIPCION, "Este es una
    descripción de ejemplo que puede ser tan " +
        "larga como permita nuestra base de datos");
    db.insert(TareaAuxiliar.NOMBRE_TABLA, null, values);
}
```

Con este código se creará nuestra base de datos y después se insertarán los datos de ejemplo en ella, de tal forma que el usuario pueda visualizarlos nada más entrar en la aplicación.

 **RECUERDA**

El método *execSQL()* únicamente ejecutará una única instrucción *SQL* que no puede ser una consulta *SELECT* ni ningún tipo de consulta que retorne valores.

Durante el uso de esta aplicación de ejemplo, el usuario podrá interactuar pudiendo insertar, modificar y borrar datos fácilmente. Para ello, tendremos que definir distintos métodos que se encarguen de esta función.

2.3. Creación, recuperación, edición y eliminación de datos en nuestra base de datos

Para que nuestra aplicación sea funcional, deberemos crear una actividad principal, que trabajará como controlador entre vista y la capa de BBDD, y que implementará todos los distintos componentes que tendrá nuestra pantalla principal. Los métodos que mostraremos son ejemplos de códigos que realizan distintas interacciones con la base de datos y estos estarán contenidos por la clase *AyudanteDB* de nuestro programa.

Creación

Para insertar datos mediante *SQLite, SQLiteOpenHelper* nos proporciona la clase *getWritableDatabase()* o *getReadableDatabase()*, que nos permitirá llamar a los métodos necesarios para ejecutar nuestras consultas.

Es recomendable contar con un método del tipo *ContentValues* que nos traduzca nuestros datos para poder insertarlos en nuestra base de datos correctamente, al igual que hemos hecho en el método *onCreate()* de nuestro ejemplo. En este hacíamos uso de la inserción a través del método *onCreate()* de nuestra clase *AyudanteDB*, con la cual insertábamos una tarea de muestra para que nuestra BBDD no estuviese vacía.

```
@Override
 public void onCreate(SQLiteDatabase db) {
 String sql = "CREATE TABLE " + TareaAuxiliar.NOMBRE_
 TABLA + "  ("
        + TareaAuxiliar._ID + " INTEGER PRIMARY KEY
        AUTOINCREMENT,"
        + TareaAuxiliar.TITULO + " TEXT,"
        + TareaAuxiliar.REALIZADA + " TEXT,"
        + TareaAuxiliar.DESCRIPCION + " TEXT"
        + ");";
    db.execSQL(sql);
    ContentValues values = new ContentValues();
    values.put(TareaAuxiliar.TITULO, "Este es un título
    de ejemplo");
    values.put(TareaAuxiliar.REALIZADA, 0);
    values.put(TareaAuxiliar.DESCRIPCION, "Este es una
    descripción de ejemplo que puede ser tan " +
        "larga como permita nuestra base de datos");
    db.insert(TareaAuxiliar.NOMBRE_TABLA, null, values);
 }
```

Podríamos encapsular esa funcionalidad en nuestra clase *AyudanteDB*, lo que sería lo más correcto, dejando el código como el de nuestro método *insertarTarea()*, que recibirá como parámetro un *array* de valores de tipo *String*, los cuales contendrán la información que vamos a insertar en la tabla Tareas.

```
public void insertarTarea(String[] params) {
    SQLiteDatabase db = this.getWritableDatabase();
    db.execSQL("INSERT INTO Tareas (Titulo, Realizada,
    Descripcion) " +
        "VALUES ( '" + params[0] + "', '" + params[1]
        + "', '" + params[2] + "');");
    Log.d("aino", params[1]);
    db.close();
}
```

De esta forma tendremos un método que nos prepare los datos y que podremos llamar siempre que necesitemos un objeto de este tipo dentro de cualquier otro método.

Para definir el método insertarTarea(), podemos utilizar dos métodos diferentes, el método insert() o el método compileStatement(), que nos permiten tratar con nuestra base de datos:

compileStatement()
- Genera sentencias precompiladas reutilizables a partir de un *String* de lenguaje *SQL*. Este método únicamente compila el *SQL* una vez, por lo que si se utiliza con diferentes argumentos de vinculación más de una vez, resulta más lento y menos eficaz que el método *insert()*.

insert()
- Este método compila el *SQL* que recibe cada vez que es invocado y sirve para la misma función que el método visto anteriormente, solo que con un funcionamiento más eficaz.

Conociendo estos métodos, deberemos escoger si usar uno u otro dependiendo de las veces que vayamos a reutilizar los mismos datos, o si vamos a necesitar estar actualizando los parámetros de la sentencia en cada invocación. En nuestro ejemplo deberíamos utilizar el método *insert()*, ya que se utilizará cada vez que el usuario quiera añadir una nueva tarea. Desde nuestra actividad principal *ActivityMain.java,* podemos llamar a este método y controlarlo a través del siguiente código:

```
public void insertarTarea() {
  String parametros[] = {
    editNombre.getEditableText().toString(),
    Boolean.toString(this.checkRealizada.isChecked()),
    editDescripcion.getEditableText().toString()
  };
  ayudanteDB.insertarTarea(parametros);
  mostrarTareas();
}
```

Para que este método funcione, previamente el usuario ha debido rellenar un formulario desde la interfaz que resulte en un objeto *Tarea()* definido con los nuevos datos para poder invocar desde aquí al método *insertarTarea()* de nuestro objeto.

Una vez tengamos este método creado, podremos invocarlo en el botón de la interfaz que se encargue de enviar el formulario con los datos que haya introducido el usuario para que se guarden en la base de datos.

Asimismo, deberían existir métodos que se encarguen de mostrar, modificar y eliminar esos datos, incluso podemos modificar los métodos para que el usuario pueda tener distintos listados de tareas disponibles, funcionalidades siempre dependientes de la interacción del usuario con la interfaz que diseñemos, y pudiendo implementarse posteriormente según vaya evolucionando la aplicación.

Recuperación

A continuación, vamos a crear métodos de ejemplo para obtener los datos que hayamos creado, y otros métodos para añadir, modificar y borrar cada tarea suponiendo que recibimos de la interfaz la ID de la tarea que el usuario desea modificar.

Para obtener los datos podemos utilizar el método query() propio del objeto SQLiteDatabase, que nos permite hacer consultas fácilmente si le definimos los siguientes parámetros:

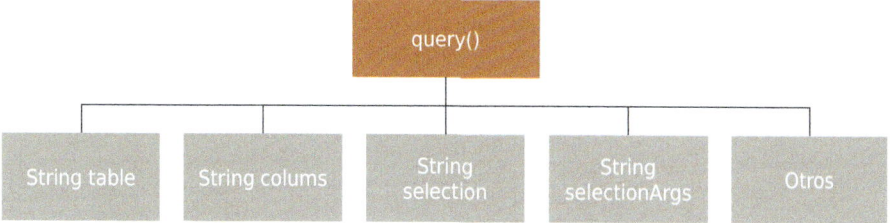

- **String table:** el nombre de la tabla que contiene la información que necesitamos. Equivalente a *FROM*.
- **String[] columns:** un *array* con los nombres de las columnas que quieres obtener. Si necesitas todas las columnas de la tabla, deberás pasar *null* como valor. Equivalente a *SELECT*.
- **String selection:** es el comando *SQL* escrito como un *String*. Equivaldría a la instrucción *WHERE*.
- **String[] selectionArgs:** es un *array* con los argumentos que necesitamos para realizar nuestra consulta. Si se define, reemplazaría a "?" en la consulta.
- **Otros:** *string groupBy, String having, String orderBy, String limit:* son parámetros que nos sirven para hacer consultas *SQL* más avanzadas, como utilizar la cláusula de agrupamiento *GROUP BY de SQL,* condicionar la agrupación, recibir la consulta con las filas ordenadas de una determinada forma o limitar la cantidad de registros que queremos obtener. *String limit* es opcional.

Cualquiera de estos parámetros, menos el del nombre de la tabla de base de datos, se puede definir como "null" si así lo necesitamos.

Este método es el que se suele utilizar por defecto, y si utilizamos ciertas clases como *ContentProvider,* es el único que podremos utilizar si queremos hacer consultas. Siempre nos devolverá un objeto de tipo Cursor.

NOTA

La clase Cursor facilita distintos métodos para desplazar un cursor a través de una estructura de datos, así como ofrecernos distintos métodos para obtener los diferentes datos de cualquier campo de cada fila. A su vez contiene distintas subclases que implementan cursores para tipos específicos de datos.

Conociendo estos datos, un método que realice una consulta a nuestra base de datos y nos devuelva el listado con todos los datos de las tareas podría ser el siguiente:

```java
public ArrayList devolverTareas() {
   ArrayList listaTareas = new ArrayList();
   SQLiteDatabase db = this.getReadableDatabase();
   Cursor cursor = db.query(
   TareaAuxiliar.NOMBRE_TABLA, null, null, null, null,
   null, TareaAuxiliar._ID + " DESC");
   while (cursor.moveToNext()) {
      Tarea tarea = new Tarea();
      tarea.setId(cursor.getInt(0));
      tarea.setTitulo(cursor.getString(1));
      tarea.setRealizada(cursor.getString(2).
      equals("true") ? true : false);
      tarea.setDescripcion(cursor.getString(3));
      listaTareas.add(tarea);
   }
   db.close();
   return listaTareas;
}
```

En este método hemos utilizado el método *query()* para que nos retorne un cursor con todos los datos de la tabla donde estamos almacenando las tareas, de tal modo que pueda iterar sobre el cursor con el método *moveToNext()* para desplazar el cursor hasta su final, y así poder ir almacenando todos los datos en un listado del tipo *ArrayList()* en los que cada fila de la tabla será un objeto Tarea definido al principio, disponiendo de los métodos que estén declarados en él. Este método nos devolverá un listado de objetos para poder mostrarlos como deseemos en nuestra interfaz.

Sin embargo, existe otro método igual de eficiente y más amigable en su uso. Es el método *rawQuery()*, que, al igual que el método *query()* explicado anteriormente, se utiliza para simular la instrucción *SELECT*, y tiene la ventaja de solo necesitar dos parámetros para funcionar, el comando *SQL* en cuestión y los argumentos que necesitemos.

IMPORTANTE

Hay que tener muy en cuenta que el método *rawQuery()* no podremos utilizarlo junto con *contentProvider*, que se explicará más adelante, pero sí que es necesario conocer su existencia, ya que es muy útil en diferentes usos de cualquier aplicación.

Estos métodos hacen lo mismo que los realizados con el método *query()*, pero si se comparan fácilmente resalta que estos son más escalables al tener que modificar únicamente una sentencia *SQL* si deseamos cambiar el funcionamiento de nuestra aplicación a lo largo de su desarrollo, y son más fáciles de entender si se tienen conocimientos de *SQL*, aunque en el uso los dos métodos son igual de eficientes.

Edición

A continuación, necesitaremos definir los métodos que permitan al usuario tratar esos datos, ya sea modificar o eliminar cualquiera de ellos, o un método que nos permita cambiar fácilmente el estado de la tarea marcando como realizado o no realizado.

Para el método que modificará la tarea, vamos a suponer que le llegará de la interfaz un objeto Tarea(), y que el usuario ha definido los nuevos datos en el objeto utilizando los métodos "set" propios del objeto invocados en la interfaz para cada campo.

RECUERDA

Anteriormente, cuando definimos nuestra clase *TaskListContract()*, se importó la librería necesaria para utilizar declaraciones de *SQLite* mediante *import java. util.SQLiteStatement*, y así poder utilizar sus métodos en nuestra aplicación.

Para nuestro método *editarTarea()* no estaría del todo mal utilizar el método *compileStatement()*, ya que es menos frecuente que los usuarios modifiquen tareas creadas, y de esta forma podemos ver un ejemplo de cómo se usa este método, aunque realizarlo nuevamente con el método *insert()* también sería óptimo.

```
public void editarTarea(String[] params) {
  SQLiteDatabase db = this.getWritableDatabase();
  SQLiteStatement statement =
  db.compileStatement("UPDATE " + TareaAuxiliar.
  NOMBRE_TABLA +
    " SET " + TareaAuxiliar.TITULO + " =?," +
    TareaAuxiliar.REALIZADA +
    " =?," + TareaAuxiliar.DESCRIPCION + "=? " +
    "WHERE " + TareaAuxiliar._ID + " =?");
  statement.bindString(1, params[0]);
  statement.bindString(2, params[1]);
  statement.bindString(3, params[2]);
  statement.bindString(4, params[3]);
  statement.execute();
  statement.close();
  db.close();
}
```

Con este método el usuario ya podrá actualizar los datos de cualquier tarea que necesite desde la interfaz.

Ahora faltaría crear un método que facilite al usuario marcar las tareas como realizadas o no realizadas desde la interfaz, de tal forma que podamos diferenciar las tareas pendientes y mostrarlas correctamente en nuestra aplicación.

Nos podría servir el método anterior para esta función; sin embargo, la definición *SQL* de *editarTarea()* define todos los valores de la tabla, cuando en realidad la funcionalidad que queremos únicamente debería actualizar uno de los valores, por lo que resulta más optimizado crear un método dedicado exclusivamente a esta funcionalidad.

Una vez ejecutado este método, la interfaz deberá llamar al método *devuelveTarea(id)* pasándole la *ID* de la tarea seleccionada para que actualice el nuevo estado y lo muestre correctamente al usuario.

Eliminación

Por último, necesitaremos un método que permita al usuario eliminar las tareas que ya no necesite desde la interfaz, o incluso dar la posibilidad al usuario de eliminar distintas tareas seleccionadas, o bien todas las tareas creadas y así poder enriquecer nuestra interfaz.

El primer método que crearemos será el de eliminar una única tarea, ya que será el método que acabaremos invocando en los demás métodos.

Utilizaremos el método *delete()*, aunque nuevamente podríamos utilizar *compileStatement()*, pero en este caso resultaría más ineficiente, pues estaremos modificando constantemente los parámetros de la sentencia *SQL*.

NOTA

El método *delete()* recibe como parámetros los mismos que recibiría una cláusula *WHERE* de *SQL*, con los valores de comparación para que conozca la fila o filas que van a ser borradas.

Los parámetros que necesita el método *delete()* son los siguientes:

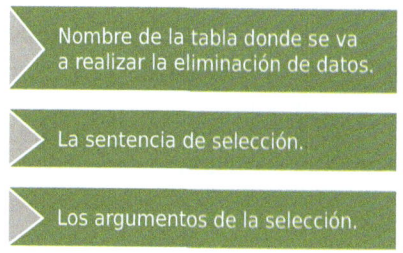

Nombre de la tabla donde se va a realizar la eliminación de datos.

La sentencia de selección.

Los argumentos de la selección.

Conociendo esto, el método que nos permita eliminar una tarea mediante una ID recibida por la interfaz podría ser el siguiente:

```
public void borrarTarea(int taskid) {
  SQLiteDatabase db = this.getWritableDatabase();
  db.delete(
    TareaAuxiliar.NOMBRE_TABLA,
    TareaAuxiliar._ID + " =?",
    new String[]{Integer.toString(taskid)});
  db.close();
}
```

NOTA

Podemos modificar este método para que retorne el valor del método *delete()* y así poder controlar si existen errores en la eliminación de algún dato. Una vez ejecutado este método, se deberá obtener nuevamente la lista actualizada de todas las tareas para que se muestren correctamente al usuario.

- -

Cuando se haya creado este método, podemos realizar el método que elimine tareas seleccionadas y el método que permita eliminar todas las tareas creadas en un solo paso.

Para ello, la interfaz contará con un método que obtenga el ID del elemento en cuestión y que deberá enviar a nuestro método *eliminarTarea()* para que lo procese, y contar con una llamada a *ayudanteDB.borrarTarea()* cuando el usuario decida eliminar una tarea en cuestión. Esto se realizará desde la clase principal *MainActivity.java*.

Los métodos encargados de esas funcionalidades podrían ser los siguientes:

```
public void eliminarTarea(Tarea tarea) {
  ayudanteDB.borrarTarea(tarea.getId());
  mostrarTareas();
}
```

Siempre que ejecutemos estos métodos, nuestra interfaz deberá refrescar la pantalla del usuario para que siempre muestre el listado de tareas actualizado, invocando la función *mostrarTareas()*.

Con todo esto hemos podido construir una aplicación sencilla, aunque con un nivel más avanzado al que acostumbramos. Hemos podido repasar el uso de distintas vistas, adaptadores y eventos, aparte de la base de la creación de nuestras bases de datos en *SQLite*.

 ACTIVIDAD COMPLEMENTARIA

41. Realiza una nueva aplicación que pueda guardar información para una clínica veterinaria especializada en gatos y perros. Esta debe poder almacenar y administrar información sobre el nombre y tipo de mascota que tenemos. También tiene que permitir poder consultarlas y realizar el borrado completo de todas las mascotas para volver a comenzar el listado. Realiza estas funcionalidades a través de la creación de una clase que herede de *SQLiteOpenHelper* y las correspondientes clases necesarias para su correcto funcionamiento. El diseño se deja a elección del alumno.

3. Librería *SQLite*

 HILO CONDUCTOR

Durante la creación de la base de datos necesaria para implementar un sistema de persistencia de información en la aplicación que están desarrollando en Digital Mushroom, S. L., nuestros compañeros crean una tabla usuario con *SQLite*. Durante su creación han tenido diversas dudas. Poco a poco han ido siendo resueltas a través de la implementación de las diferentes herramientas que este gestor de bases de datos nos proporciona. Con tal cantidad de información, se disponen a ordenarla para poder hacer un repaso de las posibilidades que dan las librerías de las que *SQLite* se forma.

SQLite nos facilita un conjunto de clases que vienen incluidas para que podamos administrar nuestras bases de datos como lo haría cualquier aplicación web o de escritorio.

Nuestras aplicaciones utilizarán esas clases siempre para administrar bases de datos privadas, por lo que si se va a crear un proveedor de contenido

(*ContenProvider,* que se explicará más adelante), igualmente deberemos usar las clases *SQLite* para administrar la base de datos propia de la aplicación. Pero hay que tener en cuenta que, si nuestra aplicación necesita consultar los datos enviados por otro *ContentProvider,* no podremos utilizar las clases *SQLite,* por lo que utilizaremos las clases genéricas de *Android,* que se explicarán en el siguiente apartado.

La clase SQLiteDatabase pertenece al paquete android.database.sqlite, dentro del cual encontraremos todas las herramientas de SQLite para el framework Android.

Tanto el *SDK* de *Android* como cualquier emulador permiten incluir la herramienta *SQLite* en nuestros desarrollos, descargándolo como cualquier otra herramienta de *SDK. SQLite* nos proporciona las librerías (interfaces, clases y *exceptions*) necesarias para llevar a cabo cualquier aplicación que necesite administrar base de datos.

3.1. Interfaces

Son colecciones que contienen métodos abstractos y propiedades constantes para que las clases que implementen estas interfaces conozcan el comportamiento que deben tener e implementen la lógica y el comportamiento de cada método.

Las interfaces que nos proporciona *SQLite* son las siguientes:

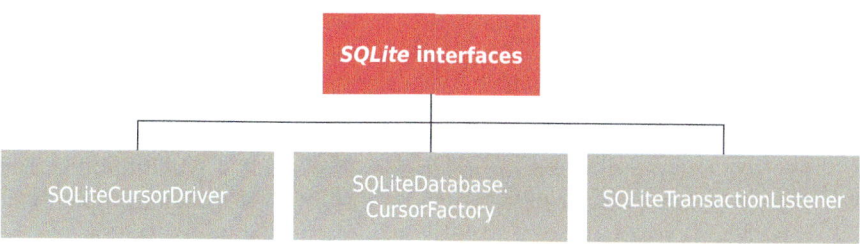

SQLiteCursorDriver

Es un controlador para la clase *SQLiteCursor* (que se explicará más adelante) y se utiliza para recibir las notificaciones sobre los cursores que se han creado. Contiene los siguientes métodos abstractos:

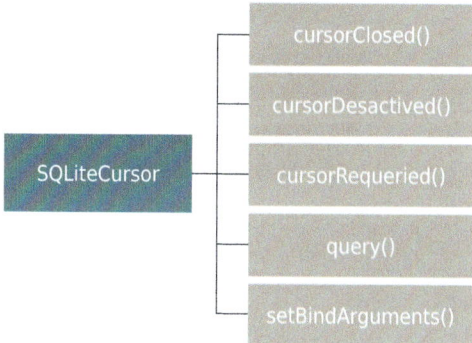

- ● **cursorClosed**(): la clase *SQLiteCursor* llamará a este método cuando necesite cerrar el cursor o destruir el objeto.
- ● **cursorDesactivated**(): se utilizará para definir la funcionalidad cuando el cursor se libera.
- ● **cursorRequeried**(): se definirá cuando un cursor es obligatorio. Necesita recibir un parámetro del tipo "*Cursor*".
- ● **query**(): este método se utilizó en el punto 1. Ejecuta la consulta que recibe y retorna un objeto del tipo *Cursor* con todos los resultados. La lógica de este método se implementa en la clase *SQLiteCursor*.

- Todos estos métodos son públicos y abstractos, y únicamente el método *query()* es el que nos retornará un objeto del tipo *Cursor*.
- **setBindArguments():** establece nuevos argumentos para las consultas. Necesita recibir un *array* de *Strings* con todos los argumentos.

SQLiteDatabase.CursorFactory

Se utiliza cuando se desea implementar un cursor especializado, por lo que extendiendo la clase *Cursor* se podrán realizar operaciones adicionales para obtener distintos resultados en las consultas, y utilizando la clase *CursorFactory* podemos devolver una instancia de nuestra propia implementación de *Cursor*.

Contiene el método público y abstracto *newCursor();* al que hay que pasarle los siguientes parámetros:

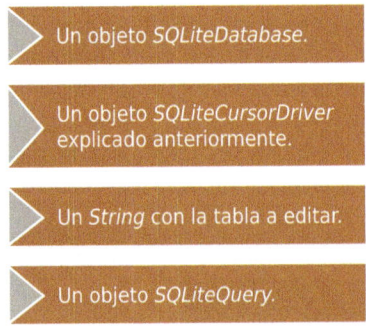

Un objeto *SQLiteDatabase*.

Un objeto *SQLiteCursorDriver* explicado anteriormente.

Un *String* con la tabla a editar.

Un objeto *SQLiteQuery*.

SQLiteTransactionListener

Es una interfaz que sirve para implementar escuchas *(listeners)* de las distintas transacciones de los eventos que se dan en nuestra BBDD, y así poder disparar nuestra propia lógica cuando lo necesitemos o para implementar un sistema de control de las transacciones de datos.

Al implementar esta interfaz, es necesario definir los siguientes métodos públicos y abstractos:

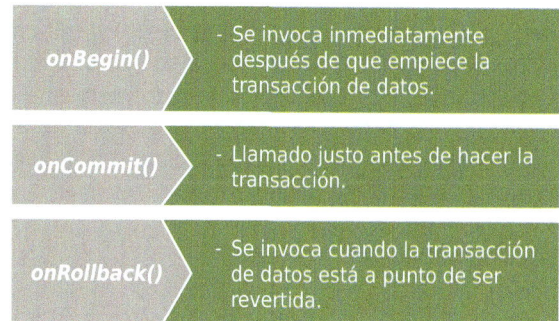

 **APLICACIÓN PRÁCTICA**

María José está desarrollando una documentación sobre las distintas clases con las que cuenta una aplicación informática de un proyecto antiguo, en el cual se realiza la implementación de *SQLite* como gestor de bases de datos. Está preparando exactamente una explicación sobre el porqué de la extensión de la interfaz *SQLiteTransactionListener*, y tiene dudas, ya que no recuerda su uso.

Ayúdala a decidir qué utilización se le daba a una clase que extendiese esta interfaz, ya que duda entre las siguientes:

a. Establece nuevos argumentos para las consultas.
b. Se utiliza cuando se desea implementar un cursor especializado.
c. Sirve para implementar escuchas de diferentes eventos.
d. Genera una excepción.

Solución

La implementación de la interfaz *SQLiteTransactionListener* es la necesaria para esta situación, pues se utiliza cuando queremos realizar la creación de un gestor de escuchas o *Listener*, que escuche los eventos que se pudiesen producir.

3.2. Clases

SQLite nos proporciona una cantidad de objetos con métodos de mucha utilidad para las distintas operaciones que cualquier base de datos necesita. Las que implementa actualmente son las siguientes:

○ **SQLiteClosable:** es una clase que implementa la clase Closeable de *Android,* y permite cerrar cualquier objeto creado a partir de una base de datos *SQLite,* además de implementar un esquema de contadores de referencias primitivas para objetos de base de datos.

Esta clase consta de un constructor público, y de los siguientes métodos públicos y protegidos:

○ **Métodos públicos:**

◊ *acquireReference():* adquiere una referencia al objeto. En el caso de que la última referencia al objeto ya haya sido liberada, devolverá una excepción del tipo *IllegalStateException.*

◊ *close():* libera cualquier referencia al objeto, cerrándolo al finalizar. Este método es el equivalente a llamar a *releaseReference().*

◊ *releaseReference():* realiza la misma función que el método *close().*

○ **Métodos protegidos:**

◊ *onAllReferencesReleased():* se llama cuando la última referencia a un objeto fue liberada por una llamada a *releaseReference().*

○ **SQLiteCursor:** es una implementación de la clase Cursor que muestra los resultados de cualquier consulta en una base de datos *SQLite.*

Esta clase no se sincroniza internamente con la base de datos, por lo que cuando utilicemos esta clase con varios subprocesos deberemos realizar nuestra propia sincronización de los datos.

Se hereda la interfaz Cursor de android.database para heredar el tipado de las constantes que serán retornadas, y también hereda otras dos clases de android.database, "android.database.AbstractCursor" y "android.database.AbstractWindowedCursor", que se explicarán en el próximo punto.

También implementa los siguientes métodos:

○ Constructor *SQLiteCursor():* ejecuta consultas y proporciona acceso a un conjunto de resultados a través de una interfaz del tipo Cursor. Obliga al objeto a ser instanciado pasándole los siguientes parámetros:

◊ Una interfaz del tipo *SQLiteCursorDriver.*
◊ Un *String* con la tabla a editar.
◊ Un objeto del tipo *SQLiteQuery.*

○ Los siguientes métodos públicos:

◊ *close():* cierra el cursor, libera todos los recursos que esté consumiendo y lo invalida para que no se pueda seguir operando con él.

⚡ *desactivate():* desactiva el cursor para que no devuelva más datos hasta que se vuelva a ejecutar la consulta con el método *requery()*.

⚡ *getColumIndex(String columnName):* este método nos devuelve un *Int* con el índice para el nombre de la columna "columnName" que se le ha pasado al invocarlo, o nos retornará -1 si la columna no existe.

⚡ *getColumnNames():* nos devuelve un *array* de *Strings* con los nombres de todas las columnas respetando el orden en el que se enumeraron.

⚡ *getCount():* devuelve un valor del tipo *Int* con el número de filas que existen en el cursor.

⚡ *getDatabase():* nos retorna un objeto del tipo *SQLiteDatabase* con toda la base de datos que esté asociada al cursor.

⚡ *onMove(int oldPosition, ins newPosition):* se utiliza cada vez que el cursor se desplaza con éxito a una nueva posición, dando la oportunidad de actualizar los estados que puedan tener. Retorna un valor *booleano* con el éxito en el desplazamiento del cursor.

⚡ *requery():* realiza de nuevo la consulta que creó el cursor, actualizando su contenido. Retorna un valor booleano con el éxito de la consulta.

⚡ *setSelectionArguments(String[] selectionArgs):* cambia los argumentos de la selección. Necesita un *array* de *Strings* con los nuevos argumentos para la selección.

⚡ *setWindow(CursorWindow window):* establece una nueva ventana de cursor para que la pueda usar el cursor.

➊ Método protegido:

⚡ *finalize():* libera los recursos nativos si no han sido liberados por otros métodos.

Esta clase también hereda otros métodos propios de las clases *android.database,* que serán explicados en el próximo punto.

➲ **SQLiteDatabase:** esta es quizá el objeto más extenso de *SQLite* y el que más vamos a acabar utilizando, ya que nos facilita métodos para realizar cualquier operación relacionada con la gestión de una base de datos *SQLite,* tales como crear, eliminar, ejecutar comandos *SQL* o realizar tareas comunes de la administración de bases de datos.

Esta clase contiene anidadas la interfaz *SQLiteDatabase.CursorFactory* para que siempre que ejecutemos una consulta nos devuelva nuestras subclases de *Cursor,* y la clase *SQLiteDatabase.OpenParams* que se explicará a continuación.

Asimismo, también nos proporciona una serie de constantes que podemos utilizar para devolver excepciones o para realizar condiciones.

Esta clase contiene una gran cantidad de métodos públicos, por lo que únicamente se van a comentar los más utilizados:

U *beginTransaction():* comienza una transacción de datos en modo "EXCLUSIVE".

U *beginTransactionNonExclusive():* comienza una transacción de datos en modo "IMMEDIATE".

U *beginTransactionWithListener(SQLiteTransactionListener transactionListener):* comienza una transacción de datos en modo "EXCLUSIVE", pero podemos pasar una interfaz del tipo *SQLiteTransactionListener* para implementar nuestro propio Listener e implementar nuestros métodos a las consultas.

U *beginTransactionWithListenerNonExclusive(SQLiteTransactionListener transactionListener):* es igual que el anterior, pero con la diferencia de que comienza la transacción en modo "IMMEDIATE".

U *compileStatement(String sql):* este método se utilizó en el ejemplo del punto 1. Se utiliza para compilar cualquier definición *SQL* y que retorne en un objeto de instrucción precompilado y reutilizable. Devuelve un objeto del tipo *SQLiteStatement,* que se explicará más adelante.

U *create(SQLiteDatabase.CursorFactory factory):* a partir de una interfaz proporcionada, este método crea una base de datos *SQLite* con respaldo de memoria. Devuelve un objeto estático del tipo *SQLiteDatabase.*

U *delete(String table, String whereClause, String[] whereArgs):* este método también se utilizó en el ejemplo del punto 1. A partir de los parámetros recibidos con el nombre de la tabla, la sentencia *SQL* y sus argumentos, elimina la fila o filas indicadas en la base de datos.

U *deleteDatabase(File file):* elimina una base de datos incluyendo su archivo de diario y otros archivos auxiliares asociados que hayan podido ser creados por el motor *SQLite.*

U *enableWriteAheadLogging():* este método permite la ejecución paralela de consultas desde múltiples hilos en la misma base de datos.

U *disableWriteAheadLogging():* deshabilita las funciones habilitadas por *enableWriteAheadLogging().*

U *endTransaction():* termina una transacción de datos.

U *execSQL(String sql):* ejecuta una única instrucción *SQL* que no retorne ningún dato.

U *getVersion():* obtiene la versión de la base de datos.

U *inTransaction():* retorna "true" si el hilo actual tiene alguna transacción pendiente por realizar.

U *insert(String table, String nullColumnHack, ContentValues values):* es el método que inserta una nueva fila en una tabla de nuestra base de datos.

- *insertOrThrow(String table, String nullColumnHack, ContentValues values):* es igual que el anterior, pero nos devuelve una excepción en el caso de que haya algún problema al insertar los datos.
- *isOpen():* retorna *"true"* si la base de datos está actualmente abierta.
- *isReadOnly():* retorna *"true"* si la base de datos está actualmente abierta en modo de solo lectura.
- *rawQuery():* realiza una consulta para devolver un objeto de tipo *Cursor* con todos los datos.
- *query():* como el método anterior, realiza una consulta para devolver un *Cursor* con los datos, pero *query()* es más eficiente.
- *releaseMemory():* intenta liberar memoria de *SQLite.*
- *replace(String table, String nullColumnHack, ContentValues initialValues):* método para reemplazar una fila en la base de datos.
- *setMaxSqlCacheSize(int cacheSize):* establece el tamaño máximo de la memoria caché en la declaración preparada para esta base de datos.
- *setMaximumSize(long numBytes):* establece el tamaño máximo permitido para la base de datos.
- *setVersion(int version):* establece la versión de la base de datos.
- *toString():* devuelve una representación en texto del objeto.
- *update(String table, ContentValues values, String whereClause, String[] whereArgs):* actualiza los datos de las filas en la tabla indicada de nuestra base de datos.
- *validateSql(String sql, CacellationSignal cancellationSignal):* verifica que una sentencia *SELECT* de *SQL* es válida para su compilación.

⮑ **SQLiteDatabase.OpenParams.Builder:** es el generador de la clase estática *OpenParams,* y contiene una serie de métodos públicos para establecer un control *(con flags)* al modo de acceso a la base de datos. Sin embargo, esto es para aplicaciones que requieren de una funcionalidad más avanzada.

⮑ **SQLiteOpenHelper:** es la clase auxiliar que se utiliza para realizar la administración de la base de datos, y la posterior administración de las actualizaciones y distintas versiones.

En el apartado anterior se realizó un ejemplo para construir la base de datos mediante el método *onCreate()* y para controlar los procesos de actualización de la base de datos con el método *onUpgrade().*

Contiene los métodos necesarios para crear, configurar, actualizar, abrir y cerrar la base de datos, que definiremos a continuación:

- Constructor:

⇕ *SQLiteOpenHelper(Context context, String name, int versión, SQLiteDatabase.OpenParams openParams):* permite crear el objeto que nos facilitará administrar la base de datos. Necesita los siguientes parámetros:

- *Context context:* es la clase de *Android* que proporciona el contexto de la actividad en la que nos encontramos.
- *String name:* es el nombre de la base de datos enviada como un *String.*
- *Int version:* la versión de la base de datos.
- *SQLiteDatabase.OpenParams openParams:* es la clase estática explicada anteriormente, con los parámetros necesarios para poder abrir una base de datos *SQLite.* Este parámetro es opcional.

◑ Métodos públicos:

- *close():* cierra cualquier objeto de base de datos que esté abierta.
- *getDatabaseName():* devuelve el nombre de la base de datos que se está utilizando en el objeto.
- *getReadableDatabase():* permite abrir una base de datos en modo de solo lectura.
- *getWritableDatabase():* permite abrir una base de datos en modo de lectura y escritura.
- *onConfigure(SQLiteDatabase db):* se utiliza para configurar la conexión y las distintas funciones de la base de datos.
- *onCreate(SQLiteDatabase db):* sirve para crear la base de datos.
- *onDowngrade(SQLiteDatabase db, int oldVersion, int newVersion):* define la versión de la base de datos a una versión anterior.
- *onOpen(SQLiteDatabase db):* se ejecuta cuando la base de datos ha sido abierta para poder operar con ella.
- *onUpgrade(SQLiteDatabase db, int oldVersion, int newVersion):* define la versión de la base de datos a una versión posterior.
- *setOpenParams(SQLiteDatabase.OpenParams openParams):* configura los parámetros de apertura de la base de datos si no se ha realizado en el constructor.

◔ **SQLiteQueryBuilder:** es una clase que contiene una serie de métodos que nos ayudan a generar consultas *SQL* correctas que puedan ser enviados a objetos *SQLiteDatabase.*

Es muy recomendable utilizar los métodos de esta clase para generar las consultas, ya que evita errores puntuales a la hora de escribir las sentencias. Entendiéndolos y combinándolos se puede crear cualquier consulta compleja.

Alguno de los métodos públicos que contiene son los siguientes:

- *appendColumns(StringBuilder s, String[] columns):* este método se utiliza para añadir columnas a la consulta. Es necesario crear un *String* con los nombres que no sean *null* de las columnas, separándolas con comas, para enviarlo como primer parámetro.
- *appendWhere(CharSequence inWhere):* normaliza un fragmento con una secuencia de caracteres para pasarla como parámetros a una sentencia *WHERE*.
- *appendWhereEscapeString(String inWhere):* normaliza una cláusula recibida como texto.
- *buildQuery(String[] projectionIn, String selection, String groupBy, String having, String sortOrder, String limit):* es el método encargado de construir una instrucción *SELECT* de forma que se pueda utilizar junto con un grupo de instrucciones del mismo tipo que se irán uniendo mediante los operadores UNION en el método *buildUnionQuery()*. Cada uno de los parámetros que necesita son los equivalentes a una sentencia *SELECT* de *SQL*.
- *buildQueryString(boolean distinct, String tables, String[] columnsm, String where, String groupBy, String having, String orderBy, String limit):* a partir de los parámetros que se le envíen construirá una cadena de *SQL* normalizada para poder utilizarla.
- *buildUnionQuery(String[] subQueries, String sortOrder, String limit):* a este método hay que pasarle un conjunto de consultas *SELECT* creadas a partir del método *buildQuery()* para que construya una única consulta con la unión de todas las subconsultas recibidas.
- *delete(SQLiteDatabase db, String selection, String[] selectionArgs):* se utiliza para suprimir datos específicos mediante los argumentos que se pasan a este método.
- *getTables():* devuelve el listado de tablas sobre las que se pueden realizar consultas.
- *query(SQLiteDatabase db, String[] projectionIn, String selection, String[] selectionArgs, String groupBy, String having, String sortOrder):* realiza consultas combinando los parámetros con la información de la sentencia para que devuelva los datos que necesitemos.
- *setCursorFactory(SQLiteDatabase.CursorFactory):* establece la interfaz del tipo *SQLiteDatabase.CursorFactory* que se utilizará para las consultas.
- *setStrict(boolean flag):* las selecciones se verifican contra argumentos maliciosos que puedan dañar la base de datos.
- *setTables(String inTables):* define las tablas de la base de datos que son sensibles a consultas.
- *update(SQLiteDatabase db, ContentValues values, String selection, String[] selectionArgs):* se utiliza para ejecutar actualizaciones de la base de datos, mediante la combinación de la configuración actual y la información recibida por los distintos parámetros.

⊕ PARA SABER MÁS

Puedes obtener más información de algunas bibliotecas SQLite como SQLite-Database.OpenParams.Builder, accediendo desde aquí:

https://redirectoronline.com/ifcd059po1101

SQLite se caracteriza por contar con un buen número de herramientas en forma de clases e interfaces para poder realizar el guardado de datos en bases de datos relacionales.

✏ ACTIVIDAD COMPLEMENTARIA

42. Realiza una búsqueda *online* de dos distintas herramientas o programas que sirvan para la gestión de bases de datos de *SQLite*. Realiza una breve explicación, además de desarrollar las ventajas e inconvenientes de los dos métodos elegidos.

4. Bases de datos en *Android*

☞ HILO CONDUCTOR

En Digital Mushroom, S. L., han estado trabajando con *SQLite* desde que comenzaron a realizar la arquitectura de la aplicación, pero ahora, en otro proyecto en el cual trabajan como consultores externos con un cliente, este les ha pedido ayuda. El cliente tiene una aplicación en la que quiere comenzar a realizar la implementación de un motor de bases de datos, en los cuales el requisito fundamental es que sea compatible entre diferentes arquitecturas. Después de una investigación sobre los distintos tipos de posibilidades de bases de datos con las que contamos en *Android*, optan por la recomendación de la implementación de *UnQLite*, ya que se adapta a las necesidades del cliente.

En las aplicaciones de hoy en día es muy común que existan bases de datos remotas para que las aplicaciones puedan alojar datos que sean comunes para todos los usuarios, o copias de las bases de datos de estos.

Sin embargo, por temas de rendimiento, es muy recomendable que exista un almacenamiento de todos los datos en el dispositivo, para permitir una conexión mucho más rápida e incluso el funcionamiento de la aplicación sin necesidad de conexión. Este archivo se sincronizará con la base de datos remota o en la nube cada cierto tiempo, o bien en el momento en el que se tenga conexión. Con esta forma de funcionar se consiguen aplicaciones mucho más eficientes que las que dependen únicamente de una base de datos alojada en un servidor.

Esto también nos crea unas series de limitaciones, lo que implica que nuestras bases de datos cumplan una serie de características:

- ➲ Deben ser bases de datos ligeras, ya que no todos los dispositivos móviles poseen un *hardware* potente que pueda gestionar una gran cantidad de datos con fluidez.
- ➲ No deberá depender de datos alojados en un servidor, para que siempre se pueda utilizar sin conexión. Los datos alojados en servidores deberán ser a modo de refuerzo o para copias de seguridad.
- ➲ Debe ser una base de datos muy rápida y, al mismo tiempo, segura para evitar pérdida o robo de datos.
- ➲ El código que gestiona los datos con nuestra base de datos deberá ser muy claro y fácil de manejar.

○ Deberá tener la opción de poder compartirse con otras aplicaciones, para así poder integrar la nuestra fácilmente en un ecosistema de aplicaciones.

○ No deberán consumir demasiados recursos ni sobrecalentar los dispositivos, aunque esto también dependerá de la pericia del programador a la hora de desarrollar las consultas *SQL* que necesite la aplicación.

Para crear nuestra base de datos, además de *SQLite,* existen otros motores diferentes que nos permiten almacenar nuestros datos de la misma forma, aunque no todas las tecnologías tienen las mismas características, y **deberemos conocer las más utilizadas para escoger la que mejor se adapte a las necesidades de nuestro proyecto.**

Todas las que vamos a nombrar comparten la característica de que son bases de datos incrustadas y que no dependen de un servidor para funcionar; todas ellas consumen pocos requisitos y a nivel de código son fáciles de mantener.

○ **BerkeleyDB:** este motor de base de datos pertenece a *Oracle,* y proporciona una serie de bibliotecas que proporcionan servicios de gestión de datos escalables de alto rendimiento para aplicaciones, tanto móviles, web o de escritorio.
Permite el desarrollo de soluciones personalizadas de administración de datos sin límite de tamaño, pudiéndose adaptar desde proyectos muy pequeños hasta proyectos de enorme magnitud de datos, y su eficacia ha sido probada por numerosas empresas.
Actualmente es el paquete de herramientas de administración de datos más utilizado en el mundo por distintos dispositivos, desde enrutadores y navegadores a sistemas operativos, ya que está disponible para utilizarlo bajo distintos lenguajes de programación como *C, Java o C++,* y que, gracias a su enfoque basado en herramientas y a su arquitectura orientada a objetos, ha podido evolucionar y mejorar durante más de 20 años y reinventarse lo suficiente como para adaptarse a las necesidades de cualquier dispositivo o *software* que lo utilice.

BERKELEY DB

○ **Couchbase:** es una base de datos distribuida, *NoSQL* y orientada a documentos. Su diseño está orientado a servir a un gran número de usuarios al mismo tiempo mediante la creación, almacenamiento, recuperación, agregación, manipulación y presentación de datos.

Es de código abierto y optimizada para aplicaciones interactivas. La solución *Couchbase* para móviles se compone de *Couchbase Server, Couchbase Sync Gateway* y *Couchbase Lite,* una base de datos muy liviana diseñada específicamente para cualquier dispositivo móvil.

Las aplicaciones que utilicen este sistema podrán servir datos a muchos usuarios concurrentes, ya que *Couchbase* proporciona un valor de clave fácil de escalar, o el acceso a documentos JSON con poca latencia y alto rendimiento continuo.

Su diseño permite la posibilidad de agrupar distintas bases de datos en un solo dispositivo, e incluso la posibilidad de implementaciones a grandes escalas que abarcarían gran cantidad de dispositivos.

- **LevelDB:** es un motor que funciona con la metodología "clave-valor", que es muy rápida, liviana y desarrollada por *Google.* Es compatible con multitud de lenguajes de programación como *C++, NodeJS* y *Java.*

Una de las características distintivas de esta tecnología es que almacena todas las entradas ordenadas mediante lexicografía por claves, característica que se vuelve muy útil a la hora de realizar consultas.

Aunque es un sistema de base de datos integrado en el dispositivo, también puede conectarse a la red agregando distintos protocolos como *http, tcp* o *udp* a cualquier proceso, además de que permite componer métodos y funciones para crear nuestra propia administración de base de datos.

Es un proyecto realizado en *Node.js* cuyo objetivo es proporcionar una interfaz común y portable para una gran cantidad de flujo de datos. Además, dispone de herramientas opcionales como la posibilidad de incluir una biblioteca de compresión como *Snappy* de *Google* que disminuye considerablemente el tamaño que ocupa en disco nuestra base de datos, con un mínimo sacrificio de velocidad, ya que estas bibliotecas están altamente optimizadas para una compresión rápida.

- **UnQLite:** es una biblioteca de *software* que implementa un motor de base de datos *NoSQL* transaccional, autónoma, sin servidor y sin necesidad de configuración.

Es una base de datos de almacén de documentos, similar a *MongoDB*, *Redis* o *Couchbase*.

No dispone de procesos de servidores remotos, únicamente lee y escribe directamente en archivos ordinarios dentro del disco de los dispositivos, aunque proporciona una base de datos completa con múltiples colecciones contenida en un único archivo multiplataforma, por lo que cualquier base de datos resulta fácilmente compatible entre distintos sistemas y arquitecturas.

Está escrito en *ANSI C,* es seguro para subprocesos, contiene una reentrada completa, compila sin modificar datos y se ejecuta en cualquier plataforma, incluyendo los dispositivos integrados que están restringidos por un compilador.

Esta tecnología ha sido ampliamente probada por sistemas operativos como *Windows* y *Unix*, especialmente *Linux, FreeBSD, Oracle Solaris* y *Mac OS.*

Es similar a *BerkeleyDb* o *LevelDB,* pero contiene un conjunto de características en las que se incluyen soporte para transacciones o lectores concurrentes. Tanto las claves como los valores se tratan como matrices simples, por lo que pueden contener cualquier dato, desde cadenas *ASCII* a archivos de disco.

unqlite-python

○ **SQLite:** es una biblioteca desarrollada en lenguaje C que implementa un pequeño motor de base de datos *SQL* muy rápido, autónomo, de alta confiabilidad y con todas las funciones necesarias para la administración de una base de datos.

Actualmente es el motor más utilizado por las aplicaciones móviles, ya que el formato del archivo que genera es muy estable, multiplataforma y retrocompatible con distintas versiones, y los desarrolladores de esta tecnología se comprometen a brindar soporte completo hasta el año 2050.

Los archivos de base de datos *SQLite* son utilizados normalmente como contenedores que transfieren grandes flujos de datos entre sistemas como *Android, iOS, Windows 10, navegadores web, Skype, Dropbox,* etc. El código fuente de *SQLite* está en el dominio público y es de uso gratuito para cualquier propósito.

PARA SABER MÁS

Se pueden descargar las últimas versiones de las bases de datos que acabamos de conocer accediendo desde aquí:

BerkeleyDB	Couchbase
https://redirectoronline.com/ifcd059po1102	*https://redirectoronline.com/ifcd059po1103*
LevelDB	**UnQLite**
https://redirectoronline.com/ifcd059po1104	*https://redirectoronline.com/ifcd059po1105*

Continúa en página siguiente >>

<< Viene de página anterior

SQLite

https://redirectoronline.com/ifcd059po1106

---

5. *Content Providers* nativos *Android*

 HILO CONDUCTOR

En Digital Mushroom ha triunfado mucho la tercera versión de la beta que han pasado a los testeadores. Con dos batidas de errores corregidos, y el número de incidencias casi nulo que soportan, deciden comenzar la implementación de nuevos desarrollos que los usuarios les han comentado. En una aplicación de una tienda deportiva desean poder hacer descuentos a los clientes que utilicen su aplicación a través del acceso al código del usuario que guardan en su base de datos. Para hacer este accesible, deben realizar la creación de un *Content Provider* personalizado en su aplicación.

Android proporciona distintos mecanismos para permitir compartir nuestra información entre distintas aplicaciones existentes en el mercado. Como se ha explicado anteriormente, la información puede estar disponible en diferentes formatos de bases de datos, ya que los distintos motores de bases de datos disponibles generan distintos ficheros.

Uno de estos mecanismos son los *Content Providers,* que *Android* nos proporciona ya creados para poder acceder a diferentes datos del dispositivo, como son la agenda de contactos, el *software* instalado, los mensajes, el registro de llamadas, los datos del calendario, etc.

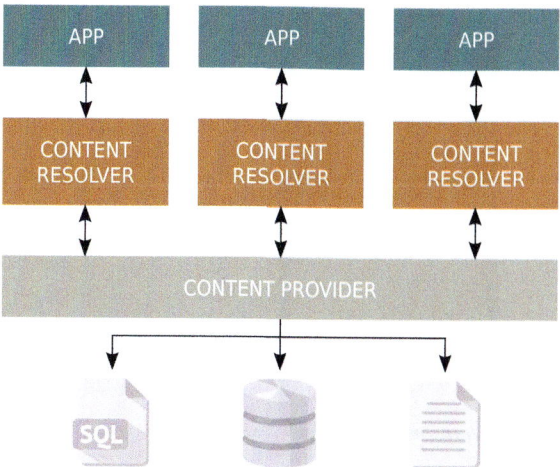

El funcionamiento de un Content Provider está definido por las clases Android que otorguen las funcionalidades de compartición con todas las aplicaciones.

Android ya trae predefinidos algunos *Content Providers,* que realizarán la comunicación con aplicaciones nativas del dispositivo, entre las cuales se encuentra el navegador web, los ajustes del usuario o la aplicación de contactos del usuario.

A estos proveedores de contenido nativos se accederá siempre a través de su correspondiente atributo <uses-permission /> en el fichero de manifiesto de *Android,* que nos permitirá asignar los permisos de acceso correspondientes a las distintas aplicaciones que deseemos. Un ejemplo de esto podría ser el siguiente, con el que pediremos permiso para acceder y leer los directorios y ficheros contenidos en la memoria externa:

```
<uses-permission android:name="android.permission.
READ_EXTERNAL_STORAGE">
<uses-permission android:name="android.permission.
BLUETOOTH">
```

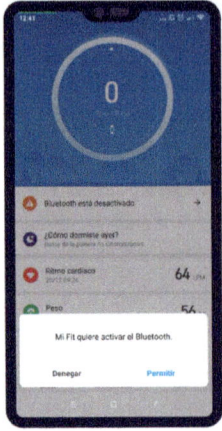

Cuando pedimos permisos a través de nuestro manifiesto, el usuario podrá aceptarlo o denegarlo a través de una ventana de diálogo que se le mostrará.

 **PARA SABER MÁS**

Para ver el listado completo de permisos que nos ofrece *Android*, podemos consultar la documentación oficial accediendo desde aquí:

https://redirectoronline.com/ifcd059po1107

5.1. Ciclo de vida de un *Content Provider*

Los *ContentProvider* permiten centralizar todo el contenido en un único lugar y tener acceso a ellos desde muchas aplicaciones distintas según sea necesario. Como hemos mencionado con anterioridad, un *Content Provider* suministra datos de una aplicación a distintas peticiones.

Se creará el *ContentProvider* cuando el método *onCreate()* sea convocado. Este será activado por un *ContentResolver* desde otra clase que quiera acceder a los datos. Este método trabaja en el *UI Thread* o hilo principal de ejecución de la aplicación, por lo que no se recomienda realizar tareas pesadas. Sirve principalmente para instanciar la base de datos utilizada en el *Content Provider.*

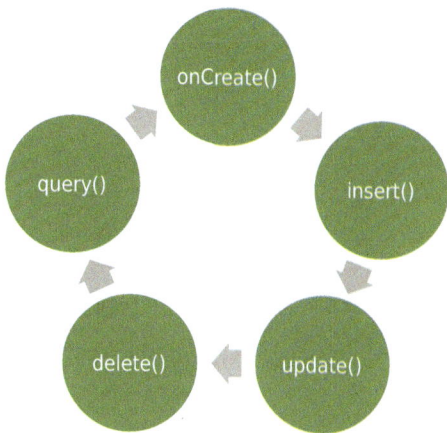

Una vez inicializado, se pueden realizar tareas de insertar/actualizar/borrar/consultar un sistema de almacenamiento *(insert(), update(), delete() y query())*, y una vez modificados los datos, las acciones de apertura y cierre se realizarán de manera automática. En el supuesto de realizar tareas de lectura, será necesario mantener la conexión a los datos abierta para no recibir el contenido del recolector de basura.

Por último, una vez la aplicación cliente que consume los datos del *Content Provider* que hemos creado no se encuentre en memoria, pasará a un estado de destrucción. Las solicitudes son administradas por los métodos de la clase *Content Resolver,* que se encontrará en el código de la aplicación que pide datos.

5.2. Creación de un *Content Provider*

Los *Content Providers* pueden utilizar distintas formas de almacenar sus datos, ya que los datos pueden estar almacenados en una base de datos común, en un archivo o en una red o nube. Un proveedor de contenido se comporta de manera muy similar a una base de datos que se puede consultar y editar su contenido, así como agregarlo o eliminarlo utilizando los métodos que nos proporcione el motor de base de datos que estemos utilizando para este cometido, y en el caso de *SQLite* los métodos *insert(), update(), delete() y query().*

RECUERDA

En *Android* contamos con diferentes formas de hacer los datos de nuestras aplicaciones persistentes, es decir, que estos se mantengan aun cuando la ejecución de la aplicación ha acabado. Entre estos métodos alternativos está la escritura en la memoria tanto interna como externa de la memoria del dispositivo.

Se implementan como una subclase de la clase *ContentProvider* y debe implementar un conjunto estándar de *API* que permita a las demás aplicaciones que quieran realizar las transacciones que necesiten. Como nosotros ya contamos con una aplicación de ejemplo, que tiene su base de datos y es privada, podemos crearle una clase *Content Provider,* a través de la cual se facilitarían los datos de esta base de datos para las aplicaciones que quisiesen acceder a ella.

Por ejemplo, podemos crear nuestro proveedor de la siguiente forma:

```java
import android.content.ContentProvider;
import android.content.ContentUris;
import android.content.ContentValues;
import android.content.UriMatcher;
import android.database.Cursor;
import android.database.sqlite.SQLiteDatabase;
import android.net.Uri;

public class InformacionComun extends ContentProvider {
  private static final String uri =
      "content://com.example.contentproviders/tareas";
  public static final Uri CONTENT_URI = Uri.parse(uri);
  private static final int TAREAS = 1;
  private static final int TAREAS_ID = 2;
  private static final UriMatcher uriMatcher;
  private static final String TABLA_TAREAS = "Tareas";

  static {
    uriMatcher = new UriMatcher(UriMatcher.NO_MATCH);
```

Continúa en página siguiente >>

<< Viene de página anterior

```
    uriMatcher.addURI("com.example.contentproviders",
    "tareas", TAREAS);
    uriMatcher.addURI("com.example.contentproviders",
    "tareas/#", TAREAS_ID);
}
private AyudanteDB AyudanteDB;

@Override
public boolean onCreate() {
   AyudanteDB = new AyudanteDB(getContext());
   return true;
}

@Override
public Cursor query(Uri uri, String[] projection,
            String selection, String[] selectionArgs,
            String sortOrder) {
   String where = selection;
   if (uriMatcher.match(uri) == TAREAS_ID) {
      where = "_id=" + uri.getLastPathSegment();
   }
   SQLiteDatabase db = AyudanteDB.getWritableDatabase();
   Cursor c = db.query(TABLA_TAREAS, projection, where,
       selectionArgs, null, null, sortOrder);
   return c;
}

@Override
public Uri insert(Uri uri, ContentValues values) {
   long regId = 1;
   SQLiteDatabase db = AyudanteDB.getWritableDatabase();
   regId = db.insert(TABLA_TAREAS, null, values);
   Uri newUri = ContentUris.withAppendedId(CONTENT_URI,
   regId);
   return newUri;
}

@Override
public int update(Uri uri, ContentValues values,
            String selection, String[] selectionArgs) {
```

Continúa en página siguiente >>

<< Viene de página anterior

```
      int cont;
      String where = selection;
      if (uriMatcher.match(uri) == TAREAS_ID) {
         where = "_id=" + uri.getLastPathSegment();
      }
      SQLiteDatabase db = AyudanteDB.getWritableDatabase();
      cont = db.update(TABLA_TAREAS, values, where,
      selectionArgs);
      return cont;
   }

   @Override
   public int delete(Uri uri, String selection, String[]
   selectionArgs) {
      int cont;
      String where = selection;
      if (uriMatcher.match(uri) == TAREAS_ID) {
         where = "_id=" + uri.getLastPathSegment();
      }
      SQLiteDatabase db = AyudanteDB.getWritableDatabase();
      cont = db.delete(TABLA_TAREAS, where, selectionArgs);
      return cont;
   }

   @Override
   public String getType(Uri uri) {
      int match = uriMatcher.match(uri);
      switch (match) {
         case TAREAS:
            return "vnd.android.cursor.dir/vnd.example.
            tarea";
         case TAREAS_ID:
            return "vnd.android.cursor.item/vnd.example.
            tarea";
         default:
            return null;
      }
   }
}
```

Este código presentará varias partes en las cuales será interesante parar y realizar un análisis de su funcionamiento. Si lo repasamos, deberemos pararnos en la declaración de las direcciones URI de nuestro *Content Provider*. En este caso nosotros, para acceder a nuestro *ContentProvider,* hemos definido la siguiente ruta:

```
"content://com.example.contentproviders/tareas"
```

Esta será la dirección de nuestro Content Provider. Si analizamos esta dirección, consta de tres partes distintas:

> La entrada *content:,* que dice que debemos ser tratados por *Android* como un *Content Provider.*

> El cuerpo *com.example.contentproviders,* también conocido como *Authority,* el cual identifica nuestro componente *Content Provider,* que debe ser único.

> Para acabar, haremos referencia a la clase en concreto de la que queremos leer los datos, en este caso la clase Tareas. Si quisiésemos realizar una URI única para la tarea con iD 12, completaríamos la ruta con una /12, y así podríamos acceder a la información de dicha tarea. Además, esta será encapsulada dentro de un objeto de tipo Uri para poder ser usado como tal.

```
public static final Uri CONTENT_URI = Uri.parse(uri);
```

Usaremos también los nombres de las columnas definidas en la clase *BaseColums* a través de constante declaradas en nuestra clase *ContentProvider.* El siguiente punto importante es la declaración del *UriMatcher.*

DEFINICIÓN

UriMatcher

Esta es una clase que nos permite el control sobre diferentes *URI*. Se suele usar en los *ContenProviders* o en clases que necesiten responder a un número de diferentes *URI*. Esta declarará en forma de constantes diferenciados por códigos.

En nuestra clase declaramos un par de constantes, una para la tabla de tareas y otra para acceder a una tarea en concreto a través de ID.

```
static {
  uriMatcher = new UriMatcher(UriMatcher.NO_MATCH);
  uriMatcher.addURI("com.example.contentproviders",
  "tareas", TAREAS);
  uriMatcher.addURI("com.example.contentproviders",
  "tareas/#", TAREAS_ID);
}
```

La clase que extenderemos de *ContentProvider* deberá realizar la sobreescritura de los siguientes métodos para funcionar:

- **onCreate**(): es el método al cual se llama cuando se inicializa nuestro ContentProvider. Este se convoca inmediatamente cuando un objeto de tipo ContentResolver intenta convocar nuestra clase.
- **query**(): sirve para recuperar los distintos datos de nuestro *ContentProvider*. Usará los diferentes parámetros que introduzcamos para seleccionar la tabla y campos que le digamos, devolviendo una consulta en forma de objeto *Cursor*.
- **insert**(): es el método encargado de introducir una nueva fila en nuestro *ContentProvider*, devolviendo una *URI* de contenido para las filas que hayamos insertado.
- **update**(): actualiza las filas de nuestro *ContentProvider*, usando los argumentos para seleccionar los valores correctos para su sobreescritura.
- **delete**(): es el encargado de eliminar diferentes filas de nuestro proveedor dependiendo de los parámetros que le indiquemos a través de sus argumentos de entrada.

Para finalizar debemos recordar siempre declarar como componente de nuestro manifiesto de la aplicación nuestro nuevo proveedor de contenido:

```
<manifest xmlns:android="http://schemas.android.com/apk/
res/android"
 package="com.example.example">
<permission
    android:name="com.example.contentproviders.READ_
    DATABASE"
    android:label="com.example.contentproviders.READ_
    DATABASE"
    android:protectionLevel="normal"></permission>
  <permission
    android:name="com.example.contentproviders.WRITE_
    DATABASE"
    android:label="com.example.contentproviders.WRITE_
    DATABASE"
    android:protectionLevel="normal"></permission>
  <application
        (...)
    <provider
       android:name="com.example.example.InformacionComun"
       android:authorities="com.example.contentproviders"
       android:exported="true">
    </provider>
  </application>
</manifest>
```

Con esto ya hemos convertido la información que hemos permitido en nuestro *ContentProvider* como datos consultables y modificables.

A través de esta clase podemos disfrutar de las ventajas que la compartición de información entre aplicaciones nos ofrece, haciendo mejor la experiencia de usuario entre diferentes componentes de todo el sistema operativo.

TAREA 25

En una primera fase, nuestra compañera María realizó una aplicación de recetas de cocina, en la cual se pueden guardar las recetas que introduzcan los usuarios. Ahora le han concedido la oportunidad de realizar la compartición de los datos de las recetas en otra aplicación conocida que quiere ayudar como colaboradora de esta y publicitarla. Para ello, María tiene que realizar una clase *ContentProvider*.

Ayuda a María con el desarrollo que hiciste en la aplicación práctica anterior para que esta pueda gestionar la compartición de esos datos, poniéndolos accesibles para otra aplicación tercera que desease acceder a esta información.

5.3. Consumir un *Content Provider*

Puede ser interesante conocer el funcionamiento de la contrapartida de la clase *ContentProvider*, es decir, cómo se consumen los datos que este pone a disposición desde una aplicación externa. Esto se realizará usando la clase *ContentResolver*, que realizará las acciones que sean necesarias en nuestra aplicación. El procedimiento es muy similar al que hemos seguido para realizar la creación de nuestra base de datos, pudiendo usar métodos *query()* y recibiendo este como parámetro el *Uri* del *ContentProvider*, entre otros datos de interés.

Vamos a aprovechar a crear una nueva aplicación que consuma la información que tenemos de nuestro ejemplo anterior. Es decir, contaremos con una base de datos de tareas llamada *tareas.db* que se creará, gestionará y modificará a través de la aplicación que ya hemos construido en el apartado anterior, y una nueva aplicación la cual podrá acceder a esa base de datos aunque no pertenezca a ella, pudiendo así mostrar sus datos.

Para esto debemos crear una nueva aplicación vacía, que realizará el consumo de esta información a través de una clase que extienda de *Activity*. A través de la clase *Activity* de nuestra nueva aplicación, llamaremos a *getContentResolver()*. En nuestro caso vamos a realizar esto en la actividad principal o *MainActivity.java.*

```
import android.content.UriMatcher;
import android.database.Cursor;
import android.net.Uri;
import android.os.Bundle;
import androidx.appcompat.app.AppCompatActivity;
import android.widget.ListView;

public class MainActivity extends AppCompatActivity {
  private Uri tareasUri = Uri.parse("content://com.
  example.contentproviders/tareas");
  private static final UriMatcher uriMatcher;
  static {
     uriMatcher = new UriMatcher(UriMatcher.NO_MATCH);
     uriMatcher.addURI("com.example.contentproviders",
     "tareas", 1);
     uriMatcher.addURI("com.example.contentproviders",
     "tareas/#", 2);
  }

  private ListView listado;

  @Override
  protected void onCreate(Bundle savedInstanceState) {
     super.onCreate(savedInstanceState);
     setContentView(R.layout.activity_main);
     Cursor cursor = getContentResolver().
     query(tareasUri, null, null, null, null);
     listado = findViewById(R.id.listado);
     MiCursorAdapter miAdapter = new
     MiCursorAdapter(this, cursor);
     listado.setAdapter(miAdapter);
  }
}
```

En esta sencilla clase es donde encontramos casi todos los elementos necesarios para poder acceder y mostrar la información de nuestra aplicación anterior. Deberemos acceder a través de la dirección de nuestro *ContenProvider* "content://com.example.contentproviders/tareas", al que le añadiremos a través de la clase *UriMatcher* las autorizaciones necesarias para acceder a nuestra base de datos externa. La actividad principal mostrará una vista que se denomina *activity_main.xml,* que se basará en un listado que rellenaremos con un *Adapter.*

```
<?xml version="1.0" encoding="utf-8"?>
<RelativeLayout xmlns:android="http://schemas.
android.com/apk/res/android"
  xmlns:tools="http://schemas.android.com/tools"
  android:layout_width="match_parent"
  android:layout_height="match_parent"
  tools:context=".MainActivity">
  <ListView
     android:id="@+id/listado"
     android:layout_width="fill_parent"
     android:layout_height="fill_parent" />
</RelativeLayout>
```

Hemos creado un *ListView* para poder mostrar en forma de lista las tareas a las que tenemos acceso.

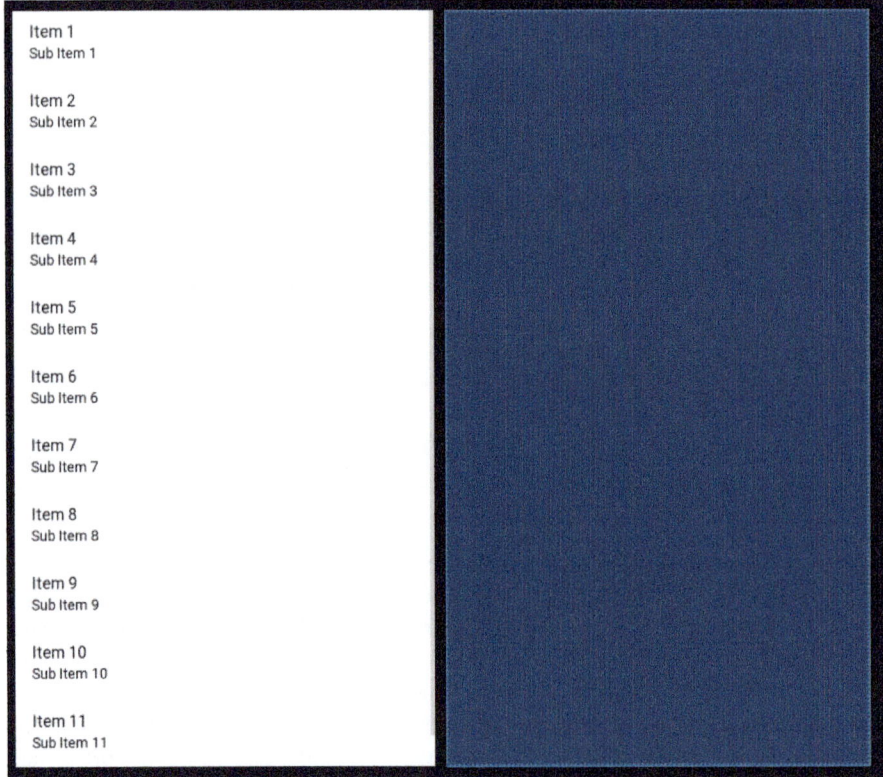

Cuando trabajemos con listados de datos, recurriremos constantemente al uso de vistas en modo listado o cuadrícula y el uso de un adaptador.

Este se rellenará a través de un adaptador personalizado y una clase propia que extenderemos de *CursorAdapter*, ya que la información de la base de datos será devuelta en forma de cursor que deberemos recorrer. Este recorrido lo realizará la clase *MiCursorAdapter.java,* la cual contendrá la siguiente lógica:

```java
import android.content.Context;
import android.database.Cursor;
import android.view.LayoutInflater;
import android.view.View;
import android.view.ViewGroup;
import android.widget.CursorAdapter;
import android.widget.TextView;
public class MiCursorAdapter extends CursorAdapter {
  public MiCursorAdapter(Context context, Cursor cursor) {
  super(context, cursor, 0);
  }
  @Override
  public View newView(Context context, Cursor cursor,
  ViewGroup viewGroup) {
     return LayoutInflater.from(context).inflate(R.layout.
     item, viewGroup, false);
  }
  @Override
  public void bindView(View view, Context context, Cursor
  cursor) {
     TextView textoNombre = view.findViewById(R.id.tvBody);
     TextView textoDescripcion = view.findViewById(R.
     id.tvPriority);
     TextView textoRealizada = view.findViewById(R.
     id.realizada);
     // Extract properties from cursor
     String titulo = cursor.getString(cursor.getColumn
     IndexOrThrow("Titulo"));
     String realizada = cursor.getString(cursor.getColumn
     IndexOrThrow("Realizada"));
     String descripcion = cursor.getString(cursor.get
     ColumnIndexOrThrow("Descripcion"));
     // Populate fields with extracted properties
     textoNombre.setText(titulo);
```

Continúa en página siguiente >>

<< Viene de página anterior

```
    textoDescripcion.setText(descripcion);
    textoRealizada.setText(realizada == "true" ?
    "Realizada" : "No Realizada");
  }
}
```

Este adaptador realiza la función de recorrer el cursor con la información de la base de datos anterior que tengamos, mientras que pinta estos datos como recursos *item.xml,* en los cuales cargará los datos de cada entrada en los distintos elementos de los que esta se compone.

 **RECUERDA**

Podemos crear adaptadores personalizados, extendiendo la clase que creemos de *BaseAdapter* o directamente extendiendo una subclase más concreta, como *ArrayAdapter* o *CursorAdapter,* como en el caso de nuestro ejemplo.

```
<?xml version="1.0" encoding="utf-8"?>
<RelativeLayout xmlns:android="http://schemas.android.
com/apk/res/android"
  android:layout_width="match_parent"
  android:layout_height="match_parent"
  android:orientation="horizontal" >
  <TextView
     android:id="@+id/nombre"
     android:layout_width="wrap_content"
     android:layout_height="wrap_content"
     android:text="Título"
     android:textAppearance="?android:attr/
     textAppearanceLarge" />
  <TextView
     android:id="@+id/descripcion"
     android:layout_width="wrap_content"
```

Continúa en página siguiente >>

<< Viene de página anterior

```
            android:layout_height="wrap_content"
            android:layout_marginLeft="10dp"
            android:text="Descripción"
            android:layout_below="@id/nombre"
            android:textAppearance="?android:attr/
            textAppearanceMedium" />
        <TextView
            android:id="@+id/realizada"
            android:layout_width="wrap_content"
            android:layout_height="wrap_content"
            android:layout_marginLeft="10dp"
            android:text="Realizada/No realizada"
            android:layout_below="@id/descripcion"
            android:textAppearance="?android:attr/
            textAppearanceMedium" />
    </RelativeLayout>
```

Título

Descripción

Realizada/No realizada

Un recurso item.xml se suele usar para cargarse dentro de listados, representando uno de los muchos elementos que estos pueden contener.

Este recogerá la información de la base de datos y la mostrará a través de los tres *widgets* con los cuales contamos en la pantalla. El encargado de esta tarea será *getContentResolver(),* que se convoca desde una *Activity* de *Android.* El factor más importante para poder establecer la comunicación entre estas diferentes aplicaciones y la información que proporcionan será contenido dentro de nuestro *ActivityManifest.xml,* donde deberemos acceder a los permisos que creamos dentro de nuestra primera aplicación. Estos se definieron de la siguiente manera:

```xml
<permission
  android:name="com.example.contentproviders.READ_
  DATABASE"
  android:label="com.example.contentproviders.READ_
  DATABASE"
  android:protectionLevel="normal"></permission>
<permission
  android:name="com.example.contentproviders.WRITE_
  DATABASE"
  android:label="com.example.contentproviders.WRITE_
  DATABASE"
  android:protectionLevel="normal"></permission>
```

Desde nuestra aplicación que contiene el *ContentResolver,* realizaríamos el consumo de estos permisos a través de la etiqueta *<uses-permission>,* que definiremos de la siguiente manera:

```xml
<?xml version="1.0" encoding="utf-8"?>
<manifest xmlns:android="http://schemas.android.com/apk/
res/android"
 package="com.example.ejemplocontentresolver">
 <uses-permission android:name="com.example.
 contentproviders.READ_DATABASE"/>
 <uses-permission android:name="com.example.
 contentproviders.WRITE_DATABASE"/>
 <application
    android:allowBackup="true"
    android:icon="@mipmap/ic_launcher"
    android:label="@string/app_name"
    android:roundIcon="@mipmap/ic_launcher_round"
    android:supportsRtl="true"
    android:theme="@style/AppTheme">
    <activity android:name=".MainActivity">
      <intent-filter>
        <action android:name="android.intent.action.
        MAIN" />
        <category android:name="android.intent.category.
        LAUNCHER" />
```

Continúa en página siguiente >>

<< Viene de página anterior

```
        </intent-filter>
      </activity>
    </application>
  </manifest>
```

Al ejecutar el programa podremos ver cómo se recoge la información que contengamos dentro de la base de datos que creamos y administramos desde la aplicación que contenía nuestro *ContentProvider.*

Al ejecutar el programa podremos ver cómo se recoge la información que contengamos dentro de la base de datos que creamos y administramos desde la aplicación que contenía nuestro ContentProvider.

Con este archivo de manifiesto ya contamos con todas las piezas que nos permitirán acceder a los datos de una base de datos de una aplicación externa, con los que podremos trabajar de forma propia.

6. Resumen

Las bases de datos son un recurso que se usan ampliamente en la informática, y esta puede implementarse a través de diferentes motores de bases de datos, pero entre estos, por nivel de uso, el más conocido es *SQLite.*

Este se diferencia de los clásicos gestores de bases de datos en que no se basa en la comunicación entre un cliente y un servidor, sino que se incluye dentro del propio proyecto de *Android* que realizamos. Ofrece varias ventajas como su ligereza, algo muy importante dentro de las aplicaciones móviles.

Para la implementación de *SQLite* debemos realizar la implementación de una serie de herramientas o clases e interfaces que las librerías de *SQLite* nos ofrecen. Dentro de estas la más importante al comenzar es la clase *SQLiteOpenHelper,* que ofrece un marco en el que estableceremos nuestra base de datos, crearemos nuestras tablas y actualizaremos las versiones de estas. Esto lo realizaremos a través de los métodos *onCreate* y *onUpgrade,* y el resto de métodos personalizados que decidamos crear.

Nuestros gestores de contenido o *Content Providers* son componentes que *Android* nos ofrece para compartir la información de nuestras aplicaciones con las que compartamos dispositivo. Esto lo haremos a través de los propios *Content Providers* que trae predefinidos *Android* de serie, o creando un componente personalizado de este tipo, extendiendo la clase *ContentProvider.* Estos elementos se sobrescribirán a través de los métodos que presenta su ciclo de vida, los cuales debemos reescribir con nuestros propios funcionamientos. Para consumir la información que nos proporcionará la aplicación se recurre a la clase Uri, para gestionar el acceso a la información externa que será lanzada con un *ContentResolver.*

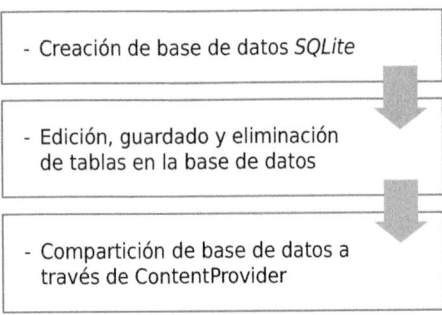

Ejercicios de autoevaluación
Unidad de Aprendizaje 11

1. Dentro de las opciones de almacenamiento que *Android* nos ofrece, elegiremos implementar una base de datos con *SQLite* por varias razones. Indica cuál de las siguientes ventajas no sería una de ellas:

   a. No necesita hacer uso de un servidor externo para funcionar.
   b. Es un gestor de bases de datos de tipo cliente-servidor.
   c. Es una manera segura de almacenar los datos de nuestra aplicación.
   d. El código del proyecto es de uso libre.

2. **Cuando queremos realizar la creación de diferentes bases de datos y organizar la estructura que tendrán esas tablas, hacemos uso de la interfaz:**

   a. Activity
   b. Tarea
   c. SQLiteOpenHelper
   d. BaseColumns

3. **Determina si la siguiente oración es verdadera o falsa: "La clase SQLiteOpenHelper será la encargada de realizar la conexión entre nuestra aplicación y nuestra base de datos".**

   ■ Verdadero
   ■ Falso

4. **La interfaz *BaseColumns* es usada, entre otras ventajas, porque implementa la devolución de dos datos en forma de constantes muy importantes en el manejo de nuestras tablas. Estos son:**

   a. _COUNT e _ID
   b. NOMBRE y DESCRIPCION
   c. NOMBRE e _ID
   d. _ID y DESCRIPCION

5. Para la inserción de datos dentro de nuestra base de datos, *SQLite* provee de dos métodos, *put* e *insert,* que serían sobrescritos durante el siguiente evento:

   a. onRestar()
   b. onStop()
   c. onResume()
   d. onCreate()

6. Determina si la siguiente oración es verdadera o falsa: "El método *compileStatement* es menos eficiente que el método *insert* para realizar la inserción de datos en nuestras bases de datos".

   ■ Verdadero
   ■ Falso

7. Para poder poner a disposición los diferentes datos que proporciona nuestra aplicación de manera privada, y ponerlos al servicio del resto de componentes que deseen acceder a él, debemos hacer uso de la clase de *Android:*

   a. ContenProvider
   b. SQLiteOpenHelper
   c. ContentResolver
   d. BaseColumns

8. Dentro del ciclo de vida de un *ContentProvider,* cuando deseamos que este componente se destruya, debemos esperar a que sea consumido por una clase:

   a. Activity
   b. ContentResolver
   c. ContentProvider
   d. BaseColumns

9. Si deseamos actualizar la versión de nuestras tablas, lo realizaremos desde el método:

   a. insert()
   b. update()

c. delete()
d. query()

10. **Determina si la siguiente oración es verdadera o falsa: "La parte imprescindible para establecer la comunicación entre un** *ContentProvider* **y un** *ContentResolver* **es el establecimiento correcto de los diferentes permisos a través de sus respectivos** *AndroidManifest.xml"*.

   ■ Verdadero
   ■ Falso

Unidad de aprendizaje 12

Notificaciones Android

Contenido

Objetivos

El objetivo general de esta Unidad de Aprendizaje es:

→ Ser capaces de realizar la creación de notificaciones sencillas y personalizadas en nuestras diferentes aplicaciones.

El objetivo específico de esta Unidad de Aprendizaje es:

→ Implementar notificaciones sencillas usando las clases que nos proporciona el *SDK* de *Android*.

1. Introducción

Una notificación es un mensaje que muestra *Android* fuera de la interfaz de usuario de la aplicación para proporcionar al usuario recordatorios, comunicaciones con otras personas u otra información oportuna referente a tu aplicación. Los usuarios pueden tocar la notificación para abrir la aplicación o realizar una acción directamente desde la notificación como, por ejemplo, posponer una alarma.

Las notificaciones aparecen para los usuarios en diferentes ubicaciones y formatos, como un icono en la barra de estado, una entrada más detallada en el buzón de notificaciones, una insignia en el icono de la aplicación, etc. Los usuarios pueden deslizar hacia abajo en la barra de estado para abrir el cajón de notificaciones, donde pueden ver más detalles de estas y donde se permite realizar acciones. Los usuarios también pueden arrastrar hacia abajo una notificación en el cajón para revelar la vista expandida, que muestra contenido adicional y botones de acción si estos se proporcionan.

Una notificación permanece visible en el cajón de notificaciones hasta que la aplicación o el usuario la rechace. El diseño de estas está determinado por las plantillas del sistema, la cual está preparada para ser *responsive* y compatible con todas las versiones de *Android,* mostrando más o menos elementos compatibles en esta.

También se puede crear una notificación ampliable con una imagen, en el estilo de bandeja de entrada, una conversación de chat o los controles de reproducción de medios, realizando cuando deseemos *layout* personalizados para nuestras notificaciones (aunque se recomienda que siempre se usen estas plantillas para garantizar una compatibilidad de diseño adecuada en todos los dispositivos; si lo necesitamos, también se puede crear un diseño de notificación personalizado).

En Digital Mushroom, S. L., descubrieron todo esto en el momento en el que deseaban comenzar a ampliar las funcionalidades de su aplicación, creando diferentes notificaciones para distintos aspectos que pudiesen ser valores añadidos a su aplicación deportiva, la cual estaba en boca de todos dentro del mundo de la innovación.

2. Creación

☞ HILO CONDUCTOR

Pasadas las primeras rondas de arreglos de bugs en Digital Mushroom, S. L., sobre la aplicación deportiva que han construido, la aplicación consta de una versión 1.2 estable, sobre la que están comenzando a desarrollar nuevas funcionalidades. Dentro de estas funcionalidades, quieren realizar la implementación de notificaciones de aviso en segundo plano, que se mostrarán al usuario cuando se acerque alguna competición deportiva nueva o se ofrezca publicidad de marcas de deportes colaboradoras. Para realizar esto se dan cuenta de que deben usar la clase *NotificationManager* y *NotificationCompat*.

- -

Las notificaciones son el componente de mensaje que nos faltaba por ver dentro del desarrollo con el *framework Android.* Estos son un tipo de aviso que se despliega al usuario fuera del marco de la aplicación. Dichos avisos ofrecen información sobre la aplicación que los lanza cuando esta no se encuentra en primer plano. Las notificaciones se dividen en diferentes partes, y aportan una información muy importante:

- *Small Icon:* esta es la imagen que irá asociada a la notificación. Se establecerá con *setSmallIcon().*
- **Nombre:** aquí estableceremos el nombre de la aplicación que envía la notificación.
- **Fecha:** esta fecha nos la establecerá el sistema, pero podría ser sobrescrita en caso de necesidad a través del método *setWhen().*
- *Large Icon:* esta imagen se mostrará normalmente a la derecha y en nuestro caso es un parámetro opcional. Se establecerá con el método *setLargeIcon().*
- **Contenido:** compuesto por el título, establecido con el método *setContentTitle()* y por el texto que complete el contenido, que se establece con *setContentText().* Ambos parámetros son opcionales en la formación de una notificación.

Para realizar la implementación de una notificación dentro de nuestras aplicaciones, tendremos que hacer uso de la clase *NotificationCompat,* la cual normalmente ya está incluida en la configuración de nuestro fichero *build. gradle,* pero en caso de no ser así, deberemos añadir las dependencias a mano por nosotros mismos. Estas se incluirían de la siguiente manera:

```
dependencies {
  implementation "com.android.support:support-
  compat:28.0.0"
}
```

Las clases de *Android Toast* y *Dialog* proporcionan una manera útil de mostrar alertas a los usuarios, pero el problema es que estas alertas no son persistentes, lo que significa que la alerta parpadea en la pantalla durante unos segundos y luego desaparece, o en cuanto termina la ejecución de la aplicación, esta se destruye.

El mensaje de notificación de *Android* llena el vacío en tales situaciones. La notificación de *Android* es un mensaje que podemos mostrar al usuario fuera de la IU normal de nuestra aplicación.

2.1. Crear una notificación básica

Para comenzar en la creación de una notificación, primero crearemos la más básica que podemos realizar, la cual constará de un icono, un título y un texto que servirá como contenido de nuestra notificación.

Todos los sistemas de Android nos permiten la configuración de las notificaciones que se mostrarán en el sistema.

Para ello, debemos hacer uso de la clase *NotificationCompat.* Para la creación de esta, hemos de realizar la llamada a la clase *NotificationCompat. Builder,* la cual realizará el trabajo de construcción de esta.

 **DEFINICIÓN**

NotificationCompact.Builder

Es la clase que construye un objeto de tipo *NotificationCompat*. Sirve para controlar de manera sencilla la formación de las notificaciones, permitiéndonos establecer sus características principales durante la construcción del objeto.

- -

La siguiente pieza en cuestión encargada de la gestión de las notificaciones será la clase *NotificationManager,* necesaria para establecer el lanzamiento y cancelación de las notificaciones que queramos crear. Su declaración se realizará de la siguiente manera:

```
NotificationManager mManager = (NotificationManager)
    getApplicationContext().
    getSystemService(NOTIFICATION_SERVICE);
```

Con esta línea estamos declarando e inicializando una variable de tipo *NotificationManger,* que se formará de una manera un poco particular. En esta línea estamos pidiendo al sistema de *Android* que nos proporcione el servicio de notificaciones. Este servicio devolverá la clase *NotificationManger* del sistema, sobre la cual realizaremos un "casteo" para establecer que se inicialice sobre el valor de nuestra instancia propia de *NotificationManager.*

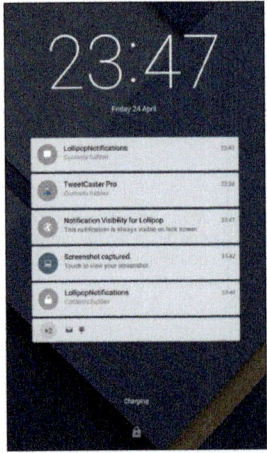

En Android las notificaciones cuentan con una vista en la pantalla de bloqueo de nuestro sistema. Dependiendo de las versiones de Android, estas presentarán mayor o más limitadas funcionalidades.

Ahora llega el momento de usar nuestra clase constructora *NotificationCompact.Builder.* La definiremos e inicializaremos en nuestra clase principal de la siguiente manera:

```
NotificationCompat.Builder mBuilder = new
NotificationCompat.Builder(getApplicationContext(), "ID")
  .setContentIntent(pendingIntent)
  .setSmallIcon(icono)
  .setContentTitle("Titulo de la notificación")
  .setContentText("Este es el texto que va a componer el
  contenido de mi notificación personalizada")
  .setAutoCancel(true);
```

En este caso estamos creando una nueva notificación, que se desplegará desde el contexto que le pasemos como parámetro y que establecerá una acción concreta, un icono, un título y una texto. La propiedad que establecemos como true en la llamada al método *setAutoCancel* establecerá la acción de que la notificación se borre cuando pulsemos sobre ella.

A continuación, la clase *NotificationManager* se encargará de mostrar y lanzar la notificación:

```
mManager.notify(1, mBuilder.build());
```

- ➲ ***setAutoCancel (boolean autoCancel):*** establecer este indicador hará que la notificación se cancele automáticamente cuando el usuario haga clic en ella.
- ➲ ***setContent (vistas de RemoteViews):*** proporciona un *RemoteViews* personalizado para usar en lugar del estándar proporcionado por *Android.*
- ➲ ***setContentInfo (CharSequence):*** establece el texto grande en el lado derecho de la notificación.
- ➲ ***setContentIntent (PendingIntent):*** proporciona un *PendingIntent* para enviar cuando se hace clic en la notificación.
- ➲ ***setContentText (CharSequence):*** establece el texto de la segunda fila de la notificación, en una notificación estándar.
- ➲ ***setContentTitle (CharSequence title):*** establece el texto ubicado en la primera fila de la notificación, en una notificación estándar.

- ⇒ **setDefaults (int):** establece las opciones de notificación predeterminadas que se utilizarán.
- ⇒ **setLargeIcon (icon):** establece el icono grande que se muestra en el *ticker* y la notificación.
- ⇒ **setNumber(int):** establece el número grande en el lado derecho de la notificación.
- ⇒ **setOngoing (booleano):** establece si se trata de una notificación en curso.
- ⇒ **setSmallIcon (int):** establece el icono pequeño para usar en los diseños de notificación.
- ⇒ **setStyle (NotificationCompat.Style):** agrega un estilo de notificación enriquecido que se aplicará en el momento de la compilación.
- ⇒ **setTicker (CharSequence):** establece el texto que se muestra en la barra de estado cuando llega la notificación por primera vez.
- ⇒ **setVibrate (long []):** establece el patrón de vibración al saltar la notificación.
- ⇒ **setWhen (long):** establece la hora en que ocurrió el evento. Las notificaciones en el panel están ordenadas por este dato.
- ⇒ **setPriority():** se usa en *Android 7.1* y posterior, y determina el nivel de intrusismo que puede tener la notificación dentro del sistema.

Podemos crear una aplicación de ejemplo en la que juntamos todas estas piezas y se genera una notificación por defecto al abrir la aplicación. Como *activity_main.xml*, puede servirnos el que viene por defecto, mientras que en la clase principal *MainActivity.java*, estableceremos la lógica de la creación de nuestra notificación en el método *onCreate()*:

```java
import android.app.NotificationChannel;
import android.app.NotificationManager;
import android.app.PendingIntent;
import android.content.Context;
import android.content.Intent;
import android.os.Build;
import android.os.Bundle;
import android.support.v4.app.NotificationCompat;
import androidx.appcompat.app.AppCompatActivity;

public class MainActivity extends AppCompatActivity {
  private final static String CHANNEL_ID = "channel-01";
```

Continúa en página siguiente >>

<< Viene de página anterior

```
@Override
protected void onCreate(Bundle savedInstanceState) {
   super.onCreate(savedInstanceState);
   setContentView(R.layout.activity_main);
   Intent i = new Intent(MainActivity.this,
   MainActivity.class);
   showNotification(this, "Titulo de la notificación",
   "Este es el texto que va a componer el contenido de
   mi notificación personalizada", i);
}

public void showNotification(Context context, String
title, String body, Intent intent) {
   NotificationManager notificationManager =
   (NotificationManager) context.
   getSystemService(Context.NOTIFICATION_SERVICE);
   initChannels(notificationManager);
   NotificationCompat.Builder mBuilder = new
   NotificationCompat.Builder(context, CHANNEL_ID)
        .setSmallIcon(R.mipmap.ic_launcher)
        .setContentTitle(title)
        .setContentText(body);
   PendingIntent pendingIntent = PendingIntent.
   getActivity(MainActivity.this, 0, intent, 0);
   mBuilder.setContentIntent(pendingIntent);
   notificationManager.notify(1, mBuilder.build());
}
public void initChannels(NotificationManager
notificationManager) {
     if (Build.VERSION.SDK_INT < 26) {
        return;
     }
   String channelName = "Channel Name";
   int importance = NotificationManager.IMPORTANCE_HIGH;
   NotificationChannel mChannel = new NotificationChannel(
        CHANNEL_ID, channelName, importance);
   notificationManager.createNotificationChannel(mChann
   el);
   }
}
```

Es importante, para tener compatibilidad total con las nuevas versiones de *Android*, que incluyamos los canales para nuestra notificación, lo cual se hará a través de la clase *NotificationChannel*.

NOTA

A partir de la versión de *Android Oreo* o *Android 8* debemos establecer el canal que usará nuestra notificación para poder gestionar su apertura y cierre. Usaremos la clase *NotificationChannel*, a la cual le pasaremos como parámetros el ID del canal, el nombre de este y, como novedad, la importancia de esta, que establecerá lo intrusivas que pueden ser las notificaciones que mostremos en el sistema de nuestro dispositivo.

Al realizar la ejecución de nuestro programa en un emulador, podremos ver cómo la notificación aparece en la barra superior. Esta realizará la vuelta a la actividad que hayamos definido en el objeto *PendingIntent,* el cual sirve para permitir que el sistema use los permisos de nuestra aplicación. De esta clase hablaremos en más profundidad en el siguiente apartado de esta misma unidad.

La notificación que hemos creado con este ejemplo se creará al ejecutarse el método onCreate de nuestra actividad principal.

Como resumen, para emitir la notificación los pasos que seguimos serán obtener una instancia de *Notificationmanager* y posteriormente llamamos al método *notify()*, al cual establecemos un ID para las notificaciones. Este servirá para identificar la notificación en caso de que necesitemos distinguir entre varias.

 TAREA 26

En la empresa donde trabaja Sandra, realizan mejoras sobre diferentes aplicaciones que les envían sus clientes. Sobre la última aplicación que les envió un nuevo cliente deben realizar las distintas notificaciones para que se activen ante distintos botones:

- Uno que ejecute una notificación con ID 1.
- Uno que ejecute una notificación diferente con ID 2.
- Dos botones, uno para realizar el borrado de la notificación con ID 1 y otra para la notificación de la que tiene ID 2.
- Otro que borre todas las notificaciones que estén mostrándose en ese momento.

Ayuda a tu compañera Sandra a realizar esta muestra de las diferentes notificaciones que es capaz de construir con el *framework* de programación móvil *Android*.

2.2. Crear una notificación personalizada

Las funcionalidades y componentes de diseño que podemos establecer en la construcción de nuestras notificaciones varían dependiendo de la versión de *Android* que estemos utilizando. En las versiones antiguas que no soportan ciertas funciones posteriores, si establecemos alguno de estos parámetros, simplemente se ignorarán.

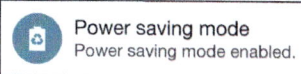

Una notificación podrá ser rediseñada para mostrar una apariencia personalizada, pero en su forma más sencilla solo estará formada por un icono y un texto con un título.

Si queremos asegurar que el diseño de nuestras notificaciones se vea de manera correcta en todas las versiones, debemos usar siempre el diseño que la clase *NotificationCompact* nos asigna por defecto. Pero en caso de que deseemos crear una notificación con una imagen personalizada, solo debemos seguir los pasos que se van describiendo a continuación.

Si se pretende crear un diseño personalizado, debemos aplicar *Notification-Compat.DecoratedCustomViewStyle* a la notificación que hayamos creado. Esta clase nos permite proporcionar un diseño personalizado para el área de contenido normalmente ocupada por el título y el contenido de texto, mientras sigue utilizando las decoraciones del sistema para el resto de los componentes que esta pudiese contener.

 PARA SABER MÁS

Si estamos creando una notificación, pero para controlar la diferente reproducción de medios, como podría ser vídeo o audio, usaremos la clase *Notification-Compat.DecoratedMediaCustomViewStyle* en su lugar. Podemos conocer más de su uso en la documentación oficial que nos proporciona Android, a la que puedes acceder desde aquí:

https://redirectoronline.com/ifcd059po1201

Esta clase funciona de manera similar a las plantillas de notificación expandibles que ya conocemos al basarse en el diseño de notificación básico de la siguiente manera:

> Construiremos una notificación básica con *NotificationCompat.Builder.*

Continúa en página siguiente >>

<< Viene de página anterior

A continuación llamaremos al método *setStyle()*, pasándole una instancia de *NotificationCompat. DecoratedCustomViewStyle.*

Es ahora cuando cargaremos nuestros diseños personalizados como una instancia de *RemoteViews*, la cual llamará a *setCustomContentView()* para establecer el diseño de la notificación contraída.

Opcionalmente, también llama a *setCustomBigContentView()* para establecer un diseño diferente para la notificación expandida:

```
public void showNotification(Context context, String
title, String body, Intent intent) {
  NotificationManager notificationManager =
       (NotificationManager) context.
       getSystemService(Context.NOTIFICATION_SERVICE);
  initChannels(notificationManager);
  NotificationCompat.Builder mBuilder = new
  NotificationCompat.Builder(context, CHANNEL_ID)
       .setSmallIcon(R.mipmap.ic_launcher)
       .setContentTitle(title)
       .setContentText(body)
       .setStyle(new NotificationCompat.
       DecoratedCustomViewStyle())
       .setCustomBigContentView(new
       RemoteViews(getPackageName(), R.layout.
       notificacion));
  PendingIntent pendingIntent =
       PendingIntent.getActivity(context, 0, intent, 0);
  mBuilder.setContentIntent(pendingIntent);
  notificationManager.notify(1, mBuilder.build());
}
```

Dentro del cual estaremos cargando el layout notificacion.xml, el cual será un recurso que contendrá el layout que mostrará la notificación en el momento en el cual es ampliada. Este código podría ser el siguiente:

```
<?xml version="1.0" encoding="utf-8"?>
<RelativeLayout
  xmlns:android="http://schemas.android.com/apk/res/
  android"
  android:layout_width="match_parent"
  android:layout_height="match_parent">
  <TextView
     android:layout_width="wrap_content"
     android:layout_height="match_parent"
     android:layout_weight="1"
     android:text="Contenido de la notificacion"
     android:id="@+id/notification_title"
     style="@style/TextAppearance.Compat.Notification.
     Title" />
</RelativeLayout>
```

Si sustituimos y ejecutamos estos códigos en nuestro ejemplo anterior, podemos ver cómo la notificación que se despliega tiene un cuerpo muy grande, ya que hemos establecido las propiedades de notification.xml como *wrap_content*. La notificación se mostrará de la siguiente manera:

Podemos ver cómo al definir nuestros propios diseños para las notificaciones debemos tener cuidado, ya que el espacio es reducido y los componentes que aceptará también.

APLICACIÓN PRÁCTICA

A Rafa le han pedido, como desarrollador independiente de aplicaciones que es, que cree modificaciones y arreglos sobre una aplicación que está manteniendo. En este caso debe realizar el diseño y la implementación de las notificaciones de la aplicación, ya que el cliente desea que estas contengan sus colores corporativos. Él nunca ha realizado una notificación con un diseño personalizado, por lo que no sabe qué clase es la encargada de permitir esta funcionalidad.

Ayuda a Rafa a realizar este trabajo, indicándole qué clase tiene que usar para realizar la siguiente tarea.

Solución

La clase que tiene que utilizar Rafa es la NotificaciónCompat.DecoratedCustomViewStyle, ya que si usamos esta clase, podremos otorgar un estilo que hayamos creado de manera personalizada a nuestras notificaciones. Podemos usar también las clases *setCustomContentView* para otorgar un *layout* personalizado directamente a determinados elementos.

- -

ACTIVIDAD COMPLEMENTARIA

43. Realiza la implementación de una notificación personalizada, la cual debe constar de un aspecto propio que se diferencie del resto de notificaciones del sistema. Esta deberá abrirse a partir del método *onCreate* o del evento *onClick* de un botón. Comprueba su aspecto sobre diferentes dispositivos.

- -

3. Acciones

☞ HILO CONDUCTOR

Durante la creación de las notificaciones de la aplicación que han creado, Ramón, uno de los socios de Digital Mushroom, S. L., decide que desea ampliar su funcionalidad, aportando una por la cual, al pulsar en la notificación, esta te lleve a la actividad correspondiente de la que dependerá la notificación. Para hacer esto realiza un estudio de la documentación que *Android* pone a su disposición y conoce un tipo de clase *Intent* que desconocía: los *PendingIntent*.

Aunque no es obligatorio, para mejorar la experiencia de usuario cada notificación debería realizar una acción adecuada cuando se pulsa sobre ella. Además de esta acción de notificación predeterminada, puede agregar botones de acción que completen una tarea relacionada con la aplicación desde la notificación, como podría ser realizar una llamada desde la propia notificación de llamada perdida que nos ofrece el dispositivo.

Para realizar la acción predeterminada de la notificación, deberemos hacer uso de una herramienta de tipo *Intent* que nos proporciona *Android:* la clase *PendingIntent*. El objeto devuelto se puede entregar a otras aplicaciones para que puedan realizar más adelante la acción que describió en su nombre.

```
Intent intent = new Intent(this, AlgunaActivity.class);
PendingIntent pendingIntent = PendingIntent.getActivity(
  this, 1, intent, PendingIntent.FLAG_UPDATE_CURRENT);
```

Para realizar las instancias de la clase *PendingIntent* se pueden crear a través de distintos métodos, dependiendo de la finalidad que estos tengan:

Iniciar una actividad
- getActivity(Context, int, Intent, int)

Iniciar varias actividades
- getActivities(Context, int, Intent[], int)

Continúa en página siguiente >>

<< Viene de página anterior

Iniciar un evento del sistema
- getBroadcast(Context, int, Intent, int)

Iniciar un servicio
- getService(Context, int, Intent, int)

Al otorgar un *PendingIntent* a otra aplicación, se le está otorgando el derecho de realizar la operación que ha especificado como si la otra aplicación tuviese los mismos permisos que la nuestra (con la misma identidad). Como tal, debe tener cuidado con la forma en que construye el *PendingIntent:* por ejemplo, casi siempre, el *Intent* base que proporciona debe tener el nombre del componente establecido explícitamente en uno de sus propios componentes, para garantizar que finalmente se envíe allí y no a ningún otro lugar.

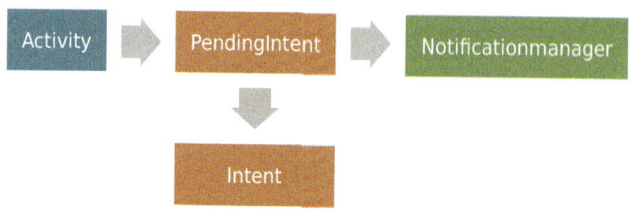

Un PendingIntent es un elemento que usamos para poder guardar un Intent y ejecutar este incluso una vez terminada la ejecución de la aplicación.

Un *PendingIntent* en sí mismo es simplemente una referencia a un *token* mantenido por el sistema que describe los datos originales utilizados para recuperarlo. Esto significa que, incluso si se cancela el proceso de la aplicación propietaria de este, el propio *PendingIntent* seguirá siendo utilizable desde otros procesos que se le hayan dado.

Para definir un ejemplo en el cual podamos apreciar el uso de este tipo de *Intent*, crearemos una clase principal en la cual debemos declarar el uso de nuestro *PendingIntent* de la siguiente manera:

```
Intent intent = new Intent(Intent.ACTION_VIEW, Uri.
parse("https://www.iceditorial.com/"));
  PendingIntent pendingIntent = PendingIntent.
getActivity(this, 0, intent, 0);
  NotificationCompat.Builder builder = new
NotificationCompat.Builder(this, "ID")
    .setSmallIcon(android.R.drawable.ic_dialog_alert)
    .setContentIntent(pendingIntent)
    .setLargeIcon(BitmapFactory.
decodeResource(getResources(), R.mipmap.ic_launcher))
    .setContentTitle("Alerta")
    .setContentText("Debes visitar esta página sin
falta")
    .setSubText("Recomendada");
notificationManager.notify(1, builder.build());
```

Si la aplicación recupera el mismo tipo de *PendingIntent* (la misma operación, la misma acción de intención, datos, categorías y componentes, y los mismos indicadores), recibirá un *PendingIntent* que representa el mismo *token* si este sigue siendo válido, y puede llamar así al método *cancel()* y eliminarlo.

En nuestro ejemplo vemos cómo creamos un elemento de este tipo. Los *PendingIntent* aceptarán cuatro parámetros como entrada al convocarse con el método *getActivity*. Estos serán los siguientes:

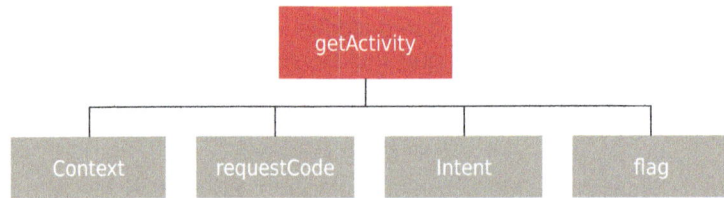

- ⮑ **Context:** proporciona el contexto de la actividad en la cual el *PendingIntent* debería lanzar la actividad deseada.
- ⮑ **requestCode:** se utilizará para poder recuperar la misma instancia del *PendingIntent* en diferentes ocasiones.
- ⮑ **Intent:** este valor puede ser nulo, pero al asignarlo estamos refiriéndonos al *Intent* de la actividad que deseamos que sea lanzada al pulsar sobre la notificación.

● **Flag:** es usada para poder diferenciar los distintos *PendingIntent* que tenemos en la aplicación, ya que estos harán uso del mismo objeto siempre que no se declare lo contrario.

Debido al hecho de que se recupere el mismo objeto *PendingIntent,* es importante saber cuándo se considera que dos *Intents* son los mismos para los fines de recuperación de este.

NOTA

Un error común es crear múltiples objetos *PendingIntent* con intenciones que solo varían en sus contenidos "extra", esperando obtener un *PendingIntent* diferente cada vez. Esto no sucede. Las partes del *Intent* que se utilizan para emparejar son las mismas definidas por *Intent#filterEquals(Intent)*. Si usa dos objetos Intent que son equivalentes según *Intent#filterEquals(Intent)*, entonces obtendrá el mismo *PendingIntent* para ambos.

Si realmente se necesitan múltiples objetos *PendingIntent,* distintos al mismo tiempo (por ejemplo, para usarlos como dos notificaciones que se muestran al mismo tiempo), deberás asegurarte de que haya algo diferente en ellos para asociarlos con diferentes *PendingIntents.* Esto puede ser cualquiera de los atributos considerados por el *Intent,* o diferentes valores enteros de código de solicitud suministrados a *getActivity, getActivities, getBroadcast* o *getService.*

Nuestro ejemplo completo para poder comprender mejor este componente se basará en una interfaz activity_main.xml, la cual representaremos con dos botones, uno que lanzará la notificación y otro botón de borrar, que realizará la cancelación de la notificación, identificando esta a través de su ID:

```
<?xml version="1.0" encoding="utf-8"?>
<LinearLayout xmlns:android="http://schemas.android.
com/apk/res/android"
  xmlns:tools="http://schemas.android.com/tools"
  android:layout_width="match_parent"
```

Continúa en página siguiente >>

<< Viene de página anterior

```
   android:layout_height="match_parent"
   tools:context="com.example.notificationintent.
 MainActivity">
   <Button
      android:id="@+id/btn_mostrar"
      android:layout_width="wrap_content"
      android:layout_height="wrap_content"
      android:text="@string/btn_create" />
   <Button
      android:id="@+id/btn_cancelar"
      android:layout_width="wrap_content"
      android:layout_height="wrap_content"
      android:text="@string/btn_cancel"
      android:layout_alignParentLeft="true"
      android:layout_alignParentStart="true" />
 </LinearLayout>
```

En este caso, hemos realizado la buena práctica de incluir nuestras cadenas de texto dentro del fichero de recurso para esto, el fichero *res/values/strings. xml,* de la siguiente manera:

```
<string name="btn_create">Mostrar notificación</string>
<string name="btn_cancel">Cancelar notificación</string>
```

Añadiendo estos, ya podemos realizar la visualización de nuestra actividad.

La interfaz que mostramos en nuestro MainActivity.java contendrá dos botones, uno para mostrar la notificación y otro para cancelarla.

Dentro de nuestra clase principal, realizaremos la captura de ambos botones para aportarles el evento *onClick* adecuado. En la clase *crearNotificacion()* realizaremos la creación de la notificación a través de la clase *NotificationCompat* y *NotificationManager*.

Crearemos el elemento *PendingIntent* para enlazar la acción que deseamos que realice nuestro *Intent,* en este caso el lanzamiento de una página externa que cargará al pulsar sobre la notificación.

```
Intent intent = new Intent(Intent.ACTION_VIEW, Uri.
parse("https://www.iceditorial.com/"));
```

La acción Intent que pasemos a nuestro objeto PendingIntent será la encargada de contener la acción que deseamos que realice nuestra notificación.

Para realizar la cancelación de la notificación, únicamente debemos convocar al método *cancel()* de nuestra clase *Notificationmanager,* la cual recibirá como parámetro el ID de la notificación que hayamos creado, en este caso un 1.

```
notificationManager.cancel(1);
```

El código completo de nuestra clase MainActivity.java se vería de la siguiente manera:

```
package com.example.notificationintent;
import android.app.NotificationChannel;
import android.app.NotificationManager;
import android.app.PendingIntent;
import android.content.Context;
import android.content.Intent;
import android.graphics.BitmapFactory;
import android.net.Uri;
import android.os.Build;
import android.os.Bundle;
import android.support.v4.app.NotificationCompat;
import androidx.appcompat.app.AppCompatActivity;
import android.view.View;
import android.widget.Button;

public class MainActivity extends AppCompatActivity
implements View.OnClickListener {
  private final static String CHANNEL_ID = "channel-01";
  private Button button, button2;
  private NotificationManager notificationManager;

  @Override
  protected void onCreate(Bundle savedInstanceState) {
    super.onCreate(savedInstanceState);
    setContentView(R.layout.activity_main);button =
    findViewById(R.id.btn_mostrar);
    button2 = findViewById(R.id.btn_cancelar);
    button.setOnClickListener(this);
```

Continúa en página siguiente >>

<< Viene de página anterior

```
    button2.setOnClickListener(this);
    notificationManager = (NotificationManager)
    getSystemService(Context.NOTIFICATION_SERVICE);
}

public void initChannels() {
    if (Build.VERSION.SDK_INT < 26) {
        return;
    }
    String channelName = "Channel Name";
    int importance = NotificationManager.IMPORTANCE_HIGH;

    NotificationChannel mChannel = new NotificationChannel(
        CHANNEL_ID, channelName, importance);
    notificationManager.createNotificationChannel(mChann
    el);
}
public void crearNotificacion() {
    initChannels();

    Intent intent = new Intent(Intent.ACTION_VIEW, Uri.
    parse("https://www.iceditorial.com/"));
    PendingIntent pendingIntent = PendingIntent.
    getActivity(this, 0, intent, 0);
    NotificationCompat.Builder builder = new
    NotificationCompat.Builder(this, CHANNEL_ID)
        .setSmallIcon(android.R.drawable.ic_dialog_
        alert)
        .setContentIntent(pendingIntent)
        .setLargeIcon(BitmapFactory.
        decodeResource(getResources(), R.mipmap.ic_
        launcher))
        .setContentTitle("Alerta")
        .setContentText("Debes visitar esta página sin
        falta")
        .setSubText("Recomendada");

    notificationManager.notify(1, builder.build());
}
public void eliminarNotificacion() {
```

Continúa en página siguiente >>

<< Viene de página anterior

```
        notificationManager.cancel(1);
    }
    @Override
    public void onClick(View v) {
        switch (v.getId()) {
            case R.id.btn_mostrar:
                crearNotificacion();
                break;
            case R.id.btn_cancelar:
                eliminarNotificacion();
                break;
            default:
                return;
        }
    }
}
```

Con todo esto ya sabemos cómo podemos personalizar las acciones que realizarán nuestras notificaciones, dependiendo del tipo de componente sobre el que vayan a realizarla.

4. Resumen

Las notificaciones son un componente de aviso que resulta sumamente útil en la programación *Android*. Este tipo de componente se caracteriza por la aparición de un aviso en la barra superior, el cual está construido a través de una clase conocida como *NotificationCompat*.

NotificationCompat hace uso de su clase *Builder*, que realiza la construcción de la notificación. Esta realizará la creación de notificaciones expandidas, que son de uso común en las versiones actuales de *Android*. Por ejemplo, los botones de acción solo son soportados por ciertas versiones, pero si los implementamos, no fallarán; simplemente no aparecerá la acción.

Si nuestra aplicación va dirigida a múltiples diseños de pantalla diferentes, siempre se recomienda como buena práctica no configurar un aspecto propio, ya que este tiene más posibilidades de no mostrarse de manera correcta al ser el espacio de diseño de una notificación muy pequeño y limitado. Aun así podremos personalizar nuestros *layout* para notificaciones e inflarlos a través del método *setCustomContentView()*.

Para garantizar que se realiza la acción oportuna al pulsar sobre la notificación, usamos el método *setContentIntent* de nuestro *NotificationCompat. Builder,* donde estableceremos como parámetro de entrada un objeto de la clase *PendingIntent.* Esta clase será la encargada de guardar la acción oportuna que realizará la notificación, aun en caso de que esta no se esté ejecutando en el momento en el cual debe ser lanzada. Permite la comunicación de permisos de aplicaciones externas o nativas del teléfono como si contase con los permisos propios de nuestra aplicación.

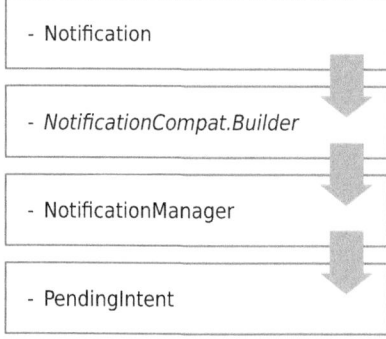

- Notification

- *NotificationCompat.Builder*

- NotificationManager

- PendingIntent

Ejercicios de autoevaluación
Unidad de Aprendizaje 12

1. De los siguientes tipos de avisos que nos proporciona *Android,* ¿cuál decidiremos desarrollar en caso de que queramos que esta se mantenga, aunque la ejecución de la aplicación haya terminado?

   a. Diálogo.
   b. Notificación.
   c. *Toast.*
   d. Diálogo personalizado.

2. Si deseamos identificar una de las siguientes partes como no perteneciente a una notificación *Android,* ¿qué opción deberemos elegir?

   a. *SmallIcon*
   b. Texto
   c. Fecha
   d. Preferencias

3. Determina si la siguiente oración es verdadera o falsa: "Haremos uso de la clase *NotificationCompat* cuando queramos construir una notificación dentro de *Android".*

   ■ Verdadero
   ■ Falso

4. Para poder hacer uso de la clase *NotificationCompat,* debemos siempre recordar añadir su subclase...

   a. ... *Builder.*
   b. ... *Notification.*
   c. ... *Action.*
   d. ... *Extender.*

5. Si deseamos lanzar una notificación que anteriormente hemos creado con *NotificationCompat,* debemos hacer uso de la clase auxiliar de Android siguiente:

    a. *Builder*
    b. *Notification*
    c. *NotificationManager*
    d. *NotificationBuilder*

6. Determina si la siguiente oración es verdadera o falsa: "Cuando creamos una instancia de la clase *NotificationManager* y pedimos al sistema el servicio *NOTIFICATION_SERVICE,* estamos pidiendo el servicio de nuestra propia aplicación".

    ■ Verdadero
    ■ Falso

7. Hemos establecido a través del uso de *NotificationCompat.Builder* la cualidad de que una notificación sea cerrada y eliminada en el momento en el cual el usuario pulse sobre una notificación. Esta funcionalidad se aporta a través del establecimiento a true de la propiedad siguiente:

    a. *SmallIcon*
    b. *ContentText*
    c. *AutoCancel*
    d. *ContentTitle*

8. La clase *NotificationCompat.DecoratedCustomViewStyle,* ¿en qué casos será más conveniente que realicemos su uso?

    a. Si nuestra aplicación se ve en distintas disposiciones de pantalla.
    b. En caso de que sea necesario crear un estilo personalizado.
    c. Cuando la notificación solo se muestre una vez.
    d. Cuando queramos personalizar una imagen.

9. Si queremos realizar una acción que debe guardarse para ejecutarse más adelante dentro de nuestro sistema, para ser lanzado ante un evento que hayamos definido, deberemos hacer uso de la clase:

    a. *Intent*
    b. *NotificationManger*
    c. *PendingIntent*
    d. *NotificationCompat*

10. Determina si la siguiente oración es verdadera o falsa: "Si deseamos realizar varios objetos *PendingIntent* al mismo tiempo, deberemos dotar estos de claves diferenciadoras para que se ejecuten por separado".

    ■ Verdadero
    ■ Falso

Glosario

Abstracción
Es la capacidad de mantener métodos y atributos de manera común entre clases que hereden de una clase abstracta. La diferencia con la interfaz es que esta última solo te permite crear constantes, mientras que la clase abstracta también da la opción de crear atributos normales.

Algoritmo
Es un procedimiento o fórmula para resolver un problema, basado en la ejecución de una secuencia de acciones específicas. Cualquier software puede ser entendido como un algoritmo elaborado.

Ámbito de clase
El alcance de una variable es la parte del programa donde la variable es accesible. Al igual que C o C++, en Java los identificadores tienen un ámbito estático, es decir, el alcance de una variable puede determinarse en el momento de la compilación e independiente de la pila de llamadas de función.

Análisis
Proceso de identificación, modelado y descripción de lo que hace un sistema y de cómo trabaja.

Aplicación
Un programa Java que se ejecuta de forma independiente en un cliente o en un servidor. La máquina virtual de Java interpreta siempre las instrucciones, y los programas siempre tienen acceso a todos los recursos del ordenador.

Applet
Es un pequeño programa basado en internet escrito en Java y que se puede descargar en cualquier equipo. El *applet* también es capaz de ejecutarse en HTML. Generalmente aparece incrustado en las páginas web y pueden ejecutarse desde un navegador.

Argumento

Lo que se pasa a un método se denomina "argumento". Se suele confundir con parámetro, que es el "tipo" de datos que un método puede recibir.

Arrays

Es un grupo de variables de tipo similar a las que se hace referencia con un nombre común. Los *arrays* en Java funcionan de manera diferente a como lo hacen en C o C++.

Asignación

Es el proceso de dar un valor a una variable independientemente del tipo que sea, o bien dar una referencia de objeto a una variable de tipo de objeto. En Java se utiliza el signo "=" para asignar un valor, seguida del valor a asignar.

Asociación

Es la relación que establecen dos instancias de dos clases diferentes, es decir, dos objetos independientes, a través de la colaboración entre ambas para trabajar juntas a lo largo del código.

Atributos

Es una propiedad o característica que se puede cambiar de algún componente de un programa al que se puede establecer en diferentes valores.

Boolean

Es un valor con dos opciones, verdadero o falso, sí o no, 1 o 0. En Java hay un tipo de variable para valores *booleanos.*

Byte

Es un tipo de datos primitivo, lo que significa que viene empaquetado con Java. Un *byte* en Java es de 8 bits.

Bytecode

Es el formato compilado para programas Java. De esta forma, el código fuente se puede ejecutar en cualquier plataforma una vez que se haya compilado y ejecutado a través de la máquina virtual, pudiendo ser transferido a través de una red y ejecutado por Java Virtual Machine (JVM).

Char

Es un tipo de datos de un solo carácter o dígito.

Clase

Colección encapsulada de datos y métodos que actúan sobre estos datos. Los métodos de una clase definen el conjunto de operaciones permitidas sobre los datos o atributos de una clase. Una clase a su vez puede contener distintas instancias de otros objetos.

Clave
Las claves son las palabras que se guardan como "palabras reservadas" dentro de un tipo de programación. Estas son palabras que tienen un significado especial dentro de un lenguaje de programación concreto, y no podrán ser usadas como nombre para nuestras clases u objetos.

Colecciones
Conjunto organizado de clases que proporcionan un conjunto de componentes y abstracciones reutilizables.

Comentario
Son declaraciones que no son ejecutadas ni por el compilador ni por el intérprete. Se pueden utilizar para proporcionar información o explicaciones sobre las variables, métodos, clases o cualquier declaración, o bien usarse para ocultar un determinado código durante un tiempo. En Java los comentarios están precedidos por dos barras "//" en caso de que queramos comentar una línea, y englobado por "/*" y "*/" en caso de que queramos comentar un bloque.

Compilar
Cuando los programadores crean programas de software, primero escriben el programa en código fuente, que está escrito en un lenguaje de programación específico como Java o C. Estos archivos de código fuente se guardan en un formato basado en texto y legible para los humanos, que los programadores pueden abrir y editar. Sin embargo, el código fuente no puede ser ejecutado directamente por el ordenador, se debe convertir del código fuente a un código de máquina. Este proceso se conoce como compilar el código.

Constante
Es una variable cuyo valor no puede cambiar una vez que ha sido asignado. Java no tiene soporte incorporado para constantes, pero con los modificadores de variable "static" y "final" se pueden crear de forma efectiva.

Constructor
Es un método especial que contiene todas las clases Java. Este se ejecuta de manera automática al crear una nueva instancia de la clase y llamar al operador new, en el cual determinaremos el número y tipo de los parámetros de entrada para indicar a qué constructor queremos llamar.

Contenedor

Es un componente que puede contener otros componentes dentro de sí mismo. También es una instancia de una subclase "java.awt.Container" que extiende de "java.awt.Component" para que los contenedores sean componentes. Un *applet* es un contenedor.

Control de flujo

El control de flujo es el modo en el que avanza la ejecución del programa. Se puede ir dirigiendo a través de los cambios de estado que se producen en los diferentes datos de las aplicaciones. Estos se dedican a controlar las declaraciones de flujo, cambiar o interrumpir el flujo de la ejecución mediante la implementación de toma de decisiones, bucles y bifurcación de código.

Declaración

En programación es sinónimo de "definición". Es el proceso de definir las variables, métodos y clases en un programa.

Depuración

Es el proceso rutinario de localización y eliminación de errores o anomalías que los programadores de *software* manejan metódicamente a través de herramientas de depuración (depuradores). Con este proceso se comprueba, detecta y corrige errores para permitir el correcto funcionamiento del programa.

Diseño

Proceso por el cual se define cómo debe ser estructurado e implementado un programa

Double

Es un tipo de variable que puede contener números muy grandes o pequeños. También se usa para mantener valores de punto flotante o decimales.

Encapsulación

Es uno de los cuatro conceptos fundamentales de la programación orientada a objetos. Es un mecanismo de envolver los datos y el código que actúa sobre los datos juntos como una sola unidad. Las variables de una clase se ocultarán de otras clases y solo se podrá acceder a ellas a través de los métodos de su clase actual. Por lo tanto, también se conoce como *ocultación de datos*.

Espacios de nombres (namespaces)

Es una forma de identificar de forma única un conjunto de nombres para que no haya ambigüedad cuando los objetos que tienen orígenes diferentes pero los mismos nombres se mezclen entre sí.

Excepciones

Es un evento que ocurre durante la ejecución de un programa, que interrumpe el flujo normal de las instrucciones del programa.

Expresión

Son bloques de construcción esencial de cualquier programa Java, generalmente creados para producir un nuevo valor, aunque a veces una expresión asigna un valor a una variable. Las expresiones se construyen usando valores, variables, operadores y métodos.

Hardware

Se refiere a las partes físicas de un equipo y a los distintos dispositivos relacionados. Los dispositivos de *hardware* internos incluyen placas base, discos duros y RAM. Los dispositivos de *hardware* externos incluyen monitores, teclados, ratones, impresoras, escáneres, etc.

Herencia

Es el proceso donde una clase adquiere las propiedades (métodos y campos) de otra. La clase que hereda las propiedades se conoce como subclase o clase hija, y la clase cuyas propiedades se heredan se conoce como clase base o clase padre.

Hilo

En la programación un hilo es información del marcador de posición asociada con un solo uso de un programa que puede manejar múltiples usuarios concurrentes. Desde el punto de vista del programa, el hilo es la información necesaria para servir a un usuario individual o una solicitud de servicio en particular. Si varios usuarios utilizan el programa o se producen solicitudes simultáneas de otros programas, se crea y mantiene un subproceso para cada uno de ellos. El subproceso permite que un programa sepa a qué usuario se sirve cuando el programa vuelve a ingresarse en nombre de diferentes usuarios.

IDE

Un entorno de desarrollo integrado (*Integrated Development Enviroment*) es un conjunto de *software* que consolida las herramientas básicas necesarias para escribir y probar el *software*.

Instancia

Objeto de una clase.

Int

Es un tipo de variable que contiene valores numéricos enteros.

Interfaz

Es un tipo de referencia en Java, similar a la clase. Es una colección de métodos abstractos. Una clase implementa una interfaz, heredando así los métodos abstractos de la interfaz. Junto con los métodos abstractos, una interfaz también puede contener constantes, métodos predeterminados, métodos estáticos y tipos anidados. Los cuerpos de método existen solo para métodos predeterminados y métodos estáticos. Contiene comportamientos que debe implementar una clase.

Intérprete de Java

Es un programa que lee como entrada un programa fuente junto con los datos del programa, y traduce cada instrucción del programa fuente. Por ejemplo, el intérprete de Java traduce un archivo .class a un código que puede ejecutarse de forma nativa en la máquina subyacente.

Iterador

Es un tipo de objeto que se usa para recorrer contenedores. En el caso del lenguaje Java, se utilizan para recorrer el tipo de contenedor con forma de lista.

Java

Es un lenguaje de programación que produce *software* para múltiples plataformas. Cuando un desarrollador escribe una aplicación en *Java*, el código compilado conocido como código de *bytes* se ejecuta en la mayoría de sistemas operativos como *Windows, Linux* y *Mac. Java* deriva gran parte de sus sintaxis de los lenguajes de programación C y C++.

Java Development Kit (JDK)

El Kit de desarrollo de Java *(JDK)* es un entorno de desarrollo de *software* utilizado para desarrollar *applets* y aplicaciones *Java*. Incluye *Java Runtime Enviroment (JRE)*, un archivador *(jar)*, un generador de documentación *(javadoc)* y otras herramientas necesarias para el desarrollo de Java.

Java Runtime Enviroment (JRE)

El entorno de ejecución de Java *(JRE)* es un conjunto de herramientas de *software* para el desarrollo de aplicaciones *Java*. Combina la máquina virtual *java (JVM)*, las clases centrales de la plataforma y las bibliotecas de soporte. Es parte del *JDK*, pero se puede descargar por separado.

Java Virtual Machine (JVM)

La máquina Virtual Java *(JVM)* es el motor de tiempo de ejecución de la plataforma *Java*, que permite que cualquier programa escrito en *Java* u otro lenguaje compilado en el código de *bytes* de *Java* se ejecute en cualquier ordenador que tenga una *JVM* nativa.

Jerarquía

Todas las clases en la plataforma *Java* son descendientes de la clase *Object*. En la parte superior de la jerarquía, la clase *Object* es la más general de todas las clases. Las clases que creemos nosotros personalizadas se colocarán cerca de la parte inferior de la jerarquía y proporcionarán un comportamiento más especializado.

Lenguajes compilados

Son los lenguajes de programación que, en el momento de ser ejecutados, son convertidos de lenguaje de alto nivel a lenguaje de máquina. Requiere un paso intermedio antes de ser ejecutado: la compilación.

Lenguajes interpretados

Lenguajes que, al ser ejecutados, no requieren de un paso previo, es decir, es convertido en lenguaje máquina a medida que va siendo ejecutado. El intérprete es un programa que ejecuta o interpreta las instrucciones directamente en lenguaje de alto nivel.

Long

Es una clase de envoltorio para el tipo primitivo *long* que contiene varios métodos para tratar efectivamente un valor largo como, por ejemplo, convertirlo en una representación y viceversa. Un objeto de clase *long* puede contener un solo valor largo.

Máquina virtual

Es un programa de *software* o sistema operativo que no solo muestra el comportamiento de un ordenador separado, sino que también es capaz de realizar tareas como ejecutar aplicaciones y programas como un ordenador separado. Una máquina virtual se crea dentro de otro entorno informático denominado *"host"*. Múltiples máquinas virtuales pueden existir dentro de un solo *host* a la vez. También se conoce como invitado.

Métodos

Es una colección de sentencias que se agrupan para realizar una operación.

Microprocesador

Es un procesador de ordenador en un microchip. Contiene todas o la mayoría de las funciones de la unidad central de procesamiento (CPU) y es el motor que se pone en marcha cuando se enciende el ordenador. Un microprocesador está diseñado para realizar operaciones aritméticas y lógicas que hacen uso de pequeñas áreas de retención de números llamadas registros. Las operaciones típicas de microprocesadores incluyen sumar, restar, comparar dos números y obtener números de un área a otra.

Modificador

Un modificador de *Java* especifica qué clases pueden acceder a una clase dada y sus campos, constructores y métodos.

Modularidad

Es un concepto general que se aplica al desarrollo de *software* de una manera que permite desarrollar módulos individuales, a menudo con una interfaz estandarizada para permitir que los módulos se comuniquen. Cualquier biblioteca *Java* es en efecto un módulo.

Objetos

Una clase es un modelo o prototipo definido por el usuario a partir del cual se crean los objetos. Representa el conjunto de propiedades o métodos que son comunes a todos los objetos de un tipo.

Paquetes Java

Es un grupo de tipos similares de clases, interfaces y subpaquetes. El paquete en *Java* se puede clasificar en dos formas: paquete integrado y paquete definido por el usuario. Hay muchos paquetes incorporados como *java, Lang, awt, javax, swing, net, sql,* etc.

Paradigma de programación

También puede denominarse método para resolver algún problema o realizar alguna tarea. Es un enfoque para resolver un problema usando un lenguaje de programación o también se puede decir que es un método para resolver un problema utilizando herramientas y técnicas que están disponibles siguiendo un enfoque determinado.

Parámetros

Son valores que se pasan a los métodos. Permiten al programador enviar información a los métodos sin crear una instancia de un valor global.

Polimorfismo

Es la capacidad de un objeto para adoptar muchas formas. El uso más común del polimorfismo en la OOP ocurre cuando se usa una referencia de clase primaria para referirse a un objeto de clase secundaria.

Programación orientada a objetos

Se refiere a un tipo de programación de diseño de *software* en el que los desarrolladores definen no solo el tipo de datos de una estructura de datos, sino también los tipos de operaciones (funciones) que se pueden aplicar a la estructura de datos.

Pseudocódigo

En el aprendizaje de la programación es común utilizar un código de alto nivel, conocido como pseudocódigo. Este usa las convenciones de los lenguajes de programación normales, pero evitando las expresiones que sean menos comprensibles para las personas, facilitando así la adquisición de conocimiento.

Recolector de basura

Es un programa que se ejecuta en la máquina virtual de *Java* que elimina objetos que ya no están siendo utilizados por una aplicación *Java*. Es una forma de gestión automática de la memoria.

Refactorización

Es la técnica de ingeniería de *software* por la que los programadores cambian la estructura interna del código de un programa para mejorarlo sin cambiar su comportamiento externo.

Short

Es una clase de envoltorio para el tipo primitivo *short* que contiene varios métodos para tratar efectivamente un valor *short,* como convertirlo en un *string* y viceversa.

Sobrecarga

Es la capacidad de definir más de un método con el mismo nombre en una clase. El compilador es capaz de distinguir entre los métodos debido a las firmas de sus métodos.

Sobreescritura

En cualquier lenguaje de programación orientado a objetos, la anulación o sobreescritura es una característica que permite a una subclase o clase secundaria proporcionar una implementación específica de un método que ya proporciona una de sus clases primarias.

Software

Es un conjunto de instrucciones, datos o programas que se utilizan para operar equipos y ejecutar tareas específicas. A diferencia del *hardware,* el *software* es un término genérico que se utiliza para referirse a aplicaciones, *scripts* y programas que se ejecutan en un dispositivo.

String

Es una secuencia de caracteres que existe como un objeto de la clase *java. lang.* Las cadenas de *Java* se crean y manipulan a través de la clase *string*.

Tipado dinámico

Es el que se caracteriza por que la comprobación de la tipificación se hace durante su ejecución en vez de comprobar durante la compilación.

Tipo estático

Lenguajes de programación que comprueban la tipificación durante la compilación y no durante la ejecución. Son más seguros a la hora de ejecutar, ya que los errores se detectan antes.

Unicode

Es un estándar de codificación de caracteres universal. Define la forma en que los caracteres individuales se representan en archivos de texto, páginas web y otros tipos de documentos.

UX (User Experience)

Es el proceso de mejorar la satisfacción del usuario con un producto al mejorar la usabilidad, la accesibilidad y el placer que brinda la interacción con el producto.

Variable

Herramientas que tienen los programadores para acceder a la información que hay guardada en memoria. Con estos datos se van a trabajar nuestros programas. Se trata realmente de un identificador de nuestro valor, un nombre, y automáticamente el compilador lo pasa a un acceso en memoria.

Wrapper

Tipo de clase que sirve de envoltorio de los tipos primitivos básicos. Para *int* encontramos la clase *Integer,* para *byte, Byte...* Los datos primitivos tienen mecanismos para gestionar el uso de memoria más rápidos y eficaces que los objetos que les corresponden, por lo que hay que usarlos con precaución.

Bibliografía

Monografías

→ GÓMEZ Gutiérrez, J. A.: *Aprender a Programar Android con 100 ejercicios prácticos.* [s.l.]: Marcombo, 2016.

> Libro que sigue el aprendizaje de *Android* a través de diferentes ejercicios desde un nivel básico hasta uno avanzado.

→ JIMÉNEZ Marín, A. y PÉREZ Montes, F. M.: *Aprende a programar con Java.* Madrid: Ediciones Paraninfo, 2017.

> Libro que recoge todos los conceptos básicos y avanzados del lenguaje *Java* y los explica de forma muy dinámica.

→ LUJÁN Castillo, J. D.: *Android Studio: Aprende a desarrollar aplicaciones.* Madrid: RC Libros, 2015.

> Una introducción a *Android Studio* y a los conceptos básicos de la programación con el *framework Android.*

→ PÉREZ Montes, F. M.: *Ejercicios de programación Java.* Buenos Aires: SafeCreative, 2012.

> Libro de ejercicios de programación en *Java.*

Textos electrónicos, bases de datos y programas informáticos

→ ListActivity, de:
<https://developer.android.com/reference/android/app/ListActivity>.

> Página de documentación oficial de *Android* en la cual se explica la clase *ListActivity* y la manera de implementarla.

→ Acerca de los bucles o ciclos en *Java*. Cómo y por qué se usan los bucles o ciclos en *Java*, de: <https://www.programarya.com/Cursos/Java/Ciclos>.

Una explicación con ejemplos del funcionamiento de cada uno de los bucles con los cuales contamos, remarcando las ventajas de uno sobre otro.

→ Curso programación *Android*, de: <www.sgoliver.net>.

Libro que recoge un gran material sobre programación nativa *Android*, además de contar con un *blog* de artículos sobre este tema.

→ Cómo hacer notificaciones *push* en *Android* fácil, de: <https://openwebinars. net/blog/como-hacer-notificaciones-push-en-android-facil/>.

Artículo en el que se expone de manera técnica cómo llevar a cabo el desarrollo de notificaciones que trabajen con *Intent* y *PendingIntent*.

→ Desarrolladores de *Android*. Actividades, de: <https://developer.android.com/ guide/components/activities.html?hl=es-419>.

Definición completa de la documentación de *Android* oficial sobre la clase *Activity* y el uso de esta.

→ Diferencias entre *JDK, JRE* y *JVM*, de: <https://javadesdecero.es/fundamentos/diferencias-jdk-jre-jvm/>.

Este artículo realiza una definición comparativa entre los distintos conceptos de *JDK, JRE* y *JVM*.

→ Ejercicio resuelto 01: Modificadores de Acceso, de: <http://aprendiendoconjava.blogspot.com/2011/05/ejercicios-de-modificadores-de-acceso.html>.

Artículo de un blog en el que se recogen diferentes ejercicios sobre los distintos modificadores de acceso con el cual contamos en *Java*.

→ Guía definitiva de conversión de tipos en *Java*, de: <https://es.stackoverflow. com/questions/1487/guia-definitiva-de-conversi%C3%B3n-de-tipos-en-java>.

Artículo en forma de respuesta en el foro *Stackoverflow* en el cual podemos consultar cada una de las maneras en que realizamos un casting sobre cada tipo de dato de *Java*.

→ Menús, de: <http://aprendiendoconjava.blogspot.com/2011/05/ejercicios-de -modificadores-de-acceso.html>.

Página de documentación donde se explica el recurso de Menu oficial de *Android* y la manera de implementarlo.

→ Notificaciones en *Android* (III): Diálogos, de: <https://www.sgoliver.net/blog/notificaciones-en-android-iii-dialogos/>.

Artículo muy completo sobre la manera de realizar el uso del componente *Dialog* de *Android*.

→ Opciones de almacenamiento, de:
<https://developer.android.com/training/data-storage?hl=es-419>.

> Página de documentación oficial de *Android* en la cual se explica cada una de las opciones de almacenamiento con las que contamos en el *framework Android*.

→ Polimorfismos en Java, de:
<https://www.luaces-novo.es/polimorfismo-en-java/>.

> Artículo de aprendizaje del lenguaje *Java* en el cual se profundiza en el concepto de polimorfismo de la programación orientada a objetos.

→ Programación Declarativa vs Imperativa, de: <https://www.arquitecturajava.com/programacion-imperativa-vs-declarativa/>.

> En la página web se recogen distintas metodologías y sus conceptos en desarrollo.

→ Programación orientada a objetos en *Java*, de:
<https://asociacionaepi.es/programacion-orientada-a-objetos-en-java/>.

> Artículo que resume de manera sencilla los inicios para entender la *POO* y los primeros componentes que hemos de crear para iniciarnos en la ejecución de un programa *Java*.

→ Tipos de datos primitivos en *Java*, de:
<https://www.manualweb.net/java/tipos-datos-primitivos-java/>.

> Explicación con ejemplos de los distintos datos primitivos que encontramos en *Java* y cómo usarlos.